学报中的兰大镜像

师迎祥　贾宜　寇甲　主编

兰州大学出版社
LANZHOU UNIVERSITY PRESS

图书在版编目（CIP）数据

学报中的兰大镜像 / 师迎祥，贾宜，寇甲主编. --
兰州 : 兰州大学出版社，2019.8
ISBN 978-7-311-05674-2

Ⅰ. ①学… Ⅱ. ①师… ②贾… ③寇… Ⅲ. ①兰州大
学－校史 Ⅳ. ①G649.284.21

中国版本图书馆CIP数据核字(2019)第178724号

责任编辑 寇 甲 贾 宜
封面设计 雷们起

书　　名 学报中的兰大镜像
作　　者 师迎祥 贾宜 寇甲 主编
出版发行 兰州大学出版社 （地址:兰州市天水南路222号 730000）
电　　话 0931-8912613(总编办公室) 0931-8617156(营销中心)
　　　　 0931-8914298(读者服务部)
网　　址 http://press.lzu.edu.cn
电子信箱 press@lzu.edu.cn
印　　刷 兰州人民印刷厂
开　　本 710 mm×1020 mm 1/16
印　　张 28.75
字　　数 469千
版　　次 2019年8月第1版
印　　次 2019年8月第1次印刷
书　　号 ISBN 978-7-311-05674-2
定　　价 66.00元

（图书若有破损、缺页、掉页可随时与本社联系）

目　录

在兰州大学建校90周年庆祝大会上的讲话

孙　英

老师们、同学们、同志们、朋友们：

今天，我们在这里隆重聚会，纪念兰州大学建校90周年。首先，我代表中共甘肃省委、省人大常委会、省人民政府、政协甘肃省委员会，以全省2500万人民的名义向兰州大学的全体师生员工和历届校友，表示热烈的祝贺和亲切的慰问，向出席大会的各位领导、向来自全国各地的嘉宾以及远道而来的海外朋友，表示热烈的欢迎。

兰州大学是我国创建最早的高等学府之一。建校90年来，虽饱经沧桑，屡经变迁，但治学育才却矢志不渝，形成了良好的校风、严谨的学风和爱国爱校的传统。新中国成立后，特别是党的十一届三中全会以来，在党和政府的关怀下，兰州大学坚持社会主义办学方向，为祖国特别是为西北建设培养和造就了一大批栋梁之材，取得了一批高水平的科研成果。今天的兰州大学，已经成为学科比较齐全、优势比较明显、教学质量和学术水平较高、在国内外享有良好声誉的社会主义综合大学。

甘肃人民对兰州大学怀有非常深厚的感情。兰大的许多可敬的老教授、老前辈，把自己最宝贵的青春年华和毕生的心血，都献给了大西北，献给了甘肃的教育和科技事业。建国后，兰大所培养的十万余毕业生中有三分之一以上扎根甘肃，在陇原大地的各条战线奉献着聪明才智，成为中坚力量。兰大大量科研成果在甘肃得到广泛应用，促进了甘肃经济和科技事业的发展。兰大在深化教育改革、促进精神文明建设等方面所创造出的

作者时任中共甘肃省委书记。该文发表于《兰州大学学报》(社会科学版)1999年第4期。

新鲜经验，也使甘肃受益匪浅。近年来，兰大又提出了“做西部文章，创国内一流”的办学思路和“扎根甘肃，立足西北，面向全国，走向世界”的办学方针。可以说，甘肃所取得的每一项成就、每一步发展，都饱含着兰大学子的智慧和心血。兰大在甘肃，这是我们甘肃人的光荣和骄傲。我们对兰大改革和建设的成就，感到由衷的喜悦；对兰大未来的发展，充满百倍的信心。甘肃省委、省政府将一如既往地全力支持兰大的建设与发展，与教育部一道，齐心协力，共同办好兰大，并以此推动我省教育事业的发展。

老师们、同学位、同志们、朋友们！20世纪即将结束，新世纪正向我们走来，高新技术以前所未有的规模和速度向现实生产力转化，国际竞争越来越表现为以科技和人才为核心的综合国力的竞争，科技和人才日益成为国家繁荣、民族振兴的关键性因素和最重要资源，教育将发挥以往任何时代从未有过的基础性作用。以江泽民同志为核心的党中央深刻洞察、准确把握当今世界经济、科技和教育发展趋势，从我国社会主义初级阶段的基本国情出发，做出了实施“科教兴国”战略的英明决策。这是中华民族在历史的紧要关头做出的世纪性重大抉择。能否落实好“科教兴国”战略，使“科教兴国”真正成为全民族的广泛共识和实际行动，这关系到我国以什么样的姿态进入21世纪，关系到我国在激烈的国际竞争中能否赢得更大的主动，关系到国家的前途和民族的命运。

众所周知，甘肃是一个经济比较落后的省份，其原因固然是多方面的，但最根本的一条就是文化教育基础薄弱，劳动力素质和科技创新能力不高。因此，必须坚定不移地实施“科教兴省”战略，切实落实教育优先发展的战略地位，大力振兴教育事业，全面推行素质教育，努力提高广大人民群众的思想道德水平和科学文化素质，提高知识创新和技术创新能力。这是加速我省经济社会发展，缩小与发达地区的差距，实现全省跨世纪战略目标的必由之路和根本前提。

江泽民总书记指出：“我们的大学应该成为科教兴国的强大生力军。”这是党和国家对处在知识经济时代的新型大学的新的要求，是时代赋予大学的神圣使命，我们殷切期望在甘的高等院校响应党中央和江总书记的号召，肩负起自己的历史使命，在实施“科教兴国”战略中充分发挥主力军作用。

第一，要努力使高等院校成为知识创新和人才培养的基地。要积极推进管理体制改革，使有限的教育资源优化配置，使学生在一个学术交流更为广泛，学科交叉和渗透更为紧密的环境中成长。要密切关注科学技术发展的最新动向，及时调整专业结构和设置，加快面向21世纪的高等教育教学课程体系建设，加强人文科学教育，使学生具有宽厚的知识基础，掌握最新的专门知识，学会学习和研究问题。要让学生尽早参与知识创新活动，培养和锻炼他们的创新意识和能力。

第二，要努力使高等院校成为技术创新和科技成果转化的基地。要大力推进高等院校和产业界以及科研院所的合作，采取多种形式，密切高等院校科研机构与企业的关系，提高科技成果的转化率，加快实用科技成果向企业的转移，增强企业的技术创新能力，培育新的经济增长点。

第三，高等院校要为知识经济理论和实际问题的研究做出贡献。对于甘肃这样一个经济比较落后的省份来说，如何利用自身的资源优势，加快工业化的进程；如何改变广大农村目前的落后状态，促进农村经济和农业的发展；如何适应社会主义市场经济体制的需要，建立经济、科技、教育密切结合，相互促进、协调发展的有效运行机制等等，都是摆在我们面前的重大课题。我们热切希望高等院校的理论工作者对这些问题进行研究并取得积极成果。

总之，高等院校不仅要成为知识的生产者，而且要成为高科技产业的重要创业者，成为高科技成果的孵化器和辐射源，更要成为社会主义精神文明建设的重要阵地。在甘的高等院校，是甘肃社会经济发展腾飞的希望所在。

在这里，我们还热切希望新时代的大学生们响应江泽民总书记的号召，坚持学习科学文化与加强思想修养的统一，坚持学习书本知识与投身社会实践的统一，坚持实现自身价值与服务祖国人民的统一，坚持树立远大理想与进行艰苦奋斗的统一。这是党和人民对青年学生的期望，也是对高等院校育人的要求。高等院校要在工作中把这四条要求，具体贯穿到教育工作的各个环节中去，努力培养出适应新世纪需要的、高素质的社会主义现代化建设的建设者和接班人。

值此兰州大学90周年校庆之际，江泽民总书记欣然题词：团结拼搏，求实创新，面向未来，争创一流。江总书记的题词为我们指明了21世纪教育改革和发展的方向。我们深信，有着90年辉煌历程的兰州大学，一定能够按照江泽民总书记指引的方向，肩负起自己的历史使命，开拓创新，勇于进取，再创辉煌，为我国教育事业和科学事业的发展与繁荣，为祖国的现代化建设事业和甘肃的发展做出新的更大的贡献。

谢谢大家！

一九九九年九月十七日

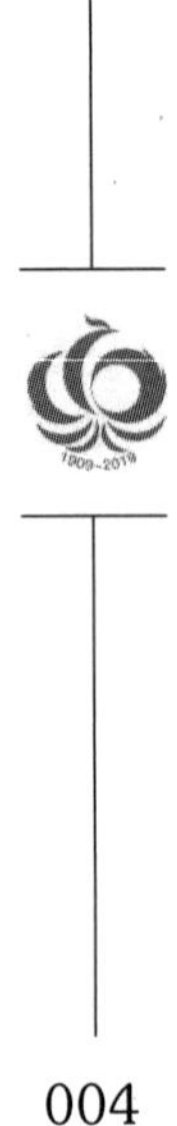

发扬艰苦奋斗精神
把兰州大学办成一流的社会主义大学

——在兰州大学建校90周年庆祝大会上的讲话

吕福源

老师们、同学们、同志们、朋友们：

今天，我们在这里隆重集会，庆祝兰州大学建校90周年。首先，我代表教育部，向兰州大学的全体师生员工表示热烈的祝贺和亲切的问候！向参加这次庆典的省市领导和嘉宾们，表示诚挚的欢迎和谢意！

兰州大学是西北地区建立最早的高等院校。近一个世纪以来，兰州大学在西北这块最需要教育润泽的黄土地上，艰苦创业，自强不息。她的命运与祖国、民族的命运，和西北、甘肃的发展息息相关。不论是在中国人民争取民族独立和解放的斗争中，还是在国家现代化建设特别是祖国西部地区的建设、开发进程中，以及在推动国家和所在地区的教育科学文化事业的发展中，兰州大学都做出了重要的贡献。新中国建立以后，兰州大学为国家尤其是西部地区和甘肃省培养了十万名各类优秀人才，创造了大量的科学研究成果和丰富的精神产品，形成了“勤奋、求实、进取”的优良校风和“艰苦奋斗、自强不息、争创一流”的兰大精神。今天，兰州大学已由90年前只有百余名学生的法政学堂，建设成为一所拥有3 000多名教职工，13 000多名各类在校学生，在国内外有重要学术影响和较高知名度的高等学府。在我国特别是西部地区的高层次人才培养、知识创新等方面做出了突出的贡献，在中西部“科教兴国”战略的实施进程中，发挥着重

作者时任教育部副部长。该文发表于《兰州大学学报》(社会科学版)1999年第4期。

要的、不可替代的作用。

兰州大学的建设和发展，始终得到了党中央、国务院的亲切关怀。在兰州大学90周年校庆之际，江泽民总书记等党和国家领导人又为学校亲笔题词。这充分体现了党和国家对兰州大学的期望和厚爱，也是对全校师生员工的极大鼓舞和激励。兰州大学的建设和发展也得到了甘肃省委、甘肃省人民政府及兰州市委、兰州市人民政府的大力支持，在此表示诚挚的感谢和崇高的敬意！

今年6月18日，江泽民总书记在西安举行的西北五省区国有企业改革和发展座谈会上发表重要讲话，向全党和全国人民发出了西部大开发的动员令，这一历史机遇不仅为西部地区的开发和繁荣提供了良好的契机，也为高等教育的发展开拓了更为广阔的空间。我国东西部发展存在着多方面的差距，其中，教育差距是带有根本性的。因此，西北地区全面实施“科教兴国”战略更加具有紧迫性和重要性。西北地区的高等教育任重而道远。兰州大学作为西北地区惟一一所教育部直属国家重点综合性大学，在即将到来的西部地区大开发中，有责任、有义务、有能力发挥自己的优势，在全面提高民族的素质方面，在基础研究领域继续保持高水平方面，在积极参与地方经济建设和促进社会进步、全方位地为区域发展服务方面，当好排头兵，做出新贡献。

我们真切地希望：兰州大学要加快改革和发展的步伐，更好地适应21世纪国家和甘肃省经济建设与社会发展的需要，在内部管理体制改革、教学改革、学科建设和师资队伍建设等方面都要有新的进展，使兰州大学的教育教学质量、学术水平和整体办学实力跃上一个新台阶，成为国家和甘肃省高层次创造性人才培养和知识创新的重要基地，把兰州大学办成多学科协调发展的、位于国内先进水平行列的综合性大学，其中一些独具特色的学科要争取接近或达到国际先进水平。

兰州大学在推进自身改革和事业发展的同时，要积极参与甘肃省高等教育管理体制改革和高校布局结构调整，实现教育资源的优化配置，为提高甘肃省高等教育的整体水平和办学效益起到积极的促进作用。

兰州大学应该在保持和发挥基础研究学科优势的基础上，进一步加强高新技术研究和成果转化，尤其要注意加强与地方经济社会发展密切相关的科学、社会问题的研究。在面向全国服务的同时，重点服务于西北、特别是甘肃省的经济建设和社会发展，为西部大开发提供人才支持和知识贡献。

老师们、同学们、同志们、朋友们，我们正肩负着历史重任走向新的世纪，让我们高举邓小平理论的伟大旗帜，紧密团结在以江泽民同志为核心的党中央周围，增强使命感、责任感，进一步解放思想，开拓创新，深入贯彻全国教育工作会议精神，全面推进素质教育，扎实地做好各项工作，努力为国家培养更多更好的社会主义事业的建设者和接班人。希望兰州大学的师生员工们继续发扬艰苦奋斗、自强不息、争创一流的兰大精神，再接再厉，在实施科教兴国的战略中，创造新业绩，做出新贡献。

一九九九年九月十七日

团结拼搏　求实创新　面向未来　争创一流

——在兰州大学建校90周年庆祝大会上的讲话

李发伸

各位领导、各位来宾、各位校友，女士们、先生们、朋友们：

今天，是兰州大学诞辰90周年纪念日，我们在这里欢聚一堂，共庆这一美好时刻。首先，请允许我代表兰州大学党委和行政，向在百忙中拨冗莅临庆典的各位领导、各位来宾、各位校友及朋友们、同志们表示热烈的欢迎！向多年来一直关心、关注、支持兰州大学发展和建设的各位领导、各位校友及海内外各界朋友表示衷心的感谢！向在各个时期为学校各项事业努力工作、辛勤耕耘、积极奉献的全校师生员工致以亲切的慰问！

兰州大学创建于1909年，始为甘肃法政学堂，1928年扩建为兰州中山大学，1946年定名为国立兰州大学。兰州大学从诞生之日起，就把她的命运与祖国、民族的兴衰和西北、甘肃的发展紧密地联系在一起。近一个世纪以来，勤奋、求实、进取的兰大人，扎根西北，艰苦创业，顽强拼搏，战胜无数艰难困苦，在这块黄土地上撑起了一片高等教育和科学研究的绿荫，培养和造就了千千万万的优秀人才，为祖国、为西部经济发展和社会进步做出了贡献。建校后的前40年，兰州大学经历了清朝政府、北洋政府、南京国民政府三个历史时期。在当时交通不便、经济落后、军阀混战、天灾不断的情况下，经蔡大愚、邓春膏、辛树帜等院校长的艰苦努力和师生员工的艰苦奋斗，克服了种种困难，使学校得以维继。辛树帜任

作者时任兰州大学校长。该文发表于《兰州大学学报》(社会科学版)1999年第4期。

校长时期，争取到国内一批知名学者，如盛彤笙、顾颉刚、杨向奎、水天同、陈时伟、左宗杞、王德基、常麟定等来校执教，兰州大学一时学者云集，声誉日隆，许多省份的学子慕名报考，成为当时西北地区有一定影响的高等学府和传播进步思想、发展文化教育的基地。新中国的诞生，为学校带来了历史性的发展机遇。五十年代初，老一辈党和国家领导人在制定我国第一个五年计划时，做出了开发大西北的战略决策，把兰州大学确定为布局在祖国西北地区的一所教育部直属重点综合性大学，并陆续从复旦大学、南京大学、南开大学、山东大学等高校调来了一批著名教授。许多教授、专家从海外归来，一踏上国土，便携带家眷，来到条件极为艰苦的兰州，支援西北，支援兰州大学的建设；国内一些著名大学的毕业研究生和大学生，响应国家号召，也相继来校工作，使我校的师资力量进一步得到加强。通过他们的精心执导，苦心运筹，艰辛努力，兰州大学从此开始了一个新的历史发展阶段，为学校的进一步发展奠定了良好的基础。

1959年，江隆基校长到校主持工作，他认真贯彻“调整、巩固、充实、提高”的方针，力排“左”的路线的干扰和影响，起用一批学有专长的教师，充分发挥留学回国和新中国培养起来的青年知识分子的作用，形成了良好的校风和较强的师资队伍，将兰州大学初步建设成为教学科研两个中心，建立了一整套比较完善的规章制度，提高了教学质量，培养了许多管理干部，取得了一批有先进水平的研究成果。

党的十一届三中全会以后，兰州大学认真贯彻执行党的路线、方针、政策，根据社会主义经济发展和现代化建设要求，着力培养高质量、高层次的专门人才，积极开展科学研究，致力于各项工作的改革和创新，力争把学校建成国内高水平，国际上有一定影响的含有人文科学、社会科学、自然科学、技术科学、管理科学等多学科的综合性大学，并取得了显著成绩，使我校进入了一个繁荣发展的新时期。

近几年来，学校根据《中国教育改革和发展纲要》的要求，始终坚持社会主义办学方向，全面贯彻党的教育方针，遵循教育发展规律，以学科建设为龙头，主动适应社会主义市场经济体制的需要，改变培养模式，提高教育质量，提高科研水平，深化校内管理体制改革，建立和完善自我激励、自我约束的管理体制和运行机制，兴办校办产业，改善教职工的工作、生活条件，使学校的各项事业迈上了新台阶。

经过数代人近一个世纪的艰苦奋斗和不懈努力，兰州大学已由90年前只有百余名学生的法政学堂，发展成为一所多学科的综合性大学。现在，兰州大学拥有8个学院，29个系，4个博士后科研流动站，5个基础理论研究和教学人才培养基地，35个研究所（室、中心），2个国家重点实验室，1个教育部开放实验室，5位科学院院士，600名高级职称教师，3000多名教职工，各类在校学生13000余人。1996年，兰州大学以其较高的科研水平、雄厚的办学实力，通过了教育部和甘肃省人民政府共同组织的“211工程”部门预审，成为国家在21世纪重点投资建设的高校之一。

在长期的办学过程中，兰州大学形成了“以研究生教育为重点，以本科生教育为主体，以专科生和其他办学形式为补充”的办学格局。自建国以来，为国家培养了十万余名政治合格、业务过硬、勤奋务实、适应能力强的高层次建设人才。恢复研究生招生制度后，共培养硕士研究生、博士研究生四千余人，他们中的许多人已成为有突出贡献的科学家、优秀的管理人才和业务骨干。兰州大学也因培养的学生水平高、能力强，受到社会各界的广泛肯定。第一个横跨南极的中国人秦大河、穿越北极的效存德、1991年全国十佳青年之一的乌力吉、中央电视台记者水均益等，都是兰州大学在改革开放以来培育出的数万名高层次人才中的优秀代表。许多校友在社会主义建设事业中，在各自的岗位上，在祖国最需要的地方勤奋工作，默默奉献，为母校争得了荣誉，为祖国增添了光彩！

兰州大学一直把提高教学质量和教学水平作为学校办学的中心任务之一。多年来，不断深化教育教学改革，按照社会需求，遵循高等教育发展的规律，改变培养模式，调整、增设专业，制订与完善教学计划和课程体系，加强基础课、主干基础课教学，保证教学质量，注重培养复合型人才。80年代，在由全国重点大学参加的物理、化学等专业的研究生选拔考试中，我校先后5次获得个人总分第一名。1986年，全国共有100人获得中国科学院青年奖励基金，其中有6人是我校培养的研究生。今年，在由国务院学位委员会和教育部组织的首届全国百篇优秀博士学位论文评选中，我校有2篇论文入选。

兰州大学非常重视科学研究工作。50年代，在当时条件较为艰苦的情况下，朱子清、黄文魁教授的“贝母植物碱研究”就荣获了中国科学院首次颁发的自然科学奖。多年来，我校在诸多自然科学基础性研究方面成绩卓著，有的达到了国内领先水平，有的达到了国际水平。根据《SCI》、《ISR》统计，从90年代初到现在，兰州大学一直是中国在国际学术刊物上发表论文最多、引用率最高的十所高校之一，1992、1993连续两年发表论文数名列第三，论文引用情况名列第六。1995年美国《科学》周刊列出了中国13所最杰出的大学，兰州大学位居第六。

祖国西北，地大物博，资源丰富，中华民族的文明，在这里积淀了深厚的文化底蕴，为兰州大学提供了非常广阔的科技开发和学术研究的舞台。我们提倡综合各学科力量，相互交叉渗透，协同合作。突出科学研究的"西部"特色，强化为西部经济建设服务的意识。兰州大学特有的、独具西北地区特色的科研群体，引起了国内外学者的普遍关注和良好评价，得到了甘肃省委、省政府和兰州市委、市政府的积极支持。

我们在发挥基础理论研究优势的同时，注重为地方经济建设服务，主动进入经济建设主战场，走产学研结合的路子，提高科研成果转化率，吸引社会力量参与办学，多渠道筹措办学资金。多年来，积极主动与地方政府、科研院所和厂矿企业加强横向联合，利用西部丰富的矿产资源及其他自然资源进行广泛的科技开发和科学研究，取得了良好的经济效益和社会效益。

在长期的办学实践中，兰州大学在较为艰苦的条件下，培养和造就了许多专家、教授、学术骨干和管理骨干，建立了一支素质较高、治学严谨、灵活高效的教学、科研队伍和后勤管理队伍。他们为党的教育事业，为兰州大学的发展建设，勤勤恳恳，默默奉献。通过他们的言传身教和精心培养，一批年轻的学术带头人脱颖而出。在我校118名博士生指导教师中，45岁以下的有20名。他们克服重重困难，在所从事的研究领域里，孜孜以求，顽强拼搏，成果累累。

近几年来，在教育部、甘肃省的大力支持下，我校进行了大规模的基本建设。几代兰大人盼望已久的科教楼即将竣工，图书馆扩建和一分部学生宿舍楼工程正在进行，新建教职工宿舍8万多平方米，将于年底交付使用。以上工程的完成，将会使我校师生员工的工作、学习及生活条件得到很大改善。

回顾历史，信心百倍。世纪之交的90周年校庆，是一次难得的机会，它使我们得以重新审视近一个世纪兰州大学所走过的风雨历程，认真回顾兰州大学90年的跌宕起伏，感受兰州大学90年的大喜大悲，品味兰州大学90年的成功失败，体会兰州大学90年的奋斗艰辛。兰大人的勤奋可歌可泣，兰大人的求实可圈可点，兰大人的进取生生不息。回顾兰大的发展历程，可以感受到一种强烈的积极进取的精神。数代兰大人，怀着建设祖国的赤诚和对发展教育、献身科学的执着，扎根西北，默默奉献，用他们的辛勤劳动和聪明才智，用他们的青春和生命，用他们几倍于人的努力，支撑起兰大的昨天和今天，创造了青史彪炳的一代业绩。正是这种“艰苦奋斗，自强不息，争创一流”的精神，经受了漫长时空的洗礼，成为兰大精神闪光的灵魂，成为兰州大学迈向21世纪最宝贵的精神财富。

展望未来，任重道远。作为一所布局在祖国西部地区的国家重点大学，有责任、有义务、有信心、有能力为国家培养高质量、高层次人才；有责任、有义务、有信心、有能力在国家的“科教兴国”战略中充当排头兵；有责任、有义务、有能力充分利用自己的优势在知识传播、知识创新、知识运用以及为地方经济建设和社会发展服务等方面发挥更加积极的作用。我们要以90周年校庆为契机，在“两大根本转变”和“科教兴国”战略思想的指引下，积极适应国家经济建设和社会发展的需要，积极适应世界科学技术发展的潮流，大力推进学校的各项改革，全面提高科学研究水平、教育教学质量和办学效益，培养出更多更好的人才，努力实现21世纪初叶把兰州大学建成多学科协调发展的国内一流综合大学，其中一些独具特色的学科接近或达到国际先进水平的奋斗目标，使兰州大学成为祖国西部培养高层次人才的基地，发展科学文化教育的基地，促进中西部社会经济发展和知识创新的基地，弘扬中华民族优秀文化和建设社会主义精神文明的基地。

新世纪的朝阳喷薄欲出，兰州大学的百年辉煌指日可待。我们面临着继往开来的新的创业。我们相信，只要全校师生员工继续坚持“立足西部，面向全国，走向世界”的方针，发扬艰苦奋斗、自强不息、争创一流的兰大精神，团结拼搏，借助广大校友及社会各界的关心和支持，一个充满生机活力和开拓精神的兰州大学，必将以水平更高、实力更强、更加充满希望的英姿昂首跨入21世纪。

谢谢大家！

一九九九年九月十七日

九十载业绩卓著　跨世纪再创辉煌

——兰州大学建校90周年感言

陆　浩

兰州大学建校已经90年了。在这90年中，我们国家发生了翻天覆地的变化。地处西北的兰州大学的命运是和祖国的命运紧密联系在一起的，是与祖国的荣辱兴衰息息相关的，她伴着祖国经受的风风雨雨，踏着祖国走过的奋争之路，度过了这90年。在这漫漫岁月里，她曾培养了以唤醒民众、推翻旧世界为己任的仁人志士，培养了以致力国家富强、服务社会、服务人民为职责的新中国的建设者。一代又一代、一批又一批的莘莘学子，经过学校的严格培养教育，怀着对祖国对人民对党的事业的无限热爱，奔赴四面八方、各行各业，在平凡的工作岗位上贡献着自己的智慧和力量。他们以其扎实的知识功底、严谨的学风、良好的职业道德赢得了社会的赞誉。无论是专家、学者、教授、领导干部，还是在普通岗位上默默奉献的人，只要是兰大的毕业生，都有一个深切的感受：我们在工作中取得的成绩，事业上获得的进步，都是和学校的辛勤培养分不开的。

我是在工作十年以后，于1977年作为恢复高考的第一批学生跨入兰州大学的。离开母校踏上新的工作岗位，已经18年了。在母校90周年校庆之际，回想在学校学习生活的四年，校领导的音容笑貌、老师的学者风范、同学的飒爽英姿顿时呈现在眼前，使人不仅浮想联翩，庆幸在我人生

作者时任中共甘肃省委副书记。该文发表于《兰州大学学报》(社会科学版)1999年第4期。

的这一重要阶段做出了正确选择。有人说，当一个人置身于一种环境、一个事件的时候，可能不会对这种环境和事件本身有很深的体会和感悟，而脱离开并过了一段时间之后，才会有更深和更加理性的认识。在校时我们历经的日日夜夜，是在繁忙和紧张的求知之中度过的。现在，当我们运用从母校获取的知识，在建设有中国特色社会主义的伟大实践中出一份力、尽一份责的时候，对母校的可敬、可爱则有了更深的体悟，也更深地明白了校领导和老师对祖国、对事业的拳拳之心和对学生们的殷殷之情。兰州大学自诞生之日起，特别是新中国成立以来的半个世纪，在为国家为社会培养无数人才的同时，已形成了她自身的特点和优势。

提起兰州大学，人们自然会想到她良好的校风。在长期的办学过程中，兰大逐渐形成了“勤奋、求实、进取”的校风。这六个字，是兰大发展历程的积淀和凝聚，是兰大精神风貌的概括与写照。建国50年来，在中国共产党的领导下，兰州大学始终坚持社会主义的办学方向，认真贯彻党的教育方针，以教学、科研为中心，艰苦创业，辛勤耕耘，求真务实，开拓创新，取得了一项又一项科研成果，为甘肃、为西北地区、为祖国各地培养了数万名高素质的建设人才，学校自身也发展成为全国著名的高等学府。“勤奋、求实、进取”不是空洞的口号，不是言之无物的说辞，它所要求的品格，它应具有的风貌，体现在每一名教职员工的工作中，体现在每个同学的学习中，已经成为一种重要的精神力量，激励着师生们顽强拼搏，推动着兰州大学持续、稳步发展。

兰州大学浓厚的学术氛围，有口皆碑。兰大有着重视基础理论研究、鼓励学术创新的优良传统，许多学科享誉国内外，成绩卓越，为世人所瞩目。作为兰大的学生，对传道授业、无私奉献的师长们都会充满敬意，对潜心科研、勇攀高峰的专家、学者、教授们，都会感到骄傲。兰大之所以能够成为享誉海内外的著名高等学府，能够取得骄人的成就，正是因为有了一个甘为人梯、乐育英才、无私奉献的教师群体，有了一大批献身教学科研、执着不舍、不断创新的专家、学者、教授。他们那种专注事业、勇攀科学高峰的精神，不仅为兰大赢得了荣誉，也感染着我们每一个学生。在他们的言传身教和高尚品质的激励下，同学们都立志要为国家的繁荣富强而学有所成。

兰大秉承中华民族的优良传统，全面贯彻党的教育方针，始终重视学生的品德教育，注重培养学生对党、对社会主义祖国的热爱之情和对集体荣誉感的追求。学校积极引导同学们关心时事政治，着力提高其辨别美与丑、好与坏的能力，教会学生如何做人、做事、做学问。学校通过组织各种有益的活动，培养同学们的集体观念和进取精神，造就了兰大毕业生朴实厚重、勤奋敬业、自尊自强的鲜明性格特点。这一切，应当说，与兰州大学丰厚的历史积淀，与兰大良好的校风、学风的陶铸培育，是密不可分的。我当年所在的化学系77级分析化学专业就是勤奋学习、勇于争先、德智体全面发展的优秀班集体，曾被授予全国新长征突击队和甘肃省青年十面红旗之一，至今同学见面时，大家仍然十分怀念那段难忘的学校生活。他们中在国外的已攻读完博士课程，成为有相当水准的科学家、高级研究人员，在国内的也都成为活跃在高教、科研及其他战线上的专家、学者、教授、高级工程技术人员和优秀管理人才，但在谈到自己的成长历程时，他们都感到是在校时养成的那种奋发向上、刻苦求学、团结互助的精神，激励着自己去战胜一切困难，无不对母校充满怀念和感激之情。

兰州大学历来注重基础教学，注重学生综合素质的培养。作为我国首批具有学士、硕士、博士学位授予权的高等学校之一，兰州大学为现代化建设高素质人才的培养创造了良好的条件。作为兰大的学子，对学校优良的学习风气有着切身的感受。教室里习道受业，实验室精钻细研，图书馆书海泛舟，宿舍内辩理论学，林荫道沉思遐想……往事历历若在眼前。我求学期间，正是粉碎“四人帮”不久，那时的学校满目疮痍，百废待兴，学校在刘冰、林迪生、辛安亭、聂大江等校领导的带领下，拨乱反正，平反冤假错案，广大知识分子的积极性空前地迸发出来，全校上下拧成一股劲，迅速抚平“文革”造成的创伤，正常的教学秩序建立起来，多项规章制度得以恢复，教学生活条件、学校环境开始改善，使兰大在短时间内重振雄风，这一段经历给我和同学们留下了深刻的印象。

近年来，兰州大学又适应社会主义现代化建设的需要，加大学科建设力度，努力发展新兴学科、边缘学科，形成了自己的鲜明特色。学校规模进一步扩大，基础设施建设、教学科研生活条件又有很大的改观，为学校进一步发展奠定了基础，创造了条件。同时，学校确立“做西部文章、创国内一流”的办学目标，坚持“扎根甘肃、立足西部、面向全国、走向世界”的方针，采取多种形式，积极为甘肃经济建设和社会发展服务，并做出了很大贡献。

源远流长90载，再造辉煌下世纪。兰州大学过去的90年，是艰苦奋斗的90年，拼搏进取的90年，不断壮大的90年。经过近一个世纪的发展，兰大由成立之初不过百余名学生的“甘肃法政学堂”，发展成为一所各类在校生13 000多人，多层次、多学科的著名综合性大学。1996年，兰州大学顺利通过了国家“211工程”部门预审，成为国家重点投资建设的高等学校之一。随着知识经济时代的来临，“科教兴国”、“科教兴省”战略的实施，以及国家发展战略重点的西移，兰州大学的发展面临着前所未有的历史机遇。在即将跨入新世纪的时候，希望母校以90周年校庆为契机，总结历史经验，抓住历史机遇，全面贯彻新时期党的教育方针，弘扬和光大“勤奋、求实、进取”的优良传统，努力改善办学条件，充分发挥综合性大学文理兼容的优势，积极加强学科建设，进一步提高教育质量和学术水平。

希望学校承续“做西部文章，创国内一流”的办学思路，扎根甘肃，立足西部，面向全国，广开办学思路，拓宽办学渠道，深化校内管理体制改革和教育教学改革，大力发展与国家，特别是与甘肃、与西部经济建设和社会发展紧密结合的应用学科，为加快地方经济发展培养更多的专门人才。

希望学校在重视基础理论研究的同时，加大科技创新的力度，着眼于科技成果向现实生产力的快速转化，走产学研相结合的路子，更好地为社会主义现代化建设服务。我们相信，在今后的发展中，兰州大学一定能够紧跟时代的步伐，以崭新的风貌和高昂的姿态步入21世纪，把学校建设成为一所多学科协调发展的国内一流、国际知名的综合性大学。

衷心地祝愿母校——兰州大学，在新的世纪再铸辉煌！

一九九九年八月二十日

做西部文章　创国内一流

李发伸

兰州大学建校至今已80多年，然而，真正的起步还是在老一辈党和国家领导人从国家整体发展战略和布局着眼，把兰州大学定为国家教育部（现国家教育委员会）直属综合性大学之后。在当时的计划经济体制下，国家给兰州大学调来了以朱子清、郑国锠、刘有成、徐躬耦教授为代表的一批国内外知名学者，他们听从祖国召唤，不怕困难，不畏艰苦，携带家眷，支援大西北，在黄土高原安家落户，兰州大学也因为有了一批知名专家和管理工作者，从而获得了生机和希望。

多年来，兰州大学得益于国家教委和甘肃省委、省政府的多方关怀和大力支持，并经过几十年的发展和积累，经过几代人的共同努力，已形成了“勤奋、求实、进取”的优良校风，在人才培养、教育质量、科研水平、学科建设诸多方面形成了自己的优势和特色。

多年的办学实践，特别是党的十一届三中全会以来的办学实践，使我们认识到，兰州大学的建设和发展首先要以发展西部、建设西部为己任，要充分发挥高校的职能，立志为西部地区的经济建设服务。因此，我们坚持立足西北、面向全国、走向世界的方针，创出了国内一流的研究成果，有些学科达到了国际先进水平，为西部地区的经济繁荣和社会发展，为祖国的科学文化教育事业做出了贡献！

作者时任兰州大学校长。该文发表于《兰州大学学报》（社会科学版）1996年第1期。

一、培养高质量人才　为国家及西部经济建设服务

自建校以来，兰州大学已培养不同层次的人才5万余人。恢复研究生招生制度后，共培养硕士研究生3000多人，博士研究生400人。1985年以来共毕业计划内本专科生17000余人，仅留在甘肃工作的就达到5000多人，约占1/3。他们中的许多人成为工作岗位上的业务骨干，成为专家、学者、企业家和有突出贡献的科学家及优秀的管理人才。横跨南极的秦大河、穿越北极的效存德就是由兰州大学培养出的数万个高层次人才中的优秀代表。

为适应地方经济建设和社会发展需要，从1980年以来，兰州大学立足西北，大力发展成人教育，利用多种形式开设了法律、汉语、外语、新闻、公共关系、财会、计算机等社会紧缺的专业，为社会及厂矿企业输送了急需的人才。目前为止，共培养夜大、函授各类学生近3万人。近几年来，兰州大学根据需求，招收了第二学位、第二专业、专升本各种层次的学员，并与甘肃省委组织部、省人事局、劳动局共同举办县（市）长培训班、人事局长培训班、乡镇企业管理干部培训班、物资经济管理干部培训班、高校政工干部培训班和各种岗位培训班。这些人员通过学习，提高了业务、管理能力和综合素质，为推动本单位、本地区的工作起到了积极的作用。

二、针对干旱生态环境　开展集水农业的研究

甘肃中部干旱、半干旱地区，由于降雨量小，土壤水分亏缺，生态环境恶劣，人、畜用水相当困难，粮食亩产仅有几十斤，当地农民温饱问题长期得不到解决。兰州大学干旱农业生态国家重点实验室主任、博士导师赵松龄教授从八十年代起，承担了国家攻关课题，进行了“半干旱地区农业生态条件的不协调及匹配对策”的研究。经过多年艰苦细致的工作，终于搞清了该地区粮食产量长期上不去的根本原因，并提出了匹配对策和经验模型。经试验，粮食亩产可达900斤。“黄土高原半干旱区雨养农业持续发展的试验”研究课题，采用人工富集技术，即人造集水面富集，用当地农民千百年来传统的水窖存贮，时间空间调节利用；大田富集，通过集水面和受水面的修筑，使集水面的水叠加在受水面上，存贮于土壤水库中，造成局部土壤水分优势，把天然降水变成稳定可靠的资源。通过选点试验，并经较大面积的推广，取得了效益。特别是1995年，尽管甘肃邻近省区遇到六十年未遇的大旱，但试验地区的农作物仍长势良好，当地农

民未因干旱而受到缺水的威胁，因而为半干旱地区的农业和农村发展找到了一条切实可行的出路，为甘肃陇东、陇中地区农民解决温饱、脱贫致富提供了科学的依据，也为水利、园艺、果树栽培、畜牧、生态环境、农业经济、社会发展等多学科科研人员的交叉研究创造了美好的前景。

1995年在西部资源环境科学研究中心举办的学术讲座上，赵松龄教授再次阐述了干旱半干旱地区雨养农业即农业集水工程的思路及意义，得到了省上领导的首肯，主管农业的副省长当场拍板拨款200万元作为研究经费。

1995年7月，李鹏总理来甘肃视察，当得知赵松龄教授正在进行干旱地区集水农业的研究工作时，非常关注。总理去定西干旱地区考察时，特邀他同车前往，听取了关于集水工程、解决半干旱地区水资源的汇报后，总理说“讲得好！这是一种思想，一种学术思想，不是权宜之计，集水农业是解决半干旱地区农业问题的好路子”。陪同总理考察的水利部钮茂生部长、农业部吴亦侠常务副部长表示今后要给予技术、资金多方面的帮助。甘肃省委书记阎海旺、省长张吾乐也表示要大力支持。总理又说“赵教授从理论和实践上说清了甘肃陇东陇中半干旱地区以及全国同类地区解决农业用水问题的办法，也改变了我的一些想法，雨水的利用是人类利用淡水资源的新时期、新阶段。”目前由农、林部资助的200万元科研经费已经到位。

在赵松龄教授这种学术思想的带动下，甘肃省启动了“121集水农业工程”，即：每一个庭院、二个水害、一亩水浇地。通过全省企事业单位及个人、社会团体捐资达5000万元，地方自筹经费5000万元，此项工程开始运作，部分地区已取得效益。

三、结合西部地貌特征　研究自然环境形成及演变规律

中国西部幅员辽阔，资源丰富，以干旱和高寒为其自然特色，有着高山、冰川、冻土、戈壁、沙漠、绿洲、内外流水系、青藏高原等丰富多彩的自然景观和地貌特征。以中科院院士李吉均先生为首的自然地理科学研究集体，多年来，结合我国西部独特的自然环境，研究环境形成及演变规律，获得了一批在国内、国际独具特色的研究成果。

1. 在李先生的带领下，先后承担了国家“六·五”、“七·五”、“八·五”科学研究课题，对青藏高原形成演化和隆起幅度、速率均作了大量研究工作，“青藏高原隆起的时代、幅度和形式的探讨”一文被国内外广泛

引用，至今仍为该研究领域的经典论文。

2. 黄河是中华民族的摇篮，养育了亿万中华各族儿女。然而，对于她的形成及形成时间，直至八十年代中期前仍无定论。兰州大学科研工作者以兰州段黄河发育为重点，对黄河中上游段发育历史进行了深入研究，提出了兰州段最古老黄河阶地形成于距今170万年时间，并逐步串通形成今日格局，且愈向上愈年轻，黄河发育与青藏高原隆起相关联的思想。研究成果在国际学术界有较大影响，并获国家教委科技进步奖。结合西部地区第四纪冰川研究，提出了黄河源区曾发育小型冰盖，但整个青藏高原不曾发育统一冰盖的观点，研究成果在国际上有较大影响。

3. 开展了亚洲中部干旱地区演变与黄土高原西部黄土研究。亚洲中部干旱区是世界上最大的非地带性干旱区，有“地形荒漠”之称。“六·五”期间，兰州大学配合国家沙漠治理做了大量基础性研究。近年来，与德国柏林自由大学合作，相继开展了沙漠演化和内陆湖泊古环境记录研究，已获初步成果。八十年代初，又从事了陇西黄土研究，并以兰州为中心，拓展到整个黄土高原西部地区，提取黄土与古土壤中蕴藏的丰富全球变化信息，这项成果获得了两项国家教委技术进步奖和一项青海省科技进步奖，并为国内外学者所关注。

四、发展具有地域特色的人文、社会科学研究

学校在人文、社会科学研究方面坚持“立足西部、发展优势、形成特色、面向全国、走向世界”的指导方针，借助大西北有古“丝绸之路”以及少数民族和敦煌莫高名胜的地理优势，致力于西部地区的人口、民族、民俗、名胜古迹、考古文物等方面的研究。特别在民族学、敦煌学、人口学研究方面取得了一系列在海内外具有影响的科研成果。兰州大学的民族学学科点在中国西北的少数民族史、少数民族关系、少数民族宗教、少数民族文化、中国西北地方史、中国西北民族文献、丝绸之路、新疆屯田史、西北边疆史以及新疆与中亚跨国民族等方面的研究已形成系列，为国内外学者所关注。在西北地区多民族文化研究方面，尤其在民歌和秦陇文化研究方面做了大量的工作。兰州大学中文系教授任编委撰写的《中国风俗辞典》和主编的大型丛书《西北民俗文献》26卷，受到了党政领导和学术界同仁高度评价。对于弘扬中华民族优秀文化，增强民族自尊心和凝聚力，促进西部地区经济发展和文化繁荣，具有十分重要的意义。

五、进行西北开发战略研究　参与国家和地方发展战略决策

近几年来，兰州大学承担了多项开发大西北、具有西北地域特色、促进西北地区经济建设和社会发展的科研课题，如“中国西北地区经济发展探索”“西北地区2000年科技发展战略对策”“甘肃省发展战略规划可靠性定量分析”“甘肃疏勒河移民问题研究”等战略研究课题，均获得了国家和省部委的资助，已全部完成并通过鉴定。受甘肃省委委托，由兰州大学牵头，中国地质大学（北京）、成都理工学院、西安地质学院、中国科学院地质研究所和天津大学100多名中青年地质工作者参加的课题组，进行了跨甘、宁两省区的“黄河黑山峡大柳树松动岩体工程”地质研究，通过三年的深入研究，不仅为国家“九·五”期间开发该河段水利水电资源提供了科学依据，而且取得了达到国际领先水平的研究成果。此项研究得到了电力部和甘肃省政府等有关方面的充分肯定，对西北地区经济发展具有重要的战略意义。

为了系统地研究西部，为西部地区的经济建设服务，兰州大学相继成立了西北人口研究所、西北开发综合研究所、西北文化研究中心等科研机构。1994年，经省政府批准，与中科院兰州分院成立了西部资源环境学院，后又成立了西部资源环境国家科学研究中心，为进一步研究和开发西部创造了条件。先后创办了《西北人口》、《西北史地》、《敦煌学辑刊》、《西北高等教育》等学术刊物，为广大教师、科研工作者研究西部提供了施展才华的舞台。

同时，兰州大学利用西部地区丰富的药材和矿产资源，进行应用性开发研究，并取得了较好的社会效益和经济效益。

党的十四届五中全会及《中共中央关于制定国民经济和社会发展的“九·五”计划和2010年远景目标的建议》，把坚持区域经济协调发展，逐步缩小东西部地区发展差别，经济建设发展战略逐步西移，作为“九·五”和今后十五年国民经济和社会发展的一条重要方针，这为兰州大学积极主动投入西部经济建设主战场创造了契机。兰州大学将抓住机遇，奋力拼搏，发挥优势，保持特色。在国家教委和甘肃省委、省政府的领导下，在兄弟院校的支持下，为进一步发展西部、建设西部，为实现跨世纪的宏伟蓝图做出更大的贡献！

江隆基——兰州大学迈上新台阶的奠基人

崔乃夫　苗高生　杨　峻

兰州大学建校以来的90年间，曾涌现出许多优秀的教育家。他们都从不同的侧面为兰州大学的建设与发展做出过重要贡献。江隆基校长是其中最有影响力的杰出代表。

江隆基是我国著名的教育家。他从青年时代起就投身于教育事业，参与并领导了陕北公学、华北联合大学的创建，领导了陕甘宁边区教育的恢复和普及。全国解放后，他领导了西北五省区的教育改造和建设。在社会主义改造和建设时期，他又长期从事高等学校的领导工作。他卓有成效的工作，为抗日根据地教育事业、为社会主义教育事业做出了重要贡献。

1959年1月，江隆基来兰州大学任职，直至“文化大革命”中被迫害致死。他辛劳耕耘，勤奋工作，使兰州大学的面貌焕然一新，为兰州大学进入全国高等学校的先进行列奠定了坚实基础。江隆基是兰州大学迈上新台阶的奠基人。

一、稳定教学秩序，提高教学质量，确立了规范化的管理体制

兰州大学是西北地区历史悠久的高等学府。新中国成立后，在西北教育部和国家高等教育部的直接领导下，经过院系调整和教学改革，学校的面貌有了很大变化。特别是1953年兰州大学被确定为教育部直属重点综合大学后，加强了师资力量，增加了教学、科学研究设备和校舍建筑的投

第一作者时任全国人大常委，中华慈善总会会长。该文发表于《兰州大学学报》（社会科学版）1999年第3期。

入，学校规模逐步扩大，办学条件有了明显改善。到1957年上半年，全校共设8个系14个专业，教职工近600人，学生近2 000人。

由于“左”倾的严重错误，1957年下半年开始，兰州大学却遭到了人为的严重破坏。正常的课堂教学几乎完全被生产劳动所代替，教学与科学研究工作实际上处于停滞状态，打乱了原本薄弱的教学秩序，搅乱了人们的思想，大大挫伤了广大师生员工的社会主义积极性。这是一个“左”倾错误在一定程度上还在继续发展，而且尚没有被人们所认识和纠正的政治思想环境。江隆基正是在这种环境中承担了兰州大学领导重任的。

江隆基到校后，立即深入实际，作了大量的调查研究，并根据条件从整顿教学秩序入手，开始了全面的整顿工作。他指出，学校教育的人才培养，是通过学校教育中的教学活动实现的，教学活动是学校的基本活动，所以“学校教育必须以教学为中心”。至于说“政治挂帅”，是指中国共产党的领导地位和马克思主义的指导作用而言，并不是要求“以政治代替教学”，也不是“政治活动越多越好”。至于说“教学、科学研究、生产劳动三结合”，并不是要求“三分天下”，而“必须是以教学为主”。“科学研究、生产劳动以及学校的其他一切活动，都应该围绕教学这个中心去进行”。

江隆基校长还进一步指出，教学活动的主要特点是教师运用课堂教学等教学手段，将“已有知识、技能传授给他的学生”。学生获得知识、技能的基本途径是“细心听课，认真读书”。至于“实践—理论—实践”的公式，他说，那是指人们认识过程的一般规律而言，“绝不能生搬硬套地放在学校的教学中，让学生事事通过实践，生产劳动越多越好。”他还说，学校教育并不是不要生产劳动等实践活动，而是要纳入教学计划，有一定的课时；学校也不是不需要办工厂，而是要结合专业、切合专业的需要，具备一定的条件，不能随意挂个牌子就是工厂。他还特别强调，学生学习一定要重视书本知识，“书本知识是前人或别人通过实践所积累下来的经验”，决不应当轻视理论的作用，轻视书本的知识。

教学秩序是教学活动的必要前提，没有稳定的教学秩序就不可能进行有效的教学活动，就不可能达到预期的教学目的。为了使稳定的教学秩序落到实处，江隆基提出了“三固定（稳定）”原则（后面还将谈到“四大固定（稳定）”原则，当时习惯称之为“三小固定”原则），即固定的教学日历，固定的课程表，固定的作息时间。教学日历后来改称校历，也就是从那时起，兰州大学每学年都公布一次兰州大学校历，并把它发至每位教师手中和学生的每个班级，一直沿用至今。

江隆基明确指出，学校教育在于以合格的教学质量培养合格的人才，“教学质量是衡量学校教育的基本标准”，所以“学校教育应当将不断提高教学质量作为经常性的中心工作。”他提出并采取了一系列的措施。

1.加强党对教学工作的全面领导

江隆基提出，“党委要把领导教学工作提到日程上来，经常研究、检查、总结教学工作”，以加强对教学工作的全面领导。同时，要树立“以教学为中心，为教学与科学研究服务”的思想。每学期江隆基校长都要向全校师生做报告讲教学工作，每学期教务处都有教学工作的部署、检查和总结，每学年各系都要举办教学经验交流会，并组织教学观摩。江隆基校长还提出了听课制度。他说，“听课是了解教学状况最直接也是最好的方法。”他要求教务处和各系负责教务的同志都要坚持听课。江隆基也坚持每周一次的听课制度。至今，兰州大学的许多老教师对江校长听他们课的情景仍记忆犹新，念念不忘。

2.充分调动两个积极性

江隆基认为，教学过程是教师的“教”与学生的“学”的活动，所以教学质量的提高归根到底是“充分调动教师的教与学生的学的积极性”。充分调动教师教的积极性，就是“充分发挥教师在教学过程中的主导作用”。教师“闻道在先”，主要责任在于“教”；学生“笃学于后”，主要责任在于“学”。只有充分发挥教师“传道、授业、解惑”的主导作用，学生才能有所学，才能完成学的任务。充分调动学生学的积极性，就是“充分发挥学生在学习中的主动积极的学习精神”，学生的学不应该完全处于“被动”状态，而是应该在教师的教导下，充分发挥独立钻研、独立思考和独立工作的能力。

江隆基提出，充分调动“两个积极性”，还应该正确处理教师与学生的关系。他说，师生之间应当树立尊师爱生的风气，“教师应该有诲人不倦的精神，学生应该有学而不厌的精神；教师应该爱护学生，学生应该尊重教师。”同时，师生之间还应当是“一种民主、平等的关系”，在政治原则和科学真理面前是平等的，在学术问题上可以争辩，在教学问题上学生可以采用适当方式给教师提出意见。在江隆基校长的倡导和教务处的具体安排下，建立了“班级日记制”。“班级日记制”是由学生班级的学习委员填写的教学情况记事制度。主要要求是将一周来各门课程教师授课情况和学生听课反映，如实填写，并于每周末上交系教学秘书，然后由教学秘书汇总系主任和教务处。“班级日记制”的建立，对于保证合格的教学质量，对于调动教师教和学生学的积极性，对于各级领导及时解决教学中的问题，起到了十分重要的促进作用。

3.以课堂讲授为主，其他教学环节为辅

江隆基提出，“课堂讲授是教学过程中最基本最主要的教学环节”，每位任课教师“必须认真备课”，将备课作为“教学大事”。对于课堂讲授，他特别强调两条：一是“课堂基本解决问题”，课程内容“要使绝大多数学生在课堂上听懂接受”；二是讲授内容一定要“少而精”，要“精神贯注，语言精炼，概念清楚，详略适当，层次分明，重点突出”，不要搞繁琐哲学。他还提出，课堂讲授是衡量教师教学质量的主要尺度，任课教师应当“讲好每一堂课”。不仅仅是讲好课程中的某些章节，或者是某几堂课，而是课程的全部内容，讲好每一堂课。

为了保证教学质量，他还提出了“把好讲课关”的要求。兰州大学规定，凡新开课的教师，或者教师新开设某一门课程，“都必须经过试讲”，“由教研组评定”，“只有通过试讲合格者，才能正式开课”。

课堂讲授以外的其他教学环节，江隆基认为“都是巩固、补充、印证课堂讲授所必需的教学环节”。在他的倡导下，兰州大学特别注意在重点抓好课堂讲授的同时，搞好其他教学环节的教学工作。

4.教学计划是“教学大法”

江隆基认为，“教学计划是贯彻党的教育方针，实现培养目标的行动方案”，是“课程设置、教学大纲和教材建设的基本依据”。教学计划是“教学大法”。为了做好此项工作，他多次召开专门会议研究讨论，并专门组织学习了北京大学各系的教学方案和各专业的教学计划。教学计划的修订与制订，历时两个多月，到1959年6月，全校理科13个专业，都第一次有了自己的较为完整的教学计划。到1961年9月，文科各系归队后（1958年兰州大学的文科各系曾被分解取消，分散到其他院校；1959年，江隆基提出归队问题后，于1961年9月，文科各系仍回归兰州大学），各个专业也相继制订了教学计划。

教学计划修订制订后，江隆基又集中精力部署了教学大纲的制订和教材的编写工作。迄止1962年，全校230门课程都制订了较完整的教学大纲。约占98%的课程有了确定的教材，其中选用教育部推荐教材及兄弟院校教材占71%，本校自编教材已占教材总数的29%。

在落实教学计划、教学大纲和教材建设的工作中，江隆基进一步提出了“四固定（稳定）”原则，即各专业的教学计划基本稳定；各门课程的教材使用基本稳定；教师的教学任务基本稳定；教师的教学（专业）方向和科学研究方向基本稳定（“四固定”原则相对于“三小固定”原则，故将此习惯地称为“四大固定”原则）。

5.建立健全各种规章制度

在稳定教学秩序、提高教学质量的基础上，江隆基又全面深入地展开了各项规章制度的起草和制订工作。迄止1962年，在江校长的主持下，经校务委员会正式通过公布实施的规章制度有：“兰州大学校务委员会暂行条例”、“兰州大学系务委员会暂行条例”“兰州大学教研组暂行工作条例”“兰州大学加强请示报告制度的几项规定”“兰州大学考勤办法”等。

有“兰州大学学术委员会暂行条例”（1964年）“兰州大学关于各个教学环节的基本要求”“兰州大学关于外国语学习的暂行规定”“兰州大学关于排课调课的规定”“兰州大学关于教材供应和管理的暂行办法”“兰州大学学生考试评分标准和成绩登记的暂行规定”“兰州大学关于学生实习实施细则”“兰州大学教室规则”“兰州大学实验室通用规则”“兰州大学关于仪器管理细则”“兰州大学关于仪器设备申请采购、验收和发放领取等若干问题的规定”（1963年）、“兰州大学关于改进放射物质供应和管理的规定”（1964年）等。

有“兰州大学关于保证教师业务活动时间的一些具体规定”“兰州大学教职工请假暂行办法”“兰州大学教职工探亲假期和经费报销的暂行办法”等。

有“兰州大学关于学生学籍管理暂行规定”“兰州大学学生守则”“兰州大学学生助学金管理暂行办法”“兰州大学关于学生奖惩办法”“兰州大学宿舍公约”，等等。

其他如后勤、财务、人事、图书资料等方面也都相应地制订了管理规则及细则。

规章制度的建立健全，使学校各方面的工作，做到了有章可循。虽然规章制度中的某些内容仍有待于完善和修改，但它毕竟使兰州大学出现并逐步形成了稳定的教学秩序，良好的教学环境，正常运行的教学活动。兰州大学确立了以提高教学质量为中心的规范化管理体制。

二、加强基础教学，开展科学研究，创办了有特色的综合大学

综合大学是国家文化和科学发展的一个重要标志。依据高等教育部确定的综合大学是“培养在理论科学和基础科学（自然科学和社会科学）方面从事研究工作或教学工作的专门人才”的要求，结合兰州大学作为全国重点综合大学的实际，江隆基提出了大力加强基础教学，积极开展科学研究，创办有特色的综合大学的办学思路。

1957年，毛泽东提出党的教育方针：“应该使受教育者在德育、智育、体育几方面都得到发展，成为有社会主义觉悟的有文化的劳动者。”这一方针提出后，在全国引起极大反响，纷纷发表文章，积极贯彻实施。但是在具体实施中，由于受“左”倾错误的影响，却存在着很大差别。能否正确理解和贯彻党的教育方针，是关系着学校教育如何培养人和培养什么样人的原则问题。江隆基明确地提出了自己的观点。他指出，社会主义教育是全面发展的教育，“德育、智育、体育几方面都得到发展”是一个要求全面发展的方针。其中主要是要摆正德育和智育的关系，或者说是政治与业务、红与专的关系。

他说，政治与业务是对立统一的关系。二者既是矛盾的、对立的，又是相互依存，相互促进，存在于统一体中。不讲政治，只讲业务是不对的；同样，只讲业务，不讲政治也是不对的。“只有把红与专完全统一起来，才能达到全面发展的又红又专的目标。”他认为，在学校教育中，政治教育的内涵，主要是培养学生“具有马列主义世界观、人生观和共产主义的道德品质和思想作风”。它的主要途径是“通过系统的马列主义学习”，以及“时事政策教育和社会活动”。他强调，“学生的红不仅应该表现在政治思想的进步上，而且应该表现在出色地完成学习任务上”。高等教育是专业教育，专业学习是基本的、大量的，所以，全面发展必须以专业教育为基本。至于“有社会主义觉悟的有文化的劳动者”，他认为，这是对学校教育中培养目标的共性要求。“劳动者”是作为社会主义社会成员本质特征而言，“有文化”，也不是要求高等院校培养“有一点文化”的人才。如果那样，那就“大大降低了培养目标”。

在江隆基的倡导下，兰州大学开展了大力加强基础课教学，充实教学第一线的工作。主要有以下措施：

1.建立健全教研组

江隆基提出，“教研组是组织、管理教学的基层教学组织”，在教学过程中发挥着基层堡垒的作用。从1959年起，全部恢复了已被解散的基础课教研组，并整顿和建立健全了各专业、各专门化的教研组。到1962年，全校已建立健全78个教研组（包括26个专门组，52个教研组）。教研组的建立健全以及配套的各项制度的建立，对于加强基础教学，起到了重要的组织保障和指导监督作用。

2.加大基础课在总课程中的份量，加强“三基”训练

江隆基和教务处的同志，全面调查了全校各专业课程设置情况，通过各种方案的比较，测定基础课的分量在全课程中的最佳比例应当是在77.5%到87.6%之间。并以此为准绳，结合各专业的具体情况纳入各专业的教学计划。

同时加强了外语课的教学。规定文理科学生一律学习两门外语，首先用两学年时间学习第一外语——俄语，课时为239—240学时；第三学年开始学习第二外语，即英语，或德语、日语、法语等，课时为140—190学时。考虑到有些学生中学时期曾学英语的情况，还规定了可将英语列入第一外语。江隆基还特别强调加强“三基训练”，即基本理论、基本知识、基本技能的训练。他敏锐地看到，基础科学是应用科学、技术科学的基础，而且愈是应用、技术性质的学科，愈是需要基础科学的支撑。而且随着现代科学的发展，还会愈来愈多地出现众多的边缘学科，所以在课程设置和教学应用中，必须加强“三基训练”，必须注意“博”与“精”的统一。

3.有步骤、有重点地加强实验室建设

实验室建设是加强基础教学的一个重要环节。江隆基提出了“有步骤、有重点地加强实验室建设”的办法，大力加强实验室建设，到1961年全校实验室已由1959年的63个增加到122个，仪器设备到1962年已达10029件（台）。到1965年，全校图书藏书已有59万余册，仪器设备增加到14558件（台）。

为了加强实验室建设，各系都选派了一定数量的教师担任实验课教学，并制订了实验室使用和管理制度以及仪器设备的管理细则。从1961年起全校各实验室都建立了“实验室档案制”。它规定，每一次实验课都必须填写实验记录，包括实验内容、实验准备、作业要求以及存在问题和

改进意见等。实验室档案制的建立，对提高实验课教学质量和学生的实验技能，起到了促进和监督作用。

4.加快教师的业务进修和提高

为了加快提高教师的业务水平，江隆基想了许多办法。他除了强调教师要在教学实践和科学研究中不断提高业务水平以外，还提出了大力资助教师到兄弟院校进修提高。从1960年起，兰州大学每学年都分配一定名额的教师到北京大学等院校学习进修。到1965年，全校约有1/2以上的教师都有一次或二次的学习进修。江隆基还提出了举办外语进修班，以提高教师的业务水平，从1961年起共举办了英、俄、德、法、日五种外语的教师进修班，到1963年，全校已有500余名教师参加了学习。

5.有丰富教学经验的教师上教学第一线

为了加强基础课教学，江隆基提出："有丰富教学经验的教师上教学第一线"。在他的积极倡导和推动下，各系各专业调整了基础课教学，并选配了有丰富教学经验的教师上教学第一战。到1961年，全校213门基础课，教授、副教授、讲师担任课堂讲授的已占47.4%。到1965年，各系、各专业、各基础课程都已涌现出一批有扎实业务水平，有丰富教学经验并深受学生欢迎的教学骨干教师。如化学系是全校的大系，有教学的"四大台柱"，他们都形成了自己的讲课风格，深受学生和教师的赞誉。

6.积极开展科学研究工作

积极开展科学研究，江隆基有两个基本出发点：一是，他认为，高等学校特别是综合大学有雄厚的科学研究力量，随着国家建设和科学技术的发展，科学研究在高等学校的比重会越来越大，高等学校不仅为国家建设培养科学研究的专业人才，而且也必须承担越来越多的科学研究项目；二是，他认为，开展科学研究是提高教师业务水平的基本途径。教学质量的根本保证，归根到底取决于教师的业务水平和思想水平。积极开展科学研究，是提高教师业务水平的需要，是提高教学质量的需要。同时江隆基提出："高等学校的科学研究工作应当是，既要培养人才，又要出科学研究成果，但首先应当把培养人才放在第一位。"为此，江隆基作了大量工作，主要有：

（1）正确理解和贯彻"百花齐放，百家争鸣"方针。他说，贯彻"双百"方针，从领导角度讲，就是"充分调动科学工作者的积极性和创造性，发挥各自的专长"，"积极鼓励各种不同学派、不同学术见解，自由探讨，自由辩论，自由竞赛”，“使大家心情舒畅，朝气蓬勃，积极进取，勤奋钻研”。他说，加强党对科学研究工作的领导，是科学研究繁荣发展的根本保证。但是加强党的领导“并不等于包办代替或乱加干涉”，“科学研究工作是科学家的事情，能不能出成果、出人才，首先决定于科学家本身的努力。”科学研究也要走群众路线，但是贯彻群众路线，并不是“兵将不分，一拥而上”，“科学研究专门性很强，专家、学者和老教师的作用，往往是有决定性的。”

江隆基还指出，“在学术问题上，有多少家，就算多少家”，“决不允许以行政命令的方法或少数服从多数的方法”对待学术问题。“党组织不能代替科学家作结论”。至于说“两家争鸣”，他说，那是指政治上和世界观上的“两家”，在学术问题上，就不能简单说“两家”，在学术问题上“不能强求一致，强求统一。”

（2）鼓励“学术上的冒尖”。江隆基认为，科学研究“主要是一种个体的脑力劳动”，应当“积极发挥个人的才能，鼓励个人的创造”，要鼓励“学术上的冒尖”。科学研究也离不开群体的力量，应当积极倡导协作的力量，发扬集体主义精神，大力培植科学研究集体。但是，不能够将集体主义搞成平均主义，不能将个人“在学术上的冒尖”说成是个人主义。应该看到“在集体的进步中有个人冒尖，更有利于带动集体的普遍提高”。“没有个人的发展，也就不会有集体的成长”。所以，我们要在“发挥群众积极性的基础上，对有特殊才能的，特别努力钻研的，有较大成就的人”，“采取重点培养，大力支持，积极鼓励的办法”。

（3）“保障重点，带动全面，积极扶持学科带头人”。科学研究需要大量经费，在勤俭节约的原则下，江隆基提出了“保障重点，带动全面，积极扶持学科带头人”的办法，使有限的经费发挥出最大的使用率。在江隆基的正确领导和积极倡导下，兰州大学的科学研究有了很大发展，科学研究水平有了极大提高，科学研究结出了可喜的成果。据1963年统计，全校教师参加科学研究的人数已占教师总数的50.87%，个别系如化学系已超过70%。全校形成初具规模的科研集体九个：有机结构理论、原子核理论、植物原料化学、量子场论、偏微方程、泛函分析、铁磁理论、细胞遗传、植物生理等。在这些重点学科中都有强有力的学术带头人，都有一批中青年科研骨干，他们的研究成果已在全国乃至国际上享有盛誉。以1963年为例，全校82个科学研究项目中，参加国家十年科学规划的中心项目就有39个。在众多的科学研究项目中，兰州大学已形成具有自己特色的“五大科研支柱”，即自由基化学、天然有机、细胞遗传、植物生理和原子核物理。文科的中文、历史、经济三系在科学研究中也做出了显著成绩，特别是中国农民战争史和中国土地制度史的研究结出了丰硕成果。1962年理科各系在全国性学术刊物发表的论文已占全部发表论文的9.8%。到1963年，全校已建立起五个重点研究实验室：理论有机、天然有机、细胞学、磁学和核反应等，其他研究实验室如固体力学、金属物理、微波、分析化学、地质学、动物学等也已得到充实和改建。

三、各得其所，各展所长，建立了“又红又专”的教师队伍

依靠教师办学是江隆基校长一贯的教育思想。他到兰州大学后非常重视教师队伍的建设，结合兰州大学的实际，他提出了“各得其所，各展所长”，建立“又红又专”的教师队伍的思路。

1.正确估量教师队伍是学校教育贯彻知识分子政策的基本点

兰州大学的教师队伍，大体由三部分组成，一是由本校历届毕业生中选留任教的教师，他们占教师的大多数；二是由国外留学归国后及由上海、天津、北京等兄弟院校支援大西北来校任教的教师；三是由解放前兰州大学留任的教师。兰州大学的教师队伍是一支整齐合格的教师队伍。在中国共产党的领导下，经过历次政治运动的锻炼，在政治思想上都有不同程度的进步。但是在50年代末和60年代初，面临的一个极为重要的问题是如何估量（从政治思想上）教师队伍，这是学校教育中贯彻知识分子政策的基本点。

江隆基依据他二十多年来在高等学校做领导工作的亲身经验，1961年12月，他给《人民日报》写文章公开提出了自己的观点。他指出，我国“高等学校教师是由两部分人组成的，大部分是解放以后成长起来的青年知识分子，小部分是旧社会过来的中老年知识分子。”他说：“青年知识分子是在社会主义制度下由党培养教育出来的”，“基本上是工人阶级的知识分子”。他们“在教学上已成为高等学校的”一支重要力量。中老年教师也已在党的领导下，经过较长时间的教育和自我改造，在政治上、思想上和业务上已取得了不同程度的进步。“对他们应该具体分析，不能笼统地一律称之为资产阶级知识分子”，就他们大多数人来说“是能够辨别政治方向，分清大是大非，愿意跟着党走社会主义道路的。”他们“又具有专

门的科学知识和较丰富的教学经验”，所以，我们“必须同他们加强团结，充分调动他们的积极性，根据他们的专长适当安排他们的工作，并且在工作上和生活上为他们创造一些必要的条件。”

江隆基对教师队伍（知识分子）的估量以及对知识分子政策的主张，是符合高等学校实际的，是实事求是的。应该特别指出的是，江隆基公开地表明自己的看法，要有极大的勇气并冒很大的风险。因为众所周知的原因，1957年提出“资产阶级知识分子”问题以后，从来没有人对此公开提出过异议。1961年虽然提出调整知识分子政策，但是这个关键性的“帽子”，并没有人触动。直至1964年6月，周恩来总理在“文艺座谈会”和“故事片创作会议”上提出知识分子的绝大部分已经成为“工人阶级的一部分”，在国内尚未看到对知识分子的“帽子”及其相关政策有全面的直截了当的阐述。

江隆基对高等学校教师队伍的正确估量，不仅直接影响着兰州大学知识分子政策的正确贯彻，从而从根本上调动了广大教师的积极性，而且对全国高等教育也产生了积极影响。

2.尊重教师，充分调动教师的积极性

江隆基校长对尊重教师有个实质性解释。他说，尊重教师就是“尊重知识，尊重科学，尊重前人的劳动。”他认为，知识是人类实践经验的结晶，科学则是高层次的知识，知识和科学都是前人的劳动成果。人类知识的发展，有其内在的规律性和连续性。人类知识的进步，都是在继承和发扬前人劳动成果，并在此基础上将知识推向新的境界。随着社会的发展，人类知识连续的媒介、手段愈来愈丰富、愈来愈多样化，但是一个最基本的途径则是不容改变的，那就是教师的“教”。教师是知识的积累者，也是知识的传播者，教师的职能就是通过一定的教学手段，“传道，授业，解惑”。教师是为社会生产培养劳动力的主要承担者，是将知识、科学物化为劳动力的媒介。教师的劳动是构成社会生产力的重要因素。所以，教师的劳动是崇高的，尊重教师就是“尊重知识，尊重科学，尊重前人的劳动。”

充分调动教师的积极性，江隆基校长有八个字：“各得其所，各展所长”。他认为“支持他们的工作，就是对他们的尊重”，“充分发挥他们的专长，就是最有效地调动他们的积极性。”

朱子清教授，有机化学家，国际知名学者，1957年被错划为右派。江隆基来校后提出“科学研究工作不能停”，在江隆基的支持下，为朱子清教授配备了助手，增加了经费，并将他领导的天然有机研究列为全校“五大科研支柱”之一。在朱子清教授的带领下，培养了一批优秀的科研骨干，结出了丰硕的科学研究成果。郑国锠教授，细胞生物学家，国际知名学者，中国科学院院士。1958年被错划为“白旗”，撤销了系主任职务，停止了他的科研工作。江隆基知道这一情况后，痛心地说：“这样的科学家，是我们十分难得的宝贵财富，怎么能这样对待”。并且力主恢复了他的科学研究工作。“白旗”问题纠正后，江隆基专门约他谈话，请他继续担任系主任工作。郑国锠教授在以后的教学和科研中做出了优异的成绩。

刘有成教授，我国自由基化学奠基人，国际知名的自由基化学家，中国科学院院士。江隆基非常支持他的科研工作，多方争取经费，重点资助。他的科研项目是兰州大学“五大科研支柱”之一。刘有成教授担任化学系系主任达26年，他为兰州大学化学系跻身于国内外名系之列，做出了重要贡献。

徐躬耦教授，理论核物理学家，知名学者。江隆基来兰州大学时，他领导的现代物理系刚刚起步，困难很多，他也说“从小学到大学，从来没有在大会上讲过话”（意思是说，他不能胜任领导工作）。江隆基在各个方面给予关怀和支持，还经常深入到教研组、实验室帮助他们解决具体问题。到1965年，短短几年的时间，现代物理系在教学和科研上都已达到了国内先进行列。

赵继游教授，数学家，知名学者。1958年被错划为“白旗”，撤销了系主任职务。“白旗”问题纠正后，江隆基专门约他谈话，赔情道歉，恢复了系主任职务。赵继游教授精心教学、勤于管理，在他担任系主任（前后共计27年）期间，数学系建设成为包括数学、力学、计算数学在内的大系，教学与科研都结出了高水平的成果。他深有感触地说，“数学系之所以能够跨入这样的鼎盛时期，江校长起了决定性作用。”

赵俪生教授，我国知名的历史学家。1957年被错划为右派，江隆基对赵俪生的工作和生活十分关心，使他安心从事中国农民战争史与中国土地制度史的研究和“中国通史”的教学，他十分感慨地说：“要不是江校长把我调回兰大，我这个濒于危殆的生命也就葬身在戈壁滩上了。”

陈文嫄是一位青年教师，他是我国最先开展“非线性泛函分析”领域研究的青年数学家。在50年代末和60年代初，他的研究成果，已处于国内领先地位，并达到了国际先进水平。江隆基多次约他谈话，了解他工作进展情况，鼓励他多做贡献。陈教授回忆说，“我非常尊敬江校长”，“他每次谈话都使我受到很大鼓舞，使我更加有信心将科研工作搞上去”。

段一士教授是一位青年教师，留学苏联，对理论物理有缜密的研究。1958年批判了他的“白专”道路。江隆基到校后，专门召集会议讨论他的科研工作，支持他继续将科研工作搞下去。以后段一士教授取得了重要科研成果，受到国内外的好评。

“各得其所，各展所长”，以上主要列举了几位老教师，至于其他许多老教师和中青年教师，由于篇幅所限，不能一一细说。总之，江隆基为兰州大学的教师们提供了宽松的治学环境，执行了正确的方针政策，使他们在各自的岗位上，发挥着各自的专长，为培养人才，为祖国的建设奉献着青春和生命。

3. 重师必先师自重

“重师必先师自重”，这是“以爱满天下”的教育家陶行知的名言。江隆基常借用它来勉励教师以提高自身素质。概括起来，江隆基对教师提出了六个方面的要求：

（1）要有热爱教育的思想，奉献教育的精神。江隆基认为，学校教育肩负着培养社会主义建设人才的后备力量的任务，教育事业是崇高的，是社会主义事业的重要组成部分。每位教师都应当有热爱教育的思想和奉献教育的精神，这是对教师的职业要求。教师在学习党的路线、方针、政策的同时，要特别注意学习教育理论，学习党的教育方针和政策。

（2）“要教好书”。江隆基认为，教师“教书”是职责的要求，但是“要教好书”，则不是件容易的事，它要求教师要全身心地投入，认真备课，认真讲授，认真检查教学效果，还需要不断总结经验，改进教学方法。“教好书”是合格教师的表现。

（3）“要有一定的科学研究水平”。江隆基认为，高等教育是一种高层次的教育，是一种专业化的教育，它要求教师在完成教学任务的同时，还必须承担一定的科学研究工作。“通过教学促进科研，通过科研提高教学”。高等学校教师“既是教书的行家，也是科学研究的能手。”

（4）“教育别人也在塑造自己”。江隆基认为，教师是教育学生的人，他不仅传授着知识和技能，也传授着自己的思想、品德和作风。他的一言一行都在潜移默化地影响着学生，所以，教师在教育别人的同时，也要塑造自己。实际上教师在整个教学活动中都在塑造自己。他说，世界上没有任何一个人是完美的，但是我们每位教师都应当“争取完美地塑造自己”。

（5）“要爱护学生”。江隆基认为，教师对教育事业的热爱主要地应体现在对学生的热爱。爱护学生就是爱护学生奋进向上的赤子之心，就是爱护学生勤奋积极的学习精神，就是爱护学生独立思考、肯于钻研、顽强拼搏的意志力。他还认为，爱护学生还应体现在对学生的严格要求上，“严格要求是保证教学质量的关键。”对缺点、错误绝不能放纵，也不能迁就。

（6）“要有正确的世界观和人生观”。江隆基认为，树立正确的世界观和人生观对每位教师都是至关重要的。他勉励教师一定要努力学习马克思列宁主义毛泽东思想，学习党的方针政策，关心国内外大事，多参加社会调查和社会活动。以正确的世界观和人生观对待自己，也以正确的世界观和人生观教育学生。

兰州大学的教师们是幸运的。他们在江隆基校长的谆谆教诲和细致入微的关怀下，沿着正确的道路，得到了锻炼，得到了充实，得到了提高。到1966年的“文化大革命”以前，学校已形成了一支“又红又专”的庞大的教师队伍，涌现出一批教学、科研都过硬的骨干力量。

四、勤奋、求实、进取，树立了兰州大学的良好校风

江隆基校长十分重视校风建设。校风代表着一个学校的作风，它既反映着学校的形象，也表现着学校的精神。江隆基关于校风建设有两个层次的思想。一是校风的个性表现，包括教师教学（治学）之风、学生学习之风和干部的工作作风；二是校风的共性要求，即全校教师、学生和干部共同维护的整体之风。二者相互关联，相互促进，融合成一个完整的“勤奋、求实、进取”的兰州大学校风。

1.教师的教学和治学之风

50到60年代，工作在高等学校的知识分子，大都有过一种呕心沥血，艰苦创业，甚至是蒙受冤屈的经历。他们都有着赤诚的爱国热忱，高尚的敬业精神，严谨刻苦的治学之风。兰州大学的教师们也属于这样的类型。一般说，这样的精神面貌和作风，是那个时代培养锻炼出来的，是那个时代的产物。但是，兰州大学也有它特殊的因素，那就是在江隆基这样的好校长带领下形成了突出的勤奋精神，通俗一点就是一种特别能吃苦的精神。这里仅举两位老师的例证。

中年教师黄文魁，有机化学家。他从事的植物碱等三十多项科学研究，都达到了国内外先进水平，并多次荣获国家和甘肃省的奖励。有人说"黄先生的大半生都是在实验室里度过的，"确实是这样。在他的工作中，从来没有节假日，也从来没有旅游度假。在兰州大学的二十多年中，到五泉山公园游艺，也仅是一两次而已。顽强拼搏，艰苦创业已成为他生活的第一需要。黄文魁教授患有胃溃疡，需要量少多餐。他每日四至五次的用餐，大都在化学楼的走廊里（化学系规定不得在实验室内用餐），久而久之，在走廊用餐已成他的饮食习惯。他的孩子有读中学、小学的，他无暇顾及。当时，上小学的孩子都有家长接送，但作为父亲，他却没有接送一次。他的孩子是属于颈上挂钥匙一族，从来是孩子自己开门、关门、上学。黄文魁教授生前经常说的一句话就是："江校长对我工作上的支持和关怀真是太多了。再大的困难我也要将科研工作搞上去。"青年教师李思渊，1957年毕业留校任教时年仅23岁，现为兰州大学物理系教授，博士生导师。42年来，李思渊完成的科学研究成果达110多项，其中主要的、大的成果34项，达到国际领先或先进水平者15项。累计讲授课程17门，总学时达22000之多。培养硕士、博士生38人，其中晋升高职者13人，获博士学位4人，在读硕士、博士14人，获国外博士学位（在国外工作）者7人。李思渊的工作干劲是闻名遐迩的。他的干劲，确切地说是"拼命——一种忘我奉献的拼命精神"。在工作中他从没有寒暑假日，一年四季对他来说，好像也不分什么酷暑严寒。他整天要做的事就是工作、工作、再工作。这么多的教学与科学研究成果，这样大的工作量是怎么获得的？李思渊有一个十分明确而感慨的回答："是江校长带出来的"，"是江校长带出来的勤奋进取精神，使我们获得了成功。"

兰州大学的教师们，在艰苦的环境中创造出高水平业绩者，绝不止黄文魁、李思渊两人，还有许多，但是他们的精神，他们的回答几乎完全一致。

2.学生的学习之风

江隆基校长对学生学风的要求可归纳为三个方面：

一是他提出了学生的学习"要树立明确的学习目的"、"要树立为祖国为人民服务的人生观和世界观"，"要有远大的理想和抱负"。学生在学习上绝不能要求不高，"混个及格"，"应当力争上游"。同时"也不能有'皇帝女儿不愁嫁'的思想"，以及其他盲目的优越感。

二是“要培养优良的学习风气”。这种风气，江隆基概括为五点：(1)提倡刻苦钻研、坚韧不拔的意志，他说，“学问之道深似渊海，没有移山填海的坚强意志是难以在科学领域取得突出成就的。”(2)“养成好读书而且好求甚解的学习习惯”，要孜孜不倦地读书，要刻苦钻研求甚解。(3)“要善于独立思考，发扬独创精神”，他说，“学习本身是一个思维过程”，只有善于思考才能有所收获，有所进步。(4)“要有谦虚、谨慎和老老实实的态度”，他说，知识、科学不能有虚假。轻率武断，虚张浮夸都是要不得的。(5)“要善于支配自己的时间，珍惜和充分利用自己的时间”。他说，学习必须有时间保证，珍惜学习时间无异于扩大空余时间。他勉励学生，千万不要浪费宝贵的时间。

三是“遵循学习规律，改进学习方法”。他说，学习有其自身的特点和规律，“一定要注意探索所学专业、所学课程的特点和规律，采取科学的学习方法”。总结经验，不断提高，学习的效果就会倍增。学生的学风问题，江隆基校长是1959年5月在整顿教学秩序中提出的，以后每学年、每学期他都要针对学生学习中存在的具体问题，向全校师生做报告，强调树立良好的学风。在江隆基的倡导下，经过全校师生的积极努力，一年一个台阶，勤奋、求实、进取的精神，蔚然成风。

3. 干部的工作作风

江隆基校长对干部工作作风的要求也可归纳为三个方面：

一是“要不断提高理论水平和政策水平”。他认为，各级干部是党的路线、方针政策的执行者，“必须更多地学习马列主义毛泽东思想，不断提高理论水平和政策水平”。在高等学校这个高知识的层次中，干部的理论水平和政策水平尤为重要。为此，他将全校中层以上干部专门组织了理论学习组，其他各级干部也都有具体的学习要求和安排。每学年的寒暑假还组织各类干部轮训学习。

二是“要努力学习业务，由外行变内行”。江隆基认为，“党政干部不能长期当外行”，“要努力学习业务，由外行变为内行。”他说，每个干部，无论担任何种工作，都有一个熟悉本行业务的问题。不懂教育，不懂业务，“强行领导是不行的”。

三是“要忠于职守，廉洁奉公”。对于“忠于职守”，他的具体要求是：“既要有责任感，又要有民主精神；既要勇于负责，又要有组织纪律性；对自己职责范围内的事，要敢于负责，不能推上诿下；对上级的决定、指示，要坚决执行，不能随意变动；对方针、政策的原则问题，不能擅自做主”。对于“廉洁奉公”，他的具体要求是：“要严以律己，清正廉洁”，具有全心全意服务的精神；“不能奢侈，不得浪费，坚决厉行勤俭节约的原则”；“要平等相待，不自视特殊，严格遵守党政干部三大纪律，八项注意。”

在干部作风中，江隆基提出，应当特别严格要求党员干部，他说，“共产党员是先进分子，应以自己的模范行为去影响和团结群众”，“做人民忠实的勤务员，是党员的光荣职责”。所以党员不能“以有党籍而自居特殊”，“任何党组织和党员个人都不能滥用党的权力和威信”。他强调，“脱离群众，滥用职权，以权谋私是最危险不过的”。

干部的作风是至关重要的，江隆基在制订每学年的工作方针和计划中，都十分强调这个问题，并针对存在的问题提出改进意见。为了着重解决好各个部门工作作风中的突出问题，他还专门召集会议讨论研究。他向全校行政干部做报告谈作风问题，也向全校总务工作干部作报告谈作风问题，他还向全校党员做报告谈作风问题。在江隆基的倡导下，干部的素质和作风都有了显著的提高和改善。勤勤恳恳，任劳任怨，认真负责，团结奋进，全校上下形成了一种和谐的、生机勃勃的良好气氛，也形成了勤奋、求实和进取的工作作风。

对于校风的整体要求，江隆基有一个十分突出的基本要求：“爱护我们的一草一木”。他说，“我们的国家是一个社会主义大家庭，我们每个人都是这个大家庭的成员，大家都应当爱护这个大家庭，爱护我们的一草一木。”就学校而言，他说，就是“爱我们的学校，爱我们的专业，爱我们的学习，爱我们学校的一草一木。”江校长的这种以爱为基点的共性要求，实际上，恰恰概括了校风建设中最本质的东西。

江隆基还重视校园环境的建设。他认为，校园环境不是可有可无，或者只是为了好看好玩，校园环境实际上是校风内涵的外延。1959年，江隆基校长来到兰州大学以后不久，国民经济的困难时期就开始了，校内的基建工程全部被迫下马。为了创造一个良好的教学环境，他想了许多办法，他首先考虑了校园绿化问题。他找有关同志商量在原基础上全面规划校园建设蓝图，请园林局的专业人员帮助规划绿化事宜。他提出，校园绿化一定要适应教学环境，在少花钱多办事的原则下，尽可能多地种草种树，并且要注意实用和意境的结合。同时他还提出，要基建处规划校内道路的修筑，他说，校内道路也要适应教学环境和校园内交通的实际，道路不宜太宽（后经测算，确定为六米）。他还建议在道路十字交叉中间可建立一个喷泉，后由做具体工作的刘希诚专门到榆中县的万儿泉拉来了水秀石，因陋就简建起了一个既有自然景观又有观赏价值的水秀石喷泉。1963年后，校园绿化又进一步美化，增加了观赏树种和花草，扩大整修了水池，逐渐形成了今天兰州大学的校园环境。为了搞好校园建设，很多教师和学生参加了校内义务劳动。美丽的校园和平坦的道路，都洒下了兰州大学师生的点滴汗水。

还有一件事需要提到，就是校内广播台和广播网的建设。在50—60年代，国内还没有电视机。收音机虽已问世很久，但是在兰州大学的师生中还不很普及。为了及时传播国内外新闻，50年代校内曾安装了部分扩音设备。江隆基到校后很重视校内广播，他认为，校内广播是沟通学校各方面工作以及师生之间关系的重要渠道，是校园环境的一个重要方面。为此，校党委专门研究讨论，并决定由党委宣传部全面规划校内广播建设。1959年末，兰州大学分段有序的全天广播活动开始了。每天清晨，转播中央人民广播电台早间新闻和校内俄语、英语口语辅导和朗读，10点左右有课间操广播（广播体操），中午12点有校内新闻报道和文娱节目，下午5:40又是校内新闻和文娱节目。校内广播的建立和健全，使全校师生员工都能够及时听到国内外大事和校内外大事。教师和学生的事，教学与科学研究上种种新鲜事，以及各系、各专业、各班级的先进事迹，等等，都得到及时报道。每当大家在食堂就餐时，总是要细心听听校内广播的消息。校内广播已成为兰州大学广大师生员工教学生活中的共同需求。

江隆基校长离开我们已三十余载，然而随着岁月的流逝，人们不仅没有淡忘，而是愈来愈深地怀念他。

历史的真实，从来是自己谱写的。江隆基谱写的历史是一部永远让人们怀念的历史，是一部永远让人们学习的历史。江隆基校长作为兰州大学迈上新台阶的奠基人，将永远留在广大师生们的心中。

怀念老校长林迪生

——为庆贺兰州大学90华诞而作

韩学本

欣迎兰州大学九十大庆之际，我们想起了老校长林迪生（1903.3.5—1997.2.23）。老校长，兰大人怀念您。90年对一个人说来似乎难以理清，但对其主要经历，历史会给出客观公正的评价。林迪生校长在兰大领导岗位上辛劳26个春秋（1953—1979），除几年是为江隆基校长当助手（副校长）和“文革”中靠边站以外，其余都是独当一面的一把手。据说江校长来校时，组织上考虑调林校长去别的高校出任校长，而被林校长谢绝了。用林的话说，当年在延安大学、西北军政委员会，他都尽力地完成了为江当“助手”的光荣职责。

1. 谁是大学的主人？在1957年“鸣放”、“反右”和1958年“大跃进”的兰大校园里，同国内许多高校一样也被炒得沸沸扬扬，一时间大学生竟成了高校的“主人”。林校长在十分艰难的境况下据理力争，但在某些“热昏头脑”的人的天平上，真理失去了以往的光辉。在校大学生的主要任务是所谓“走向社会”、“深入实际”、“在实践中掌握知识”；课堂形式可有可无，或被斥为“黑板上种粮食”；只有深入到工厂车间、田间地头宣传时事政策和扫盲识字，或在校园办起文具代销店、酱油醋零售点，似乎就是深入生活、理论联系实际地学习。更有甚者，如兰大历史系没有直

作者时为兰州大学哲学社会学院教授。该文发表于《兰州大学学报》(社会科学版)1999年第3期。

接“对口行业”，不能像化学系物理系去办厂，便在校内烧起砖来。至今校本部的西边围墙里还存留着该系师生的“汗水砖”。这就是当年走出课堂，不受资产阶级统治、理论联系实际啼笑皆非的“历史见证”。

在那狂热的日子里，不能讲真话；坚持原则会斥为“右倾保守”“小脚女人”；当年林校长头上的帽子，如同军阀混战年代“城头变幻大王旗”似地换来换去：“目光短浅”“延安习气”“老右倾”直升至为“兰大陈独秀”，便从一个侧面为我们提供了那段历史的佐证。

林校长在困境下力挽狂澜，坚持党的教育方针和政策，从党内讲到党外，从会议室讲到大礼堂，在校学生的主要任务是：学好理论知识，学习脑手并用的技能、方法。要以报效祖国的态度去学习，而不是空谈，不分场所地讲“主人”，讲在“实践中学习”。学校的主人从广义性质上讲，是全体教职员工；从主导性、主力军是教师，而不是学生。学生只是受教育的对象，接受知识的对象。固然学生的学风会影响校风和一定程度的学校声誉。但决定学校教学水平、质量的主要是教师而不是其他。强调教师的主导地位并不贬低学生的政治地位。由于极“左”思潮的影响，曾一度出现混乱和教育质量滑坡。像“文革”中发生怪事一样，必然地出现“自编讲义”“占领讲台”“斗、批、改”，曲解教育，误导学生滑向愚昧的泥潭。

在这里“理论联系实际”同样受到形而上学的误导。一次我向林校长请教“理论联系实际”的科学含义和渊源。他告诉我说：“理论联系实际是我们党在长期革命实践中总结出来的三大法宝之一，但它的最早提出不是所有人都清楚的，它是付出了巨大的代价才为人们所接受。”林老继续说：我党历史上的“左倾”“右倾”思想根源之一，就是理论脱离实际。这一点已无异议，毋须赘述。关于它的提出，远在大革命时期，党中央负责宣传教育工作的杨贤江同志在一次会议上创造性地概括出来的。杨贤江倡导“理论必须联系实际”，并身体力行认真实施。后来被其继任者王明等所践踏和玷污。在长期的革命实践中，我们党克服了左的和右的形形色色的教条主义、经验主义之后才接受下来，特别是党的“七大”形成决议，写进党章，于是“理论联系实际”便成为中国共产党人的重大标识。

2.“大学生中哪会有那么多的右派和反革命呢?”这是身处逆境、危同入海泥牛的林迪生校长，自觉地坚持实事求是，临危不惧地亮出的一面鲜明旗帜。当时要划定“右派”的“指标”尚未下达，但舆论导向、运动潮流是向左、向左。作为一校之长的林老，已被排斥于“反右领导小组”

之外，并险被抛入“漏划右派”泥潭之中，由于干部管理权限在中央，上报有个过程，林迪生的右派厄运竟被幸免了，但对其批判从未停止过。整风刚刚开展不到一个月，校党委已瘫痪，代之而起的是“鸣放委员会”和后来的“反右委员会”的领导，广大群众和多数党员表现出极大的焦虑和困惑，祈盼有个明确指导，终止“四大”，恢复正常教学秩序。然而事与愿违，兰大的“鸣放”“反右”沿着扩大化的歧途迅猛地滑向悲惨的深渊。记得“五七届毕业班”，被指定为“鸣放”、“反右”试点，并成立了毕业班联合党支部，大家还是茫然无措，我们几个支委受全体党员委托，深夜走访省委书记，问政策、求释疑，回答说：“天塌不下来，我们马上就要反击了。”要大家继续鸣放不急评论。

果不其然，第二天（1957.06.06）《这是为什么》的社论见诸报端。“反右”的帷幕被拉开了。社论顿时成为狂热人们的“甘露”“利器”，出现了一边倒的态势。如何开展这场“反右斗争”，许多人茫然、徘徊，无所适从。继续鸣放贴大字报者有之，敏感地为自己前段言行辩解者有之，有人贴出“早知今日，何必当初”的大字报，更有“放虎打虎，我上当了”的大字报在几处贴着，还有人写血书表白自己苦出身，从骨子里不会反党。中文系一学生，竟咬断自己的舌头，后在医院治疗时才说：“都是舌头爱说话招来了祸事”；地理系一学生在日记里写道：“何堪回首忆争鸣，愿了残生遁空门”；有人纵身跳入滔滔黄河，……“反右”一开始就以迅雷不及掩耳之势，急剧地扩大着。但人们同时看到，起初在工人中没有声势浩大的“反右”，在农村像吃了定心丸似的，压根儿（有文件）不开展“反右”，军队照例是特殊的例外。但在知识分子成堆的地方，干部教师中、工商界、宗教人士中都搞得如火如荼，似乎遍地是右派，兰大焉能例外。

在不足三百名的毕业生中经过“筛选”“压缩”，最后还是上报了63名“应划”右派的名单。这大大超过了后来毛泽东主席估计的百分之一、二的比例。记得那次划定右派的非常会议是由校党委书记、副校长刘某主持的，他一开口就批评毕业班联合支部“右”了，会场气氛骤然像凝固了似的，很快出现了一边倒的危势，只能讲“右”了，不得言它。记得林校长手捧早已冰冷的牛奶杯（是通讯员温热后第二次送来的，故有此特殊记忆），踱着沉重的步子，他坚持说，此次不是一般意义上的左中右，或先进与落后，而是严肃的政治裁定，来不得半点差错，反对一揽子举手通过，要一一研究后慎重决定。而主持会议的书记针锋相对地说："不管是谁，只要有过一次反党，就将是永远洗不掉的历史污点。"会场气氛再次凝固。书记竟忘记了党的惩前毖后、治病救人给出路的政策，与会者的多数却未敢忘怀。正是在林校长的坚持下，最终将近半数的人从名单中划去。记得当时有这样一个细节，林老举了一位生物系的毕业生王某的事例分析说："这个学生学习不错、热爱党、热爱兰大公益事业和声誉。有一次赛足球，他很勇敢，把牙都碰坏了，还是坚持到比赛完。他同队友为兰大争得了这场球赛的胜利。那天我也在场观看，他那样勇敢，那样尽职（守门员），怎么转眼间，给班上党员提了意见，批评了学校工作，一夜间就成了反党的反革命？党培养的大学生怎么会无缘无故地变成了右派？青年学生中怎会有那么多的反革命呢？"正是林老顶风而上，坚持原则，使会议否定了27名国家培养的栋梁之材的灭顶之灾，同时也带给这27个家庭幸免飞来之祸的契机。

由于我是会议的参加者，由于会上出现了一个巧合的倒数：63—36；由于倒数后面隐藏着尖锐的路线斗争，这只是局部地挽回了毕业班的一大损失，复归了27个家庭应有的幸福。四十多年过去了，如同昨日刚刚发生的一样，使我从未忘怀；像类似的令人钦佩的往事，还很多很多，同样使人难以忘怀。

3.在同等客观条件下，办好高等教育的一个主要因素，是师资队伍的素质、素养的培养提高和合理使用。师资力量强，教学科研成果丰硕，自不必言。在这里教师的主力地位是毋庸置疑的。于是，全面落实党的教育方针和政策，调动教师（含其他员工）积极性，不断提高教师业务和品德素养，就成了学校工作的重中之重。林校长来校后，正是紧紧抓住了这个关键问题，他亲自去京、津、沪、宁，去沿海发达地区，跑教育部和兄弟院校，诚聘高质量教师和专家来大西北任教。在有关部门积极协助和鼎力支持下，不少留学归来的学子和著名专家、教授，放弃了沿海及大都会的优越条件，投身于相对艰苦的兰州大学创业行列中。在他们当中后来许多是院士、博士生导师、著名教授、专家学者，如先后有：郑国锠、刘有成、李吉钧、丑纪范先生来了；水天同、朱子清、左宗屺、赵俪生、高尔泰等知名度极高的教授也来了。朱子清教授还从复旦大学带着高足黄文魁先生、陈耀祖先生一起来了。他们以品德树人，以知识育人，在西陲兰州实现超越自我和跃进。于是兰大的教学、科研步步升迁，经过十多年的努力，将一个原本规模极小、解放前二三十年间仅毕业了380人的普通高校，发展成一个多学科、在国内外具有高水平和影响的直属重点综合大学，近年又两度被国外评为中国十三所杰出大学的第六名（一是亚洲高校自评，一是美国权威刊物推荐）。同时又跻身于“211”行列，其前途可观。这一切都是有目共睹的。兰大眼下的成就，是兰大人长期辛劳奋争积淀下的沃土的硕果，自然亦与兰大历届领导分不开，更与身居兰大主要领导岗位长达26年之久的林迪生校长密切关联。

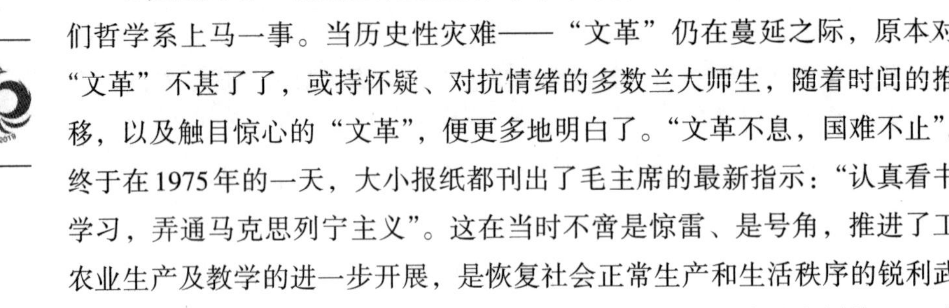

4.值得大书一笔的是林迪生校长，从社会需要和兰大实际出发，扶我们哲学系上马一事。当历史性灾难——“文革”仍在蔓延之际，原本对“文革”不甚了了，或持怀疑、对抗情绪的多数兰大师生，随着时间的推移，以及触目惊心的“文革”，便更多地明白了。“文革不息，国难不止”。终于在1975年的一天，大小报纸都刊出了毛主席的最新指示：“认真看书学习，弄通马克思列宁主义”。这在当时不啻是惊雷、是号角，推进了工农业生产及教学的进一步开展，是恢复社会正常生产和生活秩序的锐利武器。不久，“文革”结束，“四人帮”被永远地钉在了历史的耻辱柱上。中华大地开始复苏，兰大再换新颜。

正是在这个大潮之下，我们提出在兰大创办哲学系的动议，却得到学校的否定。又是一个巧合，北京真理标准讨论会召开，我们又乘这个东风，利用向校领导汇报会议盛况之机，再度提出创办哲学系的请求。那时在部属十所综合大学里仅兰大和山大没有哲学系，而国内有哲学系或哲学专业的院校已有十二所。这次，校领导同我们进行了深入的讨论。崔乃夫说“要我点头、拍板很容易，学生来了你们的基础课、专业课能保证质量吗？三年级时，你们又能为他们开出多少选修课供其选修?”同时，崔乃夫、林迪生（时为革委会的正副主任）的态度较前都有了松动和变化。他们都表示：如果部里批了，学校会在教师和经费方面尽力支持你们的。不久，崔乃夫调离兰大，领导创建哲学系的任务又归林校长主管。于是我们的建系报告又到了林校长办公桌上。又是非常之快，国务院教科文组批准了这个报告，时在1975年10月。这时林校长又指示我们：不要急于招生，根据我们兰大的情况，要广聘骨干教师，要培训提高现有教师，切实做好准备再招生不迟。大家都同意林校长的意见，便全力以赴地投入到积极筹建和备课之中。

我们连续举办了九期哲学学习研讨班，最短的不足两月，最长的竟达两年。筹备组的教师和干部都得到了实地锻炼，我们编写讲义，加强教材建设和校际交流；尽量多地派青年教师外出进修。“文革”后的第一年（1977年）国家恢复高考和统一招生，为确保质量，我们推迟（实为5个月）招生，林校长又一次支持了我们。我们于1978年秋正式招生。学员基本上是应届毕业生和“老三届”，质量很高。至此哲学系正式挂牌；发展到今天，我们哲学系已为国家培养出合格毕业生计十七届约七百余人，全都奋战在各自岗位上报效祖国。先后来系任教和工作的已逾九十人次。目前在校师生亦近三百余人。毕业生绝大多数不仅学业有成，而且不少人还成为专家、学者、教授，个别人成了博士导师和省级领导骨干。所有这一切，同样沉浸着林迪生校长春风化雨般的滋润、关爱和心血。

有一年已离职休养的林校长来兰度夏，晚饭后散步时，我问林校长：“林老，您当年那么坚决地反对成立哲学系，是什么原因使您一下子转了一百八十度而积极支持我们哲学系的创建和发展呢?”林老几乎是不用思考地回答说：“是一个共产党员的责任感，是一个老兰大人的祈盼，盼望兰大脚踏实地的蒸蒸日上。”是的，林校长不许我们滥竽充数误人子弟，一切要对人民负责，同时鼓励我们勇于开拓创新，为兰大健康发展不断地浇注生命活力，多做贡献。

5.又一个暑天，即1987年林校长来到兰大避暑和“业余视察”。然而这却成为深受人们尊敬的老校长同兰大师生的最后话别。同以往一样，林校长还是特别地关注兰大的教学质量，他发现兰大外语教学有些下滑，满足不了与日俱增的社会需要。又是一个事有巧合，著名美籍华人、诺贝尔奖获得者杨振宁教授来国内遴选赴美深造的留学生。在录取的学生中，名列榜首的竟是兰州大学在校生胡青和他的姐姐。这姐弟二人都是北京来甘肃插队的“知青”，能被杨教授选中，说明他们的基础知识、外语水平是出类拔萃的。于是对林校长的担心和批评出现了异议，林校长认为反批评很正常，自己也要真正地向真理靠拢。他锲而不舍，继续调查研究，并召集了一些外语教师和外事工作者座谈，出乎意料的是意见集中而尖锐，一致认为外语的教与学都有所下滑和倒退。几乎每年都有学生因外语差而影响毕业分配或坐失留学深造的良机。

林校长回到北京后，又在北京进行此项调查，通过在京的老兰大、老校友、老学生以及部分兄弟院校毕业生对比研究。他更坚定了原来的看法，并获得了新的启迪。即使一些外语满分学生，到了工作岗位也难以适应。这并非学以致用概念的贬值，而是暴露了外语教学某些缺憾和难以适应社会需要。这不仅是兰大，在其他院校也有类似的情形，是个普遍性问题。

林校长将他在兰大、北京部分高校获得的外语教学下滑情况，写成报告，于1987年11月30日上报国家教委，教委极为重视。当时兼任教委主任的李鹏同志立即批示道："林老，我已拜读了您的来信，许多意见是正确的。转请东昌、开轩同志在制定明年国家计划时参考"。李鹏签署意见是同年的12月6日。连一周不到，足见领导的特别重视（参见国家教委文件1987年第440号），此外何东昌、朱开轩同志也都及时批示。

6.林迪生同志一贯热爱党，热爱人民，类似上述直接报告党中央的重大举措，还有一些，他有时寻找机会将意见汇报中央，有时写成书面材料呈转。1993年3月27日的一份材料，就是向中央写的他1992年前后三下江南的调查报告，内容虽是福建漳州、浙江台州的一些具体事件，但却有相当代表性。报告里提到的某些地区、单位的党群关系已被腐化分子将其推向崩溃的边沿。像报告所概括的那样：党群关系已由"鱼水关系"蜕化为"油水关系"；若麻木不仁，还将转化为对抗性的"水火关系"。如不迅速扭转，其患无穷。如同曾经保护过新四军的一位浙东老人所说："当年日本鬼子打来了，我冒死去送讯，而今有了类似的险情，我只好悖心地躲起来，求个自身安宁，免遭昔日发生过的渔霸、恶人还乡报复。"江泽民总书记在这份报告上批示道："看来，反腐败到了不搞不行的时候了"。此外，这份报告的主旨和某些基点，被《光明日报》冠以"走出历史怪圈"的署名文章刊于显著地位。

中央表态后，林老松了一口气，但他对党风不正，腐败难除仍然忧心如焚。记得1989年11月林老又将其忧国忧民的忧患意识，写进日记，后来又请秘书写成条幅，挂在他在国家教委的仅八平方米不到的客厅兼饭厅的西墙壁上（应补充一句，组织上很关心林老生活，一次又将新竣工的王府井南口北京饭店北侧的一套使用面积为150平米正部级住房分配给林老，却被他婉谢了，他仍住在教委院内那套不足30平米的职工宿舍里，直到去世。）其条幅云："殷鉴不远，秦鉴犹新，俄鉴在目，教人深思"。这条幅同他卧室兼书房里所挂的那幅座右铭，遥相辉映。座右铭是借用历史名句改写的："鞠躬尽瘁，死而后安"。我不解其意，请教林老，为什么要把"死而后已"的"已"字改为"安"呢？林老沉思了片刻说："人民养育我快一个世纪，党教育我六七十年，我心中只有人民，人民幸福了，我也心安了，我不能像诸葛亮那样，而已而已，‘安’更能体现我的心怀”。

永远都不能脱离群众，远离人民。一次林迪生去看望德高望重的邓颖超同志，邓留林老及其夫人陈楚平同志共进晚餐。周恩来总理问林：“兰州的大路菜和北京一样也是大白菜？”林：“是大白菜，但不如北京的好，另外还有洋芋”。周：“洋芋是由国外来的吧？”林：“是，听说是从美国引进的。”周：“白菜多少钱一斤？”林语塞，大家笑了。邓大姐解脱地说：“难为林老了，大学校长亲自上街买菜的不多，更不会讨价。”陈楚平也插话说：“兰大的围墙比延安大学的高，把老林给圈住了。”周总理先笑了。邓大姐仍是笑着说：“早就听说你很注意深入群众，能同学生们打成一片；还同学生们一起打排球，给学生盖被子。难怪当年延大和鲁迅师范的学生管您叫‘林妈’，不叫林老师、林校长”，又是笑声。

淡泊做人　宁静处世

——兰大百年忆辛老

苗高生

纪念兰大百年，自然会说起江隆基、林迪生、辛安亭“三老”，三位均是德高望重的老校长。在兰州大学，辛老没有林校长任职时间长，也没有江校长那样影响深广，然而辛老的业绩、思想和人品同样值得我们永远怀念和称颂。

辛老是山西省离石县人，从小喜爱读书，且有很好的记忆力，从小学到中学一直学习成绩优异。19岁那年，辛老以优异的成绩考入了享受公费待遇的山西进山中学（校长阎锡山），1931年又以全省惟一考上北京大学的学子，受到省、县两级政府的资助。1934年北京大学毕业后，即投身于教育事业，矢志不渝，为祖国的教育事业奋斗了一生。辛老是一位编著科普读物的著名学者，同时也是一位德高望重的教育家。

辛老1938年到延安，1939年2月加入中国共产党。辛老到延安后先是在陕北公学学习，毕业后被分配到陕甘宁边区教育厅，从事教材的编审工作，一直到全国解放。

一

辛老在兰州大学工作，先后有两段时间。第一次是1949年8月，那是

作者时为兰州大学政治与行政学院教授，该文发表于《兰州大学学报》（社会科学版）2009年第2期。

兰州解放后，他以军代表身份负责接管兰州大学等四所高等院校。他是首席军代表，并且是兰州大学校务委员会主任委员，主持领导全校工作（当时，辛老还兼任甘肃文教厅厅长，主管全省文教），一直到1951年夏离开兰州大学。

关于兰州大学这段时间的状况，笔者曾专门访问过陆润林（当时是军代表之一，并且是校务委员会副主任委员）。起初主要是想了解1950年江隆基来兰州大学视察及解决一些相关的事（当时江隆基是西北军政委员会教育部部长，这是江隆基首次来兰州大学）。其后，由于多次和陆润林交谈，也就自然地谈到了辛老及当时的一些情况。

据陆润林说，当时兰州大学“总的来说，是又复杂又混乱”。他回忆说，兰州大学自1946年确立为国立兰州大学以后，经辛树帜校长等的努力，从校舍建设、教学设备到师资配备已初具规模。但是发展“举步艰难”。解放了，仍然十分混乱。种种谣传不时传到学校师生中间，抵触的事也时有发生；教师不安心，许多教师在设法调往外地；开学许久了，仍有许多学生没有到校注册报到。

为了尽快恢复正常秩序，妥善解决各种棘手的问题，打开一个新的局面，校方做了多方面的工作。一是始终坚持“团结与教育”相结合的方针。高等学校大量的主要的是做知识分子的工作。辛老对教师队伍有个基本的认识，认为“绝大多数是愿意进步的，是愿意发挥他们的知识作用的，是愿意为人民服务的”。所以辛老强调，贯彻执行知识分子方针，一定要将团结放在首位。要“以诚相待”，要有“民主精神”。当时全校教职员工的政治学习和全校学生的政治思想教育是学校工作的重点。辛老非常重视这项工作，先后请了第一野战军政治部主任甘泗琪，甘肃省委宣传部部长赵守攻给全校师生做报告。通过政治学习和政治课，大力宣传马列主义、毛泽东思想，大力宣传党的方针政策，转变认识，提高觉悟。陆润林说，“我们军代表三人，辛老和我由于专业不同，只有孙达可可以讲政治课。”（孙达可原系北京大学学生，后入边区参加革命工作。西安解放后，他和辛老一起参加了几所高等学校的接管工作。兰州解放，他又随辛老来到了兰州），辛老就委托他具体负责全校的政治学习，讲授《中国革命问题》（中国革命史）。当时的政治课除《中国革命史》外，还有《政治经济学》《社会发展史》和《辩证唯物主义与历史唯物主义》等。在辛老的安排下，我们请有业务专长、“学习进步”的教师如骆秀峰教授、管照微教授、李学禧教授等给学生讲政治课。以后西教部派高诚斋任兰州大学秘书长，又由他讲《辩证唯物主义与历史唯物主义》。这样做的结果，普遍反映良好。

辛老对教师很尊重，教师找他交谈，他都一一接见，并以诚恳的态度宣传党的政策。辛老没有“官架子”，他的报告、讲话从不夸夸其谈，对下属和蔼可亲，从没有疾言厉色，他要求的是“认真负责”“不能敷衍了事”。有时他的批评也很严厉，但不求全责备，苛求于人。

二是始终坚持“逐步改革，稳步前进”的指导思想。如何改造旧的行政管理、课程设置、教学制度等，是当时学校面临的又一项重要工作。辛老的基本思想是“不要过急”“要分清轻重缓急，逐步改造”。首先，学校公示了“安民告示”五条，“除了取缔反动的以外，主要精神是尽快恢复正常秩序”。紧接着成立了兰州大学校务委员会。按照辛老的安排，校委会“不搞清一色”，院、系一级除了个别人有所调整外，基本是“保持原貌”。在课程设置方面，除了停开停办一些必须要取消的课程和专业外，其余一律照常恢复，稍后再逐步进行课程改革。教学制度等同样本着先恢复，再建立健全的原则，全面展开。在教学改革方面，按照辛老的意见，特别强调了教学思想、教学态度和教学方法的更新，要求教师要努力学习马列主义、毛泽东思想，学习党的方针政策，并把它融入到教学中去。要求学生“积极主动地学习”，要诚恳地向教师提意见，密切师生关系。在教务管理方面，按照辛老的提示，我们特别注意了课程教学的计划性，注意克服课程内容的陈旧、庞杂和重复的问题，建立稳定的教学秩序。

陆润林认为，解放后的兰州大学之所以能得到较快恢复和较平稳的发展，是与辛老的“领导思想和领导作风”分不开的。辛老为兰州大学做出了重要贡献[①]。

辛老在兰州大学近两年的辛勤工作，为兰州大学新的起步奠定了基础，开了个好头。

二

辛老第二次进兰州大学，那已是时隔22年的1973年的事。那时他是作为“落实政策”的“解放”干部结合到“兰州大学革命委员会”的。他虽然是“革命领导干部”，但却“起不了作用”。听说，他给宣队进言：

① 上述系陆润林的谈话内容，在写作本文过程中笔者做了技术性的归纳整理。

“要发挥知识分子的知识作用”，“要尊重他们，团结他们，亲近他们”。结果遭到批判，说他是“向资产阶级投降”。同时，还将他在延安时期出版的《儿童三字经》《历史歌》翻印出来“供批判参考”。

辛老真正地发挥作用，是在粉碎“四人帮”之后。那时的兰州大学在他的积极主持领导下，旗帜鲜明地纠正“左”的错误，大刀阔斧地拨乱反正，为江隆基等一大批人平反昭雪，落实政策，整顿和恢复教师和干部的职称、职务，积极推动教师职称晋级和评定工作。同时，从整顿教学秩序入手，全面建立健全各项规章制度，使兰州大学的工作重点很快地转移到以教学和科研为中心的正确轨道。以1977年全面恢复高考为契机，在辛老的倡导和推动下，兰州大学已经被丢失的重教学、重科研的管理理念，已经被剥夺的刻苦、纯朴、勤奋、严谨的治学之风，又重新在兰州大学校园里燃烧起来。在新的历史时期，辛老为兰州大学打开新局面奠定了坚实的基础。

使我对辛老肃然起敬的有两件事。一件事就是在“文革”中辛老的那首打油诗。诗的原文是：“阴魂不散理当然，流毒肃清难上难；驱散妖雾出红日，迟早总有这一天”。这首诗在全校曾得到广泛的共鸣性的反响，当然也遭到了工宣队的指责和批判。

事情的缘由是这样的：1966年“文化大革命”刚刚开始，兰州大学的江隆基校长、南京大学的匡亚明校长和西安交大的彭康校长等一起被点名定为被打倒的对象。当时的甘肃省委先是派出工作组，后又加派150多人的工作团进驻兰州大学，宣布江隆基是“长期隐藏在党内的资产阶级代表人物”。对江隆基实施精神上、肉体上的残酷折磨，直至将他迫害致死。江隆基是共和国成立以来老一辈的著名教育家。1959年1月到兰州大学任职后，“为兰州大学带来了一个飞速发展的，大步提高的‘黄金时代’”。江隆基是一位“有水平、有经验、懂业务、懂政策”的好领导，是一位德高望重的好校长。他的业绩、思想和人品深受广大师生的崇敬和爱戴。江校长的含冤致死，使大家深感惋惜，更使大家念念不忘，愤愤不平。于是，在兰州大学就涌现出了一股为江校长鸣不平、为江校长申冤、为江校长平反昭雪的浪潮。工宣队几次发动批判，都无法进行下去。叫嚷这是“江隆基的阴魂不散”，这是“江隆基的流毒没有肃清”，并一再提出“要清除阴魂，要肃清流毒”。1973年辛老到兰州大学看到这种情况后，就写出了这首打油诗。这是辛老对那些肆意践踏民意的邪恶权势的正义抗争。它反映了辛老不畏强势、旗帜鲜明的是非观；同时也说明了辛老的那种："驱散妖雾，重见红日"，真理的阳光一定会普照大地的坚定信念。辛老的这种高尚品德赢得了广大师生的崇敬，也是很自然的事。

另一件事，是在粉碎"四人帮"之后。那是在旧文科楼二楼的大教室，学校召开了一次座谈会。会上辛老有一个主题发言，讲的是关于解读毛主席诗词和批判"四人帮"。他解读了《沁园春·雪》。可能是考虑到大家对这首词比较熟悉的缘故，辛老并没有逐字逐句地解读，只是大略解说"词"的内容。他的解读着重讲了两个方面：一是说毛主席的这首词立意、结构和抒情都很完整，用词准确，景、义、情结合紧密，一气呵成，是一首水平很高的词。他说，这首词是1945年11月发表在《新民报》副刊上的。为什么在这个时候发表？他强调说这是与当时国内形势紧密相关的。这也是我们学习毛主席这首词，应当深入理解之处。他说，当时的形势是日本投降，抗日战争胜利，中国正面临着两种前途、两种命运、中国向何处去的问题。毛主席在写景之后说："须晴日，看红装素裹，分外妖娆"；在立义之后说"数风流人物，还看今朝"，可以说，正是针对这个问题而抒发的。中国既需要走向光明，建立一个民主富强的共和国，也需要坚信在中国共产党的推动和领导下，中国一定会出现这样一个崭新的面貌。而这种崭新的面貌更会强于中国历史上的任何时代。辛老说，诗是"言志"的，这就是"志"。

辛老讲的另外一点是针对"文化大革命"、批判"四人帮"而说的。他说，"文化大革命"破坏很大，影响很深，也有许多经验教训值得我们认真思考，重要的一点，就是不能将领袖人物神化……他说，我们坚持以毛泽东思想为指导思想，我们热爱我们伟大的领袖，但决不能神化。这是我们用血的代价换来的经验教训。

当时，"文化大革命"刚刚结束，大家都在批判"四人带"，清算他们祸国殃民的罪行，也多少联系到一些经验教训。但是像辛老这样深层次的分析，不能不使我们由衷地钦佩。我也更钦佩辛老的这种坦诚的、高度责任感的、知无不为的精神。虽然多少年过去了，他的话语仍然深深回响在我的脑海里。

三

笔者与辛老相识较晚，那是在我接受撰写江隆基传以后的事。当时，我听说辛老在陕甘宁边区教育厅工作多年，我专门访问了他。

这是我首次与辛老面对面的谈话。开始我有些拘谨，话语也不甚畅通。只是在辛老平静和蔼的询问和交谈中，我才放松下来。他非常赞同为江隆基立传。他说，“隆基同志在德、功、言三方面的成就都是很高的”，为他立传是一件很有意义的事。我表示，限于我的水平，第一次写这样的传记，担心写不好。他鼓励我，下决心完成这项工作，“只要认真去做”，就会做好的。他还就如何写好江隆基传提出了几点看法。他还提示说，要我找一些教育史和教育理论的书“多看看”。在这次谈话中，辛老较系统地讲述了他前后两次在江隆基领导下工作的事。在与辛老的谈话中，使我深切地感到，辛老不仅是一位十分专业的学者，也是一位令人尊敬的长者。

辛老给我记忆最深的，是他将刘文英（原兰州大学哲学系教授，后调入南开大学）和我约去，专门系统地讲述他个人的身世。他是分两段时间讲完的。他讲的许多内容笔者在另一篇纪念辛老的文章已叙述[①]。这里我着重谈两点。

一点是辛老讲的延安作风。什么是延安作风呢？辛老认为：“最主要的是民主和简政”。他说：“延安时期，民主气氛很浓厚。大家畅所欲言，有什么不同意见，看到什么不对的地方，就当面直言。当官的也没有官架子。我们当干部的经常下基层下乡，同吃同住。穿衣吃饭，大家都很随便，谁也不去计较。领导非常关心下级，经常问寒问暖。我们是官，也是朋友”。他还说：“延安的生活很艰苦，但人们的精神世界很充实。大家都在努力工作。党的威信很高，大家都很自觉地听党的话。党中央很关怀青年的学习和成长。”“我们大家好像天天都在进步，都在发奋图强”。

他说，边区政府当时有八个厅，总共就十几个正副厅长，精兵简政。虽然没有电话和其他现代化的工具，但办事效率很高。也没有公文旅行和那些扯皮的事。有什么事不好解决，就当面谈。有时跑跑腿，就把问题解

①参见苗高生《长者·学者·教育家——纪念辛安亭诞辰一百周年》(《兰州大学报》，2004年12月31日)。

决了。他认为，“简政也反映着廉政作风”。

辛老说，所有这些都集中说明了我们延安时期艰苦奋斗、自强不息的精神，都说明了民主和简政的作风。他饱含深情地说：“富有情趣的延安生活，充满着时代的气息，至今历历在目，令人神往，令人难忘。”

对延安作风的表述，无论是从书本上，还是报刊等方面，都看到许多。但是像辛老这样亲切的、朴实的表述却不多。辛老在延安工作11年。我想，这正是他对延安时期怀有特殊的深厚感情，对延安时期的许多方面有深切了解的缘故吧！

另一点是辛老阐述了一个鲜明的观点，即对“左”的错误的看法。他说，无论从党的历史上，还是从他个人的经历中，都告诉我们：“左”的错误是最危险的。

他说，正确路线的贯彻执行，既需要反对“右”的错误，也需要反对“左”的错误，可以说只有在既反对“右”的也反对“左”的错误中，才会有正确路线的贯彻执行。他强调，正确路线的贯彻往往不会一帆风顺，也不是一件容易的事。但问题在于“右”的错误人们往往容易警惕，容易辨别，也容易解决。而“左”的错误往往是难以识别，又容易反复，更难克服。

是什么原因使“左”的错误会反复出现？又为什么难以克服呢？辛老提出了两个基本原因：一是伪装。他说：“左”的错误，都是伪装的。伪装成最革命、最先进、最积极，伪装成惟一正确。二是“左”的错误容易迎合群众的心理，得到群众的认可，受到群众的拥护。他说，除了这两个基本原因外，还应该看到一个重要因素：“我认为是一个不应当回避的因素，就是干部的素质。有时甚至是干部的品德在起着十分重要的作用”。

辛老是一位直率坦诚的人，处处洋溢着学者的科学态度。在当时，大家对“左”的错误，特别是对它的危害，尚处在朦胧的一知半解的认识中，辛老能有这样深刻的表述，实在令人钦佩。

辛老一生崇尚勤奋朴实，鞠躬敬业。他的心底高尚、善良、真诚，做事专注，有始有终。为人豁达，处世平和。在临终前一个月还这样说：“对人无恩无怨，自处能洁能勤”。

辛老一生好学不倦，笔耕不辍，与书为伍，著述丰颖。辛老已经出版的著作达八十余部，累计有四百余万字。他为祖国的教育事业，为教育的普及与提高，做出了重要贡献。

“淡泊做人，宁静处世”是辛老一生的真实写照。缅怀辛老，我要十分内疚地说：我愧对辛老了。当时，辛老将刘文英和我约去，讲述他个人生平的目的是要我们帮助他撰写一部传记。事后，我和刘文英曾酝酿讨论，也有过初步的分工和安排。然而由于种种原因，我们却没有完成这项重托。我的挚友刘文英已英年早逝。我想，我也代表他，向辛老深表歉意：辛老永远活在我们心中。

兰州大学校史上几个重要问题的考辨

张克非

2009年，是兰州大学的百年华诞。在编写百年校史的过程中，对于校史中以前被弄错或失载的许多重要史实，本着对历史负责的态度，尽可能多方搜求，小心求证，还它们以真实。下面，仅选取校史上几个较为重要的问题进行考辨，以献诸同好，并就教于各位方家。

一、甘肃法政学堂成立的确切时间

兰州大学的前身是成立于清末的甘肃法政学堂。然而法政学堂究竟成立于何时？民国时期甘肃著名学者慕寿祺记为清宣统元年“秋七月，设法政学堂”[1]22；陆润林主编的《兰州大学校史》（以下简称《校史》）中则记载，1909年“9月17日（宣统元年八月十五日）甘肃法政学堂正式成立”[2]3。但根据当时的《甘肃教育官报》和其他相关资料，甘肃法政学堂成立的确切时间应该是1909年2月。这年9月，是其面向社会招收的首届学生进校开学的时间。

甘肃法政学堂，是由晚清甘肃开办的下级官吏培训机构演变而来。据蔡大愚在1916年7月所写的《学校成立记》，1889年（光绪十五年），兰州府发审局创办了学吏局；1900年，改为学律馆；1903年，又改为课吏馆，成为全国22所课吏馆之一，主要招收省内县丞、典吏等下级候补、候选官员，进行法律等知识的培训[3]。1907年，甘肃署理按察使白遇道又将课

作者时为兰州大学历史文化学院教授。该文发表于《兰州大学学报》(社会科学版)2009年第4期。

吏馆改为法政馆，别称“法政讲习所”[4]。先后由按察使陈灿、彭英甲兼任总办，并增派提调（负责教务）、管理、教学各类人员。法政馆曾开设伦理、国文、律例、宪法、国际法、法学、财政法、民法、刑法、警察、监狱、行政、地方制度等课程，学制1年。

当时，清政府设立宪政编查馆，令沈家本、伍延芳等人为修律大臣，参酌各国法律，修订新律。1905年4月24日，伍廷芳与沈家本上奏清政府“新律即定，各省未预储备用律之才，则徒法不能自行，终属无补”，因此“亟应广储裁判人材，以备应用”；并奏请设立京师法律学堂[5]313。7月，光绪皇帝批准了这一建议[6]469。同年11月，直隶总督袁世凯奏请在保定设立直隶法政学堂[7]。1906年7月，学部批准御史乔树楠的建议，令各省一律设立法政学堂。次年4月，学部又规定各省法政学堂由提学使司主管，并报学部备案；还将直隶法政学堂（1906年设立）和京师法政学堂（1907年设立）的办学章程颁发各省，令仿照办理。

按照学部的统一要求，1908年（光绪三十四年），陕甘总督升允札饬，将甘肃法政馆改为甘肃官立法政学堂，由甘肃按察使司交提学使司管理。当年11月8日（十月十五日），“即准署臬司彭英甲将法政馆关防一颗及执役名册移交到司，当即接收详报在案。”[8]届时，按察使司向提学使司办理了移交手续。提学使司亦呈文陕甘总督署，汇报交接工作已完成，并请刊发官立法政学堂印章[9]。随后又将拟订的甘肃“法政学堂章程”呈报学部。

12月2日，陕甘总督升允上专折奏报成立甘肃法政学堂事，“拟自明年为始，遵章名曰法政学堂”，并提出缩短学制为三学期、分设学科、招收一年制绅班、提供优厚奖励四个方面的计划[10]。

1909年2月（宣统元年正月），清政府学部批准将法政馆改为甘肃官立法政学堂并准予备案。随后，学堂的堂址也从原藩署东侧迁到省城内西大街。

甘肃官立法政学堂成立之初，即设有监督、正副提调、教务长、文案兼关防收掌、会计各一员，监学二员。当时学堂监督由署理甘肃提学使陈曾佑亲自兼任[11]。法政学堂成立后，除原法政馆余下的一班学生外，又于1909年夏，分别招收各类新生。8月，公布录取学生名单。9月，新生入校，新学期开学。

与此前的学律馆、课吏馆和法政馆相比，甘肃法政学堂已不再是以往的官员培训机构，其隶属关系、管理方式、学生来源、教学、规模等方面都有了明显变化，开始成为一所相对正规的高等专科学校。有学者认为，“甘肃官立法政学堂的建立，在落后的甘肃起了开新式教育之先河的作用。”[12]453

二、1938年初甘肃学院院长易人的内幕及影响

1937年4月，甘肃学院前事务长朱铭心①接任院长，但到次年2月即被甘肃省政府调离。这一人事变动背后，有复杂的政治背景和原因，也对学院产生了较大影响。

1937年7月7日卢沟桥事变后，随着全面抗战爆发和国共两党的联合抗战，八路军驻甘办事处、共产党甘肃工委相继建立并积极在兰州青年学生中开展活动，甘肃学院师生的爱国热情也迅速高涨，尤其是在学生中一些共产党员的组织领导下，甘肃学院很快成为兰州地区和全省青年爱国活动的一个中心，特别是由学院进步学生为核心组织的甘肃青年抗战团，在社会上产生了重要影响；甘肃学院的爱国学生创办刊物，组成各种演讲、宣传小组，到兰州街头发表演讲、教唱救亡歌曲、演出抗日活报剧、张贴标语、举行救国募捐，成为抗战初期兰州群众抗日爱国文化热潮中极为活跃的力量。包括顾颉刚、萧军等许多文化名人也应邀到学院讲演[13]58-68。当时，学院还聘请著名学者杨向奎、王树民等前来任教。这一切，与时任院长朱铭心的支持有直接关系。他也因此而受到学生的拥戴。

但这却引起了国民党地方当局的很大不满。1937年12月底，朱绍良接替倾向国共合作、共同抗日的贺耀祖任甘肃省主席后，即于次年2月下令将朱铭心调离甘肃学院，同时命平凉中学校长王自治接任。此举遭到学院进步学生的抵制。他们挽留朱铭心，拒绝接任者。2月21日下午，当王自治奉命到学院与前院长进行工作交接时，朱铭心避而不见，而由甘肃青年抗战团负责人罗伟等学生代表出面通知王自治：学院学生正在挽留朱院长，他不必来接任。这不仅使王自治十分尴尬和恼怒，也令朱绍良等大动

①朱铭心，字镜堂，甘肃靖远人。“五四”时期也在北京读书，后来亦参与《新陇》杂志的编辑工作。他从北师大研究生毕业后，曾在北师大附中任教。1932年，任甘肃学院事务长兼教员；翌年，受命赴沪、宁等地，向中英庚款董事会募集2万元捐款，为学院新设立的医学专修科购买了X光机等医疗设备、药品等；并请教育部出面，免去了这些设备的进口关税和铁路运费。

肝火。当天，省主席朱绍良、教育厅长葛武棨即发布甘肃省政府令，对朱铭心和甘院师生严加训斥，威胁“对于此次鼓动风潮，行动出轨，不接受政府命令之学生，着即开除学籍，其能悔过自新者，姑念其一时错误，准予留校，以观后效。”[14]24日，又训令王自治，“兹定整理办法：一、现任职教员一律解聘，另候聘用；二、住校学生一律离校，重行登记，听候通知入校；三、如非该校职教员学生而仍盘踞校内，显系别有作用，即于逮捕。”[15]以高压手段平息了甘肃学院学生挽留朱铭心、抵制更换院长的活动。5月17日，省政府以训令方式，转发教育部1938年发汉教第2602号咨文，同意由王自治接任院长，并附送聘任书一件[16]。

王自治接任院长后，解聘部分教师，加强对学院师生的控制，于当年5月重新制定《甘肃省立甘肃学院组织大纲》，再次对学院的行政机构进行调整。

由于缺乏在高校工作的经验和当时客观条件的限制，在王自治任院长的近3年间，甘肃学院虽在1939年8月增设银行会计专修班，并在次年7月改为银行会计专修科，但在办学经费、招生规模、教学水平等方面，都未能有新的发展和变化。1940年秋，教育部派督学来甘肃学院进行视察，在视察报告中对学院提出了尖锐的批评。1940年12月26日，教育部据此颁发训令：

> 查该院前经本部派员视察，据送视察报告，该院纪律废弛，教职员多不甚负责，导师制未能切实施行，图书、仪器等设备未能充分利用，学生程度低劣，各项考试均未严格举行。该院亟应切实整理，商承省府另筹经费，将附设中小学单独设置，即以原有经费专办学院，积极调整科系，使班次衔接，并提高教员待遇，增聘优良之专任教员。此外，对于导师制、社会劳动服务及新生活运动、精神动员等，均应照规定分别认真推进[17]21。

教育界有人甚至讥讽说，甘肃学院是“三不像”：学院不像学校，教师不像教师，学生不像学生[18]。

在此情况下，甘肃省政府委员会第818次会议议决，并于1941年1月16日，由省主席谷正伦签发省政府铨字第123号训令及委任状，将王自治调任省政府参议，任命从美国留学归来的宋恪接任甘肃学院院长[19]。宋恪一莅任，即针对学院自身存在的问题，“抱定只问耕耘，不计收获，只求学校快速成长，不计个人成败利钝的原则”，切实整顿，努力苦干，加快发展[18]。着重抓了三个方面的工作，即调整科系，提高师资，整顿学风[20]。

在各方面支持下，这些措施很快取得成效。1942年秋，教育部再度派员视察时，甘肃学院的情况已发生明显变化。其视察报告写道：该学院1940年学生仅“35人”，1942年已增至160人；专业设置新增政治经济学系、人事管理专修科等；“教员34人，计教授13人、副教授3人、讲师18人”，“该院教授一部分尚称资历适当，惜以种种关系，未能久任”；“该院校舍整齐，场所亦多宽敞”[17]29。这样的评价，也为1944年3月国民政府行政院决定将省立甘肃学院改为国立创造了有利条件。

三、国民政府何时决定设立国立兰州大学

关于国民政府决定设立国立兰州大学的时间，《校史》上记载：“1946年3月26日，民国政府行政院第73次会议决定成立‘国立兰州大学’，任命辛树帜为校长。”[2]74但据查阅南京国家第二历史档案馆收藏“国民政府行政院会议纪要”原始档案，是在1945年12月4日，行政院召开的第723次会议上做出决议，将兰州原有的三所国立大专院校——甘肃学院、西北师范学院、西北医学院兰州分院，合并组建国立兰州大学[21]。此举在于避免因战后大批外省籍教师、学生的返乡和国立北平师范大学复校东返，给兰州各高校造成大的影响，以稳定、发展甘肃乃至西北地区的高等教育事业。

当时，之所以取名“国立兰州大学”，“意思是一个大学设在兰州，并不是专门为甘肃设立的，西北各省如甘、宁、青、新的人都可以进。”①也就是说，国民政府从一开始，就力图将这所设在兰州的国立大学，办成一所面向西北各省的全国性高校。正如《兰州大学校训发刊词》所言：

> 兰州大学设立在西北要冲的兰州，是中国西北部的一个文化堡垒。兰州，在地理上，当然还不算是中国的极边，可是以全国各大学的分布地点来看，兰州大学在西北方面，实站在高等教育之极边。兰州大学是站在文化国防的最前线[22]。

①据南京中国第二历史档案馆藏原件《国民政府行政院第723次会议纪要》(1945年12月4日)。

因此，兰州大学从其筹建开始，就是国家关于西部和全国高等教育发展布局中一所关键性、战略性的高校，并且肩负着促进西北地区的安全、稳定、开发和文化发展的历史重任。当时，一些地方大员对此也有明确的认识：

要建设西北必须发展兰大，同时发展兰大才能加速地建设西北。

建设是需要干部的，兰大是西北的最高学府，就应该负起继续不断地生产伟大的国防干部和改造西北建设国防上需要的活力。这就是兰大的时代使命[23]。

社会各界同样对创建兰州大学给予很高的评价和期望，认为“此足以慰藉西北人士多年来的喁喁之望，而足以永奠建设西北抑开发西北的始基。”[24]

为了建设好新设的国立兰州大学，行政院在1946年3月26日的例会上，通过任命著名教育家辛树帜为兰大校长的决定[25]。后来的实践证明，辛树帜的确是兰大历史上不可多得的好校长，在他的领导下，短短几年间，兰大就从原来默默无闻、以文科为主的地方性院校，一跃成为包括文学院、理学院、法学院、医学院的全国性综合大学，并为其以后的长远发展奠定了重要基础。

四、一次未实现的科学考察

1948年4月初，原计划由中美共同对积石山及周围地区进行科学探测，孰料由于美方发起人雷诺突然背信而被迫取消[26]25。此事引起以国立兰州大学、西北师院等为首的兰州13个文教学术机构①的高度关注，它们在4月下旬多次联名致电教育部、中央研究院及国防部，“请以中国科学家自主继续进行探测工作”，并希望提供经费、派出学者、调拨飞机，予以支持。这些单位的有关学者踊跃报名参加该科学考察、探测活动。在兰州大学代校长段子美教授的主持下，13个单位的代表，于4月中旬和5月1日、8日，专门召开3次谈话会，就此次探测、考察活动的有关事宜进行了具体商讨，并从诸多自愿报名者中推举出24位学者组成科考队人选，

①它们是兰州大学、西北师院、甘肃科学教育馆、西北农业专科学校、兰州工业试验所、甘肃省气象所、中央地质调查所西北分所、石油公司探勘处、地质学会兰州分会、工程师学会兰州分会、西北文化建设协会、西北日报社、民国日报社等。

将名单呈报中央研究院等，他们是兰大动物系主任常麟定教授、地理系主任王德基教授、谷苞讲师，西北师院博物系主任孔宪武教授、国文系主任何士骥教授、史地系沈汝生教授、刘天民和张培棪副教授、陈世杰讲师、徐墨君助教，中央地质调查所西北分所所长王曰伦、技士靳毓贵、技正朱泰恒，甘肃省气象所所长胡振铎，石油公司探勘处工程师兼测绘课课长周宗浚，兰州工业试验所所长戈福祥博士、工程师路嘉尊、技士朱新德，甘肃科学教育馆研究员乔国庆、窦振戚、辅导员耿福顺、贾炳元、展览组主任王勇焱，西北文化建设协会干事、记者赵琳书[26]28。

按照探测计划，考察区域为巴彦克刺山、星宿海、阿尼玛卿山等处；探测方式分陆地和航空；考察项目将涉及地理、地质、地形、土壤、气象、植物、动物、考古、人类学等专业及各种标本和化石采集等[26]28。由此可见，该活动如果付诸实施，将是历史上由中国学者进行的对青海高原诸多方面的首次大规模科考活动。

但是，该活动在筹备过程中却遇到了一系列困难和阻力。先是国防部在4月24日复电，表示战事繁忙，无法调拨飞机进行探测活动。5月19日，中央研究院总干事萨本栋在复函中肯定了该项活动的意义，但婉拒了派遣专家参与和提供5万银圆经费支持的请求，说研究院全年度事业费总数折合尚不足5万元，实在筹不出这笔巨款支持；并建议“可就西北学术团体组成一主体，专司其事，并就地延揽专才，先从部分较为重要而有把握之项目着手探测，将计划暂行紧缩，组织简化，俾人力、财力均易于应付而工作项目亦易于完成也”；而且说：“凡此诸点并已商得前途同意。”[26]21后来，他又致电兰州大学，“拟于秋初气候和佳时进行”该项探测活动[26]26。然而，6月初，兰大发生学潮，全国形势也随着国民党军队在内战中的接连失败急转直下，该探测考察活动最终未能进行。

这次未能实现的科考活动具有重要的象征意义，表明在20世纪40年代，随着甘肃科学教育馆、国立西北师院、兰州大学等高校和科技机构的建立，兰州的科技队伍从无到有，在一些重要学科已凝聚起基本的群体力量，并表现出明显的自主意识和联合行动、为国争光的可贵精神。虽然由于当时全国和局部环境的恶化，未能给他们提供施展才华、抱负的客观条件，但他们的努力对于西北的科学研究却是前驱先路。在新中国建立后，中科院兰州分院的学者和兰大地理系王德基、李吉均等几代师生，继续了这一未竟的事业，终于实现了当年西北学者自主考察研究青藏高原的学术夙愿，填补了中国学术界，也是国际学术界的空白。

五、1948年6月的兰大“学潮”

1948年6月初，由于多种原因，兰大的甘肃籍学生与外省籍学生发生冲突，一些外省籍师生遭到殴打。对此，《校史》无载，地方史籍及当事人也多讳莫如深，语焉不详。李得贤在文章中虽有所涉及，但不确切处亦多[27]。经过作者仔细扒梳兰大档案、查阅《顾颉刚日记》等相关记载，尽管有些内在的细节仍不够清晰，但对此事件的基本轮廓、后续影响、辛校长的善后工作等却逐渐有了较多的了解和认识。

1948年3月下旬，辛树帜校长作为教育界代表，赴南京参加国民大会。其间，由训导长段子美教授代理校长并获教育部批准[28]1。6月1日，蒋南炎、徐秀明、焦洁如等29名学生，联合到代理校长处请愿，要求改善学生伙食。当晚，有人以所谓“学校排斥本省籍师生”为由，煽动部分甘肃籍学生殴打外省籍学生，致使湖南籍学生刘德让伤重身亡、田兆农受伤。接着，这些人又围攻正在出席学校教授会议的部分教师，殴伤理学院院长程宇启教授等。学校秩序陷于混乱。次日，代理校长发布通知：“迩来本校不幸事件层见叠出，纷乱不堪，兹为维持本校校风及秩序起见，仰本校同学一体遵守秩序，毋再滋生新事端，以免治安益乱，愈难就绪。俟辛校长日内返校即可解决。”[29]13 4日，鉴于校园秩序仍未恢复，学校决定暂行停课5天，并发布公告[29]14。辛校长接到报告，火速从南京乘飞机赶回兰州处理善后，学校局势渐趋稳定。9日下午二时，他在学校中山堂前召集全校学生训话[30]。同时，学校贴出布告，决定在次日复课[29]15。

这次学潮在1948年内战方殷、货币贬值、物价飞涨的情况下出现，既是师生生活日艰、内心不满的反映；也是国立兰州大学成立后，有限的教育资源被更多来自外省的学生所分享、本省籍学生失去了昔日甘肃学院时期普遍的公费待遇；并且受甘肃基础教育水平低等因素制约，本省籍考生在大学招生录取中很难达到要求，无法与外省籍考生竞争引发不满等因素的体现；再加上国民党、三青团等党派中个别人的挑拨、煽动，终于导致了一场不应该发生的惨剧，不仅严重伤害了少数外省籍师生，而且损害了校内师生的团结和甘籍学生自身的利益，危害学校的发展。

学潮发生后，虽然事态很快得到控制，但其“同室操戈”、亲痛仇快的恶劣性质，却在校内外产生了很坏的影响。学校的外省籍师生人心惶惶，受伤的史念海教授迅即他往，程宇启院长和理学院各位教授欲集体辞职，以示抗议。一时间，社会上也传言纷起。如此前应辛校长多次邀请，正欲赴兰大任教的顾颉刚先生分别在6月9日和12、13日三天的日记中记载：接5日“西安来书，知兰大正闹风潮，筱苏（史念海先生字）被殴，树帜将他去。使此讯果实，则余何必往哉！使此事因予不赴而起，则予罪大矣”。“得可忠信，悉兰大风潮甚大，死学生一人，伤者甚多，劝予在沪待讯。”因而让人推迟订购赴兰机票，并致电辛校长同意。“自复旦中得消息，兰大中闹党派纠纷，先党与团争，后他党与国民党争，弄得死伤不少，史筱苏被打得死去活来。……如此纷乱，予自可不去矣。”并深自喟叹：“学校中如此多事，我退出学界实为得计，惟这班青年将来如何成得国家中坚分子，数十年后之中国将成什么样的中国，实可忧耳。”[31]295-297其他先前已接受聘请，欲往兰大任教的外地学者，也纷纷打起了退堂鼓。

在这种情况下，辛校长果断采取一系列措施，稳定局面，消除不利影响。16日，他再次致电坚邀顾颉刚先生前来兰大讲学。第二天，顾先生即不顾尚怀有身孕的妻子及亲友的劝阻，义无反顾地乘飞机只身赶抵兰州，广泛联络校内外学者、名流，慰问、安抚受伤师生，利用自己的声望协助辛校长处理善后；并在21日即登坛上课，给学生开讲“诸子时代”“经学时代”等课程。此后直到12月2日，他共为学生讲授先秦文化和典籍研究共235个小时；还计划为学生讲授“史料”“神话及古史小说”“制度及制度学说”等课程[31]319。他还应邀在校内外多次开设讲座。他的到来及其卓有成效的工作，深受学生欢迎，对于在学潮之后稳定人心、恢复秩序、化解矛盾，起到了很好的作用。所以，当时学生中广泛流传着“辛校长三件宝：图书、仪器、顾颉老”的说法。

6月22日，兰大理学院所有学生联名递交“为挽留程院长及理学院各位教授呈校长书”，呈请书中写道：“程院长及理学院各位教授教导认真，诲人不倦，于兰大执教以来，同学受其沐化，无不感佩其循循善诱之苦心孤诣。前遭不幸，令人痛心，方期此事件得到合理解决，程教授及受伤教授身体得能早恢复健康，绛帐之下，弦歌再起；不仅同学之福，实亦兰大之庆。今闻程院长及各位教授纷纷他往，消息传来，不胜惊恐！同学失去良师，如孩提失去慈母。吾等为学习计，为前途计，故以至诚之心，联名挽留程院长及诸教授。伏念钧座具学者之态度、宗教家之精神，爱护青年犹如保姆，素为同学钦佩感戴，为兰大前途计，特为呈请校座，坚决挽留程院长及诸位教授，俾能按时开课而减去个人、学校、国家之损失。临呈惶悚，不胜迫切之至。”后面还附有理学院各系所有同学的亲笔签名[29]8。经过辛校长耐心细致的工作及学校、学生的一再挽留，除程宇启教授东返疗伤且于次年不幸英年早逝外，兰大各学院外省籍教师大都能不计前嫌，顾全大局，留在学校继续任教，保持了学校教师队伍和教学质量的相对稳定。

6月24日，教育部派遣督学钟道赞前来兰大协助处理学潮[32]33。25日上午7时，辛校长又在中山堂前召集全体假期留校同学训话[30]。28日上午10时，钟道赞向全校学生发表讲演[30]。

由于兰大此次风潮起因复杂，后果严重，涉及校内外诸多派系及学校与地方的关系，各方面高度关注，处理起来十分棘手。为了学校发展、稳定和师生团结的大局，避免造成连锁反应和长期的后遗症，辛校长尽可能采取息事宁人的态度，以自己对学生教育无方为由，始终未追究参与风潮师生的责任。

尽管如此，他和学校仍然遭受来自地方媒体和省参议会等机构的巨大压力。7月22日，省政府致函兰大，转达省参议会部分议员有关“公平解决兰州大学学潮”的提案[28]6。而一些持有偏见的地方报刊也推波助澜。如10月1日出版的《陇铎》杂志新二卷第七期上，刊登署名“一中”的文章《兰大风潮如此处理》：“由于兰州大学里不合理、不合法、不公不平的事情太多，在学生们底内心里积怨太深了。尤其是学校重要负责人，似乎以征服者底姿态出现，把前甘肃学院底教职员及甘肃籍教职员、学生当作被征服者，甚至当作为奴隶或野蛮人。两年以来被排挤离校的前甘院教职员达三十余人，这种‘肃清甘院余孽’的工作，今年还在积极进行。对待学生尤为苛薄，一个湖南籍学生可领两分（份）三分（份）公费，十个甘肃籍学生也不一定能领到一分（份）公费。”并以该年度兰大在招考新生时，甘肃籍考生录取比例低为由，对辛树帜校长进行肆意攻击。当时正在兰州的顾颉刚先生，看到这篇别有用心的文章，十分气愤，特地将它剪贴在自己10月31日的日记后面，并加批注：“闭着眼睛造谣，极尽挑拨能事，可怕！可怕！”[31]366

10月12日，省参议会又致电教育部，指责兰大在处理学潮时“偏重感情，只解聘甘籍教授、惩处甘籍学生，对于当初鼓动罢课及酿成惨案职教员均未过问”；并指责兰大该年度招生中，在兰州考区“投考者千余名中，只录八十余名，有几系只取一人或二三人；而在武汉考区投考者一百二十余人中，竟取正取生六十二名，先修班尚不在内”。要求教育部“纠正兰大当局之错误思想”；“电饬兰大在兰再行招生一次并增设先修班，收容失学学生”；“对于兰大学潮依公平合理之原则，双方处罚，所有以前处理失当酿成惨案之负责教职员应一律解聘以示惩戒”。教育部转电兰大，要求汇报处理学潮结果，并强调在以后招生时“特予注意”[29]17。

因此，辛校长在11月18日致电教育部部长朱家骅，详细汇报了学校处理学潮的经过、结果及当年在兰州考区招生的情况，驳斥了来自各方面的不实之词。该报告中说，学校与学潮有关的4位甘籍教师，除1人“系自动离校别有高就外”，3位皆在兰大留任，其中还有2位由讲师晋升副教授，“原电谓解聘甘籍教授，未知何所根据。”“前曾奉令惩罚学潮中为首滋事之学生，然以当日打人之事，系发生于黑夜，且人数众多，为首者究系何人，殊难查实。因之迟迟至今，犹未惩罚一人。原电谓惩处甘籍学生，实不知所惩者姓名为何”。该年度兰州考区报考兰大者806人，除去中途退场及违反纪律者，仅有572人；其中国文、英语、数学三科无零分者426人，再按照学校的录取标准，录取达到分数要求的一年级新生86人、先修班学生44人，共130人，占572人的1/4；其中甘籍学生63人，占所录学生的近一半。“本校所定录取标准实不能再为降低，而录取甘籍学生亦不为少；否则大学其名中学其实矣”。武汉考区系由“国立武汉大学代本校招生，完全依据该校标准而取录，渠考生成绩合于标准，该校即不能不取，而本校亦无由干涉”[29]16。

与此同时，辛校长还亲自到省政府、参议会、报社，向有关方面和媒体说明学校对于学潮的处理及招生录取情况，以正视听，消除各种传言及误解。经过各种努力，终于平息了学潮及其不良影响；挫败了少数人出于私利，企图通过煽动学潮制造事端、散布谣言，以挑拨本省和外省籍师生关系及学校与地方政府、社会各界关系的图谋，避免了事态的扩大，赢得了地方政府与各界对学校的帮助、支持，有效地维护了学校的稳定及其该时期的健康发展。

六、兰州大学何时被确定为重点大学

《校史》中记载：“1954年10月16日奉中央人民政府高等教育部等联合通知，西北大区行政机构撤销后，兰州大学于1954年9月1日起由中央

高等教育部直接管理。”[2]132 兰州大学“1955年定为全国重点综合性大学”[2]164。

但据有关资料显示，1953年10月11日，政务院公布第180次会议通过的《关于修订高等学校领导关系的决定》，规定“综合性大学由高等教育部直接管理”。同一天，政务院还颁布了高等学校院系调整方案，到该年底，一般高等院校的院系调整工作基本完成。经过调整，全国共有高等院校182所，其中综合大学14所，兰州大学名列其间[33]。而早在同年9月10日，兰州大学校长林迪生即出席了高等教育部召开的全国综合大学会议。因此，决定兰州大学改归高等教育部直接管理，最早的时间应是1953年10月。到次年9月，最后完成学校隶属管理关系的转变。

而确立重点高等院校，在“文革”前有三次。第一次是在1954年10月5日，高等教育部制订《关于重点高等学校和专家工作范围的决议》，确定中国人民大学、北京大学、清华大学、哈尔滨工业大学、北京农业大学、北京医学院等6所学校为全国重点高校。第二次是在1959年4月22日，中共中央发布《关于在高等学校中指定一批重点学校的决定》，除了第一次的6所高校外，又增加了复旦大学、中国科学技术大学、上海第一医学院、天津大学、上海交通大学、西安交通大学、华东师范大学、北京工业学院、北京航空学校、北京师范大学等10所学校，共有16所高校被确定为全国重点学校[34]。第三次是1960年10月22日，中共中央发布《关于增加全国重点高等学校的决定》，将64所学校确定为全国重点高校，其中有13所综合性大学，兰州大学榜上有名[35]。

所以，兰州大学成为全国重点大学的确切时间，应该是在1960年10月，中共中央第三次确定全国64所重点高校时。而以往有关兰州大学在“1955年定为全国重点综合性大学”的说法，估计是误将当时高等教育部把兰大作为“一五”期间重点建设的综合性大学精神，混同于“重点大学”所致。

继承是创新的前提。在我们迎接并开创兰州大学第二个辉煌百年的时候，更应加倍珍惜、合理继承其一百年来的历史与经验。而实事求是，去伪存真，详加考证，据实直书又是尊重和延续学校历史不可或缺的重要保证。

参考文献

[1]慕寿祺.甘宁青史略：正编卷26[M].兰州：兰州俊华印书馆，1936.

[2]陆润林.兰州大学校史（1909—1989）[M].兰州：兰州大学出版社，1990.

[3]蔡大愚.学校成立记[G]//甘肃公立法政专门学校同学录.1916年石印本.甘肃省图书馆西北文献部藏.

[4]安维峻，等，甘肃新通志：卷38[M].“学校志·学堂”条.

[5]伍廷芳.奏请专设法律学堂折[G]//伍廷芳集.北京：中华书局，1985.

[6]朱有瓛.中国近代学制史料：第二辑：下册[M].上海：华东师范大学出版社，1989.

[7]直隶总督袁世凯奏拟定法政学堂章程规则折（附章程）[J].东方杂志，1906：9.

[8]准学部咨凡法政学堂实业学堂皆归提学使司管理文[J].甘肃教育官报，第2期，第34页.宣统元年八月十五日，甘肃省图书馆藏.

[9]本司详报接管法政学堂日期并请另刊关防以副名实文[J].甘肃教育官报，第2期，第36页.宣统元年八月十五日，甘肃省图书馆藏.

[10]政治官报：第四百号[Z]//折奏类：第10-11页.光绪三十四年十一月十二日.

[11]甘肃法政学堂宣统元年上学期调查表[J].甘肃教育官报，第5期，第34页.宣统元年冬月十五，甘肃省图书馆藏.

[12]赵艳林.清末甘肃教育改革述论[G]//西北师范大学历史系编.西北史研究：第一辑：上册.兰州：兰州大学出版社，1997.

[13]甄载明.抗战初期兰州的救亡运动[G]//政协甘肃省委员会文史资料委员会编.甘肃文史资料选辑：第25辑.兰州：甘肃人民出版社，1988.

[14]省政府令甘肃学院前院长朱铭心[Z].甘肃学院档案6-2-220，兰州大学档案馆藏.

[15]省政府令甘肃学院院长王自治仰遵照整理办法分别办理具报察核由[Z].甘肃学院档案6-2-305，兰州大学档案馆藏.

[16]省政府转发教育部训令[Z].甘肃学院档案6-2-305，兰州大学档案馆藏.

[17]教育部派员视察省立甘肃学院报告及有关文书·教育部训令甘肃省立甘肃学院[Z].国民政府教育部档案，全宗号5，案卷号1995.中国第二历史档案馆藏.

[18]宋恪.三年来之甘肃学院[N].甘肃民国日报，1944-04-01（4）.

[19]甘肃省政府任命宋恪为甘肃学院院长的训令[Z].甘肃学院档案6-2-305，兰州大学档案馆藏.

[20]甘肃学院校庆昨举行庆祝会[叫，甘肃民国日报，1944-04-02（2）.

[21]郭维屏，讲述，喻君洁，记录.兰州大学的过去现在与将来[J].甘行周讯，1947年总188-189期，第2页.

[22]兰州大学校讯发刊词[N].兰州大学校讯，1947-01-01（1）

[23]郭寄峤.兰州大学与西北[N].西北日报，1947-05-02（4）.

[24]喻亮.对兰州大学的期待[N].西北日报，1946-04-15（3）.

[25]行政院例会·任命辛树帜为兰州大学校长[N].中央日报，1946-03-28（3）.

[26]国立兰州大学档案：第61卷[Z].全宗号32，目录号1，案卷号61.甘肃省档案馆藏.

[27]李得贤.顾颉刚先生与西北[J].青海社会科学，1982（2）：109-113.

[28]国立兰州大学档案：第66卷[Z].全总宗32，目录号1，案卷号66.甘肃省档案馆藏.

[29]国立兰州大学档案：第9卷[Z].全宗号32，目录号1，案卷号9.甘肃省档案馆藏.

[30]国立兰州大学档案：第10卷[Z].全宗号32，目录号1，案卷号10.甘肃省档案馆藏.

[31]顾颉刚.顾颉刚日记[M].台北：联经出版公司，2007.

[32]国立兰州大学档案：第65卷[Z].全宗号32，目录号1，案卷号65.甘肃省档案馆藏.

[33]中央教育科学研究所编.中华人民共和国教育大事记（1949—1982）[M].北京：教育科学出版社，1983：90.

[34]董宝良，主编.中国近现代高等教育史[M].武汉：华中科技大学出版社，2007：332.

[35]中国教育年鉴编辑部.中国教育年鉴（1949—1981）[M].北京：中国大百科全书出版社，1984：330.

兰州大学百年华诞的一份珍贵史料

吴景山

2009年9月17日，兰州大学将迎来百年华诞，作为兰大学子，无疑都十分关注母校在百年历程中的点滴往事。笔者现存《甘肃省立甘肃学院要览（三十年度）》（以下简称《要览》）一份，它向我们展现了往日兰州大学前身的真实状况。在恭迎百年校庆之际，了解一下这份资料的具体内容，对于每一位校友来说无疑将是一件很有意义的事情。

清朝宣统元年正月，清政府学部批准将原“甘肃法政馆”改为“甘肃官立法政学堂”，并于同年八月十五，亦即公元1909年9月17日在《甘肃教育官报》第三期上予以公布，从而宣告了兰州大学前身的正式诞生。1913年6月18日在甘肃官立法政学堂基础上改以“甘肃公立法政专门学校”的名称招收新生，并于当年9月10日正式上课。1928年2月29日甘肃公立法政专门学校与甘肃中山学院合并改称“兰州中山大学”。1929年初，当时教育部为避免国内称作“中山大学”的院校过多的原因，遂将“兰州中山大学”改称“甘肃大学”。1929年7月，国民政府颁布的《大学组织法》中特别规定，须具备三个学院以上者方可称为大学，鉴于当时的甘肃大学不符合这项条件，因此在1931年5月26日下达甘肃大学的年度基本情况调查表始称之为“甘肃省立甘肃学院”。1932年3月1日教育部正式颁发“甘肃省立甘肃学院”关防及“甘肃省立甘肃学院院长”章。1944年3月20日，经教育部批准，又将“甘肃省立甘肃学院”改为“甘肃国立

作者时为兰州大学古籍整理研究所教授。该文发表于《兰州大学学报》(社会科学版)2009年第5期。

甘肃学院”。自此一直到1946年3月26日经由民国政府行政院第723次会议决定，将“甘肃国立甘肃学院”正式改名为“国立兰州大学”。从上面的简要叙述中可知，在兰州大学百年发展的历史中，从1932年3月至1944年3月曾经历了一段长达12年之久的“甘肃省立甘肃学院”的发展时期。而《要览》就是对民国三十年，亦即1941年甘肃省立甘肃学院总体情况概述性的一份文件资料。

《要览》为麦草麻纸本，文本宽16.3厘米，高24.9厘米。文本每页纸张均对背折叠，由白色宣纸绳穿孔装订而成，共8页。其中封面1页，目录1页，正文5页。全部资料共分沿革、院舍及设备、经费、行政组织、现有系科及班级、在校学生之年龄籍贯及其家庭状况、毕业学生数目及其服务情形、教育概况、出版物、附属高中、附设实验小学11个条目，其中并列有主要教职员简表一份。文字为蜡纸刻板油墨手工印刷，自右至左竖书，每页单面最多12行，行3至55字不等，全本资料共3137字。

《要览》分目录和正文两部分，两部分内容稍有不符。前一部分题为“甘肃省立甘肃学院要览目录（三十年度）”，总共分为十一个条目，正文将目录中的“六、在校学生之年龄籍贯及其家庭状况”和“七、毕业学生数目及其服务情形”合为“六、学生”，在正文中出现，其他顺序依次类推。另外，附表中“顾希平”的籍贯为“江苏□水”，字迹非常不清，难以辨认，故我们在录文过程中以“□”替代。

这份资料虽然字数不多，且印刷装帧也略显粗糙，但是它却为我们了解1941年时的甘肃省立甘肃学院的校园建设、经费来源开支、师生员工等各方面情况都提供了十分具体而珍贵的信息。下面我们就对《要览》择其要者作一介绍，并对其中所提供的数字资料进行一些量化的分析。

在兰州大学创建初期，办学经费来源始终是首要面对的关键问题。先后担任过兰州中山大学、甘肃大学、省立甘肃学院校长、院长的邓春膏先生曾深有感触地讲过，他在工作中遇到的最大困难有三：一是寻求经费难；二是设立系科难；三是外界干扰大。在1928年兰州中山大学时期，全年拨付经费仅为119164元，这个数目一直保持到1940年。后在甘肃省立甘肃学院新任院长宋恪先生的积极争取之下，学院办学经费略有增加。据《要览》介绍，至1941年，学院由“省款年为十一万八千一百一十七元，教育部补助费每年一万五千元，四行及甘肃省银行补助费二万元，总计十五万三千一百一十七元”，但是这在全国同类学校的经费数额中仍远远地处于落后水平。可以想象，当年由于受经费来源的制约，学校的开办与维持应该说是举步维艰。然而就是在这样相当艰苦的条件下，我们的前辈还是为日后兰州大学的发展与壮大奠定了坚实的基础。

据《要览》介绍，当时学院“校舍即前法专旧址，在兰州西关萃英门内，为前清举院，面积约六十五亩”，1941年在校员工和学生总数仅为89人，人均占有土地面积高达0.73亩；学院共拥有房屋375间，其中图书馆50间，教室及办公室93间，学生宿舍122间，教职员宿舍31间，其他房屋为实验室、解剖室、印刷所、仪器室、药品室、成绩室、浴室、夫役室、茶房等教学与生活服务设施。在这不满百人的校园内有运动场二处，网球场、排球场、篮球场各二处。此外还有体育室、俱乐部等健身娱乐场所，“各项运动器械均尚完备”。学院图书馆“中西文图书原共有四万四千二百六十一册，图表四百八十六幅”，即师生员工人均为503册（幅）。因为学院尚属初创阶段，且经费有限，在教学设备等方面还是较为紧缺简陋的，例如当时学院内主要的仪器仅为“X光线（机）一座，太阳灯一座，其余仪器七百零六件，药品有三三五种。”

学院的经费来源主要为三项，甘肃省年拨款118117元，教育部补助费每年15000元，四行及甘肃省银行补助费20000元，计153117元。内教职员薪俸86385.4元，奖学金6000元，工资10412.46元，修缮费10772元，公杂费16772.71元，图书仪器为22773.43元。教职员薪俸占年度总拨款的56.42%，若将教职员薪俸与工资相加，当为96797.86元，即每年薪俸工资开支占年度总拨款的63.22%。公杂费开支占年度总拨款的10.95%，图书仪器开支占年度总拨款的14.87%。

根据当年教育部的要求，学院“设院长一人，下设教务、训导、事务及秘书室四部，教务处置课务、注册、仪器三组，图书馆亦附于教务处，训导处置生活指导、军事管理、体育卫生三组，另设女生生活指导员一人，亦隶属于训导处，事务处置庶务、会计、印刷三组，此外有招生委员会、大学奖金审查委员会、经费稽核委员会、编辑委员会、物价查报委员会，会议有院务会议、教务会议、训导会议，事务会，计各种委员会会议及其他临时由院长召集之会议。”

1941年全校有教职员共计43人，其中女性3人，占全部教职员工的7%。关于当时教职员工的情况我们可以通过《要览》中所列的“主要教职员简表”作一大致的了解。

在“主要教职员简表”中介绍当时学院主要教职员共30人。在院长、秘书、代教务主任兼教育系主任、训导主任、事务主任、医科主任、附设高级中学主任、体育主任、军事主任兼教官等8名学院教学管理和行政人员巾，平均年龄35.2岁，其中院长宋恪仅为38岁。在这些人中除训导主任、医科主任2人外均为甘肃省籍，占75%。所有这些人全部都是在北平、南京、上海等地毕业的专业人才，而且其中一些人还获得国外名牌大学授予的博士学位，或担任过或有过高层次的行政或学术专业职务的经历。例如作为出生在甘肃甘谷的院长宋恪，曾为上海大夏大学教育学士，美国康乃耳大学教育硕士、哲学博士，曾任秘书、处长、县长等职；江苏阜宁籍的训导主任徐直民为比利时鲁文大学法学博士，曾任教授、处长、组长、总教官等职；山东烟台籍的医科主任于光元也曾担任过英国爱丁堡医学院药理学研究员、国立中央大学医学院药理学主任、教授等职。

在表中所列举的2名特任教授、9名教授中，除李宝实教授个人资料阙失未录外，其他10位教授平均年龄42.2岁，均为外省籍。其中孟昭侗教授因以“现任甘肃高等法院院长”的身份作为学院的兼职教授是山东官立法政学校法律别科毕业的学历外，其他教授全部拥有在美国、法国、英国、日本等著名院校求学并获得学位，且都在金陵大学、南开大学等著名学府或其他军政部门工作过的经历。

在表中所列举的10名讲师中，平均年龄34.9岁，仅有2位为甘肃本省籍。他们均为北平、江苏、辽宁、山东等专业院校的毕业生，而且也同样都有过从事不同职业的社会实践经历。

另外在表中列有军事主任兼教官一名，为河南洛阳籍，中央训练团军事教官训练班一期毕业，曾任连长、营长、团长、旅长、师参谋长等职。这与当年正值战时背景，力争加强学生的军事素质训练的指导思想有关[①]。

在有资料记录的29名主要教职员中，平均年龄为37.6岁；甘肃省籍仅为8名，占28.9%；当时这些人能从天津、上海、南京等地来到偏远、在当时可以说是十分落后的兰州任职从教，且一些人本来已经有着显赫的军政职务，这一方面与当年正值战时，兰州基本处于大后方的地理位置有关；另外较高的工资收入，应当也是其中一方面的原因。例如若将当时学院每年教职员薪俸开支的86385.4元作为主要教职员30人的薪俸计算，每

①在高校中设立服现役军事教官的制度一直为国民党政府所沿袭，且军衔职级较高。目前台湾高校中军事教官的主官一般均为少将以上军衔。

人年平均工资为2879.51元；若将教职员薪俸开支的86385.4元作为当时学院全部教职员43人的薪俸计算，每人年平均工资为2008.96元；若将每年学院教职员薪俸与工资开支总和的96797.86元视作全校43名教职员工的工资，则每人年平均工资则为2251.11元。无论从哪个角度考虑，其薪俸收入都是十分优厚的。当然除了以上两条因素之外，最为主要的还应与我们的前辈在母校创办初期的实践中所体现出来的治校严谨，意识超前，胸怀开阔，广纳贤才的办学理念相关。面对当年我校教职员工的学历、籍贯、年龄等相关信息构成，再联想对比一下目前困扰兰州大学多年的“孔雀东南飞”的事实，以及全国范围内的一些教师、博士争先弃教从政的现象，不能不引起我们一定的思考。

《要览》介绍当时“有教育系一班，法律系一班，医学专修科两班，共计学生四十六人，内女生十一人，本年决定增设政治经济系一班，银行会计专修科一班，并继续招收法律系一班，本年毕业教育系一班共有七人。”女学生占全部学生总数的23.9%。学校仍在增加新的系科，逐渐地扩大办学的规模。

另据《要览》可看出，当时学校中甘肃省籍学生为23人，占全部学生总数的50%，其他学生来自河北、山西、陕西、福建、东北等省区；农村生源为19人，占全部学生总数的41.3%。甘肃省籍与外省籍学生的奖学金是有所差别的：“本省籍学生现由本院每月每名发给奖学金二十元，外省籍学生成绩优良者，发给奖学金十元，但以每班三分之一为限。”从1931年至1941年间毕业于兰州大学法律、文史、教育、政治、农学等系科的学生共223人，他们“多服务于本省法、教育、医药、农业、党政工商各界，均有相当成绩。”

根据《要览》提供的资料可知，当时教职员工与学生之比例为0.94∶1，且师资学历、职称都很高，教授超过了教师总体数量的50%，这无疑保证了教学质量。在生活方面也体现了一种严谨的态度。例如学院尽管只有11名女生，但是依然专设“女生生活指导员一人”。而学生的业余文化娱乐生活可以说也是丰富多彩的。“至于课余生活，本院学生除上课外，尚有各种组织如学术研究会、时事讨论会、讲演竞赛会及各种球队等随时举行，精神至为紧张。”当时的学院院刊《甘肃学院》为月刊，“每月约有三万余言”，学生同教职员一样均可向其投稿。另外在这座不满百人的校园内拥“有运动场二处，网球场、排球场、篮球场各二处”，以及“各种运动器械均尚完备”的体育室、俱乐部等健身娱乐活动场所。从这些记录中，我们不难想象在当年的兰州大学校园内充满了一种怎样的生动活泼的局面。

可以说，1932年“甘肃省立甘肃学院”成立之前尚处在初创阶段的兰州大学还属于充满了迷茫、稚嫩的孩童期的话，那么在“甘肃省立甘肃学院”成立之后当属于兰州大学已经步入了充满了理想和朝气的少年期，为日后于1946年正式成立的“国立兰州大学”逐步走向成熟奠定了坚实的基础。《要览》正是兰州大学在少年时期成长状况的真实记录。今天我们面对这样一份陈旧泛黄的资料，并非是迷恋于昔日的某些亮点胜景，而是为了深刻地缅怀前辈们在当时环境十分艰难的情况下做出的业绩。面对兰州大学百年来翻天覆地的变化，曾为兰州大学奠基与发展的前辈们一定会感到由衷的欣慰；《要览》所记录的细节，对我们每一位喜迎母校百年华诞的兰大学子来说无疑也就显得更为弥足珍贵。

附录：

甘肃省立甘肃学院要览目录（三十年度）

一、沿革

二、院舍及设备

三、经费

四、行政组织

五、现有系科及班级

六、在校学生之年龄籍贯及其家庭状况

七、毕业学生数目及其服务情形

八、教育概况

九、出版物

十、附属高中

十一、附设实验小学

甘肃省立甘肃学院要览（三十年度）

（一）沿革

本院于民国十六年，甘肃省政府省务会议决议，将前甘肃公立法政专门学校改办大学，组织筹备委员会，十七年正式成立大学，定名为兰州中山大学，直属于甘肃省政府。

任命教育厅长马鹤天兼任校长，内附有由五族学院改组之中学校，十八年改为附属高中部，十九年呈省政府易校名为甘肃大学，二十年冬奉部令易校名为甘肃学院，任邓春膏先生为院长并添设实验小学，是年十一月，呈准省政府拨中山医院为本院附属医院，并筹办医学专修科，二十二年冬，派员赴京沪募款购置仪器，二十四年建筑实验室，二十七年高中部因防空迁往费家营，三十年改高中部为附属高级中学。

（二）院舍及设备

本院校舍即前法专旧址，在兰州西关萃英门内，为前清举院，面积约六十五亩（校园在内），建筑物有中山堂一座，计七间，系前举院至公堂改建，图书馆一座，为前衡鉴堂改建，计五十间教室及办公室二十六座，共计九三间，学生宿舍一六座，共计一二二间，教职员宿舍十一座，计三十一间，储藏室、厨房各七座，共计三七间，夫役室六座，计八间，其余实验室、解剖室、印刷所、仪器室、药品室、成绩室、体育室、俱乐部、浴室、茶房各一座，全校共有房间三百七十五间，此外有运动场二处，网球场、排球场、篮球场各二处。

教学及研究设备，本院中西文图书原共有四万四千二百六十一册，图表四百八十六幅，历年均有增加，主要仪器X光线一座，太阳灯一座，其余仪器七百零六件，药品有三三五种，此外各项运动器械均尚完备。

（三）经费

本院经费：省款年为十一万八千一百一十七元，教育部补助费每年一万五千元，四行及甘肃省银行补助费二万元，总计十五万三千一百一十七元。内中教职员薪俸为八六三八五.四元，奖学金六千元，工资一零四一二.四六元，修缮费一零七七二元，公杂费一六七七二.七一元，图书仪器为二二七七二.四三元。

（四）行政组织

本院行政组织系遵照部令并顾全实际情形组织之设，院长一人，下设教务训导事务及秘书室四部，教务处置课务、注册、仪器三组，图书馆亦附于教务处，训导处置生活指导、军事管理、体育卫生三组，另设女生生活指导员一人，亦隶属于训导处，事务处置庶务、会计、印刷三组，此外有招生委员会、将大（应为“奖”——笔者注）学金审查委员会、经费稽核委员会、编辑委员会、物价查报委员会，会议有院务会议、教务会议、训导会议，事务会计各种委员会会议及其他临时由院长召集之会议。

（五）现有系科及班级

本院现有教育系一班，法律系一班，医学专修科两班，共计学生四十六人，内女生十一人。本年决定增设政治经济系一班，银行会计专修科一班，并继续招收法律系一班。本年毕业教育系一班共有七人，至全校教职员现共四十三人，内女性三人，兹将主要教职员列简表如下：

职别	姓名	别号	年岁	籍贯	履历
院长	宋恪	宾三	三八	甘肃甘谷	上海大夏大学教育学士，美国康乃耳大学教育硕士、哲学博士，曾任秘书、处长、县长等职
秘书	甄晓	载明	二九	甘肃天水	陆军兽医学校正科毕业，曾任秘书、主任等职
代教务主任兼教育系主任	郭维屏	子藩	四零	甘肃武山	国立北京师范大学教育学士，曾任国立暨南大学、同济大学教授
训导主任	徐直民		三六	江苏阜宁	江苏公立工业专门肄业，比国鲁文大学法学博士。曾任教授、处长、组长、总教官等职
事务主任	李屏唐		三二	甘肃榆中	北平中国学院经济系毕业，曾任管理中英庚款董事会甘肃科学教育馆高级助理员
医科主任	于光元		四零	山东烟台	英国爱丁堡医学院药理学研究员，曾任国立中央大学医学院药理学主任、教授等职
附设高级中学主任	吴鸿业	茂叔	三八	甘肃天水	上海大同大学数理科毕业，曾任第二、第六师范，第四中学等校教员
体育主任	漆荫堂		二九	甘肃榆中	国立北平师范大学体育系毕业，曾任天水中学体育教员

续表

职别	姓名	别号	年岁	籍贯	履历
专任教授	曹炳章	仲文	四三	山西大同	日本名古屋医科大学毕业，曾任山西川至医学专科学校专任教员兼附属医院内科主任
专任教授	马秉惠		四四	山西洪洞	日本名古屋医科大学毕业，曾任山西川至医学专科学校教务主任兼附属医院外科主任
教授	赵石萍		三九	辽宁沈阳	美国康乃耳大学文科硕士，曾任国立四川大学、金陵大学等校教授
教授	周克明		三九	山东安邱	美国玛尔开特大学商学院毕业、商学士，美国密歇根大学研究院经济硕士，曾任甘肃省政府秘书处秘书等职
教授	洪超明	曼晖	二九	福建	上海沪江大学理学士，美国康乃耳大学免疫学硕士，现任西北防疫处技正
教授	张查理		四五	山东	英国爱丁堡大学医学院解剖学科外科研究员，现任卫生署西北医院第一院院长兼省立兰州医院院长外科主任
教授	顾希平		四一	江苏□水	法国都鲁斯大学法学硕士，曾任副厅长，七分校副主任，江苏省府委员
教授	贺其燊	仲烈	三七	江西永新	美国华盛顿大学硕士，英国伦敦大学政治经济研究院研究生，曾任司法行政部法权研究委员会委员，甘肃第三区行政督察专员，第八战区经济委员会副主任委员
教授	王继泽	启先	五零	山东潍县	英国查理士大学理学士，曾任齐鲁大学、南开大学教授，现任科学教育馆研究员
教授	孟昭侗		五五	山东长清	山东官立法政学校法律别科毕业，现任甘肃高等法院院长
教授	李宝实				
讲师	张曦	云石	五二	甘肃天水	江苏第一师范学校本科第二部毕业，曾任第一师范、第三中学等校校长
讲师	易烈刚	大兴	三六	江西雩都	国立北平大学法学士，国立北平师范大学文学士，现任甘肃军管区政治部上校科长
讲师	刘锡骥	铁尘	三零	河北永清	齐鲁大学天文数学系毕业，曾任中学数理教员

续表

职别	姓名	别号	年岁	籍贯	履历
讲师	陈桂云	馨庭	四四	辽宁	华北协和女子医科大学毕业，现任甘肃兰州医院产妇科主任
讲师	祁玉玺		二七	辽宁	辽宁医学院毕业，现任西北医院第一院小儿科主治医师
讲师	罗麟藻		三一	甘肃皋兰	中央政治学校大学部行政系毕业，现任甘肃省临时参议会参议员
讲师	李武功		三三	辽宁	辽宁医学院毕业，北平协和医学院眼科进修毕业，现任卫生署西北医院眼耳鼻喉科主治医师
讲师	张钟祺		三零	辽宁	辽宁医学院毕业，现任西北医院第一院外科主治医师
讲师	蒋光第		三一	河北固安	山东济南齐鲁大学物理系毕业，现任科学教育馆理化股组员
讲师	杨孔伟		三五	辽宁	辽宁医学院毕业，现任西北医院内科主任医师
军事主任、教官	张英俊		三六	河南洛阳	中央训练团军事教官训练班一期毕业，曾任连长、营长、团长、旅长、师参谋长等职

（六）学生

一、年龄：本院学生年龄，最大者为二十八岁，最少者为十九岁，其余二十一、二、三、四岁者，占大半数。

二、籍贯：本院学生籍贯，以本省为最多，共二十三人，河南三人，青海二人，山西五人，河北二人，东北四人，陕西一人，江苏二人，福建一人，安徽一人，其他二人。

三、家庭状况：本院学生多出自农家，故家庭以农为业者占最多数，其余工商政学各界亦有若干。据概括调查：学生家庭状况，业农者一九人、交通界二人、政界六人、军界五人、商界五人、教育界四人、法医工各一人，其他二人。

四、奖学金及贷金：本院战区学生每月均领有教育部战区学生贷金，本省籍学生现由本院每月每名发给奖学金二十元，外省籍学生成绩优良者，发给奖学金十元，但以每班三分之一为限。

五、历届毕业学生数目及服务情形：本院前后所办系科，历有更异，计（自二十年十二月起）毕业法律系学生三一人，文史系一五人，教育系二四人，文学系九人，政治专修科九人，艺术专修科二六人，国文专修科三一人，政治专修科三九人，农学专修科三二人，盖总计二百二十三人，多服务于本省法、教育、医药、农业、党政工商各界，均有相当成绩。

六、在校学生生活：本院学生生活，因未直接受到战事影响，一切仍循常规，惟生活较战前更趋严肃紧张，况朴实简单原为本院学生传统风气，现因物价关系，更较前有过之无不及之势，至于课余生活，本院学生除上课外，尚有各种组织如学术研究会、时事讨论会、讲演竞赛会及各种球队等随时举行，精神至为紧张。

（七）教育概况

一、教务方面：以促进科学，培养实用人才为标准，课程分配：必修科按部定课程标准实施，选修科按地方环境需要规定，并从事于各种研究及实习工作。

二、训导方面：以厉行新生活、培养纯洁人格及健全公民为训育标准，直接注重团体训话、个人训话、并检查学生读物，注意日常言行，间接指导学生参加各种集会组织，实施军事管理，注重体育卫生。

（八）出版物

本院出版有《甘肃学院》月刊一种，每月约有三万余言，由编辑委员会主编，教职员及学生均可投稿。

（九）附属高级中学

一、附属高中：设主任一人，教务员一人，现有教员八人，学生一四零人，因经费不能独立，组织无法健全，且以防空关系，校址设备均未十分完善。

（十）附设实验小学

二、附设实验小学；设校长一人，教员十三人，现有学生三百贰拾余人，经费独立，设备尚称完善。

我所知道的兰大文学院

水天明

1949年夏天，我从国立西北大学中国文学系毕业，随即回到家乡——兰州。八、九月间，我到兰州大学任助教，从此开始了我迄今半个世纪的教学生涯。

当时的兰州大学在著名农学家辛树帜校长大胆开拓的领导下，已拥有五个学院：文学院、理学院、法学院、医学院和兽医学院（一度称畜牧兽医学院），是一所颇具现代化规模的综合性大学。我属于文学院，本来理所当然应该任中文系助教，但因中文系正有两位毕业于北师大的老学长何裕和顾正任助教，而历史系又缺青年教师，所以决定让我到历史系任助教，其实这个岗位上已有了一位老大哥尹钜。由于我在高中阶段，既喜好中国文学，也喜欢历史学，多读了几本书，又写过几篇历史学方面的文章，在兰州的几家报纸上作为“星期论文”发表，读西北大学时也听了几门历史系的课，所以到兰大后的这一工作安排，也可以说是一种“因缘”吧！

1950年夏，因工作需要，学校调我到文学院办公室任秘书。当时的文学院院长（兼英文系主任）正是我的大哥水天同教授。他是1948年受辛树帜校长的礼聘，离开任教八年之久的昆明云南省立英语专科学校校长的职位，千里迢迢返里执教的。我担任了文学院秘书，自然对当时的兰州大学文学院及其所属各系的状况有较多的，甚至是亲历其事的了解。

作者时为兰州大学外语学院教授。该文发表于《兰州大学学报》(社会科学版)1999年第3期。

当时文学院共设五个系，即：中国文学系、历史学系、英国文学系、俄罗斯文学系和少数民族语文系（原名边疆语文系），少数民族语文系有三个组：藏文组、蒙文组和维文组。

中国文学系当时的系主任是冯国瑞（字仲翔）教授，他是甘肃天水的才子，早年就读清华大学国学研究院，是王国维、梁启超、陈寅恪、赵元任“四大导师”的亲传弟子。他是天水麦积山石窟文物发现、勘定、整理、研究的开拓者和先行者，很早就著有《麦积山石窟志》行世。他的清华国学研究院的同窗孔德教授也被他延揽到兰大执教，此公身高体丰，颇有风趣。中文系当时的教师还有徐褐夫教授（从俄文系调入）、李瑞揆、李秀峰、刘让言诸先生以及后来的孙艺秋。李秀峰、刘让言是搞中国现当代文学、外国文学和文艺理论的，刘先生从英文系调入中文系。中文系的助教是毕业于北师大中文系的何裕（后调出兰大）和顾正学长。

历史系在辛树帜校长主校政时曾经群贤毕至，人才济济，如“疑古派”的代表人物、著名历史学家顾颉刚先生，古经籍专家张舜徽教授，现仍健在的陕西师大博士生导师史念海教授，著名考古学家裴文中先生，都先后在历史系任教或短期讲学。我到历史系时，系主任是施畸（天侔）教授，他长于中国古代史和中国史学史，为人端重耿直，对人对事一丝不苟，很有学者风范。当时的教师还有史学史专家张孟伦教授，教授历史文选的王树民先生，教世界史的张传梓先生。历史系的老助教是尹钜学长。本来何汝璧同志（后来调到陕西师大）也是历史系的教师，但解放后很快就派他到马列学院（中央党校）进修哲学，回来后就改教马克思主义课程了。后来曾长期在历史系执教并担任过系主任的世界史（特别是希腊罗马史）专家李天祐先生当时是西北师范学院历史教师，水天同院长听说他外文根底深厚，就特请他来讲授“西洋史学名著选读”（用外文教材）。他于1950年正式调入历史系并在以后的工作中对历史系做出了重大贡献。

英文系主任由水天同兼任。教师有鲍文俊、王近仁、王冠瀛（这两位后来长期在西北大学任教）、黄景岚（女）、李端严、刘让言等。日语专家尤炳圻教授、王静山先生也归英文系任用。现已90高龄的西北师大黄席群教授当时是兼任教师。至于助教可算是阵容整齐，有李国智（后调校委办公室）、李国香（西南联大外文系毕业后“改行”搞维语及维吾尔文学，成为这一领域的专家学者）、何天祥学长和仇若女士（她原是兰州一位小有名气的记者）。

说到俄文系，这里需作几点说明。第一在旧中国，又是在两个“中国之命运”即将决战的时代条件下，辛树帜校长敢于在兰州大学设立俄文系不能不说他既有眼光，又有胆略。因为在那个时期，一说到学习俄文难免就有“亲苏”、“亲共”之嫌，而辛树帜却不顾一切非议，实现这一办学思想。第二，在西北地区，此前只有国立西北大学（前身是国立西北联合大学）开设俄文系，汇集了俄苏文学的前驱者之一的曹靖华等一批知名教授任教。1945年底至1946年春夏之交，西北大学爆发了规模空前的学生运动，轰动了全国，影响很大。那次学运失败后，国民党反动当局悍然“解聘”了不少曾支持或同情过学运的知名教授和教师（俄文系的居多），而且当局声言，这些人员所有国立院校一律不得“聘请”，偏偏是辛树帜，倚仗他在国民党方面的声望和影响，大胆聘请了俄文系徐褐夫、李毓珍（余振）、李萃麟等被西大“解聘”的教授，形成了兰州大学俄文系的教学骨干。虽然李毓珍（余振）较早离开兰大，到了北大，后又到华东师大，但他在俄苏文学翻译方面的业绩，他所译的马雅柯夫斯基的长诗《列宁》和《莱蒙托夫诗选》等作品的名字却和兰州大学俄文系紧紧地联系在一起。第三，我国俄语界的“权威”和早期外交官刘泽荣先生（解放前任国民党外交部驻迪化即乌鲁木齐特派员，解放后任外交部俄语首席顾问），他本人和他的“家族”在抗日战争前后都以兰州作为“定居点”之一，兰州大学设立俄文系以后，这个“家族”中的多人都曾先后任教兰大，影响较大。直到80年代，全国俄语界同行都还把兰大俄文系（后来的俄文教研室，现在的俄语语言文学专业）和刘泽荣“家族”联系在一起而颇多好评。

俄文系最早的系主任是早期俄语教授沐允中先生，后因故离开兰大，由一位早期外交官阎荫桐老先生接任。1950年夏阎先生调离兰大后，由刘泽荣先生之弟刘维周任主任（刘以后任甘肃省中苏友好协会副秘书长）。这前后的教授、讲师有徐褐夫（后调到中文系）、李毓珍、李萃麟、鲍埕（这两人后均在西安外语学院俄语系）、王戢武，再加上“刘氏家族”的刘媛娜（刘维周夫人，后与其子刘光杰同在北京师范学院俄语系）、刘阿丽（刘泽荣之妹，院系调整后，她一直在兰大工作，1953年起先后任俄文教研室、外语教研室主任，直至“文革”中因病逝世）、刘珊珊（刘泽荣之小妹）。青年教师中中俄血统的高继恩（她后来也到了西安外院）、刘妮娜，还有两位毕业于国立西北大学俄文系的助教：薛秉忠和藏传真，他们后来都成长为俄语界的教授、专家。

至于少数民族语文系，解放前原名边疆语文系，这也是辛树帜校长办大学的一个创举。当时他“考虑到西北地区生活着众多的兄弟民族，他们都有悠久的历史文化，为了各民族的团结和西北的开发建设，必须造就一批‘通语文’、‘娴风俗’的适应边疆工作的人才，因此在文学院内设立边疆语文系，包括蒙文、藏文、维文三个组。”（引自刘宗鹤：《辛树帜先生传记》，收入《辛树帜先生诞生九十周年纪念论文集》，史念海主编，农业出版社，1989年出版）。

我到兰州大学文学院的时候，少数民族语文系的系主任由水天同院长代理。下设几个组的情况是：

藏文组的教师原只有叶维熙（字寓尘）、丹巴（藏族）等，但很快就从华北大学（华北人民革命大学）分配来了参加过政治学习的王沂暖先生和段克兴先生，他们都是卓有建树的藏语言文学专家，王沂暖先生后来主要致力于《格萨尔王传》的发掘、整理、阐释和研究，取得了丰硕的成果，成为我国在这一研究领域的知名学者，藏文组的青年助教是我在西北大学的同学张东杰学长。

蒙文组是从华北人民革命大学分配来的卢弼、陈秀容夫妇，还有后来调出兰大，长期在山东大学中文系任教的关德栋先生。青年助教是胡斯振学长。

维文组有维族教师哈美新，当时他是少数民族语文系不多的几位副教授之一，还有我的西大校友阎锐先生。从英文系“转行”到维文组的李国香学长，凭借英文根底，维语及维吾尔文学的业务日益精进，很快成为教学骨干，后来他也是国内研究维语和维吾尔文学的一位知名专家。

1951年夏天，当时的高等教育部为了加强全国高校的俄语教学，委托当时由中共中央直属的北京俄文专修学校（后归高教部领导，更名为北京俄语学院、北京外国语学院俄语系）开设了一个师资班，从全国各综合大学抽调1–2名青年教师去学习俄语。兰大校领导决定派我和王正宇同志去学习。从此我就离开了文学院，开始了业务上的一次大转轨。

在我到北京学习的第二年，即1952年，新中国进行了一次牵动面极大的高校“院系调整”，这次“大手术”的功过是非、经验教训，不是本文要谈的主题，但兰州大学文学院却发生了重大变化，伤了元气。英文系先是并入西北大学外文系，后部分师生又调到北京大学和北京外国语学院。水天同院长先调任西北大学外文系教授兼系主任，又兼图书馆馆长，1954年调任北京外国语学院英语系教授。俄文系并入西安西北俄文专科学校（后为西安外语学院俄语系），高年级学生并入哈尔滨俄文专科学校，并从那里毕业。俄文系的“刘氏家族”不愿去西安，获准留在兰州，刘阿丽在兰大筹组面向全校教学的俄文教研室，刘维周、刘珊珊、王戢武到甘肃省中苏友好协会任职。少数民族语文系三个组成建制地归入西北民族学院，成为当时民院的主干教学实体。至此，兰州大学文学院的建制宣告撤销，原有的五个系只留下了中文系和历史系，而这两个系在以后的“折腾”中也没有躲开撤并的“厄运”，但愿别忘了“前事不忘，后事之师”这句古训。

筚路蓝缕　以启山林

——民国著名学者与国立兰州大学图书馆

庄　虹　沙勇忠

兰州大学由1909年的甘肃法政学堂发展而来，历经甘肃公立法政专门学校、兰州中山大学、省立甘肃大学、国立甘肃学院等几个重要的发展阶段。国立兰州大学（1946—1949）是兰州大学历史上承上启下的重要时期，也是近代甘肃教育史上的重要一页。而关于这一时期兰州大学图书馆的建设与发展，鲜有现代文献记载，幸有国家图书馆及兰州大学图书馆收藏部分民国时期珍贵文献，从中可对兰州大学图书馆在民国时期的盛况管窥一二。

国立兰州大学图书馆创始于清末甘肃公立法政专门学校时期（1913年6月至1927年），开办之初只有阅览室一间、图书保存室一间，藏书3379册（1914年），报纸10余种（1919年）。兰州中山大学时期（1928年2月至1931年初），馆舍稍有扩充，添购图书近百种。省立甘肃大学时期（1931年5月至1932年3月），图书稍有充实。1931年，馆舍加以修葺，并开辟了阅览部门。至省立甘肃学院和国立甘肃学院时期（1932年至1946年），有图书馆一座（名为至公堂，由衡鉴堂改建，主要做教室用），藏书45670册，并将所藏图书初步分类，设置目录柜，又添置阅览桌椅，规模初具。

第一作者时为兰州大学图书馆馆员。该文发表于《兰州大学学报》（社会科学版）2009年第3期。

1946年3月，国立兰州大学正式成立。合并了国立甘肃学院及国立西北医学院两校的图书馆，国立兰州大学图书馆馆舍由观成堂后20间小屋拆建而成，面积1616平方米，这一时期图书馆的藏书规模经短暂两年多时间，从4万余册发展到15万册，是1913—1946年33年间图书购置总量的4倍，实现了跨越性的发展。这样的变化，与时任校长的辛树帜先生的治校思想密不可分，当时学校延揽的一批著名学者也功不可没。观兰州大学图书馆今日藏书之富，蓦然回首时，我们不应忘却那些渐行渐远的民国身影，他们并没有湮没在历史的烟尘中。

一、辛树帜治校思想主导下的国立兰州大学图书馆

辛树帜（1894—1977），字先济，湖南临澧人，著名的生物学家、古农学家、教育家。1915年考入武昌高师（武汉大学前身）生物系，后赴欧洲，先后就读于英国伦敦大学、德国柏林大学。1927年回国后，担任广东中山大学教授兼生物系主任。辛树帜坚持教育救国思想，先后参与并主持了我国西北地区两所大学的创办，扎根西北约40年，为我国西北的农林教育和科学事业的发展倾注了半生心血，毛泽东称其“辛辛苦苦，独树一帜。”1946年3月26日国民政府行政院第73次会议决定成立“国立兰州大学”，委任教育家辛树帜任校长。辛树帜学贯中西，在高等院校任教多年，教学与研究兼长，教育行政管理经验也十分丰富，加上其崇高的社会政治威望，此为国民政府教育部任命他为国立兰州大学校长的重要因由。

就任之初，辛树帜就深刻认识到：“西北诸省，为我国古代文化发祥之地，亦今后新国运发扬之所，承先启后，继往开来，国防价值，于今尤重；复兴文物，开发资源，实目前数年最重要之工作”[1]，基于此，他决心把国立兰州大学建设成为西北地区的最高学府。辛先生秉承西学与国学并重的理念，除聘请张舜徽、顾颉刚、史念海等国学深厚的先生授课外，又积极聘请国外留学归来的袁翰清、舒叔培等人。在培养专门性人才的同时，对于启迪西北乃至全国民智，转变人民思想观念等都起到了巨大的推动作用。这种开放的办学心态，得到了顾颉刚、何日章等一批学者、教授的积极响应。在辛树帜任兰州大学校长期间，流传着这样的歌谣：“辛校长办学有三宝，图书、仪器、顾颉老。”①这个歌谣指的是，辛树帜深得办学三昧，为了给人才培养创造一个良好的发展空间，首在延聘学者名流，

①指以顾颉刚为首的一批名被授。

购置图书、仪器。

在国立兰州大学筹办之始，辛树帜校长即以充实图书仪器设备为急务。1946年6月辛树帜向教育部提出办理国立兰州大学的计划大纲，教育部批准了这份计划大纲，并对部分意见进行了修改，正式拨给10亿法币开办费，每年经费7000万法币。恰在此时国内各书局将于7月15日涨价的消息传出，辛树帜紧急签呈教育部先行垫发经费若干，教育部允准垫发5亿元法币，7月10日，领到教育部垫发开办费后，“以三亿元存京国库，二亿元汇兰，并分别与中央、交通两银行洽购美汇，以为添置国外图书仪器之用，又派员在京沪一带搜购图书用去七千余万元”[2]。在图书采集原则上，辛树帜还特别指出：“志为一代学术之总汇，故全世界学术性之杂志务求其全。线装书以清代刊本为最精，近五十年之著述与今人呼吸相通，故亦必求其备”[3]。“先生远瞩高瞻，知树人大计必以师资及图书仪器为先，既慎选师资，广罗仪器，更竭其全力于购置图书，京沪陇海道上，轮毂奔驰，捆载西来者大椟数百事。未几，战祸突兴，陆行阻绝，又以飞机运之”[4]；在辛树帜任校长期间，仅1946—1947两年间就采集搜购图书8万余册，迅速丰富、扩大了馆藏。

1947年9月，辛树帜上书教育部，在兰州大学文学院增设了边疆语文系，设蒙、藏、维文三组，聘请藏文专家杨质夫先生代理系务。考虑到西北边疆区域辽阔，民族众多，诸民族都有着悠久的历史文化，如不尽快尽早开发建设，必受外人觊觎，不利于祖国统一和民族团结。如要开发建设，必须造就一批“通语文，娴风俗”的适应边疆工作的人才。“今欲冶国内各族于一炉，使之团结一体融和无间，则历史之研究与文化之沟通，亦属当前切要之图”[5]。因此，“研究边疆情形，学习边疆语文，则各种变文图书及有关边疆材料之搜集，不惟不可或缺，且属刻不容缓”[6]。边疆语文系成立后，即分函拉卜楞寺、塔尔寺、德格、迪化（即乌鲁木齐）等地，以及北平的雍和宫、嵩祝寺和设有边语系的各大学，征集有关边疆语言文字的各种图书目录。辛树帜亲笔致函拉卜楞寺保安司令黄正清：“本校自设置边疆语文以来，即从事搜集边文图书。今夏已将青海塔尔寺等处所出藏文经籍搜集齐全素稔。贵处拉卜楞寺为藏区文化中心，出版经籍至为丰富。兹派魏生辉君捎带纸张印费前来交印，除为函黄明信先生协助印制外务，垦吾兄惠予协助，调派印工饬其细心印制裱褙，俾能迅速完成至所感祷，附赠徽仪茶两盒点心两匣，尚祈哂收，勿却为幸，专此奉托顺颂。”[7]其后从拉卜楞寺、塔尔寺、西康德格各大寺，以及西藏扎什伦布、萨嘉、那塘寺等地搜购得所刊布之藏文书籍；从北平雍和宫、嵩祝寺和蒙古各寺购得所刊之蒙藏文书籍，从新疆、土耳其等地搜购得所刊印之维文书籍，以及英法德苏印度日本诸国所编印之有关边疆文字研究图书、字典、文法等出版物。这一系列的举措，体现了辛树帜先生对西北边疆开发之重视，其远见由此可见一斑，为民国时期西北大开发思想的结晶。

在期刊文献的采集上，辛树帜也不惜一切代价，为图书馆搜求国内出版的中文期刊约500种，订购外文杂志200余种，均系权威学术刊物。还发动各方关系搜集期刊杂志。国民政府要员张治中先生回信给托办期刊一事的文理学院院长董爽秋和教授段子美：“日前承嘱收阅过杂志转送贵校，查（治）订阅刊物虽有多种但经阅人多，多有散失，经检集仅得五八册随函附寄。兹并捐助贵校图书馆订阅杂志补助费二千万元，聊表微意敬希惠纳为荷。”[8]

当时，国立兰州大学图书馆不仅重视古籍、大型丛书、西北地方文献、考古书籍的收集，也十分重视外文书籍的采购。外文书籍，举凡影印之西书已大体具备，如英文世界名著全集、大英百科全书、社会科学全书、医学百科全书，世界大历史、日本史迹大系、日本史、万有科学大系，判决总揽、陶器大辞典、世界美术画谱、世界美术全集，黑格尔辩证法全集、叔本华全集、国际政治地理全集、歌德全集、席勒全集等（表1）。

1948年，正值兰州大学新图书馆落成，辛树帜校长名之为“积石堂”，顾颉刚亲撰《积石堂记》释曰：“夫积石者，山海经谓之‘禹所积石之山’，禹贡则曰‘导河和石’……兰州大学居大河之滨，关门于墙北，不数武即闻之声，师生所饮无一滴非取诸河者，饮水思源，讵可以忘积石。抑凡教于斯学于斯者，无日不挟策而洛诵，则又安可以忘积石堂。水也，书也，固皆校中人所不得须臾离者也。树帜校长以积石名此堂，旨哉味乎！”[3]顾先生评价辛树帜云：“陇士何幸，得此文宗。昔左文襄公文武兼秉，开府此间，请于中枢，与陕西分场试士，陇中文学，彼实振之。”[3]又云：“左辛二公并为湘人，先贤后贤，若合符节，宜为永传之嘉话。”[4]顾颉刚将辛树帜和左宗棠并列，足以显示辛树帜对国立兰州大学图书馆建设做出的重大贡献。

表1　国立兰州大学图书馆各类图书统计表　　册

类别	总类	哲学	宗教	社会科学	语言文字学	自然科学	应用科学	艺术	文学	史地	共计
合计	34310	2734	2254	12453	1854	4905	5413	1287	9032	9335	86057
中文	32308	2598	2181	11591	1447	3231	4430	1256	8260	9044	76346
英语	2002	136	73	862	407	1674	983	31	772	291	7231
俄语											175
德语											1300
日语											1005

注：以上为1947年12月27日校讯发表数字，不包括从京沪新购来运抵兰州者约20 000册。

二、图书馆学家何日章主持下的国立兰州大学图书馆

何日章（1893—1979），河南商城人，毕业于北京高等师范学校英语部。先后在河南省图书馆、北京师范大学图书馆、西北师范大学图书馆、兰州大学图书馆、台湾“国立中央图书馆”、台湾政治大学图书馆任职，编制了《中国图书十进分类法》，是我国著名的图书馆学家。

何日章先生于1946年8月受校长辛树帜的邀请担任图书馆主任（相当于馆长）。此时的国立兰州大学图书馆，虽然“始将所藏图书，予以初步分类，并设置目录柜，再行添置阅览桌椅，规模渐具”[9]，但是近十年时间，图书馆“图书添置较少，仅就急待参考者，选购数百种而已”[9]，藏书数量从4万余册始终没有突破5万。馆舍方面也仍然处于“内含外表，一仍旧规，无多添设”[9]的阶段。

1946年何日章奉令接收前甘肃学院及西北医学院两校的图书，同时在北京、上海选购图书，将以前甘肃学院图书馆的旧址设为中文书库，并改该院大礼堂为普通阅览室；办公室除原有者外，另辟编目室、外文书库、丛书室、特藏室、期刊室、装订室等。同年10月，添置书架100只，大阅览桌30张，靠椅300把，目录柜两具，积极办理分类、编目，以利流通而便使用。

1947年12月，国立兰州大学图书馆的藏书已经达到10万余册，至1948年11月达15万册（见表2）。

表2　1947年12月图书馆藏书总量统计

序号	来源	册数
1	接收前甘肃学院图书及杂志	27571
2	接收前西北医学院图书及杂志	1584
3	学校改组后所新购者	58232
4	新购尚存京沪未运回者	约20000
合计	1947年12月藏书总量	约107387

数字来源：何日章《国立兰州大学图书馆概况》

可以说，国立兰州大学时期的图书事业得到了突飞猛进的发展，是国立甘肃学院时期图书总量的近4倍。在当时的西北地区首屈一指。据《国立兰州大学图书馆概况》记载："兰市公私藏书之富，未有逾于本馆者矣"[9]3，当时甘肃省立图书馆暨五泉图书馆所藏，也不过两三万册而已。

1947年12月，何日章先生将主持国立兰州大学图书馆一年来建设情形撰写成书，名曰《国立兰州大学图书馆概况》。书名由时任西北最高军政首长——西北行辕主任兼新疆省主席张治中先生题写，并由著名历史学家顾颉刚先生作序[10]。该书详尽描述了当时图书馆的馆舍情形、藏书状况、规章制度以及今后的工作计划等，成为追溯兰州大学图书馆发展历史的重要依据。

何日章主持国立兰州大学图书馆时期，设登购、编目、阅览、杂志四部，其职掌如下：登购部掌理图书、杂志、报章之购买、登记等事宜；编目室掌理中文、外文书籍（包括日文）之分类、编目等事宜；阅览部掌理书库、阅览室之典藏、流通等事宜；杂志部掌理中外文杂志之典藏、阅览及装订等事宜。何先生亲自主持建立了关涉新书登录、卡片检索、书刊借阅和校外人员借阅规定等各种规章和制度。借阅制度方面，借阅权限以教授为重。教授借书，每一科目以五种为限，多者类推。教授借书时间，以一月为限；职员每人以一种为限，借书限期两周；学生借书每人每次以一种为限，线装书以一函为限，借书时间以一周为限。还规定了预约及续借的办法：欲借阅之书，已经借出，可声明预借；借书期满时如该书无人预借，可续借一次。

普通阅览室实行开架制度，日间夜间均行开放，实乃何日章先生开图书馆界一代风气之先。“凡各科基本重要参考书籍，均尽量搜罗，多备复本；此等书籍，除留一小部分藏于书库以备出借外，其余均陈列于普通阅览室中，以供员生自由阅览，既减少借书手续之繁，亦可提高研究效率。”[9]14更可称赞之事，乃此时的兰州大学图书馆为便利兰州市区各机关公务查阅资料之需要，发挥图书馆之作用，将所藏的中外图书期刊，酌予出借，仅需机关备其正式公函，经本校校长核准。其开放程度堪比今日。在图书编目分类上，图书馆采用了何日章与袁涌进编制的《中国图书十进分类法》，这是20世纪30年代我国著名的图书分类法，曾先后被国内几十家图书馆采用。据何日章先生本人叙述，“本馆中文分类，系采用本人编著之《中国图书十进分类法》。”[9]3“十进分类法”是在吸收国内外图书分类法合理成分的基础上编制的，由简表、总表、附表等部分组成，将图书分为十大部类，解决了新旧图书不能混编的矛盾。其编制原理为“吸取成果，兼顾读者；离其疏远，合其近密；以十进一，以一分十，有异必记，遇新即录”[11]。当时图书馆的中文图书，分为：0总部、1哲学部、2宗教部、3社会科学部、4语言文字学部、5自然科学部、6应用科学部、7艺术部、8文学部、9史地总论。

何先生不拘泥于普通图书馆办馆模式，以前瞻的眼光看待图书馆事业，在任期间以建设彰显兰州大学西部特色的图书馆为己任，规划制定了详尽的工作计划，大致如下：1）馆址之修建。当时图书馆馆址为甘肃学院图书馆旧址，后虽多次扩充，仍不能适应书库扩大和阅览人数增多的要求，故新式图书馆的修建迫切，拟建可容50万册书籍之四层楼图书馆，其基地及图样送呈教育部后，由于经费短缺后改建为二层楼，即积石堂。2）筹建各系图书室。为便于各系教授及高年级学生之研究工作，在各系办公室所在地增设该系参考资料研究室，陈设与该系有关之专门图书及国内外杂志。此等图书室之增辟，陆续进行，与各系课程之进展配合一致。3）筹设西北文物研究室。为发扬西北文化，保存固有文物起见，拟于图书馆新址落成后，划出一部分房屋，设立西北文物研究室，内分考古、民俗二部。考古方面，先从搜罗有关敦煌图籍及彩陶着手（暂依安得生所分齐家、仰韶、马厂、辛店、寺洼、抄井等六期搜集之）。民俗方面，则拟以风俗习惯及歌谣之采访编辑和服饰用具收藏为主，藉供各方之研究与参考。4）新旧书籍之整编。图书馆图书主要有两部分，一部分是接收甘肃学院和西北医学院的图书，另一大部分为新购图书。其接收部分本可以不再整编，但过去无登录簿，分类编目多不一致，致使需重新登录，加以新购图书亦多，故整编需时日。5）书志之增购。随着馆藏逐渐增大，国内各大书店如有新书出版时，皆有书目寄到。杂志方面，除搜求国内出版中文期刊约500种外，又外文杂志200余种，并拟再增订若干种，以充实各系科研究工作之进行。6）边疆语文图书之采访。原图书馆旧藏边疆语文的图书，为数无几，现拟广事搜求，以供本校边疆语文学系师生使用。7）旧有书志之装订。馆内旧藏杂志，因历年阅览，污损颇多；新购杂志，因开架阅读，流通迅速，也有损坏，且大部分同类均未合订成册，为方便读者以及馆藏需要，此项工作需积极进行。8）期刊索引增编。期刊种类繁多，内容复杂，查阅资料极为不便。为便利研究及增进期刊应用的效能，即编缮条理清晰的索引，以利参考。

国立兰州大学图书馆以其完备的规章制度和开明的服务理念，为其后半个多世纪兰州大学图书馆事业的发展奠定了坚实的基础。“图书十进分类法”的使用，使得国立兰州大学图书馆走上严谨科学、便于利用的现代图书馆事业发展之路，对日后兰州大学孕育学者和培养人才产生了深远的影响。

三、历史学家张舜徽与国立兰州大学图书馆的不解之缘

张舜徽（1911—1992），湖南沅江人，著名历史学家和文献学家。1946年辛树帜回家乡临澧，参观了兑泽中学，与时任中学教员的张舜徽相识，两人相见倾心，成为忘年之交。后经辛树帜力邀，张氏加盟兰州大学。在张先生长达60年的教学生涯中，仅在兰州大学执教三年（1946—1949），但是这三年却是张先生学术发展的重要阶段，对其学术研究有重要的影响。张先生在他的回忆录、著作中，除了家乡湖南，惟有兰州提及最多。在兰三年，张先生兼任文、史两科，虽说教学花去了他较多时间，但每讲授一门课，便又是一部著作孕育或形成之时。如《四库提要叙讲疏》便是对1947年的国学概论讲稿的整理和修订。

张舜徽先生晚年经常回忆起在兰州读书的岁月，兰州大学静观园的书斋是他永远不能忘记的。张先生在这里读书写作，孜孜不倦，他的几部著作或完成于斯，或孕育于斯。先后写成《周秦诸子政论类要》《初学求书

简目》《四库提要叙讲疏》《〈汉书·艺文志〉通释》《中国近三百年学术史》（1991年出版的《清儒学记》前身）等经典著作。张先生在《自强不息，壮心不已》中写道：“一九四六年，到兰州大学教书，恰好那年冬天，学校从上海买回了大量图书，其中有明刻《皇明经世文编》，是清代禁书，流传极少（此书一直到一九六二年，才由中华书局影印行世）。兰州大学以高价得之，藏于珍本室中，例不借出馆外。是书凡五百四卷，收录了四百二十四家的政治论文，共载文三千一百四十五篇，可算是一部卷帙浩繁的大部书。但由于书本行格疏阔，字体又大，每卷字数并不太多。我趁暑假休假时，鼓起勇气，携带笔纸，入馆读之。自朝至暮，日尽十卷。经过五十天伏案，便把它涉览了一遍。并选定其中比较精要的写作，凡三百二篇。把它区分为礼乐、兵刑、教化、学术、治道、将略、财赋、铨选、经营、水利、边防、夷务等十二门，各归部类，不相淆杂，写成《皇明经世文编选目》在《兰州大学学报》发表。”[12]《皇明经世文编》成书于明崇祯年间，九成以上内容皆明代270年间僚臣奏疏，其资料来源大部分采诸作者的文集，也有不少得之于传钞，因而其史料价值相当高，“非特治明史者之宝藏，抑亦博览者之渊薮”，是研究明代政治治乱的第一手资料。张舜徽通读该书之后从中择出其“议论之尤至者”，共302篇，将之分门别类编排，如索贯穿，有统系、有条理、便于检索，甚利治学[13]。

张先生一生以学术为生命，他在兰州的日子，无论是教学、研究、读书，都与图书馆有着密切的关系。张舜徽的《周秦诸子政论类要》和《皇明经世文编选目》分别成书于1946和1947年，其时正是国立兰州大学图书馆大量采购图书的时期，这些文献对张舜徽学术著作的撰写和学术思想的形成起到了不可替代的作用。

四、国学大师顾颉刚心中的国立兰州大学图书馆

顾颉刚（1893–1980），江苏苏州人，古史辨学派代表人物，也是中国历史地理学和民俗学的开创者之一。顾先生与兰州大学渊源颇深，结下了不解的情结。抗战爆发后，顾先生到西北考察教育，受当时甘肃学院朱铭心院长之聘开办讲座并任文史教授。1947年，国立兰州大学建校仅一年，校长辛树帜就利用自己交游广、名望高的优势，延聘到多位国内学者名流，其中最为后人称道的是聘请顾先生为历史系首届主任，后其因事不能西行，请史念海先生代行主任事。顾先生与树帜校长交情颇深，为廿余年

惺惺相惜的好友，经辛树帜校长力邀，顾先生在刚刚当选为中央研究院院士后的1948年6月即专程来兰，主持历史系工作并讲授中古史。先生到兰大来第一次和学生见面便说："精诚所至，金石为开。"在顾先生讲学期间，辛树帜校长更是尊敬他如师长，甘当顾先生的学生，甘当顾先生的助教。当时的兰州，同受战事频仍的影响，物价随内地飞涨，生活条件相当艰苦。顾先生并没有因身处这样的环境而对学问稍事懈怠："但若不破釜沉舟便不能打胜仗，我要建立学问的系统，我又如何可以不经过这艰难困苦的阶段。"[14]334为留住顾先生，树帜校长想尽办法陪伴左右。顾先生在日记中诚然道明心迹："予来此甚不易，已来开课矣，若又不终而去，不将为西北人笑耶！"[14]3021948年中秋，顾先生去树帜校长处小坐后叹道："来此足三月矣，上课准备，非常紧张。在此状态之下，亦必由外力推动也。自九一八以来，十七年中，无如今日之心胸开朗者，此真可纪念之事也。"[14]342

1948年，正值国立兰州大学新校舍和新图书馆落成，顾先生应辛校长之请，为新校舍亲撰《昆仑堂记》，并欣然为能容纳藏书30万册、面积达1616平方米的图书馆新楼（即积石堂）撰写《积石堂记》。《积石堂记》是研究国立兰州大学图书馆发展的重要文献，在该碑文中，记载了国立兰州大学图书馆的历史沿革，叙述了积石堂的命名渊源、资金来源、施工设计者、面积、功用以及发展图书事业对西北文化的意义，指出图书馆发展到15万藏书规模，辛树帜校长和何日章主任居功厥伟。

顾颉刚先生在接任历史系主任后，虽被日常事务缠绕，因感念辛校长对图书文献事业的孜孜以求，不顾长期失眠症的困扰，于1948年8月6日清晨为《国立兰州大学图书馆概况》作序八百言[14]324。"颉刚暑中讲学，有所索几必得，益信其言之诚，而其启发学徒，俾识现代水准，兴迈进之思，其有功于后学宁有极耶！"[3]当时图书馆的丰富馆藏，正如顾颉刚所言"入图书馆，则中外图书杂志充塞老屋数十椽，如登群玉之蜂"[3]。也使顾先生"得览藏书，左右逢源，重度十余年前之铿研生活，日眙心开，恍若渴骥之奔泉，力不可抑而止"[4]。顾先生在家人屡促其归离开兰大之际，感慨道："他年海内承平，中外缥缃纷沓而至，两楼不可胜容，则将增筑书库，期为八十万册之储。其规模之宏，致力之锐，所以推动西北文化者，岂不伟欤？""使采储八十万册者，吾忍不终老于此耶！"[4]顾先生对国立兰州大学及其图书馆的真挚感情与发展的厚望溢于言表，令人难忘。

五、结束语

“西北自唐而后国都远徙，迄今千年矣，魁士既不至，当地人亦少外游，文化日臻于枯涸。”[3]20世纪40年代后期的国立兰州大学，处于经济萧条、文化落后、信息闭塞的环境中，办学条件极其艰苦，师资匮乏，图书、仪器严重不足。但是，掌校者与图书馆的主事者们非常具有前瞻眼光，顾颉刚、张舜徽等名流学者共襄图书馆事业，“二年之间，积书至十五万册，卓然为西北巨藏矣”[4]。“询主事者谁，则前河南省立图书馆长兼博物馆长何日章先生，二十年之旧识，夙服其开创之才者也。以辛校长之旁搜远绍，何主任之勇猛精进，两美必合，仅仅二年之力，轶出他人数十载之功，其魄力之沈雄，何可及哉！”[3]

岁月有更替，环境有变迁，人事有代谢，规制有沿革，兰州大学的前代学人在风雨飘摇的政治生态以及极其艰难的社会环境下，表现出了“筚路蓝缕，以启山林”的精神。国立兰州大学时期，图书馆正是在辛树帜、何日章等前辈学人的辛勤努力下，出现了前所未有的盛况，成为兰州大学图书馆发展史上的一个里程碑。

参考文献

[1]辛树帜.辛校长树帜上教育部签呈[N].兰州大学校讯，1947年一卷一期.

[2]国立兰州大学档案[B]4-（1）-133.兰州：兰州大学档案馆.

[3]顾颉刚.《国立兰州大学图书馆概况》序[M]//何日章.国立兰州大学图书馆概况.铅印本.1948.

[4]顾颉刚.职石堂记[M].手写本.兰州：兰州大学图书馆，1948.

[5]刘宗鹤.辛树帜先生传记[G]//辛树帜先生诞生九十周年纪念论文集.北京：农业出版社，1989：255-251.

[6]文理学院概要[N].兰州大学校讯，1947年二卷四期.

[7]国立兰州大学档案[B]4-（1）-47.兰州：兰州大学档案馆.

[8]国立兰州大学档案[B]4-（1）-170.兰州：兰州大学档案馆.

[9]何日章.国立兰州大学图书馆概况[M].铅印本.北京：国家图书馆，1948.

[10]刘文江.顾颉刚关于“国立兰州大学”的两篇序记述略[J].兰州大

学学报：社会科学版，2009（2）：15-19.

[11]何日章.中国图书十进分类法：修订第四版[M].台北：台湾政治大学图书馆，2001.

[12]张舜徽.张舜徽学术论著选[M].武汉：华中师范大学出版社，1991：634.

[13]刘筱红.张舜徽在兰州大学[J].兰州大学学报：社会科学版，2003（1）：47-52.

[14]顾颉刚.顾颉刚日记：第六卷（1947-1950）[M].台北：台湾联经出版公司，2007.

附录一：

国立兰州大学图书馆收藏书志举要

复本书籍　　本校以僻处西陲，深感学生得书之不易，故对各科重要教本及国学基本用书，尽量多备复本，俾好学之士，得免向隅之叹。如二十四史及资治通鉴皆多至五部，他如说文解字，段注说文通训定声，史记，汉书补注，楚辞，庄子，文选，文心雕龙，史通通释，四朝学案，以及法律，政治，理科，医学各类中之较为重要者，均各购二十部至三十部。是不独参考便利，而家境清贫无力购书之学生课本问题，亦可获得解决之方矣。

丛书巨著　　本馆丛书室收藏之丛书，其较著者有丛书集成，四库全书珍本，四部丛刊初编、续编、三编，四部备要，古今图书集成，万有文库，别下斋丛书，学津讨原等；又如广雅丛书，嘉业堂丛书，聚学轩丛书，玄览堂丛书，拜经楼丛书，安徽丛书，山右丛书，辽海丛书，广东丛书，士礼居丛书，章氏丛书，小方壶齐舆地丛书，百川学海，宝颜堂秘籍等类，亦莫不盈箱积箧，悉数以备。近代学人著作如刘申叔先生遗书，王静安先生遗书，皆各备二部以便本校员生浏览。另有大清历朝实录全部，及皇明实录全部，前者系影印清官小黄绫本，朱栏墨字，内函外套，一如原本，全书自满洲开国，迄宣统退位，各朝史实，叙述綦详。至皇明实录，则系影印江苏国学图书馆之传抄本，对于有明一代史实之记载，尤极详尽。其它明版巨著，如皇明经世文编，文苑英华，全唐诗，亦各有一部，诚不可多得者也。此外若大藏经及道藏经，亦系巨著，前者四百余册，后者一千二百余册，研究佛道两教之源流宗派经典者，此其必备之参考书也。他如宋会要、玉海、钱氏潜研堂全书、桐城吴先生全书及大清律例等巨著，亦皆择要庋藏。

西北史地　西北史地，有待研究之问题实多，故凡有关西北史地之著作，本校必尽力搜求之。今本馆所藏除陕甘宁等省方志外，计有汉西域图考，皇舆西域图志，新疆外藩纪略，平定朔漠方略，平定回疆剿捡逆裔方略，平定准噶尔方略，平定关陇纪略，钦定五省方略，中俄交界图，元西域人华化考，西北边界地名汉译考证，兰州记略，西城闻见录，新疆记略，左文襄公全集等若干种，均为研究西北史地者之重要参考资料，另有日人著述多种，如白乌库吉等之西域研究，以及新西域记，（二巨册）大唐西域记之研究，蒙古高原，蒙古与青海，日译蒙古游牧记，蒙疆年鉴等。亦皆备藏无遗。

考古图籍　西北诸省，为我国文化发祥之地。惟世易时移，古代史迹诸多湮没，因之流沙坠简，石室秘藏，稽古证今有足征者，本馆亦多搜藏。此外凡有关前代文化之图书，本馆莫不刻意搜求以期完备。今所藏考古书籍，约二百余种，如刘铁云之铁云藏龟，罗振玉之殷墟书契考释，殷墟古器物图录，贞松堂藏西陲秘籍丛残，以及艺术丛编，王国维之三代秦汉金文著录表，均极珍贵者也。余若殷契粹编，金石彙目分编，敦煌劫余录，攀古廔彝器款识，陶斋吉金录，两周吉金辞大系，两汉吉金石记，新郑古器图录，南阳汉画集等，亦皆考古学者必备之书。而尤以有关甲骨文字著述之收藏，最有系统，约计四十余种。自刘铁云氏之铁云藏龟以迄近人郭沫若氏殷器粹编，各家著作收购略尽。故于龟甲文字之研究，本馆所藏诸书，可供参考者十备八九矣。他如碑帖之类，本馆收藏亦多，如寰宇访碑录，关中金石录，山右金石录，洛阳龙门石刻拓本，西安碑林拓本，昭陵六骏拓本，以及中国名画集，金石家书画集，故宫书画集，明清山水名画集等，又为研究碑帖书画者之良好资料也。

外文书籍　本馆所藏之外文书籍，除接收者外，凡影印之西书已大体具备，他如英文世界名著全集，大英百科全书，社会科学全书，医学百科全书，迭更司全集，司可提小说集，世界大历史等，亦皆备有。至日文书籍，本馆已搜购者颇多，如日本史迹大系，及日本史，万有科学大系，判决总揽，陶器大辞典，世界美术画谱，世界美术全集等，均为研究日本问题之珍贵参考资料。另有德文书一千三百余册，如黑格尔辩证法全集，叔本华全集，国际政治地理全集，哥德全集，席勒全集等，皆为世界名著。其中尤以国际政治地理为珍贵，该书为德研讨「地缘政治」之重要著述，乃治政治地理学者极有价值之参考书。该批德文书籍中有一千二百余册，系辛校长于教育部武汉区特派员任内，接收汉口德国波楼馆旧藏，而由部拨赠者，此殆为西北文化机关所仅有之战胜纪念品也，至俄文书籍本馆亦搜藏一千五百余册。19世纪之文学名著如普希金、托尔斯泰、果戈里等之作品均在内焉。

中西杂志　本馆所藏中文期刊约五百种，其中购有全套者，如《青鹤》《艺风》《国风》《清华学报》《燕京学报》《金陵学报》《中国营造学社彙刊》《文哲季刊》《史地学报》《土壤专刊》《地质专刊》《地学杂志》等，其中之《东方杂志》（自光绪三十年一月二十五日创刊号起，至民国二十六年十月沪版停刊号止）、《国闻周报》（创刊于民国十三年八月三日，停刊于民国二十年十二月二十一日，共八卷五期）、中央研究院各种集刊、克内数学集刊、瑞芮科学集刊等，尤属难得，至外外文杂志亦有二百余种均为英美名著，兹举其重要者附刊于后，此外敌伪刊物，本馆亦搜购数十种，如《华北政务委员会公报》《华北编译馆馆刊》《中和月刊》《中外经济统计彙报》《东亚经济月刊》《中联银行月刊》等均系全套。此亦为治现代史者之宝贵参考数据也。

附录二：

国立兰州大学图书馆藏外文杂志一览

Phyolosophical Review

Phyolosophical Magazine

Psychological Bulletin

Journal of Land & Public Utility Economics

Annals of Political & Social Science

Political Science Quarterly

Journal of Political Economy

Quarterly Journal of Economics

Economic Geography

Harvard Law Review

Journal of Educational Sociology

Journal of Educational Psychology

Journal of Educational Research

Journal of Education

China Trade

Modern Language Notes

New English Review

Scientific American

Science News Letter

Science Digest

Journal of the Linnean Society of London

Indian Journal of Physics

Physicalabstracts

Journal of Scientific Instruments

Proceedings of the Physical Society

Journal of Applied Physics

Review of Modern Physics

Journal of Chemical Physics

Journal of the American Chemical Society

Chemical Review

Analytical Chemistry

Journal of Organic Chemistry

Journal of Geology

Biological Review

Biological Bulletin

Journal of Cellular and Compative Physiology

Geophysics Journal of Generals Applied

Transactions American Geophysical Union

Econamic Geology

Journal of Physiology

American Journal of Physiology

Journal of Heredity

Journal of General Physics
Genetics
Journal of Ecology
Botanical Review
Annal of Botany
Plant Physiology
Phytopathology
Bacteriological Review
Mycologia
British Mycological Society Transactions
Journal of Bacteriology
Botanical Gazette
Journal of Animal Ecology
Transaction-Amer Entomological Society
Journal of Economic Entomology
Journal of Nutrition
American of Journal of Hygiene
Journal of Immunology
American Journal of Veterinary Research
American Journal of Pharmacy
Journal of the American Medical Association
Epidemiological Information Bulletin
Physiological Review
Veterinary Medicine
Nutrition Abstracts &Review
Quarterly Journal of Medicine
American Society of International Law
Anatomical Record
Veterinary Journal
Tropical Diseases Bulletin
Journal of Parasitology
British Journal of Experimental Pathology

American Journal of Pathology
American Journal of Ophthalmology
Mining Magazine
Industrial &Engineering Chemistry
Chemical Engineering
Journal of the Society of Chemical Industry
Pacific Historical Review
Current History
Journal of Geography
Geological Magazine
Geographical Journal
Journal of Economic Entomology
Journal of Nutrition
American of Journal of Hygiene
Journal of Immunology
American Journal of Veterinary Research
American Journal of Pharmacy
Journal of the American Medical Association
Epidemiological Information Bulletin
Physiological Review
Veterinary Medicine
Nutrition Abstracts &Review
American Society of International Law
Anatomical Record
Veterinary Journal
Tropical Diseases Bulletin
Journal of Parasitology
Parasitology Journal of Pharmacology
British Journal of Experimental Pathology
American Journal of Pathology
American Journal of Ophthalmology
Industrial &Engineering Chemistry

Chemical Engineering
Journal of the Society of Chemical Industry
Pacific Historical Review
Current History
Journal of Geography
Geological Magazine
Geographical Journal
National Geographic Magazine
Geography
Geographical Magazine
Geographical Review
Annals of the Association of American
American Journal of Syphilis
The American Journal of Anatomy
The Journal of Allergy
American Society of Agronomy
Journal of Experimental Biology
Transactions of the American MathematicalSociety
The Annals of Mathematicical Statistics
Journal of Mathematics and Physics
Bulletin of the American Mathematical Society
The Biochemical Journal
Archives of Physical Medicine
Annals of Mathematics
American Journal of Mathematics
Royal Society of Tropical Medicine and Hygiene
Proc of the Academy of Political Science
American Political Science Review
The Journal of Modern History
Annals of the Association of American Geographer
Journal of The Franklin Institute
Archives of Pediatrics

American Pharmaceutical Association

Bulletin of Hygiene

Archives of Dermatology and Syphilogy

Archives of Pathology

Archives of Internal Medicine

American Journal of Physics

Proceedings of the Royal Society of Edinburgh

The Journal of Biological Chemistry

Bulletin of the Geological Society of America

The Physical Review

Chemical Abstracts

The Journal of the American Society of Anes

Thesiologists, Inc

Sociology and Social Research

The Bulletin of the American Meteorological Society

The Yale Journal of Biology and Medicine

American Journal of Diseases of Children

Harvard Business Review

The American Journal of Pathology

The British Journal of Experimental Pathology

Annals of Internal Medicine

The Journal of Laboratory and Clinical Medicine

Archives of Ophthalmology

从藏书章的变化看兰州大学图书馆的发展

赵书城　王　勇　万振新

图书馆藏书章是图书馆藏书的标志，它在图书馆管理，尤其是图书财产管理中有着不可替代的作用。一册书从加盖了图书馆藏书章起，就与封建藏书楼藏书和个人藏书有了差别。其被收藏、流通，直到剔除，都必须严格遵守图书馆的规章制度和业务规范。在计算机技术、网络技术、通讯技术、多媒体技术快速发展的今天，尽管图书馆藏书这一概念在内涵和外延上都有了很大的变化，但对某一具体的图书馆来讲，可以预见，纸质文献的收藏将长期存在下去。可以说藏书章这一传统书法艺术与篆刻艺术相结合的文化现象，一定会在图书馆发展变化的历史上长期存在。笔者通过翻阅不同时期兰州大学图书馆的藏书，筛选出具有代表性的不同时期兰州大学图书馆藏书章印鉴，奉献给大家。

收集的有价值的兰州大学图书馆藏书章印鉴分为五部分，共计二十枚，其他印鉴二枚。

第一部分：1909—1913年，甘肃法政学堂时期。当时仅有阅报室一间，校史只提及法政馆移交物品“图书器具清册”，未有确切的文献册数和图书馆（室）负责人说明，笔者至今尚未发现遗存在图书、期刊等文献资料上的藏书印章墨迹。因此，这一时期藏书印章暂缺。

第二部分：1913—1927年，共有三枚。第一枚（图1）：“甘肃公立法政专门学校所有”篆书，阳文，三竖行，方形，3cm×3cm，馆藏印。第二

第一作者时为兰州大学图书馆馆长，教授。该文发表于《兰州大学学报》(社会科学版)2001年第1期。

枚（图2）："甘肃公立法政专门学校图书之印章"，椭圆形，三横行，上二行书宋体（第一行"甘肃"字样中间有三颗八瓣梅状图案），第三行大篆，阳文，边锯齿状，周长13.3cm。第三枚（图3）："甘肃公立法政专门学校"，报纸专用章兼阅览藏书章，大标宋，阳文，竖长条形，10.5cm×2.3cm。

法政专门学校时期，藏书籍3379册，另有报纸十余种，1924年前未设置专职图书管理员，一直由学监兼职，馆址在兰州市萃英门。

第三部分：1927—1946年，共有七枚。第一枚（图4）："兰州中山大学图书馆"，图书馆行政章兼藏书章，椭圆形（内外双环状），楷体，三横行，阳文，周长9.6cm。第二枚（图5）："兰州中山大学图书馆藏"，图书馆藏书章，行楷，竖长条形，8.5cm×1.2cm。第三枚（图6）："甘肃大学图书馆"，图书馆行政章兼馆藏章，椭圆形（外径粗边，内径细边，中一横线贯穿三个圆圈状，两端二颗八瓣梅），双横行，楷体，周长10.2cm。第四枚（图7）："兰州甘肃学院图书馆"，图书馆行政章兼馆藏章，圆形，周边锯齿状（中间有二横杠），三横行（中间一行字体稍大），小标宋，周长12.1cm。第五枚（图8）："甘肃学院图书馆"，馆藏章，菱形（外径粗线条，内径细线条状，中间一横线），双横行，仿宋，周长11.2cm，阳文。第六枚（图9）："国立甘肃学院教务处图书馆"，图书馆行政章兼馆藏章，椭圆形（周边锯齿状、内外双环形、外径线稍粗、两端呈六角星状），三横行，仿宋，阳文，周长11.1cm。第七枚（图10）："国立西北医学专门学校图书仪器组"，国立西北医专图书仪器专用章，椭圆形（现套环状，外径线条较粗），三横行，魏体，阳文，周长12.4cm。

1928年兰州中山大学总务处下辖图书馆，1929年改为教务处管辖图书馆，1931年有图书16355册。1937年经教育部批准，《甘肃省立甘肃学院组织大纲》中规定，由事务主任主管图书馆。1938年有图书48449册。此时，改由教务处主管图书馆，图书馆主任为校务会议组成人员。1941年甘肃学院时期有图书馆一座（由衡山堂改建，兼作教室用），共计中西文图书44261册，挂图486幅。至改为国立甘肃学院时，全院有图书45670册，1945年增加到49000册。

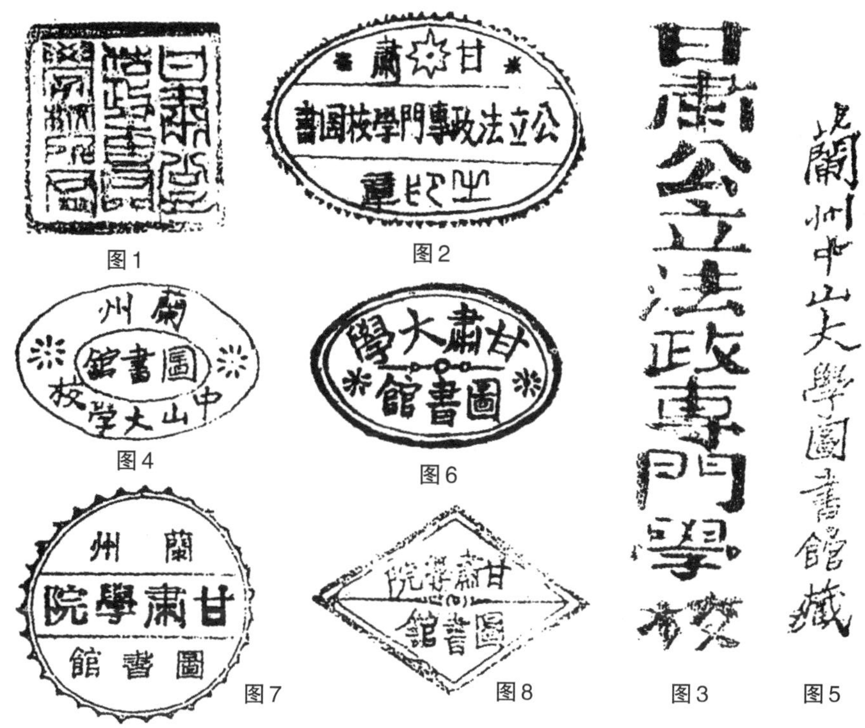
图1　图2　图4　图6　图7　图8　图3　图5

第四部分：1946—1949年国立兰州大学时期，图书馆馆藏印章四枚。第一枚（图11）："国立兰州大学（新知室）图书馆"，报纸、阅览室书刊专用章，椭圆形（双套环形状，外径粗线条锯齿状，内径两端有两颗五角星），字列三横行，楷体，阳文，周长10.6cm。第二枚（图12）："国立兰州大学图书馆藏书"，馆藏书专用章，椭圆形（双套环形状，外径粗线条锯齿状，内径两端呈两颗小六角星状），三横行，板宋，阳文，周长10.5cm。第三枚：此一部分共有两枚（图13，图14），均为"国立兰州大学藏书"，系图书馆藏书专用章，方形，阳文，四竖行，大篆，前一枚为2.6cm×2.6cm，后一枚3.0cm×3.0cm。

图9　图10　图11

图12

图13

图14

国立兰州大学时期，辛树帜校长以充实图书仪器设备为急务。全校至1948年共有图书12万册，比甘肃学院时的藏书多了近两倍。当时的图书馆馆长何日章先生，凭借二十年的经验领导着12位工作人员，承担了全校图书的分编借阅工作，他还抽空给图书馆的工作人员讲授所著的《中国图书十进分类法》。因原甘肃学院由观成堂改成的图书馆不能满足骤增图书的需要，辛校长决定将至公堂辟为阅览室，把观成堂后作为书库的20间小屋拆除，建1616m²的二层楼作为图书馆，可藏书30万册。1948年11月26日顾颉刚教授撰写《积石堂记》一文，称此图书馆为积石堂。

第五部分：1949年至今，兰州大学时期，共有十六枚。

第一二枚均为“兰州大学图书馆藏书”（图15，图16）。前一枚呈正方形，三竖行，仿宋，阳文，字体间隙较大，3.2cm×3.2cm。后一枚也呈正方形，三竖行，大书宋，阳文，四周边线较前一枚粗，3.4cm×3.4cm。第三四枚均为“兰州大学藏书”，藏书章（图17，18）。前一枚呈长方形，大篆书，三竖行，阳文，3.0cm×2.5cm。后一枚呈正方形，其他与前一枚相同，3.0cm×3.0cm。

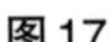

图17

图18

第五枚（图19）：“兰州大学图书馆提货章”，为采购工作用章作藏书章，椭圆形，板宋，三横行，周边锯齿状（内外双套环形，内环外沿两颗五角星），周长10.4cm。第六枚（图20）：“兰州大学图书馆革命委员会期刊专用章”，“文革”时期期刊用章，圆形，三横行（上为弧形），仿宋，阳文，周长9.42cm。

第七至十六枚均为工作用章。(1)“兰州大学图书馆赠”（图21），赠送书籍章，正方形，阳文，三竖行，篆书，2.6cm×2.6cm。(2)“兰州大学图书馆借阅专用章”。(3)“兰州大学图书馆中文书刊采购专用章”。(4)“兰州大学图书馆外刊专用章”。(5)“兰州大学图书馆采购专用章”。(6)“专款采购图书兰大图书馆”。(7)“兰州大学图书馆中刊专用章”。(8)“兰州大学图书馆交换资料专用章”。(2)~(8)均为圆形，仿宋，阳文。(9)“图书馆多媒体电子阅览室专用”，工作用章，菱形，三横行，仿宋，阳文。(10)“兰州大学科技咨询与成果查新中心专用章”，椭圆形，二横行，阳文。

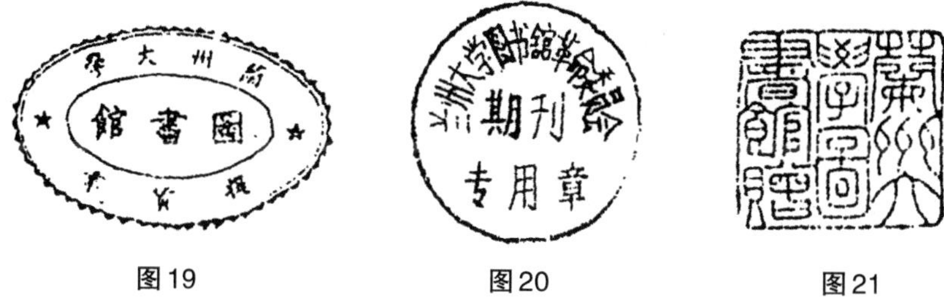

图19　　图20　　图21

兰州解放后，接管期间清点实有图书共98530册。校务委员会成立后，兰州大学图书馆馆长由冯绳武副教授兼任。当时馆内设编目和出纳二组。1956年从旧校址迁至天水路新址时，占有现旧文科楼北端教室2000m²为临时馆址，图书馆馆长先后由吴宗汾教授、常麟定教授、陆润林教授兼任。藏书与经费情况如下表所示：

年代	经费数（元）	图书			期刊			总计（册、份）
		中文（册）	外文（册）	合计（册）	中文（册）	外文（册）	合计（册）	
1949(以前)		69858	8980	78838	4565	15127	19692	98530
1950		9057	1743	10800	148	643	791	11591
1951	8662	10798	2502	13300	571	629	1200	14500
1952	6857	16804	5355	22139	988	601	1589	23768
1953	24768	22669	6787	27456	332	1386	1718	29174
1954	51896	22320	12076	34396	533	2025	2558	36954

年代	经费数（元）	图书			期刊			总计（册、份）
		中文（册）	外文（册）	合计（册）	中文（册）	外文（册）	合计（册）	
1955	157258	27162	10717	37879	579	4816	5395	43274
1956	258796	29978	12678	42656	657	7341	7998	50654
合计	508237	208646	60838	267484	8373	32568	40941	308445

注：本表见《兰州大学校史》1990：183。

1957—1966这十年间，是社会公认的兰州大学稳定发展的时期，特别是在江隆基校长的领导下，学校专业设置大大发展，教学质量逐步提高，重点学科开始形成，科研成果显著增加，办学条件明显改善。此时的图书馆也取得了长足发展。1962年12月3日落成现仍在使用的图书馆大楼，建筑面积7760m²，设计读者容量3000人，可藏书60万册，俄式风格。这座建筑成了当时乃至当今兰大重要的人文景观和标志性建筑。图书馆的塔楼、钟声激励着一代代兰大人为中华民族的伟大振兴奋发读书、勤奋工作。同时学校为了加强对图书资料工作的组织、协调和管理，决定将图书馆改为处一级机构，由学校直接领导，并配备了较强的干部。提倡一个系、教研组和进行科学研究的每个教师，都能动手搞情报资料工作。各系的图书室、阅览室向资料室的方向发展。图书馆也加强了资料工作。到1965年，图书馆藏书已达56万册，工作人员增至32人，为教学、科研服务的能力明显增强。

“文革”期间，图书馆遭严重破坏，先后有刘佛吾（1962—1966）、杨振耀（1968—1973）、袁植（1973—1976）三任馆长。1978年以后，学校抓住教育部发布《关于加快高等学校图书资料工作的意见》和《高校图书馆工作条例》的时机，改进图书馆工作，健全各种规章制度，狠抓基础工作，加强队伍建设，提高服务质量。另外还健全了服务机构，分设采编、流通、期刊、阅览四组和办公室，并成立了图书馆委员会，协调全校的图书资料工作。1983年又增设了情报资料及技术两组。到1987年，图书馆藏书已达165万册，有工作人员60余名，有近50余篇学术论（译）文在全国公开发表，图书馆学术性机构的地位逐步确立。同时图书馆在阅览室实行了开架或半开架，配备了复印机，为读者复制资料提供方便；与校内外合作，机检从国外引进的地学文献磁带，馆内微机也开始用于中文期刊管理及外文图书查重等项目。此外，图书馆与国内近千个单位，国外36个机构建立了资料交换关系，互相交流资料，与省中心图书馆委员会的各馆实现馆际互借，服务功能不断完善，在发挥教育职能的同时，情报职能也有了加强。在1978年至1996年间，先后有于之一（1976—1978）、王正宇（1978—1988）、朱滋生（1988—1996）三位同志任馆长。

1996年以后，图书馆在教育体制改革和“信息革命”、“知识经济”浪潮的推动下迎来了一个全新的发展转折时期。在文献信息资源建设，服务设施改善、自动化建设诸方面取得了长足发展。提出了“以服务为宗旨，向现代化要出路，向管理要效益”的办馆思路。在机构上先后组建了情报技术部、音像资料室、科技咨询与成果查新中心，设立了多媒体电子阅览室。文献信息服务方面，在学校的大力支持下，对第一借书处、第二借书处、分部借书处近30万册中文图书进行了开架前的整理与技术加工，成功完成了回溯建库，现已实现全面开架，提高了文献利用率。ILAS系统已在采访、编目、流通三部门顺利运行，极大地提高了工作效率。承担的CALS项目的现刊目次工作正在积极进行。一个集文献信息服务、科技信息咨询查新、多媒体网络服务为一体的文献信息中心已初具雏形。现图书馆藏书180万册，服务读者近万名，有工作人员60人。1998年5月经教育部批准立项，由香港爱国人士邵逸夫捐资800万港元（总投资3000万人民币），由中国工程院院士关肇邺先生设计的新馆工程已于1999年6月破土动工。新馆面积将达到两万余平方米，可与兰大迅速发展的规模匹配。新馆保留了原有建筑风格，满足了时代对图书馆的功能要求。它的建成，必将使图书馆为教学、科研服务的水平大大提高一步，这是图书馆迎接新世纪和知识经济挑战发展中的重大事件，我们相信，21世纪到来时，图书馆这朵校园奇葩定会再放异彩。

值得一提的是在搜集、整理各类印章墨迹过程中喜得一枚邓春膏校长之私人印章（图22）。此章呈原方形、双行、阳文、篆书，2.0cm×2.0cm。

图22

1929年5月至1936年5月邓春膏先后在兰州中山大学、甘肃大学、省立甘肃学院任校（院）长，历时七年五个月。邓春膏，字哲民、泽民，甘肃循化（现属青海省）人。1917年考入北京大学哲学系，1922年官费留美，1925年和1929年分获硕士、博士学位。他在当时极其困难的条件下，为把甘肃惟一的一所大学维持下去，做出了重要贡献。

从以上藏书章及业务用章的演化过程我们不难看出，图书馆的发展历史是和兰大的发展历史相关联的。随着图书馆功能的不断拓展和规模的不断扩大，业务范围也处在不断扩展深化之中。而且藏书章还带着鲜明的时代特征，反映着知识经济条件下社会对图书馆服务的客观要求，代表着图书馆现代化管理、网络化发展的趋势。“多媒体电子阅览室专用章”、“科技咨询与成果查新中心专用章”的出现正说明了这一点。

注：馆藏章及部分印鉴印迹出处：

一、甘肃公立法政专门学校

(1)《太平洋》第四卷八号，1924年9月5日；(2)《东方杂志》第二十三卷十五期，1926年；(3)《东方杂志》第二十三卷二期，1926。

二、兰州中山大学

(1)《现代评论》第五卷105-130期，1927；(2)《四部备要》“徐孝穆集笺注”——索书号：083/050/2：219。

三、甘肃大学

《自决》第一卷10，11期，1932年。

四、兰州甘肃学院

(1)《心理杂志选存》上册；(2)《民间》第一卷1-3，5期，1934年；(3)《四库珍本初集》“周易文诠”——索书号：082/316I_2。

五、国立兰州大学

(1)《中央时报》，1946年9月；(2)《世光杂志》三、四、五卷，1944年；(3)《四部备要集部》“铁涯古乐府注”——索书号：082/050/：322；(4)《南菁书院丛书》——索书号：082/042/：2；(5)现印章。

六、兰州大学

(1)《解放日报》合订本，第一期，1941；(2)《甘肃大学季刊》第一卷，第二号。邓春膏先生私章《解放与改造》第一卷第五号，1919年11月1日，封三。

《兰州大学学报·社会科学版》的历史回顾及办刊特色

吴景山

兰州大学出现在陇原大地上已经整整90年了。经过数代人的勤奋耕耘和艰苦努力，兰州大学的教学质量不断提高，科研实力日益增强，其卓有成效的办学水平和朴实的学术风气，得到了海内外学人的瞩目与普遍认可。而《兰州大学学报》作为世人了解兰州大学的窗口在其中发挥了重要的作用。在此我们回顾一下《兰州大学学报·社会科学版》办刊的历程和取得的辉煌成绩，分析一下她的办刊特色，这对于我们加深了解母校的办学宗旨及优良学风，并力求使我们学报的水平和质量更上一个台阶，无疑都是大有裨益的。

《兰州大学学报·人文科学》于1957年12月正式创刊出版，并在全国各地新华书店销售发行。截止1965年，《兰州大学学报·人文科学》共出刊七期，"文化大革命"期间被迫停刊。1974年，《兰州大学学报》曾以《哲学社会科学版（试刊）》的形式出刊两期，但是由于当时特殊的政治环境，旋即又再度停刊。1979年《兰州大学学报·哲学社会科学版》复刊。从1980年第2期开始，正式定名为《兰州大学学报·社会科学版》（以下简称《学报》），为季刊，每季首月发行，至今未有中断。

自从1957年12月《学报》的前身——《兰州大学学报·人文科学》正式创刊到今天，已陪伴着母校度过了近43个春秋。在这43年中，《学

作者时为兰州大学古籍整理研究所副教授。该文发表于《兰州大学学报》(社会科学版)2000年第1期。

报》共出版了27卷，整整100期，除此之外还编辑出版了一定数量的包括语言文学、社会经济、历史、法律、新闻等不同专业门类在内的学术专辑。所有这些凝聚着作者以及学报编辑同志们大量心血的科研成果，不仅及时地向人们传递了兰州大学在社会科学研究领域中的科研动向和总体学术水平，而且也有效地促进了国内外的学术交流。尤其值得庆幸的是，学报所发表的论文还先后被日、美等国的学术著作及刊物摘录引用。毫无疑问，兰州大学之所以能在国内外有着很高的知名度，与学报所发挥的作用是分不开的。

《兰州大学学报·社会科学版》的办刊特色主要表现在如下几个方面。

1.严格把关，注意质量，追求学术品位。《学报》作为兰州大学反映自己在社会科学领域中的总体科研学术水平的窗口，一直都在刻意追求着较高的学术品位，始终把刊登高质量的学术文章作为自己首要的任务。例如《学报》1964年第1期刊登了兰州大学历史系教授赵俪生先生撰写的《“日知录”研究》一文。在特殊的政治环境下，赵俪生先生正因“右派”的嫌疑受到了不公正的对待与批判。然而《学报》编辑部的同志却独具慧眼，在主动请示了江隆基校长并获得特许之后，大胆地发表赵俪生先生的文章。这篇文章中所表现出来的宏阔的论述，精辟的观点，简练的文字，使许多学者为之折服。至今在有关顾炎武的研究领域中还没有哪一篇学术论文可以和赵先生的这篇力作并肩而语。从这件事上我们不难看出《学报》编辑同志在保证刊物的学术质量方面所显示出的胆识和胸襟。

《学报》在遵循严格把关、确保文章质量的同时，对于一些有着深厚学术功底的教授专家的科研成果给予了特别的关注。例如中文系的老教授陈赓平先生在中国古代诗歌、戏剧史料、语言文字以及思想文化等方面都有着较为深刻的研究，《学报》在其创刊号上就同时刊载了陈先生的《论“牡丹亭”》和《纠正七百多年来史学家对韩侂胄的错误批判并揭穿当时伪道学派的罪行》两篇文章。不久，基于陈赓平先生对阮籍咏怀诗所进行过的全面而深入的研究，《学报》又先后在1963年第2期和1964年第1期上连续发表了陈先生的《阮籍咏怀诗探解》一文。其后由于政治原因《学报》的正常工作被迫中断，陈先生也因年事已高而于1970年退休返回浙江故里。然而，经过了将近二十年漫长岁月，复刊后不久的《学报》又接连在1982年第1期、1982年第2期和1982年第3期上，最终刊发完了陈赓平先生的《阮籍咏怀诗探解》的续篇，以及《论阮籍“咏怀诗”是魏晋时代的史诗——〈阮籍咏怀诗探解〉代序》。1983年陈先生以90岁的高龄去世之后，《学报》在1984年第3期上，仍刊发了他的《“西厢记”二题》。从这一事例上，我们不难看出《学报》在重视文章质量，刻意追求较高学术品位的科研成果方面所表现出来的诚意和锲而不舍的精神。

《学报》始终把提高学术质量作为办好刊物的根本宗旨，把学术性、学术质量看作自己的生命与灵魂。《学报》不仅把兰州大学的优秀科研成果积极地介绍出去，而且还千方百计地在社会上组织了一定数量的、有学术分量的稿件。例如像前杭州大学敦煌研究所名誉所长、著名敦煌学家姜亮夫，海内外知名经学大师黄侃，著名历史学家杨向奎，前中国历史博物馆馆长、著名考古学家傅振伦等学界泰斗名流都曾在《学报》上发表过文章。也正是在团结了校内外一大批优秀的专家学者的前提下，才使得《学报》以较高的学术质量得到了人们的由衷赞誉，受到了国内外学术界的普遍瞩目。

2.重视人才培养，活跃学术气氛。《兰州大学学报·社会科学版》不仅为提高自己的学术质量，先后刊发了大量的早已知名的专家学者的优秀著述，而且为了使一些青年教师和一些尚在勤奋耕耘的在校学生能够早日采撷到科研的硕果，同样为他们提供了一块可以一试身手的园地。这不仅活跃了学术气氛，同时也为学子们的早日成才创造了有利条件。例如在《学报》的创刊号上，发表了李蔚撰写的《清乾嘉年间南巴老林地区的经济研究》一文。全文共六万多字，同时还附有八开版面的三张地图和一张图表。在同一期中刊发类似这样大部头的文章，迄今为止在全国高等院校的《学报》中还是绝无仅有的。但是人们谁会想到，这篇文章是二十出头的青年人的硕士毕业论文。从这件事情上，我们不难看出《学报》在提携后学方面所体现出的良苦用心。

《兰州大学学报·社会科学版》出于对人才培养及加强文科建设与发展等问题的考虑，为兰州大学从事社会科学教研工作的中青年教师提供了一块进行耕耘实践的园地。同时他们也以自己对我国的社会科学事业的高度责任感，以自己敏锐的眼光，及时地发现人才，热心地扶持人才，从而为一些在各自的科研领域中，学有所成的中青年学者尽早地脱颖而出和发挥出更大的光和热铺平了道路。

例如当年兰州大学哲学系青年教师刘文英同志在“文革”期间，顶住了来自各方面的压力，默默地在中国古代意识形态的研究领域中进行探索，他的一些科研论文得到了辛安亭等前辈学者的由衷赞许。当《学报》编辑部的同志获得这一信息之后，便主动登门找到刘文英同志约稿，并在《学报》复刊后的1979年第1期，以及1979年第2期、1980年第1期上连续登载了由他撰写的《中国古代的时空观念》这篇文章。此后不久，《学报》又连续发表了由刘文英撰写的《关于〈天问〉中的几个古史问题》（1980年3期）、《〈离骚〉的哲学倾向》（1981年1期）、《关于比较哲学史的几个问题》（1982年3期）、《王夫之对中国古代意识论的贡献》（1983年2期）、《中国古代的言意问题》（1984年1期、1984年2期）、《王符的无神论倾向及其思想特色》（1987年2期）等见解独到的学术论文。这些文章发表后，不仅在国内外的哲学界引起了一定的反响，确立了刘文英在这一学术研究领域中的地位，同时也为学校赢得了声誉。

正如花草树木的成长需要园丁的精心培育一样，《学报》上所刊发的每一篇文章中都凝聚了《学报》编辑同志们的大量心血。例如曾在兰州大学历史系工作多年的教师张大可同志，目前是司马迁与《史记》研究领域中一位著作等身的专家，我们在《兰州大学学报・社会科学版》上可以看到当年由他撰写的《纪传史简论》（1981年1期）、《〈史记〉残缺与补窜考辨》（1982年3期）、《司马迁评传》（1983年・中国古代史论文辑刊）、《〈史记〉体制义例简论》（1983年1期）、《论司马迁的历史观》（1984年3期）等文章。笔者在向他请教撰写科研论文的方法问题时，张大可老师曾深有感慨地谈到，最初他也尝过屡次退稿的苦涩滋味，有的文章甚至修改过十几遍才能勉强过关。但使他难以忘怀的是，当年《学报》编辑同志为了他第一篇论文的问世，曾数次来到他的家中，反复商讨修改方案。正是在这一次次修改中，才渐渐地开启了他撰写文章的悟性。从张大可对往事的回忆中，不难看出他对《学报》编辑同志的感激之情。我们还可以看到张建昌撰写的《氐族的兴衰及其活动范围》（1982年第4期）、李军的《西凉大姓略考》（1983年第3期）、于逢春的《太原考》（1984年第2期）等文章，而这些都是兰州大学在校学生的一些习作。《学报》编辑人员的这一举措，激发了学生积极从事学术研究的兴趣，极大地活跃了校园的学术气氛。

3. 紧跟时代，坚持正确的政治方向。《兰州大学学报・社会科学版》作为高校意识形态领域的一块阵地，能够时刻都紧跟时代的脚步，并在不同的政治环境中始终遵循着教书育人的总体方针，进行了大量的实际而有效的工作。这无论是在促进师资队伍的老中青结合、提高教学质量和科研水平，还是在培养人才、积极倡导为科学而献身的精神等方面都收到了相当明显的效果。在党的十一届三中全会之后，《学报》更加焕发出了蓬勃的朝气，以崭新的姿态担负起了历史的使命。在最近几年的时间里，《学报》总是结合国内的一些重大的政治活动，组织了一批批高质量的专题稿件，例如“庆回归：香港问题研究”、“纪念‘五四’运动七十周年”、“纪念《延安文艺作谈会上的讲话》发表50周年”、“纪念毛泽东诞辰100周年”、“纪念红军长征胜利60周年”、“纪念抗日战争胜利50周年”，等等。从1995年开始，《学报》的编辑人员先后设置了“社会主义经济理论与实践”、“社会主义精神文明建设笔谈”、“邓小平理论研究”等专栏，努力探索在当前为改革开放和两个文明建设提供理论依据和智力支持的途径。近年来，他们为配合兰州大学校领导提出的“做西部文章，创国内一流”的办学思路，又付出了大量的劳动。

4. 及时传递兰州大学的科研信息，积极地为上级部门提出可供咨询的理论依据。作为高等综合院校的社会科学版的《学报》，除了担负着为广大师生提供一块进行科研实践的园地的职能之外，还应坚持正确的政治方向，积极配合国家、学校所提出的各项中心任务，做好舆论导向方面的工作。与此同时，它还应及时地向人们传递兰州大学的科研信息，以丰硕的学术成果为上级部门提出可供咨询与参考决策的理论依据。在这方面，《兰州大学学报·社会科学版》也做出了一定的成绩。

例如兰州大学历史系的樊保良老师曾在《学报》上先后发表了《回鹘与丝绸之路》（1985年4期）、《略论中国古代少数民族与丝绸之路》（1994年2期）、《蒙元时期丝绸之路简论》（1990年4期）等许多论述蒙古、回鹘等少数民族与丝绸之路的开通与繁荣关系问题的文章，其后这些成果最终由甘肃人民出版社以《中国少数民族与丝绸之路》为题结集正式出版。

我国实行改革开放政策以来，《学报》接连开设了“甘肃种草种树的科学论证”（1983年4期、1984年1期）“建立现代企业制度”（1994年3期、1994年4期）“区域发展研究”“农业经济研究”等栏目，并积极组织专家学者撰写文章，为早日实现上级领导提出的建设大西北、建设甘肃的战略意图提供理论方面的依据。已故干旱生态学家赵松龄先生所提出的干旱地区的生态学理论，最早就是在这些栏目中发表的。他的观点曾引起了国务院的重视，其后在各方面的积极配合下，在兰大建成了“干旱农业生态国家重点试验室”。另外，《学报》上发表的一些文章的观点，不仅得到了上级部门的关注，同时也为日后政策的制定所参考或采纳。像目前早已在我国实行的周五日工作制就是其中一例。1986年第4期《学报》发表了由车安宁等同志撰写的《工作日制度的改革与劳动生产率的提高》一文。作者指出，工作日的安排不仅直接与生产效率、生产管理及产品质量有关，还直接与能源供应、城市公共交通及各项社会管理有关。八小时工作制在我国已经实行了三十多年，虽然在过去对于统一调整、安排职工的作息时间，统一制定各项社会管理制度，促进我国社会生产力的发展都起到了重要的作用，但是在今天这种工作日是否还适应新时期四化建设的要求呢?作者从社会生产力发展的角度谈了我国工作日改革的必要性和迫切性之后进一步谈到：“工作日改革的方向，无非是两个方面：一是更短，二是更灵活，其目的就是要使工作日相对地适应新的时期生产劳动的特点，适应于劳动者生理和心理结构的特点，适应于我国社会主义两个文明建设的需要。”由于“工作日的改革，关系到重大的社会效益与经济效益”，因此作者呼吁应“尽快建立我国自己的工作日研究体系。”后来的发展实践表明，周五日工作制在我国的施行获得了成功。正是《学报》上编发的文章所具有的超前意识，这一刊物也就理所当然地得到了各级领导部门及专家学者们的高度评价与赞许。

5.匠心独具，灵活多样的版面设计。《兰州大学学报·社会科学版》一直都很注重内容与形式的统一，在追求文章学术品位的同时，力争使刊物版面的编排更为科学合理，装帧设计更加新颖完美。《学报》的创刊号选用了高质量的道林纸印制而成，其精美程度为当时同类的学术刊物所不及。在此后数十年的岁月中，除了因国家经济形势遇到了暂时困难，《学报》的印制质量也受到一定的影响外，可以说在绝大部分的时间里，《学报》都保证了高质量的装帧设计和印制的档次。我们仅从《学报》的封面设计就可以看出，其版式前后变换了11次，这里面无疑也同样凝聚了编辑同志们的大量心血与艰苦劳动。

近年来，《学报》编辑部的人员长期缺编，办公用房特别紧张，日益增多的稿件每时每刻又都亟待处理，编辑同志的劳动强度可想而知。就是在这样的条件下，他们仍能勤奋耕耘、任劳任怨，在按时完成了每期的编校印制任务以外，他们知难而进，又先后编辑出版了“市场经济”、“外国语言文学”等专辑。在保证了刊物质量的同时，从1995年开始，还一改从前的通栏目录形式，开始推出了分栏编辑的设计，例如“中国传统文化研究”、“中国现当代文学研究”、“国外政治经济研究”等栏目。正是由于《学报》编辑人员的积极努力，《兰州大学学报·社会科学版》也多次被评为甘肃省以及全国高校系统的优秀期刊，从而为兰州大学赢得了一次次的褒奖和荣誉。在回顾总结往日的历程及经验的同时，我们更期待着《兰州大学学报·社会科学版》这株学术之花在新世纪的岁月里盛开得更加艳丽。

蔡大愚先生传略

——为纪念兰州大学建校90周年而作

王希隆

兰州大学的起始，可追溯到1909年9月17日清政府学部批准成立的“甘肃官立法政学堂”[1]。今天，兰州大学已经走过了90年的漫长历程，成为西北五省少数的几所直属于国家教育部的综合性重点大学，是国内外知名的高等学府，并首批进入国家“211工程”，进入了新的发展时期。在世纪交替之际，回顾兰州大学90年的发展历程，我们不能不以崇敬的心情深切缅怀那些为兰大的发展做出过重大贡献的杰出人士。而按时间顺序，他们之中排列在先的无疑当属蔡大愚先生。

有关蔡大愚先生身世活动的文字记载不多，故其事迹大多湮没无闻。80年代初期，辽宁《理论与实践》1980年第1期发表了“十月革命前马克思主义在中国的传播”一文，文中介绍说蔡大愚先生早在1912年即在兰州宣传鼓吹马克思主义，《光明日报》等多家报刊杂志予以转载，一度在国内引起很大的反响。笔者当时在兰大历史系攻读硕士学位，读后感到惊疑，为了搞清事实，曾查找过一些资料，并造访蔡大愚先生的学生刘应麟、马廷秀二先生，进行过一些调查研究，在《党史研究》等刊物上有专文述及[2]，并由此引发了笔者追踪蔡大愚先生一生思想和活动的浓厚兴趣。以后，在整理1908年回族留日学生在东京编辑的《醒回篇》杂志时，发

作者时代兰州大学历史文化学院教授。该文发表于《兰州大学学报》(社会科学版)1999年第3期。

现了蔡大愚先生撰写的《留东清真教育会序》一文[3]，对其思想有了一定的了解。又经甘肃省文史馆员张令瑄先生相助，获见民国元年宋教仁为介绍蔡大愚先生来甘，致甘督赵惟熙（字芝山）的函文原件，结合散见于《孙中山全集》、《甘肃文史资料选辑》及一些有关档案资料，谨为蔡大愚先生作此传略。

蔡大愚先生，字冰吾[4]，又字冰若[5]，四川成都人氏，回族，近代著名的教育家、革命家和思想家。他早年留学日本法政大学，回国后在四川、上海、北京、兰州等地从事教育工作。1913年初至1917年底担任兰州大学的前身"甘肃官立法政学堂"和"甘肃公立法政学校"校长，为学校的发展做出过重大的贡献。他是中国同盟会会员，与民主革命领袖孙中山、宋教仁、黄兴、蔡锷等人关系密切，民国元年（1912）受宋教仁委派来兰，担任国民党驻甘肃省特派员，在甘肃宣传民主思想，反对封建专制，组织和发动了甘肃护法运动，这一运动是孙中山先生领导的广东军政府发动的护法运动的组成部分，在当时的西北产生过重要影响。以后，他前往广东，追随孙中山先生，投身北伐，受孙中山先生委任，担任北伐大本营谘议，为国民革命运动作出过自己的贡献。作为回族知识分子，他十分关心我国回族社会的发展，1908年，他在日本发表了《留东清真教育会序》一文，全面阐述了以普及教育和改良宗教来提高回族整体学识水平、振兴回族的主张，并身体力行，参加中国回民教育促进会工作，在北京、兰州等地创办了一些清真学校，培养出了不少回族知识分子，为我国回族的普及教育做出过许多贡献。

一

1874年，蔡大愚先生出生于四川成都皇城坝一宗教职业者家庭，他的父亲是当地一位很有影响的阿訇。蔡大愚从小受到伊斯兰教经堂教育的熏陶，同时又受到清末兴起的新学高潮的影响。青年时代的蔡大愚，满怀着爱国和求知的激情，负笈东渡，留学于日本法政大学，并以教育救国为己任，选择了教育职业。从他1916年在甘肃公立法政专门学校填写的履历档案中，我们得知他的学历和来兰州之前的教育工作经历为："……日本法政大学毕业，历任四川嘉定中学教务长、上海中国公学教员，并创办北京清真第五小学，计学务经验在十五年以上。"[6]

从上引履历中可以得知，蔡大愚先生是我国近代最早的留日学生之一[7]。回国后，他先在故乡四川从事教育事业，担任嘉定中学的教务长。1905年日本政府颁布“取缔清国留日学生规则”，引起中国留日学生的愤慨，他们纷纷返回祖国，以示对日本政府的抗议。当年，留日学生姚宏业等人在上海发起创办中国公学，聘请革命党人马君武、陈伯平等一批著名教育家担任该校教师，蔡大愚先生亦曾赴上海中国公学任教，可知他在当时国内教育界已有一定的知名度。后来，他从上海辗转到北京，创办过北京清真第五小学。1912年9月，北京政府教育部委派马邻翼担任甘肃提学使，来甘主持教育。马邻翼，字振武，湖南宝庆回族，日本宏文学院毕业，是中国同盟会会员，也是近代著名的教育家[8]。马邻翼赴任时，从北京等地聘请了几位知名的教育家，蔡大愚为其中之一。

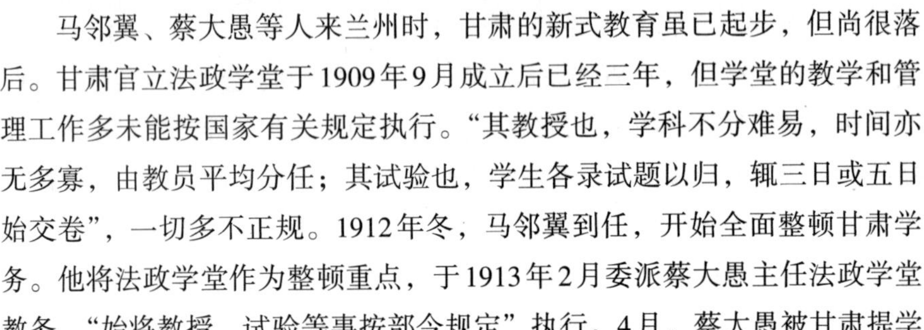

马邻翼、蔡大愚等人来兰州时，甘肃的新式教育虽已起步，但尚很落后。甘肃官立法政学堂于1909年9月成立后已经三年，但学堂的教学和管理工作多未能按国家有关规定执行。“其教授也，学科不分难易，时间亦无多寡，由教员平均分任；其试验也，学生各录试题以归，辄三日或五日始交卷”，一切多不正规。1912年冬，马邻翼到任，开始全面整顿甘肃学务。他将法政学堂作为整顿重点，于1913年2月委派蔡大愚主任法政学堂教务，“始将教授、试验等事按部令规定”执行。4月，蔡大愚被甘肃提学司正式任命为甘肃法政学堂校长兼教务主任。

蔡大愚主掌甘肃法政学堂之时，正值辛亥革命后甘肃政局动荡之际，“当是时，政党之竞争既烈，省内外之见又深”[9]。甘肃地方势力对马邻翼、蔡大愚等外省人持排斥态度，省议会中的一些绅士把蔡大愚在公开场合中演说的一些内容视为异端邪说，甚至借此谘请都督赵惟熙驱逐蔡大愚出省[10]。而法政学堂师资缺乏，设备简陋，经费不足，且“学子素称好事，人皆引以为虑”。在这种艰难复杂的环境中就任校长的蔡大愚，并未畏难而事敷衍。他全力以赴，从教学和管理两方面抓起，“严功课，除积弊”，一切按部令规定的有关制度办事。他亲自担任一些重要课程的讲授，以自己丰富的知识和活跃的思想赢得了学生们的欢迎和敬重。学校经费不足，影响到教学工作的开展，他以身作则，无私奉献，“遇学款不足，或捐己俸以为弥补”，更为全校师生们所敬重。在他的督促和影响下，“学子亦知争上游以自勉，故除勤课事守规则外，他无所闻”。学习风气焕然一新，受到社会舆论的好评。是年7月，学期结束，蔡大愚未能稍事休息，即抓紧利用暑假时间，按照北京政府教育部颁布的《法政专门学校令》的有关规定要求，着手进行将法政学堂改组为法政专门学校的具体工作。

法政学堂原校址在城内西大街（今张掖路），地方狭小，房屋不多，无发展余地。蔡大愚实地考察后，建议“移校舍于贡院，以前农矿、巡警两学堂为校舍”，经省教育司核准实行。新校址位于萃英门外，即今兰医二院所在地[11]。当时，新校址原有“房屋破烂，户牖残缺”，难以使用，蔡大愚至现场“亲督修治，凡两阅月始蒇事”。与此同时，他着手招考、录取学生和招聘任课教师等项工作。此次招生，在原有基础上增加了学科和学生数额，“分招政治经济本科、预科及法律别科各一班”，于9月初正式开课。一些具有新思想、新知识的教师也陆续应聘来校任教，他们中有毕业于日本法政大学、早稻田大学者，也有毕业于北京、湖北等地法政学堂者。教育部规定必修的伦理学、政治学、国际法、宪法、刑法总则、民法概论、民法物权等基本课程得以开设齐全。蔡大愚先生校务工作之余，也亲自讲授伦理学、经济法、国际法、行政法等课程。

甘肃官立法政学堂改组为法政专门学校后，蔡大愚即将改组情况“呈请报部立案”。经过两年的建设发展，学校一应课程设置齐全，教学质量不断提高，学生皆能认真学习，校风整肃，学风严谨，在省内外产生了一定的影响。1915年9月，教育部对该校正式认可，定名为“甘肃公立法政专门学校”，并正式任命蔡大愚先生为校长。“经部正式认可，校长亦由部正式委任”[12]。蔡大愚先生在法政学堂、法政专门学校任教务主任、校长前后将近五年时间（1913年2月—1917年11月），这段时间是兰州大学历史上的一个重要发展阶段，蔡大愚先生所做的贡献为学校以后进一步的发展奠定了坚实的基础。

二

蔡大愚先生不仅是一位教育家，也是一位民主革命家。他早年在日本以及在四川、上海、北京等地进行革命活动的具体情况，我们了解得不多，但从他在甘肃和广东的革命活动来看，他很早即与民主革命领袖孙中山、宋教仁、黄兴、蔡锷等人有着密切的联系[13]。现存档案表明，1912年蔡大愚先生来兰，是以北京国民党总部驻甘肃省特派员的身份，并负有筹办甘肃省国民党支部的使命。

1912年初，清帝逊位，共和告成，袁世凯出任“中华民国”大总统。中国同盟会联合统一共和党等党派团体组成国民党，设总部于北京，推孙中山先生为理事长，实际主持人为代理事务长宋教仁。宋教仁热衷于议会政治，积极着手在各省筹办支部，扩大影响。甘肃布政使赵惟熙于1912年3月代表本省官绅各界领衔发电承认共和后，被袁世凯任命为甘肃都督，他也成为国民党总部争取的对象。现存有一份蔡大愚来兰时所持的宋教仁致赵惟熙的函件档案，全文如下：

> 芝山仁兄都督麾下：久耳叔度，未识荆州，翘企陇西，莫铭钦仰。维政绩宣勤，荣向休鬯，为祝无量。吾华不竞，风云日急，为救时之计，舍政党不为功。历览欧美诸邦，数党鼎峙，互相竞争，互相提携，收效奇速，国是以强。本党发轫之初，党势日臻强健，端赖贤者襄助之力。前奉钧电，籍悉执事热心党务，实力维持，无任钦感。兹本党特派蔡君大愚为甘省特派员，筹画支部事宜，并嘱其晋谒崇阶，面陈一切。尚祈指导方针，俾有遵循。从此一堂商榷，共策进行，党务发达，正方兴未……[14]

此函以墨笔缮就，字体娟秀，函笺上印有“国民党本部启事”字样。函件残缺无落款，但从行文来看，为宋教仁致赵惟熙之函当无疑。

蔡大愚先生来到兰州后，在致力于整顿、改组法政学堂的同时，积极开展筹办国民党甘肃支部工作。他多次在省议会发表演说，鼓吹西方民主自由思想，宣传介绍西方民主政体制度。不久，国民党甘肃支部在兰州成立，推选回族实力派甘肃提督马安良为部长。甘肃三十余县也相继成立分部，国民党在甘肃的影响迅速扩大。然而，好景不长，1913年3月，热心政党政治的宋教仁被刺身亡。9月，国民党发动的反袁“二次革命”被镇压。11月，袁世凯宣布国民党非法，明令取缔，甘肃国民党支部于是日被解散。1914年3月，袁世凯任命其亲信张广建为甘肃都督，率军入甘，甘肃的民主革命运动受到压制，专制统治占据上风。

甘肃国民党支部被解散后，蔡大愚先生并未停止民主宣传活动。据他的学生马廷秀、刘应麟先生回忆，当年在兰州左公祠的社会集会活动上，常有蔡大愚先生作法兰西革命、民主政体以及自由、科学等内容的演讲，并于演讲中联系甘肃政局，抨击甘督张广建。在法政专门学校课堂上，蔡大愚最喜讲卢梭、孟德斯鸠、俾斯麦、华盛顿、法兰西革命，他最为崇拜拿破仑，每次讲到拿破仑时，总是慷慨激昂，极力颂扬。当1915年冬袁世凯颁布洪宪年号，甘督张广建受封为一等子爵，帝制复辟声喧嚣于兰州时，法政学校学生见到蔡大愚在校长室中失声痛哭，顿足大骂袁世凯断送了民国。1916年春节，他在住宅门口张贴了亲笔书写的对联，上联是“探卢孟以为学”，下联为“羡巢由而立行”，横批是“此之为年”[15]。公开表明自己的思想和志向。袁世凯在举国反对中死去后，张广建率文武官员在庆祝宫[16]追悼，伏地恸哭，如丧考妣。蔡大愚曾写对联讽刺，云：“庆祝宫开追悼会，一等子作不孝男”。1916年，黄兴、蔡锷相继去世，兰州各界在左公祠集会公祭追悼，蔡大愚亲书“星落半球暗，天荒两柱摧”挽联，率法政学校学生前往致祭。这些活动引起了张广建的注意和忌恨，1917年6月，省政府发布公告，明令禁止蔡大愚在公开场合宣传演讲。就在这年冬季，蔡大愚先生发动了旨在推翻张广建专制统治的“甘肃护法运动”。

甘肃护法运动是孙中山先生领导的广东军政府组织发动的护法运动的组成部分之一，直接组织领导者是蔡大愚先生。

在宣传民主思想、抨击张广建专制统治的同时，蔡大愚先生与法政学校教务主任赵学普、教员杨希尧、学生师世昌（字仲吾）等人结为同志，秘密联络甘肃军政方面的进步人士和不满张广建专制统治的地方实力派，策划倒张运动，并事先与孙中山先生取得了直接联系，得到了广东军政府的支持。

甘肃护法运动的参加者回族将领马培清的回忆录中说，当时在北京任总统府侍从武官的马廷勷对张广建压制其父马安良不满，革命党人蓝天蔚针对这种情况，运动马廷勷返回甘肃，介绍他与在兰州策划护法运动的蔡大愚联系，“共策进行”护法倒张活动。护法运动的另一参加者法政学校教师杨希尧的回忆录中说，马廷勷于1917年5月间“由北京驰至兰州”。这表明此前蔡大愚在兰州已经秘密策划多时，并与北京等地的革命党人保持着密切联系。马廷勷返回兰州与蔡大愚等人密商后，即赶回河州（今临夏），“说服马安良赞成护法”。与此同时，蔡大愚先生“即差该校毕业生狄道人师仲吾专程赴广州谒孙中山”。

1917年7月，孙中山先生自上海抵广州，组织广州军政府，发动护法运动。当时“各省均派有工作人员，惟甘肃没有”。法政学校学生师世昌适于此时到达广州，受到孙中山先生的重视。孙中山先生对师世昌报告的甘肃护法拟“先从下层入手，联络士兵，组织可靠的武装，发动事变”的计划予以肯定，“除勉励外，并发给密电本、路费，还允许在必要时帮助款械”。师世昌自广州返回后，蔡大愚等人加紧联络各方的工作。这一工作进展顺利，共策进行护法运动的有兰州、狄道（今临洮）、河州三个方面。

兰州方面，蔡大愚先生以法政学校为总部，在城内官升巷设“二阳公寓”，作为秘密联络省城各方的据点，开展工作。据朱绍良《甘肃党务整理委员会报告》载：“当时军政学界思想新颖之分子，无论加入与否，均表赞成”。

狄道方面，是张广建的军事主力新建右军的驻地，由当地人师世昌、赵学普负责联络。师世昌通过新建右军中的同乡郑瑞青，秘密联络了该军中思想进步并参加过辛亥革命的青年军事教官焦桐琴、胡登云、樊政、王法、郭成琦等人。赵学普联络其舅父哥老会党人边永福及绅士秦钟岳等人，在城内太子寺开一酒馆，作为联络各方的据点。

河州方面，马廷勷说服其父马安良支持护法倒张，并在循化组织了撒拉族八工武装千余人，准备以武力配合狄道新建右军起事。

筹划活动大致就绪后，蔡大愚先生再派师世昌赴广州，“向孙中山先生报告策划起义详情，并请求机宜，要求发给款、械、委状”。师世昌到广州后，“领到了委状，他因事在粤延搁，先派王德一将委状送来”。委状的详细内容我们已无从得知，只见到《甘肃省临洮县乡贤名宦调查表》中载有：“边永福……奉孙大元帅令，任为甘肃革命军第二师师长”，“赵学普……奉孙大元帅令，委为甘肃革命军总参议”。除此之外，据《孙中山全集》第四卷《大元帅府简任人员职员姓名录》载：1917年12月19日，孙中山先生“任命师世昌为大元帅府参议”，任状号为960号。这些记载表明，蔡大愚先生组织的此次护法运动是在孙中山先生广州军政府的直接领导之下进行的。

1917年11月初，蔡大愚邀请河州马廷勷、狄道焦桐琴等人来兰，在法政学校召开秘密会议，准备起事。此次会议的与会者还有赵学普、杨希尧二人。据杨希尧回忆，会议制订了详细的起事计划：决定以焦桐琴负责发动的狄道新建右军和马廷勷负责指挥的循化撒拉族武装为主体，组成甘肃护法军；撒拉族武装在冬至节前赶至狄道，扼守洮河河沿，在冬至节与新建右军同时行动，攻占狄道，然后向兰州进军；起事后，通电全国，宣布甘肃独立，响应孙中山先生北伐；起事后，政治方面由蔡大愚先生负责；为壮大实力，由赵学普和边永福联络狄道地方力量，由杨希尧发动循化隆务寺十二昂欠起兵，响应护法军；制定《简明军纪三条》：一、不抢劫掳掠，二、不妄杀一人，三、不各自为政。计划确定后，焦桐琴、马廷勷分赴狄道、河州，准备起事。然而，在此关键时刻，马廷勷开始态度暧昧，思想动摇。蔡大愚率赵学普、杨希尧赴大河家探视，“马廷勷避不见面，蔡等几往接头，始得会晤”。据马培清回忆，蔡大愚还曾率赵学普、秦钟岳等十余人赴河州与马安良会谈。马安良答应届时派所部西军精锐军配合行动，但又提出，西军精锐军先开至洮河边，待狄道起事得手后，再开始行动，理由是：“恐引起汉人误会，说回回又造反了”。实际上，此时马安良父子都对起事抱观望态度。紧接着，狄道新建右军中，“有尹、洪二位班长因酒醉走漏消息，被人向统领吴桐仁告密。吴当即下紧急命令，收去各营士兵子弹，派亲信四路防守，洮河浮桥也派重兵把守，邮电、交通完全断绝”。蔡大愚得知此讯，并未畏惧，决心按计划强行起事。

冬至节前，蔡大愚率赵学普、马培清等人潜至狄道西部二十里铺，决定派赵学普进城与新建右军及地方力量联系，在冬至节按期起事，夺取狄道后，“再请蔡入城，主持大计”。冬至节前一天晚上，赵学普、边永福秘密行动，欲潜赴城内，结果被城外埋伏的守军阻止，因不能回答口令，被枪杀于洮河浮桥边。焦桐琴在城内听到枪声，误认为是河州军队和撒拉族武装已到达城外的信号，急忙登上营墙开枪联系。枪声引起分统刘忠荩的怀疑，急召焦桐琴询问。焦在匆忙中当机立断，枪杀刘忠荩及连长张承让，急呼部下起事。因事起仓促，士兵畏惧，集合不起，焦桐琴被迫只身逃走。此时，在兰州近郊阿干镇驻防的右军营副胡登云也按计划起事，率部向狄道进军，在中铺与守军发生激战，伤亡数十人后也遭到失败。当夜12时，蔡大愚在二十里铺得知事败情况，知已无力挽回，遂与马培清等人退回河州。马廷勷等人听到起事失败的消息，“立即转变态度，按兵不动”。按计划在武都率部起事的郑瑞青，也未能成功。杨希尧率隆务寺藏族武装数千人取道夏河直趋狄道，中途被张广建派出的军队击溃。

蔡大愚先生等十余人退至河州后，藏身于马安良家中。因张广建通缉紧急，由马安良派营长马有禄带兵护送，经松潘藏区前往四川，投奔熊克武处。后来，蔡大愚先生的夫人马氏也离兰返回四川[17]。

1918年初，蔡大愚先生返回四川，据说在熊克武处任职。自此，他离开了教育界，成为职业革命家。同年，孙中山先生因受桂系军阀和政学系的挟制，被迫辞去广州护法军政府大元帅职，前往上海闲居，专心著书立说。在四川的蔡大愚先生深切怀念着甘肃护法运动中牺牲的赵学普、边永福、胡登云及被捕入狱的郑瑞青、秦钟岳诸同志，他致书孙中山先生，告以拟来上海一晤，并请给这些同志的家属以经济抚恤。1919年初，孙中山先生所著《孙文学说》一书问世，蔡大愚先生在四川得知后，于5月31日再次致书孙中山先生，询问著述要旨。孙中山先生于6月18日复书答复，全文云：

冰若吾兄：顷接五月卅一日手书，备悉。文著书之意，本在纠正国民思想上之谬误，使之有所觉悟，急起直追，共匡国难，所注目之处，正在现在而不在将来也。试观数月来全国学生之奋起，何莫非新思想鼓荡陶熔之功！故文以为灌输学识，表示吾党根本之主张于全国，使国民有普遍之觉悟，异日时机既熟，一致奋起，除旧布新，此即吾党主义之大成功也。

至前兄请来沪一行，文以近既不问外事，兄来亦徒劳跋涉，并非相拒也。其抚恤陇上诸同志事，俟大局稍有解决，自当尽力设法，尚冀谅之。此复并颂近祉。

孙文[18]

此书表明，甘肃护法运动失败后，蔡大愚先生进行民主革命的决心并未动摇，他关心着中国的命运和前途，关心着民主革命运动。同时，此书也表明了蔡大愚先生与孙中山先生等民主革命领袖之间的密切关系。1919年爆发的“五·四”青年爱国运动，使孙中山等资产阶级民主革命领袖进一步认识到了民众的力量，思想开始转变。1920年11月，孙中山先生返回广州，重组革命政府。1921年5月，广州举行的国会非常会议选举孙中山先生为“中华民国”非常大总统。10月，非常国会通过北伐案，决定大举北伐，以武力统一全国。就在民主革命再度进入高潮时期，蔡大愚先生来到广州，追随孙中山先生投身北伐革命运动。12月4日，孙中山先生抵达桂林成立北伐大本营，据《大本营公报》第1号，12月19日孙中山先生即有“任命蔡大愚职务令”发布，全文云：

陆海军大元帅令：任命蔡大愚为大本营谘议。此令。中华民国10年12月19日[19]

蔡大愚先生参加了北伐革命运动。蔡大愚先生的同乡、原甘肃省政府参事室参事谭季纯先生在北伐期间与他多有交往。据谭季纯先生介绍，蔡大愚先生曾给参加北伐的四川青年们讲述甘肃的风土民情，并曾谈到甘肃护法运动失败的原因是兰州方面内部有人向张广建告密。北伐结束后，蔡大愚先生在南京政府中担任一般官员，谭季纯先生在南京曾见到过他[20]。据成都市伊斯兰教协会杨次安先生和杨沛之阿訇介绍，抗战开始前后，蔡大愚先生离开了南京国民政府，返回成都，当时家境已经败落，而他又是性格倔强的人，不愿接受在国民政府中任职的同事、同学和学生的接济，后来竟至穷困潦倒。抗战后期，蔡大愚先生常在皇城坝一带的茶馆中饮茶食饼度日，大约于1945年前后去世，墓地在成都南门外土桥乡[21]。

三

蔡大愚先生出生于伊斯兰宗教职业者家庭，其父是成都皇城坝回族聚居区有影响的阿訇。由于从小受到伊斯兰教经堂教育熏陶，他熟知穆圣经典，是一个虔诚的穆斯林。在接受当时世界上的各种先进学说后，他对民族宗教产生了新的认识，开始思考中国回族的前途和命运，提出了通过普及教育、提高回族整体学识等途径，来振兴回族的思想和主张。他的这一思想和主张，集中体现在他于1908年撰写的《留东清真教育会序》一文中，此文刊载在同年底日本东京出版的《醒回篇》[22]杂志上。

《醒回篇》是我国回族历史上的第一个自办刊物。1907年夏，国内14省留学日本的36名回族青年学生，在东京发起组织“留东清真教育会”，受到驻日公使杨枢（字星垣，广东回族）[23]的支持资助。1908年春，留东清真教育会决议编辑刊物，输入国内，推动内地回族的教育普及和宗教改良运动，并将刊物定名为《醒回篇》。同年秋，任留东清真教育会书记的四川留日学生杨光灿（字芸叔，毕业于日本法政大学）回国，途经安徽时与蔡大愚相遇。蔡大愚先生记此事云：“大愚秋间过皖，闻于湘丞、芸叔昆仲，道及族东同人发起清真教育会，不禁欢欣鼓舞者久之”[24]。激动之余，他欣然命笔，写下了《留东清真教育会序》一文，寄往东京。这篇文章在同年12月出版的《醒回篇》第1号中刊出，该文集中体现了蔡大愚先生的民族宗教思想。在《留东清真教育会序》中，蔡大愚先生首先阐明了圣人以神道设教以行教化的道理。他说：“执进化主义而迷信宗教，陋也；驭神权社会而排斥谶纬，拙也。宁处一时固陋，而不受千秋议拙者，古圣人其有所不得已乎！夫人，形气中物也，灵明未辟，则多恐怖；智识既进，则多欲望。相习相演，而失其本性，故常为嗜欲戾气所驱使而不自知。教于人理，既不能开悟于一旦；听其自为，又必谲行诈作而致害群。势不得不有绵渺空灵可以系希望，而不必终有其事之一物，以维持其间而利用之。此神诞鬼怪所由兴，而宗教家言所以遍大陆也”。他指出，孔子、耶稣、释迦牟尼，“各为其地之英雄，行教化于一隅，”其礼俗、政教深入其地人心，为其地人民所崇拜。但在各个时代，宗教所起的作用不同，因此，应随时代的发展而变革。他说：“图腾社会，多鬼多怪，非宗教则无以谋进取；至法治之世，不尚贤，不使能，人人贯彻群学群理而自治，又非辟宗教而化合之不为功。是宗教为驾驭社会之利器，而当随宜以递变者也”。他举例说明此道理云：“故耶氏独尊天父，赫胥黎则变之以物竞天择，路德、卢梭又变之以人权天赋，孟德斯鸠于人权之中，再变之于三权并立，故其政教一贯，而国以强。婆罗门尊其教族，奴隶庸众，当其以神道束缚人心，较诸专制政体，犹为酷烈，故释迦悯之，以无人无我，普渡众生，破除旧习，其民群因得入自由平等之天，而生存始遂。中国自黄帝、尧、舜相传之礼俗政教，虽天人备赅，孔子忧虑迂阔，故改述其制。今其道虽未通行，而大同范围，亦百世可知也”。他进而指出：伊斯兰教义，博大精深，“……《可兰》一经，纯言真宰相同万物之理，化化生生之道，无不体用备赅，较之儒、释，或更过之。……独嫌解经者既少发明之能，而从事者又乏履行之实，以故遗讥于世”。他特别指出，各民族日演而日强，不断向前发展，“惟吾回教，自创建以来，循守旧律，门户异同，辄流血以相争，相生相养，或置而不问。至近世，土耳其既窘于列强，而中土之奉其教者，犹涣散而无系统，其学识程度，多居下级，诚与囿习拘墟者类。而淘汰之患，与各教相形则殆哉，岌岌有不可终日之势矣”。他认为，要改变落后局面，振兴回族，只有实行普及教育，提高回族的整体学识程度。他疾呼道：“经纬族类者何?教育普及是也”。

蔡大愚先生对留东清真教育会寄予很高的期望，他说：“中国自创于庚子联军之后，青年志士，负笈担簦于文明早进之邦，以求所谓普通、专门学者，将以万计。吾教人虽落落，亦达数十。至是欲得通才而任教育者，固已不难。其所难者，乃在涣散而无团体耳”。留东清真教育会的设立，必将促进国内回族的教育普及事业，起到振兴回族的作用。“他日教育普及，扶衰救弊，必有异于吾乡所云者，当额手预为同胞贺也!”他认为，诸圣之创教，旨在利益民众，“如儒、释、回、耶，鼎鼎大名之群圣，岌岌惶惶，殚毕生精力而为之者，均为人道生存而立法耳。假使群圣复出今日，苟有利于吾民者，必不判畛域，虽摩顶放踵为之，又何有于诮谤之施受也哉！”

蔡大愚先生在20世纪初提出以普及教育的方法来振兴回族的主张以及他的宗教思想，不仅在当时起了震聋发聩的作用，在我国回族人民中产生了不小的反响，而且，至今仍为我国回族知识分子们所推崇，认为这是回族思想宝库中的精华，意义重大[25]。蔡大愚先生不仅主张实行普及教育以振兴回族，而且身体力行，将这一主张付诸自己的行动。早在来甘肃之前，他在北京回族聚居区就创办过“北京清真第五小学”。1912年来甘肃后，他又曾为兰州回族的教育普及做出过重要贡献。

兰州是回汉民族杂居地区，这里的回族教育长期以经堂教育为主。1912年以前，兰州的新式教育虽已开始起步发展，但愿入新学者并不多，而在回族中更是寥寥无几。1912年底，马邻翼来兰任甘肃提学使，目睹这种状况后，深以为虑。他与当地回族绅士们商酌，多方筹划经费，着手在回族中开展新式教育普及活动。1913年5月，在马邻翼、马安良等人主持下，设立了“兰州回民劝学所”，作为兰州回族普及教育机关，下设清真高小一所、初小四所[26]。自此开兰州回族新式教育之先河。劝学所成立之初，所长为甘肃回族绅士马麟（字玉清），不久，马麟赴甘州任镇守使，即请蔡大愚先生任所长。

蔡大愚先生担任兰州回民劝学所所长达四年多时间（1913年秋—1917年冬），他热心回族教育普及工作，法政学校公务之余，则全力主持劝学所工作。他常至各清真小学视察、听课，多方设法给各小学增添设备，改善办学条件。他亲自面试教员，对教员提出要求，以保证教学质量。他还提倡各小学参加兰州教育界举行的各种社会活动，使回族学生了解社会，增长见识。在他主持劝学所工作期间，各清真小学培养出了不少优秀学生，其中有一些以后进入大学，成为甘肃回族中的第一批具有新思想的知识分子。原甘肃省政协常委马廷秀先生（1900—1997）即当时的清真高小学生，以后，他以优异成绩进入兰州一中、北京法政大学。据马廷秀先生介绍，当年在清真高小学习期间，常见到蔡大愚先生前来视察、听课。当年的蔡大愚先生身着西装革履，头戴德国太阳帽盔，蓄人丹胡，提文明杖，学生向他鞠躬后，他还以注目礼。因他穿着特殊，举止异常，兰州回民背后称他为“蔡洋人”。但又因他是虔诚的穆斯林，平时常至各清真寺中做礼拜，而且曾留学于日本，又担任法政学校校长，是回族中少有的饱学之士，故兰州回民又都十分敬重他。马廷秀先生1921年考入北京法政大学，在京学习期间（1921年—1924年），大约是1923年秋季，某日外出，在前门一带与蔡大愚先生相遇。蔡大愚先生得知马廷秀是自己在兰州工作时培养出的回族学生后，甚感高兴。但当时蔡大愚先生行色匆匆，似有要事在身，未及细谈，即与马廷秀告别。据此推测，当时任广州北伐大本营咨议的蔡大愚先生出现在北京，很可能负有广州革命政府的某种使命。

四

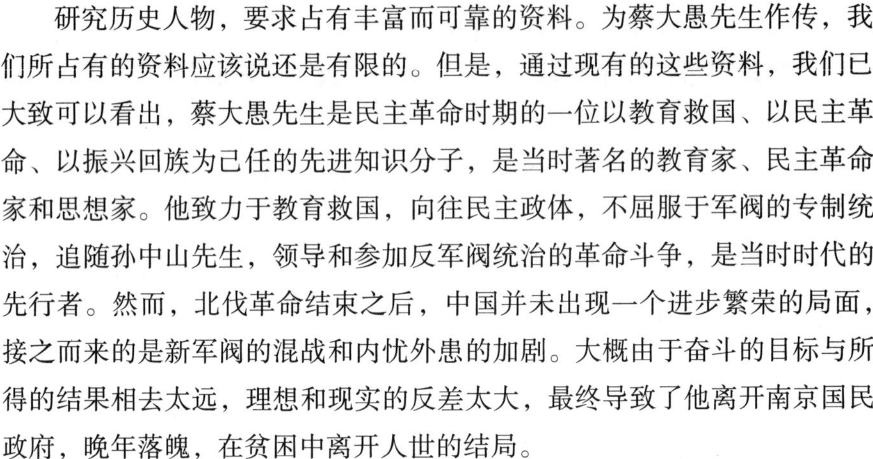

研究历史人物，要求占有丰富而可靠的资料。为蔡大愚先生作传，我们所占有的资料应该说还是有限的。但是，通过现有的这些资料，我们已大致可以看出，蔡大愚先生是民主革命时期的一位以教育救国、以民主革命、以振兴回族为己任的先进知识分子，是当时著名的教育家、民主革命家和思想家。他致力于教育救国，向往民主政体，不屈服于军阀的专制统治，追随孙中山先生，领导和参加反军阀统治的革命斗争，是当时时代的先行者。然而，北伐革命结束之后，中国并未出现一个进步繁荣的局面，接之而来的是新军阀的混战和内忧外患的加剧。大概由于奋斗的目标与所得的结果相去太远，理想和现实的反差太大，最终导致了他离开南京国民政府，晚年落魄，在贫困中离开人世的结局。

注释：

[1]陆润林主编.兰州大学校史[M].兰州：兰州大学出版社，1990，3.

[2]王希隆.蔡大愚主张“列宁学说”的调查[J].党史研究，1982（3）45-49；王希隆.蔡大愚与甘肃护法运动[J].西北史地，1984（2）：66-72.

[3]王希隆校注.醒回篇[M].兰州大学出版社，1988.

[4][6][9][12]蔡大愚.甘肃公立法政专门学校同学录[Z].

[5]孙中山全集，第五卷[M].北京：中华书局，1985，477.

[7]蔡大愚先生留学日本的具体时间尚无从查知。我国首批留日学生赴日本是1896年（光绪二十二年），详见：实藤惠秀.中国人留学日本史[M].北京：三联书店，1983，18.

[8]马廷秀.百年见闻录[M].兰州：甘肃民族出版社，1992，100.

[10]王希隆.蔡大愚主张“列宁学说”的调查[J].党史研究，1982（3）：45-49.

[11]兰州大学这一校址经蔡大愚先生选定后40余年未变动，直至1957年才迁至天水路今校址.

[13]据蔡大愚先生的学生刘应麟介绍，蔡大愚在日本时，“曾与熊克武等参加孙中山先生领导的同盟会，与当时革命党人黄兴、蔡锷多有交往”.

[14]此函影印件见：西北史地，1984（4）：封底.

[15]卢、孟即卢梭、孟德斯鸠，欧洲民主思想家。巢、由即巢父、许由，是我国古代隐居不仕、道德高尚的贤人，《汉书·鲍宣传》云：“尧、舜在上，下有巢、由。”

[16]原名万寿宫，因张广建受封为一等子爵时在此宫召开庆祝会，故又称庆祝宫。

[17]甘肃护法运动的有关经过记载主要有：杨希尧.甘肃组织护法运动的经过；郑瑞青.一九一七年临洮护法运动记略；马培清.狄河护法运动的回忆，等三篇回忆录。后两篇刊于：甘肃文史资料选辑，1962（1）.但在刊出时略有修正，本文所引不注出处者均取自此三篇回忆录的原稿。

[18]复蔡冰若函，见：孙中山全集，第五卷[M].北京：中华书局，1985.

[19]此令收于：孙中山全集，第六卷[M].北京：中华书局，1985，47.

[20]据甘肃省文史馆馆员张令瑄介绍。原甘肃省参事室参事、蔡大愚先生在北伐军和南京国民政府中的同事谭季纯先生，生前曾多次与张令瑄先生谈及。

[21]据四川大学历史系钱安靖老师介绍。

[22][24]王希隆校注.醒回篇[M].兰州：兰州大学出版社，1988，53-56.

[23]杨枢事迹见：王希隆.清末回族外交官杨枢[J].中国回族研究，1991（1）：90-92.

[25]关于这一认识，我国回族学者马寿千、马通、马汝邻、罗万寿、马明达等都有专文论及，这里不一一枚举。

[26]清真高小和第四初小在今酒泉路清真寺旁，第一初小在今华亭街清真寺旁，第二初小在解放路原清真寺内，第三初小在黄河北兰州坊清真寺内。1935年一律改为私立学校，清真高小和第四初小改为清华小学，第一初小改为明德小学，第二初小改为进德小学，第三初小改为尚德小学。解放后，清华高小改为酒泉路回民小学，明德小学改为华亭街回民小学，尚德小学改为金城关回民小学。

《国民党本部致甘肃都督赵惟熙函》跋

王希隆

《国民党本部致甘肃都督赵惟熙函》，原存兰州市图书馆。20世纪80年代初期，偶然得见此函件，与甘肃省文史馆张令瑄（德方）先生斟句酌义，始知其颇具史料价值，遂按原样复印并拍照，以俟日后研究征用。1999年兰州大学建校90周年校庆，应学报校庆专刊之约，曾撰有《蔡大愚先生传略》一文。原拟将影印函件与文章一并刊出，以飨读者。但身居斗室，所藏数千册文献资料，或置屋隅，或堆过道，长期未予整理，函件之照片及复印件，不知置于何处，一时难于检出；而市图原件，已不便重见，只好暂付阙如，时以为憾!乘科教兴国之风，今春乔迁兰州大学一分部新居，先以两吨卡车将家存文献资料运至新居之书房中，赖诸弟子相助，分类整理插架，井然有序。书房宽敞，工作条件大为改善。尤可喜者，整理时不意此函件之复印件、照片复出，失而复得，欢欣之情自难以言表。学报诸君得知后，建议将此函件于近期影印刊出，作为去年发表之《蔡大愚先生传略》一文的补充。谨遵嘱作跋以志之。

其一，《国民党本部致甘肃都督赵惟熙函》，当年初见，只存有3页，为有头无尾之残缺函件。从行文内容来看，当缺最后1页。笺立高26厘米，横广17厘米。笺底印有“国民党本部启事笺”大字。全文共182字，墨笔缮就，字体娟秀规整。兹录文并标点如下：

芝山仁兄都督麾下：久耳叔度，未识荆州，翘企陇西，莫铭钦

作者时为兰州大学历史文化学院教授。该文发表于《兰州大学学报》(社会科学版)2000年第5期。

仰。维政绩宣勤，荣问休鬯，为祝无量。吾华不竞，风云日急，为救时之计，舍政党不为功。历览欧美诸邦，数党鼎峙，互相竞争，互相提携，收效奇速，国是以强。本党发轫之初，党势日臻强健，端赖贤者赞助之力。前奉钧电，藉悉执事热心党务，实力维持，无任钦感。兹本党特派蔡君大愚为甘省特派员，筹画支部事宜，并嘱其晋谒崇阶，面陈一切，尚祈指导方针，俾有遵循。从此一堂商榷，共策进行，党务发达，正方兴未（艾），……

民国上层信函，讲究文字书法，此函可为一例。但考其行文与书法，则非国民党领导人孙中山、宋教仁、黄兴等人之亲笔。当为国民党本部之秘书秉承领袖之意修成。

其二，函首所云之“芝山”，即民国初年的甘肃都督赵惟熙。

赵惟熙，字芝山，江西南丰人，光绪朝进士，翰林院编修，后任宁夏知府、甘肃巡警道等职。1912年初，宣统逊位，共和告成，袁世凯出任民国临时大总统。时赵惟熙已署甘肃布政使。陕甘总督长庚见清朝大势已去，表示不再过问地方事务。3月6日，赵惟熙联合甘肃谘议局议长张林焱，代表甘肃官绅民众，致电袁世凯，承认共和。因赵惟熙领衔通电承认共和，袁世凯任命其为甘肃都督，时在1912年3月15日。

函尾残缺，无署名及日期。但根据当时之背景及信函内容分析，署名应为宋教仁，日期当在1912年秋季。

1912年初，南北议和，袁世凯出任民国临时大总统。解职后的孙中山转而热衷于社会实业建设活动。作为同盟会实际负责人之一的宋教仁，则力主联合其他政党团体，另组新党，建立政党内阁，以限制袁世凯的权限，实现民主共和国的实际法制。在宋教仁的积极活动下，1912年8月25日，中国同盟会联合统一共和党、国民公党、国民共进会、共和实进会等党派团体组成国民党，设总部于北京，推孙中山先生为理事长，实际主持人则为代理事务长宋教仁。宋教仁热衷于议会政治，积极着手与各省都督建立联系，向各省委派特派员，筹办支部，扩大实力及影响。署甘肃布政使赵惟熙领衔发电承认共和后被袁世凯任命为甘肃都督，成为甘肃一省的最高军政长官，自然也成为国民党本部争取的对象。信函中“前奉钧电，藉悉执事热心党务，实力维持”之语，表明在此函发出之前，宋教仁已与赵惟熙建立联系，有电信往来。

其三，函件之重点，即“兹本党特派蔡君大愚为甘省特派员，筹画支部事宜，并嘱其晋谒崇阶，面陈一切，尚祈指导方针，俾有遵循”。是为宋教仁致函赵惟熙之目的。由此可知，此函为蔡大愚来兰时所持有。

蔡大愚（1874—约1945），字冰吾，又字冰若，兰州大学前身甘肃公立法政学校校长，他对兰州大学的发展有过重大的贡献，在兰州大学发展史上有着重要的地位。他的生平活动，已见兰州大学学报1999年3期刊出之拙作《蔡大愚先生传略》。

其四，函件具有很高之史料价值，首先，是研究蔡大愚革命活动的重要依据。据此函件可以得知，1912年蔡大愚来甘肃，并非单纯是为兴办地方教育，实现其教育救国之理想，而是负有重要的政治使命。此前，蔡大愚先生与同盟会及国民党领导人孙中山、宋教仁等人就已有密切之关系。结合以后他在甘肃以及在广州追随孙中山先生参加北伐等革命活动，可知他不仅是一位教育家，更为重要的是一位革命家。其次，是研究国民党本部在甘肃活动的重要依据。从中可知，民国初年国民党本部在甘肃发展组织，扩大势力，是通过自上而下的途径，由特派员联络甘肃地方政府，在地方政府的支持下建立组织、发展势力的。

是为跋。

（《国民党本部致甘肃都督赵惟熙函》部分影印件见后）

芝山仁兄都督麾下久耳
叔度未識
荆州翹企隴西莫銘欽仰維
政績宣勤
榮攬休勞為祝無量吾華不競
風雲日急為救時之計舍政黨

不為功歷覽歐美諸邦數黨鼎
峙互相競爭互相提攜收效奇
速國是以強本黨發軔之初黨勢
日臻強健端賴
賢者贊助之力前奉
鈞電藉悉

執事熱心黨務實力維持無任欽
感茲本黨特派蔡君大愚為甘肅特派
員籌畫支部事宜並囑其晉謁
崇階面陳一切尚祈
指導方針俾有遵循從此一堂商
榷共策進行黨務發達正方興未

《国民党本部致甘肃都督赵惟熙函》部分影印件

大学校长的聚才之道

——辛树帜与顾颉刚的交往及其启示

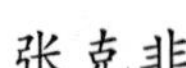
张克非

在西北高等教育史上，辛树帜（1894—1977）是一位具有重要贡献的校长。1932年，他到陕西考察旱灾后，即与于右任、杨虎城等人联名倡议在武功——相传周人先祖后稷教民稼穑之地——兴办一所高等农业学校，培养亟需的农学人才；并成为该校筹备委员会成员之一。1936—1939年间，他接替于右任，担任开始招生、运行的国立西北农林专科学校（1939年4月改为西北农学院）校长，为学校的建设和发展奠定了重要基础。1946年3月，他受国民政府行政院委派，筹建国立兰州大学，并出任首届校长。从1950年4月起，直到“文革”开始，他又一直担任西北农学院（今西北农林科技大学）院长。可以说，在西北这两所教育部重点大学、国家“985”工程重点建设高校的历史上，他都曾起了关键性的奠基作用。

作为在1949年前后都非常有影响的大学校长，辛树帜为后人留下了许多弥足珍贵的办学经验，而对人才的高度重视、与各学科众多著名学者的深厚友谊、能够吸引优秀人才来校执教，则是他能够在环境、条件相对落后，人才缺乏的西北，分别办好两所重点高校最关键的保证。本文试图以辛树帜与史学大师顾颉刚（1893—1980）毕生的交往为视角，集中感受、认识这位杰出校长的聚才和用人之道。

作者时为兰州大学历史文化学院教授。该文发表于《兰州大学学报》(社会科学版）2012年第6期。

一、辛、顾的交往及终生友谊

1927年10月19日，辛树帜与顾颉刚在广州中山大学相识。当时一位是刚从英、德留学归国的生物学家，一位是因创立“古史辨”学派而蜚声学界的史学家。此后，不管两人的处境、身份、志趣以及所处的时代发生了什么变化，彼此的交往和友谊却终生不渝，一直延续了半个世纪，直到“文革”期间的1973年，顾颉刚先生还深情地回忆：自在中山大学“始识树帜……遂为五十年来不变之好友”[1]96。1977年10月，辛树帜逝世后，顾先生哀叹：“此实为我当头霹雳……昔庄周遇惠施墓，叹曰‘自夫子之卒也，臣无以为质矣’。我于树帜之殁亦有此感”[2]507。在600万字的《顾颉刚日记》中，先后有上千处提到辛树帜，其中仅记载给他写书信事就有近二百处，相对清晰、完整地记录了两人长达半个世纪的交往。

（一）彼此在事业、人品上的趋同

尽管辛、顾两人在早年的出身、经历、性格、所学专业等方面明显不同，但他们都是近代中国杰出的爱国知识分子和有成就的学者，彼此在品格上有许多共同点。在为人处事、献身事业、报效国家等方面，更是“同声相应、同气相求”。顾先生在晚年总结到：“予与树帜性格相同，事业心强相同，扶植后进心切相同，故得谤亦相同。”[1]232

“九·一八”事变后，边疆安全和抵抗侵略成为爱国知识分子共同关注的焦点。1934年，顾颉刚联合燕京、北大、辅仁三校师生，共同发起并筹建“禹贡学会”，创办《禹贡》半月刊，高度关注历史地理和边疆问题的研究。1936年初，他又提出：“以我国今日所处地位之艰危，学术上实不容更有浪费，故定其价值之高下必以需用与否为衡量之标准……强邻肆虐，国亡无日，遂不期而同集于民族主义旗帜之下；又以敌人蚕食我土地，四境首当其冲，则又相率而趋于边疆史地之研究。”[3]215禹贡学会的发展及其取得的学术成就、所培养的众多优秀人才，都表明顾颉刚“兼具了作为一位优秀的学术组织者不可缺少的品德：他学识渊博、心有全局，能将远景规划溶于切实可行的实践之中；他广交同仁，切磋学识，随时吸取有益营养，日新又新地开发新的学术园地；他平易近人、心胸宽广，热心提携青年，不断壮大研究队伍”[4]282-283。这在辛树帜身上也同样突出。

辛树帜1931年到教育部任编审处处长。次年，该机构扩充为国立编译馆，并由他担任首任馆长。四年间，他主持审定科学名词，编辑出版《黄河志》等科技图书，创办《图书评论》杂志，参与发起、成立中华自然科学社、中国动物学会等学术团体。他还是全国中英庚款考试委员会委员[5]145。缘此，“他以全国科教工作组织、领导者的身份，结交了大批科学家和教育工作者。而他深厚的学术造诣、严谨的科学精神、卓越的组织领导才能和崇高品格，也赢得了科教界朋友们的普遍尊重”[6]122-123。同时，他也十分关注西北教育和边疆问题，发起、筹办并担任了西北农林专科学校的校长。

1937年抗战爆发后，顾颉刚为躲避日寇迫害离开北平，并应中英庚款董事会委派，到甘肃、青海考察教育途中，专程到陕西武功拜访辛校长。辛校长请他给全校学生讲演，并真诚地请他将禹贡学会从已沦陷的北平迁往武功农校。顾认为“此事大佳”[7]695。1941年，顾先生发起成立中国边疆学会[8]453，得到辛树帜的支持。他还将辛列入可从事边疆研究、教育工作的人才名单之中[8]466。他们都积极参与由国民政府教育部组织的边疆教育工作[8]544。顾颉刚还和辛树帜等人在重庆发起编辑出版“国学要籍丛刊”等，并共同与蒋介石当面谈论此事[8]556-557。1942年4月，顾、辛等还在重庆筹备成立边疆语文会[8]662。

在人品上的相近，事业上的共同追求，对国家、民族的高度责任感，为他们的交往和友谊奠定了坚实基础。

（二）在学术上的相互理解和尊重

辛、顾间的友谊，不仅表现在两人精神、道义上的相知、相挈，还体现在对彼此学问、研究上的相互理解、尊重和互益、互砺上。

早在1926年前后，辛树帜在国外留学时听说了顾先生提出的“层累地造成的中国古史”学说，开始并不以为然。但听了傅斯年的详细介绍后，即转而对之评价甚高。顾颉刚认为：与辛树帜订交并保持终生友谊的重要原因，就在于“惟缘识得予学术宗旨，能对予不妒忌耳”[1]97。而辛树帜在1928年组织中山大学生物系师生对广西大瑶山区进行大规模生物学考察及其在民族、民俗、语言等方面的调查工作，也同样得到顾颉刚的重视和高度评价。顾颉刚先生主持的《中山大学语言历史研究所周刊》在这年9月为之出了“瑶山调查专号”，他在该专号的跋语中写道：“他们对于学问的热心和勇气使他们不仅在生物学上开一新纪录为满足，还要在民族学和语言学上开一新纪录。”认为辛树帜等将这方面的调查成果全部转交语言历史研究所，是由此为研究所“又开了一方新园地”[3]514。

1954年8月，顾先生自上海到北京中国科学院历史研究所工作。12月，辛、顾同时当选第二届全国政协委员。此后，辛树帜每次到北京开会，两位老友几乎每天都要见面、深谈。顾先生提交政协会议的发言稿、提案等，都首先征求辛树帜的意见，反复修改。如他在政协二届一次会议上的发言稿，就曾与辛树帜仔细商量，反复修改。发言后，得到毛泽东、刘少奇、周恩来、彭真等领导人的赞许[9]627-630，并在次日的《人民日报》上全文刊载[10]514-518。翌年6月，在批判胡风运动中，顾先生所写的评胡文章，也是先请到北京开会的辛树帜提意见[9]691。大跃进运动中，作为民进的中央委员，顾先生迫于形势，不得不经常出席与专业无关的社会活动，占用了自己学术研究的许多时间，这使他非常苦恼。辛树帜真诚相劝：“民主党派工作者只有政治业务，无学术业务。君既有专业，即不必经常出席民主党派之集会，党于此未必不了解也。”[11]64

20世纪60年代初，受当时社会政治环境的影响，顾先生的古史研究渐受冷落，“已为社会上公认为无用之物”，使他承受着很大压力。听了老友的倾诉后，辛树帜以南宋陆游的一首诗赠勉之：“九月九日柿叶红，闭门学书人笑翁。世间谁许一钱值，窗下自用十年功。老藤缠松饱霜雪，瘦蛟出海拿虚空。即今讥评何足道，五百年后言自公。”[11]438来自老友的理解和鼓励，对顾先生是很大的安慰，使他深受感动。一年后，顾先生还再次书录了老友所赠的这首诗，并由衷地写道“此陆放翁诗也，树帜为予道之，录之以壮胆”。随后还兴犹未尽地抄录了闻一多的一段话以自勉：“你诬枉了我的工作，当我是一个蠹鱼，不晓得我是杀蠹鱼的芸香。虽然二者都藏在书里，他们的作用并不一样。”[11]637-638

辛树帜从20世纪50年代开始，转向了中国农学史的研究，很快成为该研究领域中的巨擘。其中也不乏老友顾颉刚的鼓励和悉心帮助。研究古农学，需要对中国古典文献做全面、深入、细致的解读、考辨和研究。对此，辛校长已有深厚积淀。早在40年代，他就与顾颉刚等发起编纂国学要籍丛刊、边疆丛书等，还曾发起整理出版湖南文献丛书。1948年，他还在国立兰州大学为文学院学生讲授“庄子”等国学课程并颇受好评。但是，他仍然坚持将自己所写的《〈禹贡〉新解》等农学史书稿，都先寄给顾颉刚，请他指正。而顾先生每次也都要花费很多时间，精心为之修改。修改完的书稿，也由顾先生直接交给农业出版社编辑，表明两人对彼此的高度信任。这些在顾先生日记里有很多记载。顾先生乐此不疲，且将其文稿中有启发之处，随时抄录，写成笔记。如《顾颉刚读书笔记》中记载，1957年3月，辛树帜发表了《〈禹贡〉制作时代的初步推测》一文，提出《禹贡》的成书年代是在西周，而并非顾先生主张的战国时期；同时又自谓“这篇不成熟的论文，是在禹贡学派研究的基础上写成的，虽然在时代上和他们的看法不一致，但仍可认为是他们工作的继续”。顾先生读了此文后，不仅录下文章各节标题，评价道：“此文体大思精……所谓禹贡学派者，即指予等所创办之《禹贡半月刊》而言。”并感叹：“使他日能将《禹贡著作时代考》作成，一吐三十余年中闷在心头之症结，必有以报树帜之雅谊也。”[12]34这年5月，辛树帜又将自己的文章寄去请他代为推敲。他虽因病正在京郊汤山疗养，仍致书老友：“读大作不胜钦佩。原拟遵嘱细为推敲，以病未能如愿为怅。兹知此文急须印出，因竭三日力读两过，即寄上。以此间无书，无从对勘，但改正标点，略润色文字耳。”并在信中非常认真、深入地提出六个方面的问题，请老友考虑[12]34-35。后来，当他看到辛研究《易传》的文章后致信道：“以三日之力细读尊文，胜意连骈，不但《易传》之时代与学派可以解决，即《戴记》中诸篇亦得附带解决，其有助于先秦学术史者何如也！其下诸篇，极盼早日赐读。前人未开发之园地，一旦种植，所获自必为巨果。欣羡欣羡！”[12]281

在专业研究上的互相帮助，不仅进一步扩大了双方的“共识域”及共同的兴趣点；也使彼此的友谊和交往，升华为极具价值的学术合作和专业对话。即便是在“文革”后期的1972年，辛树帜还给顾先生写信，通报自己的研究计划。顾先生欣然回复到：“接诵古农学研究工作计划，快慰何如，惜虞[宏正]、石[声汉]二公已不及见耳。王毓瑚君是否随校入陕？其所作古农学书录，似可由贵院加以补充，重行出版。”①

1977年，老友逝世后，垂暮之年的顾先生深情地写道：“他最知我，懂得我的研究方法，尝谓《古史辨》与《禹贡半月刊》为近代两部大杂志；又将我《史林杂识》与油印本《浪口村随笔》细细校勘，知除增入十篇外，其他各篇亦无一篇不加修改，非他人之泛泛翻览者可比。”[2]507

（三）在人生道路上的相互关心和竭诚相助

作为好友，辛、顾之间的相互关心、竭诚相助也同样令人感动。1942

①据辛树帜校长亲属提供的“1972年11月2日顾颉刚函”复印件。

年7月，因九十高龄的老母病笃，辛树帜辞别顾颉刚等朋友，从重庆匆忙赶回湖南临澧老家侍亲。在料理了母亲葬事后，定于12月4日动身返渝。但直到次年1月底仍未抵达，且久无书信。顾颉刚深感“疑虑”。当听说日本飞机接连轰炸长江上往来船舶的消息后，更担心“树帜得无殉难乎”！[13]19并于2月13日，专程到重庆很有名气的卜人程西园处，“为树帜占卦，谓其停留，不至死（卦得‘重审’，有三合象）”，这才稍稍安心[13]26。

1943年初，顾颉刚坚辞在中央大学的教职及其他兼职。但为全家生计所迫，又不得不应复旦大学之聘，后又加盟大中国图书局，兼事出版工作，终日劳碌奔波，无法专心于自己的学术研究。看到老友的窘迫，辛校长1946年受命出长国立兰州大学后，即聘请顾颉刚为历史系教授和系主任，并预先支付30万元。对此聘任，顾先生欣然应允。但其夫人却不愿离开东南，极力反对。顾先生左右为难，在日记中感叹：“予何尝愿作远游，放弃著述计画。只是受经济压迫过于严重，而树帜肯为予解决问题，不得不应耳。”[13]697-772当时，由于各种原因，顾先生无法很快成行，便先推荐其昔日弟子史念海教授为兰大历史系代理系主任。11月，到南京办事的辛校长专程赶到苏州顾先生家，敦请他前往兰大[13]739。为此，顾先生在次年1月15日辞去复旦教职。6天后的21日，辛校长“又寄来二百万元”，供顾先生作赴兰旅费[14]11。在随后的一年多里，辛校长不仅十多次与他书信往还，还利用每次到南京出差的机会，拜访、宴请顾先生，诚恳地请他前去任教。1947年9月20日，顾先生在给辛校长的信中说：“如交通方便，内子可将徐[州学]校职务摆脱，则索性阖家西行，作久居计。西北是我辈创造事业之地，刚久怀此志，得兄同调，自不肯放过此机会也。”[15]27。1948年5月，辛校长还在书信中用激将法，疑其畏惧战事而不敢赴兰，致使顾先生在日记中大呼“冤枉！”[14]281

就在顾先生克服各种困难，不顾夫人和亲友的劝阻，逐渐理清缠身的出版、学会，以及在苏州社会教育学院所兼教职等诸多事务，准备动身前往兰州时，不料兰大却在1948年6月1日晚间发生了甘肃籍学生群殴外省籍学生，导致伤亡，且伤及史念海教授和理学院院长程宇启教授的不幸事件，在全国形成极坏影响，一时间外界纷传辛校长也将辞职他去。于是，亲朋好友都力劝顾先生放弃兰州之行。就在这时，顾先生接到辛校长16日电报，催促他尽快成行。次日，他即只身一人从南京乘坐飞机，义无反顾地赶往兰州[14]295-298。到学校后，他既充分利用自己的声望，协助辛校长做好事件的善后工作，协调校内外关系，缓和师生情绪；又在3天后即亲自为历史等系学生授课，投入紧张的教学工作。当时，以顾先生为代表的许多名师莅临执教，显著提升了兰大的师资及教学水平，提高了学校在全国的知名度。兰大学生中流传着这样的说法："辛校长三件宝：图书、仪器、顾颉老。"

50年代初，当顾先生任总经理的大中国图书局策划出版农业挂图时，已调任西北农学院院长的辛树帜同样全力支持，分别组织西农的教师们承担并完成了园艺、畜牧、害虫、农艺等多套挂图的编绘工作，帮助顾先生实现书局的出版计划和经营目标。后来，辛校长还不避嫌疑，安排因成分问题一直在沪待业的顾先生姻亲到西农工作，以缓解老友的经济和精神压力。

可以说，辛、顾的交往和友谊，不仅在于50年间彼此的相知、相友，而且达到了在志趣、精神、事业上相契、相投、相助的崇高境界，体现了中国读书人身上那种志同道合、心心相印、竭诚相待的传统美德和人文精神。

二、辛校长的聚才之道

通过辛、顾的交往和友谊，我们可以看到作为著名的大学校长，辛树帜在办学过程中始终把凝聚人才放在第一位，尽可能结交、吸引像顾颉刚这样的大师级人才。当时，在相对落后的西北办学，与东南地区相比，吸引稀缺的优秀人才十分困难。为此，辛校长可以说殚精竭虑、想方设法，采取了许多特殊的措施，也确实取得了明显的效果。如他在1936—1939年间任西农校长时，就先后聘请植物学家涂治、孔宪武，园艺学家吴耕民、章守玉、原芜洲，畜牧兽医学家李秉权、路葆清、吴信法、盛彤笙，水利学家沙玉清，农业经济学家张德粹等著名学者前往任教。1946—1949年，他在任国立兰州大学校长期间，也先后聘请著名文史专家顾颉刚、史念海、冯国瑞、张舜徽，语言学家水天同、李萃麟、沐允中，藏学家杨质夫、王沂暖，法学家李镜湖、吴文翰，政治学家盛成；数学家段子美、程宇启，物理学家陈祖炳、聂崇礼，化学家张怀朴、陈时伟、左宗杞，动物学家常麟定、杨浪明，植物学家董爽秋、石声汉、孔宪武，地理学家王德基，医学家于光元、乔树民，兽医学家盛彤笙等到兰大任教，创立了学校的文学院、法学院、理学院、医学院、兽医学院，以及国文、历史、经济、法律、数学、物理、化学、地理、生物等系，还有俄文、边疆语文等特色专业。这些教师中间有许多都是在欧美著名高校学成归国的博士、教授，且已颇具专业建树。一时间兰州大学英才荟萃，师资水平明显提高，缩小了与京、沪等地高校的差距。

辛校长的聚才之道，有不少显著特点。

（一）推诚相待，以情感人

辛校长始终注意以平等的态度，对人才推诚相待，视之为友；而且尽可能通过各种方式，不断加深并长期保持彼此的友情，真正做到了与人才的道义之交和以情动人。所以，很多优秀人才都乐意与他为伍，为其所用，甚至可以放弃原来优越的工作和生活条件，到环境相对较差的西农、兰大这样的西北高校工作，这是很不容易的。20世纪40年代后期的兰州大学，教师们的住所都是破旧的平房，窗子上连玻璃都很少有。城市没有自来水系统，学校师生饮用的都是直接将泥沙沉淀后的黄河水；冬天靠烧煤炉取暖，煤气中毒之事常有发生；晚上经常停电，房子里时常靠煤油灯来照明。而顾颉刚等许多优秀学者就是在如此艰苦的条件下，毅然决然地放弃上海等大城市，甚至国外大学的优越条件，欣然接受辛校长的邀请到兰大工作；并且和学生、管理人员一道，在当时内战方殷、物价飞涨、交通阻塞的不利环境下，克服各种困难，教书育人、建设兰大。

再有像动物学家杨浪明，曾是辛的学生，后随他相继到西农、兰大任教。著名畜牧兽医学家盛彤笙教授，在辛树帜主长西农时即应聘到学校任教；1946年又转到他任校长的兰州大学组建兽医学院。再如著名农学史家石声汉教授，早年作为中山大学生物系助教，在辛树帜领导下参加瑶山科考。后来，他随辛校长长期在西农工作。由此可以看到，辛校长的人格魅力和感召力在凝聚、吸引人才中所起的作用。

（二）关心爱护，包容宽厚

辛校长在尊重人才的同时，还无微不至地关心和爱护人才，尽力帮助他们解决生活、工作中的困难。1948年6月，顾颉刚先生只身一人来兰大工作后，辛校长几乎天天都要去看望，并经常宴请他；星期天，还多次陪同他到兰州附近的兴隆山游览、散心。同时，尽可能多地创造条件，让他有机会与校内各院系教师、地方军政官员和学者们交往；还请他到别的学校讲学，为政府机关、社会团体等做学术讲座。为了使顾先生减少对家人的思念，在生活上得到更好照顾，能够安心在兰大长期工作，辛校长还提出聘请他的夫人到兰大，主持拟开办的学校幼儿园。顾先生认为“此事极好，因即去函速之”。但其夫人却以“身体不便、两小儿难携带”为由而坚拒之[14]366-368。后来，又来电报虚言流产，要顾先生速归。致使他于这年12月7日离兰返家。即使如此，顾先生后来依然认为，“到兰州半年，生活有一定轨道，每日必教书，使自己思想得一整理”[10]141。并惋叹假如不是各种因素制约，自己能够安心在兰大多待几年，也许会在学术上有更大收获。

辛校长用人还非常注意唯才是举，宽容大度，不拘一格。例如1948年6月初兰大不同省籍学生群殴事件发生后，他顶着巨大压力，在安抚受伤师生，尽力挽留外省籍教师的同时，也想方设法保护与事件有关的甘籍师生，不仅不予追究其责任，还在数月后将其中的两位年轻讲师晋升为副教授[16]15。他们后来分别成为西北著名的地理学家和民族学家。足见当年辛校长的胸怀和慧眼。

（三）创造条件，吸引人才

辛校长非常注意结合西北的实际和需要，在学校设立、发展特色专业，尽可能在校内创造相对有利的条件，凝聚和吸引人才，促进人才的成长与发展。如1936年他任西北农林专科学校校长时，学校就设有农艺、森林、园艺、畜牧、农业经济、水利六个组，吸引了一批知名学者，培养出不少优秀学生。其中水利组是在著名水利专家李仪祉创办的陕西省水利专科班基础上发展而来的。辛校长非常尊重李先生，并善于借重他的声望，促进学校水利专业的发展。当时，“水利组学程设计中，对于农村建筑学，特设一讲座，道路沟恤都各有课程”。辛校长即邀请李先生来学校做题为《我们需要提倡西北农村建筑》的专题讲座，“希望我们大家竭智尽力地来谋农村建设”[17]377。1938年李仪祉先生逝世后，学校还专门出了《李仪祉先生纪念刊》，来缅怀这位中国现代水利事业及专业教育的创始人。

辛树帜在主长国立兰州大学期间，独具慧眼地聘请著名的英语学者水天同出任文学院院长，并成立了俄文系、边疆语文系等，汇集了国内少有的一些精通俄语及少数民族语言的学者，培养熟悉俄国语言、文学、文化的人才和掌握蒙、藏、维等少数民族语言、文化、风俗的专门人才，以更好地为西北边疆开发和各民族服务。此外，他还积极聘请许多校外专家做学校的兼职教授；利用兰州夏季凉爽的条件，延请著名学者裴文中、方壮猷等在暑期来校短期讲学；充分借助校外人才的力量，发挥他们的积极作用。

为了给兰大师生改善和创造工作条件，他除了极力争取让国民政府教育部在1947年春，特批1.5万美元，用于学校在国外采购仪器、设备、书刊外，还争取让美国医学助华会将兰州确定为其准备在中国内地设立的六个医事中心之一，并拨款3万美元，为以兰大医学院等单位为主体的兰州医事中心购置医疗设备、药品等；同时资助兰大医学院教师到美国高校留学、进修。这些措施，对于稳定师资力量，培养和提高人才素质，都起到了显著作用。

（四）以事业凝聚，吸纳人才

辛校长常说："人才从事业中出，只要以诚相待，知人善用，处处都有人才。"[18]9他自身就是一个始终以事业为重，具有战略发展眼光和组织、领导能力的高校管理者，不仅善于通过自己对事业的满腔热忱来感染和吸引人才，而且注重通过开创新的研究领域及事业凝聚、吸引人才，依靠人才来实现事业的发展，在事业和人才之间形成有效的良性互动。

他在20世纪三四十年代先后筹建、主长西农和兰州大学时，就非常注意结合西北地区的特殊情况和实际需要设置学院、专业，汇聚人才。1950年，他重长西北农学院以后，又计划在原有专业基础上，将学校拓展成一所设有农业经济、林业、农业化学等分院，系科比较齐全的综合性农业大学。他还深感整理、继承中国农学遗产的重要性，曾设想："如集中全国研究农史之人才，用十年以上时间，1.整理古农书及古籍中有关农事的部分；2.整理栽培技术；3.整理农谚；4.整理时令。上至经、史、子、集，下及方志农谚，并发表论文数千百篇，在此基础上建立的中国农学，其伟大决不在中国医学之下。"[18]15为此，他从1952年开始，即亲往华东、华南和东北，联络各地古农学知名学者，共同开展我国古代农业文献的整理和研究。1955年，他在西农创立并主持国内最早的古农学研究室，集中力量，陆续整理、点校数十种农学古籍，发表了数百万字的专著和论文，受到国内外学界重视。1957年，当他作为著名农学家应邀出席最高国务会议时，毛泽东主席称赞他在学术上"独树一帜"[19]52。1956年，他赴陕北考察后，即深感水土保持工作的重要性，遂计划联络西北及全国的有关学者，成立水土保持学会，出版期刊，编写一部较为系统、完整的水土保持学著作。直到他辞世的前一年，还以八旬高龄亲自带领《中国水土保持概论》编写组成员，赴四川、云南、广西、江西、湖北等省进行现场考察。这些开创性工作，都为学校特色专业和研究的发展创造了条件，积聚了人才，打下重要的基础[18]15，17。

在当今社会，人才强国、人才强校，已成为人们的共识。人才必然日益成为各方面激烈争夺、最为宝贵的稀缺资源及核心竞争力。因而，现在的大学校长要想真正吸引、留住人才，就绝不能仅仅靠行政手段，简单地将人才视为管理对象、炫目招牌和可利用的工具，而应该与人才相交、相知、相友，真正赢得人才的情与心；身体力行地在高校倡导平等、真诚、理解、包容、相互尊重的人文精神和大学文化。实践证明，这样做要比单纯比拼物质条件、优厚待遇更为重要。

参考文献

[1]顾颉刚全集·日记：第2卷[M].北京：中华书局，2010.

[2]顾颉刚全集·日记：第11卷[M].北京：中华书局，2010.

[3]顾颉刚全集·宝树园文存：第4卷[M].北京：中华书局，2010.

[4]马大正，刘逖.二十世纪的中国边疆研究——一门发展中的边缘学科的演进历程[M].哈尔滨：黑龙江教育出版社，1998.

[5]何炳棣.读史阅世六十年[M].桂林：广西师范大学出版社，2005.

[6]张克非，主编.兰州大学校史：上编[M].兰州：兰州大学出版社，2009.

[7]顾颉刚全集·日记：第3卷[M].北京：中华书局，2010.

[8]顾颉刚全集·日记：第4卷[M].北京：中华书局，2010.

[9]顾颉刚全集·日记：第7卷[M].北京：中华书局，2010.

[10]顾颉刚全集·宝树园文存：第6卷[M].北京：中华书局，2010.

[11]顾颉刚全集·日记：第9卷[M].北京：中华书局，2010.

[12]顾颉刚全集·读书笔记：第8卷[M].北京：中华书局，2010.

[13]顾颉刚全集·日记：第5卷[M].北京：中华书局，2010.

[14]顾颉刚全集·日记：第6卷[M].北京：中华书局，2010.

[15]顾颉刚全集·书信：第3卷[M].北京：中华书局，2010.

[16]辛树帜.电呈本校本年度学潮处理情形及招生经过[G]//甘肃省档案

馆藏.国立兰州大学档案：第10卷.全宗号32，目录号1，案卷号9.

[17]李仪祉.我们需要提倡西北农村建筑（1936年在农校讲演）[M]//李仪祉全集.台北：中华丛书委员会，1956.

[18]刘宗鹤.辛树帜先生传略[G]//史念海.辛树帜先生诞生九十周年纪念论文集.北京：农业出版社，1989.

[19]姜义安.毕生致力于科教事业的辛树帜[G]//政协甘肃省委员会文史资料委员会.甘肃文史资料选辑，第23辑.兰州：甘肃人民出版社，1986.

顾颉刚先生在兰州大学讲学活动考实(上)

杨林坤

2010年12月25日，是我国著名历史学家顾颉刚先生逝世三十周年纪念日，中华书局、中国社会科学院历史研究所、北京大学国学院联合举办的《顾颉刚全集》出版发布会暨纪念顾颉刚先生逝世三十周年学术座谈会在北京举行。《顾颉刚全集》分8集，59卷，62册，计有《顾颉刚古史论文集》13册、《顾颉刚民俗论文集》2册、《顾颉刚读书笔记》17册、《顾颉刚书信集》5册、《顾颉刚日记》12册、《宝树园文存》6册、《清代著述考》5册、《顾颉刚文库古籍书目》2册。据中华书局俞国林先生介绍，全集总共2500余万字，其中约有1000万字是首次公布。遵照顾颉刚先生遗愿和顾先生家人的嘱托，中华书局向顾先生曾经工作过的北京大学、中山大学、复旦大学、兰州大学、云南大学等校历史学院（系）各惠赠《顾颉刚全集》一套，以深入推进顾颉刚生平和学术思想史研究。

顾颉刚先生是兰州大学历史系首任系主任，曾经在1948年6月17日至12月7日在兰州大学任教讲学，并主持历史系的工作。顾先生在兰州大学的174天，适逢内战，时局动荡，人心思变，加之国立兰州大学处于草创时期，困难重重，风潮迭起。而当此之时，顾先生不顾劳病，舍妻别子，毅然应辛树帜校长之邀到兰大讲学，并对兰大的学术研究、学科建设和学风养成都做出了巨大贡献，产生了深远影响。同时，在兰大的这段日子，又是顾先生学术思想体系形成的一段重要时期，他每每以在兰大“留

作者为兰州大学历史文化学院、西北少数民族研究中心副教授。该文发表于《兰州大学学报》(社会科学版)2012年第6期。

学”向家人和朋友表白，申明自己在兰大收获颇丰。他这种“舍小为大”的高尚品格和坚持“学问求真”的精神，是兰大文化底蕴和兰大精神的重要组成部分，值得兰大人代代传承和发扬光大。

一、顾颉刚与兰州大学的渊源

顾颉刚先生与兰州大学的渊源关系主要应上溯他在抗战初期的西北教育考察和他与辛树帜校长的交往两个方面。

（一）受聘甘肃学院文史教授

1937年卢沟桥事变以后，7月22日，顾颉刚与通俗读物编刊社内迁到绥远省会归绥（今呼和浩特），后取道大同、太原、石家庄、郑州至南京。8月21日，他应管理中英庚款董事会之聘，任补助西北教育设计委员，实地考察西北的教育事业。9月23日，顾先生满怀着对西北教育的关切抵达西安，第二天就去武功西北农林专科学校拜访故交挚友辛树帜，并在该校举行讲演。于西安短暂停留后，9月29日，顾先生抵达兰州，开始考察甘肃、青海等地的教育状况。在此后的近一年时间里，他先后走访临洮、渭源、康乐、陇西、漳县、岷县、临潭、卓尼、合作、夏河、临夏、永靖、和政、广河、青海西宁等地，深入民族地区，举办寒假小学教员讲习会，创设湟川中学，对西北教育发展可谓厥功至伟。同时，国难当头，民族危亡，顾先生心系家国，利用通俗读物宣传抗日救亡思想。在他的亲自主持下，兰州进步青年创办《老百姓》旬刊，以西北民歌的形式进行抗敌宣传。这一系列有助抗战、裨益社会的活动，使得他在兰州学界和知识青年中声望日隆。在此情况下，同样有爱国情操、支持团结抗战的甘肃学院（兰州大学前身）院长朱铭心，多次提出聘请顾颉刚先生到甘肃学院来任教。

朱铭心，字镜堂，1895年出生于靖远县三滩乡。1923年考入北平师范大学教育系，1926年考取研究学院，攻读教育学和心理学，毕业后留北平师大任教。后来接受时任甘肃学院院长邓春膏先生的聘请，于1932年任甘肃学院教授兼事务长，1936年接任甘肃学院院长。由于朱院长礼聘顾颉刚心切，多次来信恳请，顾先生于1937年11月25日回复曰：“惟十二月已届考试之期，上两三星期课即停一二月，似不如至明年授课为宜，届时文俊（王文俊，字渭珍）兄亦可返兰。渠拟任之课为《近代教育思潮》，颉刚拟为《中国古代文化史》。”从信中可知，顾先生对到甘肃学院授课一事非常重视，提前三个月就开始准备讲义了。朱铭心院长于第二天，即11月26日，在顾的回信中进行了批示："函覆顾氏，其内：（1）蒙允就聘，嘉惠西北青年亟诚。（2）明春开学时再授课。（3）敝院已为伊预备读书处，请其随便来院。十一，廿六。"①这份珍贵的原始档案清楚地表明，顾颉刚先生已经于1937年11月26日被聘为甘肃学院的文史特约讲席教授，也就是说，早在1946年之前十年，他已经是兰州大学的教授了。这是顾颉刚先生和兰州大学的最早渊源。

为了能在甘肃学院的讲座取得较好的效果，顾颉刚先生提前进行了充分的准备，他点读了皮锡瑞的《五经通论》，抄录《左传》条目，以试编《国语原本》，并在《皋兰读书记》中记载要在甘肃学院专讲《左传》。这时，顾先生已经迁居到兰州市贤侯街45号，他的学生王树民曾经在某日晚饭后来拜访，见顾先生正在灯下点读《左传》。由此可见，顾先生对甘肃学院即将开始的课程非常用心，一丝不苟[1]129。

正当顾颉刚积极准备为甘肃学院授课时，甘肃时局骤然大变，统治上层以防止"赤化"为名开始打压抗日救亡运动。1938年1、2月间，甘肃学院发生"易长风潮"，朱铭心院长去职，新任院长王自治在武装警察护卫下进入校园，引发学生抵抗，学校秩序大乱。正在洮河流域考察的顾先生也被加以"红帽子"，卷入到政治漩涡之中，逡巡于洮水之上，不能如期到甘肃学院讲学。

（二）持续关注西北教育和边疆民族问题

1938年8月2日，顾颉刚回到兰州，住在甘肃学院杨向奎处，审时度势，认为兰州已不宜久居。此前，他接到吴晗来信，获悉云南大学熊庆来校长已经决定聘任其为教授，遂作离兰赴滇打算。9月4日，顾颉刚在甘肃学院作了《边疆问题》的告别讲演，其讲演辞由蔡心鑑记录整理，后来刊发在《甘院学生》第八卷第一期上[2]327。

9月9日，顾颉刚离开兰州，经西安、成都、重庆前往昆明，任云南大学文史教授。此后，七年间他相继任齐鲁大学国学研究所主任，受聘教育部史地教育委员会委员，主编《文史杂志》，任边疆语文编译委员会副主任，中国史地图表编纂社社长等职，播迁频繁，又遭逢丧妻（殷履安夫人）之痛，饱尝漂泊之苦，历尽人事复杂之艰辛。

顾颉刚在1945年4月30日的日记中写道：

①参见甘肃省档案馆藏《顾氏致王、朱信》(全宗号32.目录号001,案卷号0604)。

> 予任事二十五年矣，从无如此数年中在渝之不顺手者。朱骝先（家骅）先生好意将我拉来，要我主编《文史杂志》，主持边疆语文编译会。又以顾孟余先生之邀，任中大教授兼出版部主任。当时十分忙迫，而终于一事无成。予知政学两界不能做事，故有改从商界之心。适会中国史地图表社成立，邀予任社长，欣然从之，而同行竞争，内部涣散，至于今日亦遂解体，且激起若干攻击。予虽心怀坦白，顾无术报以恶声。此毕生之大耻也。用就失眠休息时间，记之于此，备他日之省鉴，亦使后之览者知在今日中国做事有如此之困难也[3]第五卷，450。
>
> 以上三事（文史杂志社、边疆语言编译委员会、中央大学），均为三十年秋至三十二年春所任。惟时每星期一自柏溪至中大，星期三由中大至组织部，星期六自城至柏溪，往返凡九十里，劳甚矣。琐事既多，宾客又繁，终年无小闲可得，驯至办公、教学皆堕敷衍，内疚弥甚。故三十二年决心长任柏溪，期得读书，熟料履安之交又作，轨道生活竟不可行，岂非命耶[3]第五卷，454！

而史地图表社、齐鲁大学标点二十四史之事也如悬磬然，都是“白跑一趟”。事业上的不成功，家庭中的不顺利，使得顾颉刚在这一段时间内，心情苦闷，身体状况也很糟糕。在他内心深处，已经非常渴望一种“轨道生活”，重拾读书做学问之业。

不难体会到，在重庆期间的不顺心，势必勾起顾先生对以往遂心遂意生活之回忆。同时，对既往经验与教训的总结，亦可看做是他对未来生活的准备与铺垫。体察顾先生这一阶段的日记，不难发现，他于边疆问题一直都在牵挂之中，特别是于西北边疆和民族问题更是难以释怀。

从1944年8月13日起，顾颉刚开始整理《西北考察日记》，到8月30日写成初稿并第一次修改完毕。在当年9月25至28日，他又点校《西北补助教育设计报告》。整理好该报告的第二天，即9月29日，他又开始第二次修改考察日记，直至10月10日修改完毕。再从这年10月8日至19日，顾先生先后“抄《民族意义与中国边疆问题》”、“改编边疆问题讲稿”、“看树民撒拉回一文”、“修改成都《边疆周刊》发刊词”、“续改《边疆丛书》序”、“抄黎东方《新疆同胞是突厥族吗》”、“抄朱骝先先生在招待赴疆工作之演讲（新疆民族）”、“抄禹贡学会研究边疆计划书”，等等，可以说，这一月是顾先生典型的“边疆问题学术活动月”。进入11月份，顾先生又利用2日至4日这三天，第三次修改《西北考察日记》。6日，第二次修改《补助西北教育设计报告》。12月下旬，他审阅了反映西北历史上民族政权的《仇池国志》。1945年3月11日，他还仔细审看了在西北所拍照片[3]第五卷，325-424。可见，阔别了近七年的西北地区，再一次成为顾颉刚读书治学的焦点。那么，他一直所企盼的读书做学问的“轨道生活”会不会在西北地区实现呢？这恐怕是就顾颉刚本人也都难以回答的问题。然而，当顾颉刚引以为一生之知己——辛树帜再次出现的时候，这个问题却变得逐渐明朗起来。

（三）顾、辛相知相交

辛树帜，字先济，湖南临澧人。他以一人之意志精力而奠基目前两所“985”高校——兰州大学和西北农林科技大学，堪称是中国现代教育史上的楷模。顾颉刚年长辛树帜一岁，两人之间半个世纪之交往始于1927年10月19日。这一天，在中山大学，傅斯年（字孟真）带辛树帜第一次拜会了顾颉刚，顾先生在当天日记中记载：“孟真与辛树帜来。”在46年之后的1973年7月，顾颉刚在整理日记时，又在这一条下补注：“予今日始识树帜，中大生物系主任也。渠在德留学时，始读予辨古史文，曾大骂予，后乃浸对予表同情，遂为五十年来不变之好友，此予在中大时仅存之硕果也。其故，惟缘识得予学术宗旨，能对予不妒忌耳。”[3]第二卷，96-97

自初次结交之后，顾氏与辛氏二人相见恨晚，以后无论二人身在何处，均保持着频繁的书信往来。1942年12月4日，辛树帜归乡奔母丧，近两个月杳无音信，引起了顾颉刚的担忧。1945年6月5日，正当顾颉刚惆怅于重庆北碚之时，他与久未谋面的好友辛树帜在陪都重逢。第二天，他陪同辛树帜至嘉陵食堂吃点饮茶，随后二人又到澄江镇吃饭，同游运河闸，最后顾氏送树帜到温塘。此时，抗战胜利的曙光已然照亮，备受国民党CC系排挤的辛树帜也准备走出政治阴霾，重拾到西北办教育的梦想。不同的逆境，共同的新生，使得二人很自然地谈到了西北，彼此的联系又热络起来。

1945年9月20日，顾颉刚得到甘肃来信，获悉刘克让因公殉职，他报以极大惋惜：“边疆服务之干才，如此不尽其才而死，真国家之不幸也！”[3]第五卷.530 12月1日，顾先生校改胡国吾所誊抄的《西北考察日记》。5日，审看曹序所做的《杨继盛传》（杨继盛，明朝著名谏臣，曾经在甘肃临洮谪居）。17日，草拟《西北考察日记》弁言八百余言。1946年1月29

日，再校《西北考察日记》抄稿，审查郭汉儒所作《陇右文献录》。4月4日，又校《西北考察日记》三千字。10日，校《考察日记》至九时，终将《西北考察日记》整理完毕。5月8日，顾颉刚与开明书店同仁讲述西北情形一小时。12日，他又与顾廷龙一家谈西北事。由此看来，在抗战结束初期，顾颉刚仍然对西北情有独钟，念念不忘。

恰在此时，辛树帜受命筹组国立兰州大学，为顾颉刚与辛树帜在兰州大学的默契合作，创造了一个先决条件。

（四）接受兰州大学聘请始末

1946年7月13日，顾颉刚在南京会晤辛树帜，此时他已经获知好友即将到国立兰州大学赴任，并且辛树帜已然向他发出邀请，要聘请他到兰大任教，请他考虑。两天后，15日，顾颉刚与陈可忠、辛树帜进行长谈。虽然日记中并未记载谈话的内容，但显而易见，一定是与顾氏受聘兰大的相关内容有直接关系。7月16日，星期二，顾颉刚在李济之处吃早点，看《洛阳金村古墓聚英》，然后与李济之、梁思成同乘汽车到明故宫，参观中央博物院工程及馆藏品。中午12时，顾颉刚到曲园赴辛树帜做东的午宴，同席有丁仲良、刘起釪、刘宗鹤、徐璿本、吴相湘等人，主要商谈了顾氏受聘兰大之事[3]第五卷，686-687。这次午宴会谈的具体内容仍付阙如。不过，从二十多天后的另外一件事，我们可以体会到，辛树帜校长在席间一定是表达了诚挚的邀请，而顾颉刚先生则也一定是愉快地接受了聘任。因为到8月6日，顾先生在苏州就收到辛树帜送来的三十万元先期川资[3]第五卷，772。

事行至此，顾先生还要把这个重要决定向家人汇报，征求家人的意见。8月10日，顾先生与夫人张静秋谈及兰大事，夫妻二人谈至深夜十二时，结果张静秋“藏怒而归”。为什么呢？顾先生究其原因，主要有二：“其一，予应兰大聘，为其所不喜。其二，予告以唐家浪费事，彼以为予受人之挑拨。予何尝愿作远游，放弃著述计划，只是受经济压迫过于严重，而树帜肯为予解决问题，不得不应耳。”[3]第五卷，697经过八年抗战，国家经济凋敝，百废待兴，物价上扬，顾家面临较大的生活压力。张静秋夫人也正是出于对顾先生身体和家计的综合考虑，才不主张顾先生接受兰大的聘请。从顾先生来说，他也本不愿意舍家别妻，远游万里，然而为柴米油盐谋，他又不得不如此，真是无奈之举也！

1946年10月12日，为了表达聘请的诚意，辛树帜校长又通过甘肃省银行给顾颉刚汇来二百万元[3]第五卷，729。不仅如此，辛树帜还携带两个儿子辛仲勤、辛仲毅，亲自到顾颉刚老家苏州登门拜访。11月2日，辛树帜及其二子从南京到苏州，受到顾颉刚的热情接待。顾颉刚带他们父子到松鹤楼吃饭，安排三人住在自己家中，还导引他们参观自家所藏古物，并一同参加族人的婚礼[3]第五卷，739。这一时期，顾颉刚主要在苏州社教院任教，讲授《史学名著选读》《中国目录学》《中国古代社会史》三门课程。课余，他继续关注西北，于12月13日，修改刘起釪所作林鹏侠《〈西北行〉序》[3]第五卷，758。并于12月20日，到甘肃省银行，拜访甘肃名士张鸿汀（张维）、水梓、鲁大昌、骆力学、宋恪等人。1947年1月，有报纸刊载台湾大学聘顾颉刚出任文学院院长，他致信该校校长陆志鸿退辞此事[4]220。辛树帜校长惟恐顾先生不能赴任，于1947年1月21日星期二，又给顾先生寄来二百万元路费[3]第六卷，11。这种学人之间的诚挚交往，实在令后世感叹，并且这种先期预付路费的办法，竟然成为地处经济欠发达地区的兰州大学日后吸引人才的重要法宝之一。

1947年2月12日，辛树帜校长到南京教育部述职，会晤了顾颉刚，二人同至珠江饭店长谈。随后两天，辛树帜两次在曲园宴请顾颉刚，再次恳请他安排到兰大讲学的日程。盛情难却，顾先生许诺这年夏末初秋一定应聘赴兰大讲学。此后，他还曾经与张雁秋谈论开发西北事宜，到紫竹林东方语文专修学校演讲西北情形约一小时许，还修改了《河州视察记》。眼看夏末初秋将至，顾颉刚身在徐州，开始准备赴兰事宜，然而事与愿违，此时战事已经影响到了南京、徐州到兰州的交通。9月15日，兰大驻京代表刘裕昆夫妇专程到徐州拜访顾颉刚。顾先生在当天日记中说："予欲至兰州，而陇海路以战事断。欲乘飞机往，而乘客多，票不易购。今日与刘君言之，渠谓可乘车至郑州而乘机至西安，飞机可由其介绍军用机，静秋遂拟回苏取予衣服来。"[3]第六卷，128从日记中可以看出，顾先生已经在多方联系去兰州的办法，其夫人张静秋也没有执意反对，反而想回苏州去为顾先生准备行李。可是最终因为局势吃紧，交通不便，顾先生1947年夏末初秋的兰州之行还是没能够实现。

自1946年夏顾颉刚接受辛树帜邀请，受聘为兰大教授并兼任历史系主任，至1947年冬，主要由于政局纷争，顾先生未能到兰大赴任。然而在这段时间里，他却派自己最得意的弟子史念海（字筱苏）出任历史系教授并代理系主任之职。从顾颉刚日记中可以查得：1946年4月6日，史念海还在南京，而到了8月7日他已经到了兰大任教。也就是说，史念海先生恰好是在顾颉刚接受兰大之聘而又不能立即赴任的情况下，代替老师顾颉刚到兰大任教任职的。师徒二人在8月8日、8月26日、10月6日、11月5日，1947年1月16日、9月29日这些天里，一直保持书信联络，史念海把兰大的情况不断向老师顾颉刚汇报。据陇右著名学者张维的后人张令瑄先生回忆，当时，史念海先生在兰大上完课后，经常到张维家中拜访张老，对到兰大任教情况表示满意。另据国立兰州大学历史系第一届学生樊军先生回忆，给他印象最深的是史念海先生上的历史地理课程，以至此后多年他还与史先生保持着书信往来，探讨史地问题。

然而，令顾颉刚、辛树帜、史念海完全没有预料的是，顾先生久拖未到兰大赴任这件事，竟然会在兰大引发一场轩然大波。

二、“兰大风潮”中的顾颉刚与辛树帜

1947年初秋，陇海线因战事中断，顾颉刚受阻徐州，赴兰大任教一事不得不再次延迟。9月20日，顾颉刚给辛树帜写信陈述不能赴兰之原由：

> 刚近日又有难题。其一，陇海路断，飞机票极难购。但此尚易解决，可由徐至郑，由郑乘军用机至西安，再换车抵兰。其二，内子怀孕，依期应阳历十二月生产，但去年分娩只有八个月，今年如仍如此，则为阳历十月，转瞬即届。舍间人少，因此，渠极不愿我西行。其三，社教院陈院长来函，必不允刚离苏，谓如必赴西北者，不如明春来兰住居半年之为善。今夏江南之热为我生所未遇，明春既来兰，自当秋后再归，避此炎暑。如交通方便，内子可将徐校职务摆脱，则索性阖家西行，作久居计。西北是我辈创造事业之地，刚久怀此志，得兄同调，自不肯放过此机会也[5]卷三，269-270。

在信中，顾先生向辛校长许诺，1948年春天一定到兰州大学就职。

（一）赴兰屡遭挫折

可是转过年来，顾颉刚又因故无法赴任，在兰大引发了一场波澜。1948年3月15日，“效宗（张效宗，时在苏州社会教育学院，顾的学生）来，谓去秋我未至西北，兰大史学系学生竟贴标语，骂学校当局，几成风潮。此真想不到之事矣。”[3]第六卷，243由于顾颉刚声名远播，学术影响巨大，兰大师生翘首以盼，仰望宗风，而大家盼来的却是一个又一个拖延的消息，心浇冷水，难免产生怨怼，加之兰大草创，利益重组，辛树帜办事雷

厉风行，得罪一批师生，使得部分人以顾颉刚久未赴任为由，借机向辛树帜发难。

然而这时顾颉刚根本无法抽身去兰州，10天之后，3月26日，中央研究院第一届院士选举产生，共81人，顾颉刚荣列人文组院士。随后是一系列的庆贺、会晤和应酬，但兰大的事又不能不有个明确的说法。于是顾颉刚不得不于4月8日专程乘卧车赴南京，与刚刚抵达教育部的辛树帜“接洽兰大事”[3]第六卷，270。在接下来的几天里，顾颉刚与辛树帜和教育部长朱家骅会面，商谈兰大事宜，可是，朱家骅的一番表态，又令事情朝复杂方向发展。4月13日，顾、辛、朱三人至大三元吃饭，席间朱家骅对苏州社会教育学院陈逸民的工作表示不满，想让顾颉刚接替陈出任苏州社会教育学院院长一职[3]第六卷，273。虽然这对于顾先生来说又是一次机遇和抉择，但他已经下定决心到兰大赴任，行程也不能再往后拖延。4月16日，顾先生在给夫人张静秋的信中说：

> 这回在南京，看到朱骝先，他不满意陈逸民很厉害（想来是不让教厅接收附中附师），要我当院长。我说：“有一位专研究乡村教育的古楳先生很好，他前在广州中大，现在社教院。”朱说：“还是你自己干的好。”亏待我不久要赴兰州了，不然又要闹麻烦了。兰州之行不该再迟。李得贤来信说，学生等得急了，再迟又要攻击辛校长开空头支票了。大中国五月二日开股东会，会散我即走。如你再留住我，要陷我于“不义”了。望你早归，为我准备一切[5]卷五，212。

1948年，为了使辛树帜对全校师生有个交待，针对当时兰大师资匮乏的现状，顾颉刚主动牵线，引荐一些名师到兰大任教。他第一个想到的是他的得意弟子童书业（字丕绳）教授。4月26日，他得到消息，“童太太不欲丕绳赴兰大，盖近日时局，西北虑有变动，恐去后不易归来，又不能寄钱回家，而丕绳则以聘书未到，教授未知正副，意兴亦淡矣。”至28日，童书业已经决定不能去兰大任教，给辛树帜校长发去电报，“谓心脏有疾，医嘱勿乘飞机。”[3]第六卷，278受顾颉刚推荐，钱大成愿意到兰大任教，然而5月4日，顾先生获知，钱大成也因为夫人劝阻的缘故，不能赴兰大了[3]第六卷，280。童书业先生身体羸弱确也是实情，但时局动荡，前途不明，更是导致这些学者不能来兰的主要原因。

几番周折下来，不但顾颉刚赴兰大任教遥遥无期，而且几位著名学者来兰讲学也都成了空头支票，这使得本已身陷舆情风暴之中的辛树帜校长颇有些难堪，对自己多年的挚友顾颉刚也不免产生疑虑。5月8日，顾先生接辛树帜信，辛氏在信中直言询问顾氏是否因畏惧共产党的军队而不敢赴兰。对此，顾氏在日记中大呼“此真冤枉矣”[3]第六卷，281。旋即给辛氏回信，陈述自己身不由己之苦。同时，顾先生开始着手联系购买去兰州的机票事宜。5月31日，他告诉张静秋：“十一时到大中国，接陈可忠先生来书，始知六月三日之飞机票未买到，现在定于十七日行。一迟就是两星期。”[5]卷五，213此时，由于事业和家庭的双重压力，时年56岁的顾颉刚感到身体大不如以前，血压升高，脉搏不稳，失眠增多，夜间盗汗，不得不去就医。经医治调整，稍有好转，“惟饭量仍不复，每顿两碗，较病前少三分之一”[31]第六卷，289。

屋漏偏逢连阴雨。正当顾颉刚先生为选择赴兰还是留苏而犹豫，为身体状况下降而担忧之时，久而郁结萌动的“兰大风潮”终于爆发出来，把身在万里之外的顾先生推到了风口浪尖之上。

（二）“兰大风潮”的爆发

“兰大风潮”的爆发有着极其复杂的背景因素，为了研究的方便，不妨先从风潮发生后外界的反响入手进行约略观察，然后再从当事双方角度进行细致分析。

身在苏州的顾颉刚最早是在6月9日得知兰大发生风潮的。他在当天的日记中说：“接奋生（黄奋生）五日西安来书，知兰大正闹风潮，筱苏被殴，树帜将他去。使此讯果实，则余何必往哉！使此事因予不赴而起，则予罪大矣！”[3]第六卷，295 6月12日，他收到陈可忠来信，“悉兰大风潮甚大，死学生一人，伤者甚多，劝予在沪待讯。因函刘裕昆迟购票，并发树帜电征其同意。”[3]第六卷，296-297第二天，6月13日，高瑞兰将在复旦大学中听闻的消息转告顾先生，“兰大中闹党派纠纷，先党与团争，后他党与国民党争，弄得死伤不少，史筱苏被打得死去活来。又封锁通信，复旦中所得信乃置于棺中运出者。如此纷乱，予自可不去矣。”[3]第六卷，297当得知自己的得意学生史念海代己遭祸时，顾先生对史念海的身体和处境非常担心，并对青年人的过激行动表示反对和忧虑：“筱苏真命苦，前年在北碚给人暗杀，去年丧父又丧母，今年又肇此祸。学校中如此多事，我退出学界实为得计，惟这班青年将来如何成得国家中坚分子，数十年后之中国将成什么样的中国，实可忧耳。”[3]第六卷，297

面对兰大汹涌风潮，顾颉刚对自己是否需要赴任产生了怀疑。6月11日，他给张静秋写信说："兰大尚无消息，不知究竟如何？能不去时，我总不去，因为这和我没有好处，只是帮朋友的忙。我的岗位上应做的事太多了，我不应当为了帮忙而耗费我的时间。"[5]第五卷，215 13日，他猜测"大概我这次是走不成了"[5]第五卷，216。然而第二天，6月14日，他接到了陈可忠传来的消息："辛先生已回兰州，学校已恢复上课，仍盼台驾赴兰讲学，不特可以广育人才，且可予学校以甚大之安定力，于此时正可为辛先生帮一大忙。此次风潮系因史念海君而起，史代理系主任，有某某二教员，学生不上其课，疑为史所暗示，故此二人鼓动甘籍学生反史。台驾一到，此种误会即可冰释。""看了这封信，我势不得不前往。"[5]第五卷，216 6月15日，顾先生接到辛树帜的两个电报，说学校"已复常轨"，并"已与裴文中先生合组敦煌考察团"，要顾氏"前往主持其事"。同时顾颉刚还提到："今日向大中国取出兰大寄来之盘费三千万元，外加利息一千七百八十万元，飞机票价是够了。"[5]第五卷，217 6月16日，顾颉刚接得辛树帜电报，"兰大仍当去"。

以上就是顾颉刚从获知兰大风潮到起身赴兰就任期间的信息渠道和主观判断，从中可以得出几个认知：一是风潮因兰大外省籍教员与本省籍教员之间的矛盾而引起，顾颉刚久不赴任亦是一诱因；二是史念海被打，伤势不明；三是风潮中死一学生，原因不明；四是兰大封锁消息，甚至有借棺运信之说，可见风潮之烈；五是辛校长先被传去职，既而又迅速平定局势。这些信息有的来源于传闻，有的来自于平息风潮的官方代表，孰是孰非，难于定论。那么，兰大风潮究竟因何而起？如何爆发？党派之争又是怎么回事？具体经过又是如何呢？

（三）"兰大风潮"的导火索

《兰州大学校史》中对这一事件的记述：

> 1948年4—6月，辛校长作为教育界的"国大代表"，到南京出席"国民大会"。这期间，由训导长段子美教授代理校长职务。5月，某甘籍教员因历史系部分学生对其授课不满，遂在26日怂恿部分甘籍学生围攻代理系主任史念海教授，致使其受轻伤。此举遭到学校很多师生的强烈谴责。后经西北师院院长易价出面，对冲突双方进行调停。随后，该教员又以校方未履行调停约定为由，联合其他3位甘籍

教师，联名拟写辞呈并罢教。6月1日，蒋南炎、徐秀明、焦洁如等29名学生，联合到代理校长处请愿，要求保证和改善学生伙食。当晚，有人以所谓“学校排斥本省籍师生”为由，煽动部分甘肃籍学生用砖瓦等与外省籍学生互殴，致使医学院湖南籍学生刘德让伤重身亡，田兆农受伤。接着，这些人又围攻正在出席学校教授会议的部分教师，殴伤理学院院长湖北籍程宇启教授，学校秩序陷于混乱。次日，代理校长发布通知“迩来本校不幸事件层见叠出，纷乱不堪，以免治安益乱，愈难就绪。俟辛校长日内返校即可解决。”4日，鉴于校园秩序仍未恢复，学校决定暂行停课5天，并发布公告。辛校长接到报告，火速从南京乘飞机赶回兰州处理善后，学校局势渐趋稳定。9日下午2时，他在学校中山堂前召集全校学生训话。同时，学校贴出布告，决定在次日复课[6]163。

读了校史中关于“兰大风潮”的记载，可以基本了解事件的粗疏脉络，甘肃籍与外省籍师生之间的矛盾是核心，但是问题接踵而至：风潮为什么首先从历史系爆发？打死打伤的学生为什么都是湖南籍？为什么恰好在湖南籍的辛校长不在校期间爆发风潮呢？欲想回答上述问题，厘清整个风潮的细节就显得非常必要。

诚然，保存在甘肃省档案馆的《国立兰州大学档案》第9卷，是研究“兰大风潮”的最重要材料，然而我们不应忽视这些档案带有浓厚“校方”色彩，尤其不能忽略辛树帜校长和顾颉刚先生与此事件的关联。因此，从《顾颉刚日记》和《顾颉刚书信集》中挖掘“兰大风潮”的资料更有助于对此事件的全面认识和公允评价。顾颉刚先生在家书中是这样记述“兰大风潮”的：

兰大风潮发生两次，五月底打的是史念海，轻伤，今已痊。六月初打的是理学院程院长，很重，骨头也打断了。本来他们还要打李得贤，亏得他敏捷，从窗中逃出，跳上屋面，在屋面上坐了一夜（打了一整夜，打死了一个学生），未被发觉，保全了生命。为什么打？原来是甘籍与非甘籍之争。甘肃人自己没有能力办好一个大学，辛校长办好了他们就想抢。偏值国大开会，辛去东南，嗣后政府改组，朱又不愿做部长，辛又有就任湖南大学校长的谣传，他们以为他不来了，就要从非甘籍的教职员手中抢回兰大（他们说，这是收复失地。他们向来指兰大为沦陷区)。于是借端从史念海身上开衅，说他是青年党的急进分子。他们引进党团来决斗，而怂恿甘籍教员学生发难。不料辛校长居然赶回，朱骝先又长教部，而省政府及行辕又不帮本地人，于是本地人又软化了。这种人目光如豆，只见当前的势力，不见是非，不见经久的利害，真正是可怜可鄙[5]第五卷，221-222！

以上引文中括号内文字系顾氏日记原文；李得贤即李文实，顾的学生。

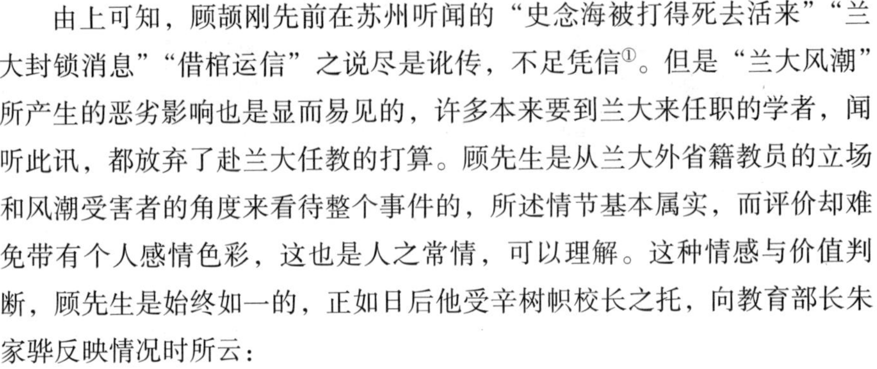

由上可知，顾颉刚先前在苏州听闻的“史念海被打得死去活来”“兰大封锁消息”“借棺运信”之说尽是讹传，不足凭信①。但是“兰大风潮”所产生的恶劣影响也是显而易见的，许多本来要到兰大来任职的学者，闻听此讯，都放弃了赴兰大任教的打算。顾先生是从兰大外省籍教员的立场和风潮受害者的角度来看待整个事件的，所述情节基本属实，而评价却难免带有个人感情色彩，这也是人之常情，可以理解。这种情感与价值判断，顾先生是始终如一的，正如日后他受辛树帜校长之托，向教育部长朱家骅反映情况时所云：

兰大此次风潮，宋恪、邓春膏等假籍党团之力，欲夺校长之位，煽动校内教职员郭维屏等发难，成燎原之势。然宋、邓等皆甘肃学院旧院长，十余年中竟无成绩可言。宋恪长院时，尽量录用甘谷同乡，致甘肃人士咸为不平，有“什么是甘肃学院，乃是甘谷学院”之语(现在渠为教育厅长，态度如故，凡省立机关悉以甘谷人任之。为郭主席所痛斥，终不改也)。邓春膏较为忠厚，亦无能力，故虽党团雇用打手大闹风潮，而以社会人士并不为其后盾，转瞬即息。辛先生菲衣恶食从事建设，其克勤克俭之心，凡公正之甘肃人莫不予以同情，仅宋恪、郭维屏等遇事生波，捏词控告而已[5]第二卷，408-409。

在这封信中，顾先生对甘肃学院前两任院长宋恪和邓春膏评价极低，“十余年中竟无成绩可言”也有失公允。他之所以这样做，无非是为受害者叫屈喊冤，替辛树帜校长开脱责任，这从辛氏与顾氏二人的深厚友谊来说，既是意料之中，又为情理使然，是可以理解的。况且，顾先生所言宋、邓二人所作所为，亦不完全是“仇人攻讦，捕风捉影”的。

① 作者按：又有口述史料云历史系一学生梁某手执木棍藏于门后，待史念海甫一进门，一伙学生即冲上前将其一条肋骨打断。未知确否，存而不论。

然而，无论是在家书中，还是给教育部长的信中，顾颉刚都回避了一个非常重要的环节，即为什么“兰大风潮”首先从历史系爆发？这个问题是解释史念海被打的关键，也是全面公允评价这一事件的切入点。

正如《国立兰州大学档案》所不能详细记载的一样，“兰大风潮”的导火索也只能从双方的私密记述中得以廓清。顾颉刚在一封家书中就曾透露了“兰大风潮”导火索的某些细节：

> 辛先生的太太不在此地，为的身体有病，而且今冬要分娩。前房太太生有一女二男，本来都在这儿，长女长男均在大学历史系，次男在高中。只为这次风潮和他的长男有关（不上李瑞徵的课，辛仲勤首先签名），所以不好意思留在这里，连他的姊弟都走了。现在小的肄业长沙雅礼中学，大的两位均转学广东中山大学[5]第五卷，274。

从信中可知，正是因为辛树帜校长的长子、历史系学生辛仲勤挑头签名不上历史系教员李瑞徵的课，引发了这次兰大学潮。顾颉刚先生不愧为伟大的历史学家，他对许多事情都有一个客观公允的态度，并不因为涉及自身和好友的利害而有任何避讳。这一点尤其值得我们后人敬佩。

至此，我们再行梳理整个风潮过程不难发现：辛仲勤、刘德让、田兆农三个湖南籍学生是兰大外籍学生的代表，蒋南炎、徐秀明、焦洁如三个甘肃籍学生是兰大甘籍学生的代表。顾颉刚、史念海、程宇启、李得贤，是兰大外省籍教师的代表，辛树帜校长是他们的支持者，而李瑞徵、郭维屏是兰大甘籍教师的代表，甘肃学院前院长宋恪、邓春膏是他们的支持者。于是辛仲勤的带头罢课，引起了李瑞徵对史念海的误解和猜测，既而引发了甘籍教师与外省籍教师的矛盾，而辛仲勤的校长之子的特殊身份，很容易就成为风潮中对立方的口实，进而引发甘籍学生与外省籍学生的矛盾。

（四）“兰大风潮”起因分析

辛仲勤的出现为“兰大风潮”提供了一个新的注脚。那么为什么兰大的甘肃籍师生与外省籍师生会产生这么深刻的矛盾呢？我们不妨从风潮中的另一方——甘肃籍师生的角度，来看看当时兰大校内的情况。据1948年10月1日出版的《陇铎》新二卷第七期《兰大风潮如此处理》所载：

> 由于兰州大学里不合理、不合法、不公不平的事情太多，在学生们底内心里积怨太深了。尤其是学校重要负责人，似乎以征服者底姿

态出现，把前甘肃学院底教职员及甘肃籍教职员学生当作被征服者，甚至当作为奴隶或野蛮人。两年以来，被排挤离校的前甘院教职员达三十余人，这种“肃清甘院余孽”工作，今年还在积极进行。对待学生尤为苛薄，一个湖南籍学生可领两分三分公费，十个甘肃籍学生也不一定能领到一分公费。（按：闭着眼睛造谣，极尽挑拨能事，可怕！可怕！）

今年招考新生时，采取了报复主义（实在是对弱者更进一步的压迫与摧残），在八百〇六个考生中仅取了八十六名。省参议会曾函请再举招生，而辛校长置之不理，对地方上的意见好像不值得尊重……辛校长底理由是提高程度。提高程度，要教授好，校风好，设备好，还要行政办好，试问辛校长作到了那一点？难道少取学生就能提高程度吗？……投考学校的新生与兰大风潮毫无干涉，错也不能错到他们底身上……（按：难道要来一个取一个才算对？）[3]第六卷，366

这两则被顾颉刚先生加上按语的材料，虽然出自《顾颉刚日记》，但还是能够反映兰大创建时期的某些状况。比如甘肃籍教职员多被清退的问题、外省籍学生与甘肃籍学生公费比例的问题、甘肃籍学生录取名额偏少的问题，这些现象在特殊的历史环境中会不断发酵，最终酿成兰大甘籍师生与外省籍师生的矛盾爆发。这年7月22日，甘肃省政府还致函兰大，转达省参议会部分议员有关“公平解决兰州大学学潮”的议案。甚至到了10月12日，省参议会又致电教育部，要求对学潮当事双方一视同仁，公平对待，并对兰大于学潮过后在甘肃招生名额过低提出质疑和不满[7]5-6。以上情况表明，以辛树帜校长为代表的外省籍教师方面，在“兰大风潮”前后确实某些做法有可指摘之处。正如《兰州大学校史》中评价所云：

6月1日的兰大学潮，原因复杂。既是在1948年内战方殷、货币贬值、物价飞涨的情况下，学校师生生活日艰、内心不满的表现，也是国立兰州大学成立后，有限的教育资源被更多来自外省的学生所分享、本省籍学生失去了昔日甘肃学院时期普遍的公费待遇，并且受甘肃基础教育水平低等因素制约，部分甘肃考生的考试成绩在大学招生录取中很难达到学校的统一要求，无法与外省籍考生竞争的严峻事实引发不满的反映。再加上有些人出于私利和党派原因，蓄意挑拨、煽动少数学生，终于导致了一场同室操戈、亲痛仇快的惨剧，在校内外造成了很坏的影响[6]163。

在1948年的“兰大风潮”中，辛树帜校长不可避免地成为了隐性核心人物之一。在创办兰州大学的过程中，辛校长饱尝了百倍艰辛，付出了巨大的努力，取得了巨大的成功，为兰大的发展做出了巨大的贡献。然而他湖南人那种与生俱来的实干、胆识与倔强，却也曾招来一些非议。顾颉刚到兰大后，曾记载：

> 学校今年新盖的房子，五岳堂是宿舍，已完工。积石堂是图书馆，不久亦可盖好。只有昆仑堂是大礼堂，是甘肃第一所大房子，占地太广，已花六千亿，今年决盖不成。辛先生喜盖大房子（由别人看来，当然也是好大喜功），陕西的最大房子是武功农学院，也是成于他手。当时他在那里，许多人攻击他，现在他走了，又有许多人想念他了[5]第五卷，275。

“兰大风潮”与辛树帜校长的办事风格，这二者之间多少有些联系。可是，在处理“兰大风潮”的善后事宜上，辛树帜并没有一味敢闯敢破，而是心思细密，高瞻远瞩，从学校的长远利益出发，尽可能采取息事宁人的态度，始终未追究与风潮有关师生的责任，较好地控制了事态，迅速使学校恢复了正常的教学秩序。这不能不说是他高超领导艺术的体现。

在平息兰大风潮、恢复学校秩序的过程中，顾颉刚先生发挥了不可忽视的重大作用。

一是顾先生遵守诺言，排除困难，践行聘约，充分展现了一代学术大师的高贵品格。他言而有信，信而必行，不沽名钓誉，不见风使舵，在国立兰州大学师生心目中树立了良好的形象，也扭转了校内舆论对外省籍教师的不利看法。

二是顾先生毅然赴兰大讲学，给予身处风潮困局中的辛树帜校长以道义和情义上的巨大支持。他渊博淹通的学问，平易近人的风采，迅速赢得了兰大师生的尊敬与爱戴。正如他因缘际会地成为“兰大风潮”的隐性核心人物一样，他又因缘巧合地成为兰大建设中的显性标志人物之一。当顾先生抵达兰大开始讲学以后，校园中就开始盛传一首歌谣：“辛校长办学有三宝，图书、仪器、顾顿老！”这里的“顾颉老”就是以顾颉刚先生为典型代表的一批著名学者，他们为国立兰州大学初创做出了不可磨灭的贡献。

三是顾先生充当了风潮平息的见证者和部校之间的联络人。到了兰大以后，他把自己的亲身所见所闻与教育部派来的钟道赞督学进行了意见交换，他还给教育部长朱家骅写信，详细谈了兰大创立之不易与取得的辉煌成就，争取教育部对国立兰州大学继续加大支持力度，为兰大迅速发展创造了较好的外部环境。

四是顾先生秉持公允，不偏不党，胸怀宽广地为风潮双方当事人排忧解难，化解双方的矛盾怨怼，避免了学校甘籍与外省籍师生出现分裂局面。他对甘籍青年教师一视同仁，大力提携，帮助他们晋升职称，并主动介绍他们就任教职。当半年后顾先生准备离开兰大时，他已经与甘籍青年教师魏郁等人结为好友。顾先生到校后，马上就去医院探望风潮中受伤的学生，并对不幸蒙难去世的学生家属给予安慰。风潮过后，辛仲勤等人作为外省籍学生的代表，已不利于继续在兰大就读，顾先生就亲自给朱家骅部长写信，推荐辛仲勤等人转学其他高校继续完成学业。

五是顾先生把自己的全部精力都投入到国立兰州大学的教学和研究之中，积累下20余万字的讲稿，不仅深化了自己的史学研究，还对兰大优良学风的养成产生了积极的影响。他还热心参与学校建设，为学校新建校舍题写匾额，撰写记铭，构成了兰大百年校园文化的一笔宝贵财富。

顾先生上述这些努力，不仅对经历风潮后的兰州大学逐渐恢复秩序，迅速走上正轨产生了重要影响，而且对新中国成立后兰州大学的建设也具有深远意义，值得我们后世学习和深思。

参考文献

[1]王希隆，付军.顾颉刚先生在西北[J].中国边疆史地研究，2005（4）：126-134.

[2]顾潮.顾颉刚年谱[M].北京：中华书局，2011.

[3]顾颉刚.顾颉刚日记[M].台北：联经出版事业股份有限公司，2007.

[4]顾潮.我的父亲顾颉刚[M].北京：人民文学出版社，2010.

[5]顾颉刚.顾颉刚书信集[M]//顾颉刚全集.北京：中华书局，2010.

[6]张克非.兰州大学校史：上编（1909-1976）[M].兰州：兰州大学出版社，2009.

[7]张克非.兰州大学校史上几个重要问题的考辨[J].兰州大学学报：社会科学版，2009（4）：1-7.

顾颉刚先生在兰州大学讲学活动考实（下）

杨林坤

顾颉刚曾经先后在北京大学、厦门大学、中山大学、燕京大学、兰州大学、云南大学、齐鲁大学、中央大学、复旦大学、苏州社会教育学院、诚明文学院等校任教，但顾先生对兰州大学可谓“情有独钟”！

三、顾颉刚在兰大的讲学与学术成果

顾颉刚先生的女儿顾潮在《我的父亲顾颉刚》一书中曾经说：“兰大的师生对父亲太诚恳了。”[1]221而顾颉刚先生在对自己的夫人张静秋女士谈到兰大讲学这段时光时也说：“静秋，我在这里简直是‘留学’，你就让我作半年的留学生吧！”[2]第五卷，290-291这两则事例都是针对顾先生在兰大的讲学与成果而言的。

（一）顾颉刚对国立兰州大学的初步印象

1948年，顾颉刚先生时年56岁。6月中旬，“兰大风潮”刚刚平息，顾先生就踏上了赴兰大任教的旅程。正如前面顾颉刚先生不能及时到兰大来，并不是出于己所不愿而是诸多原因耽搁所致一样，这次顾先生赴兰途中亦再遇波折，就连顾先生自己都慨叹：“挫折之多，一至于此！”6月16日，顾先生给夫人写信说：“想不到中午到新亚，知道抢坐机位的人太多，可忠仅购得一张票，只能他一个人去。幸而新亚王景璆女士有熟人在中航公司，由她的努力，买到一张‘试飞’票，就是明天到机场去，只要有空

作者为兰州大学历史文化学院、西北少数民族研究中心副教授。该文发表于《兰州大学学报》（社会科学版）2013年第1期。

位，就可补上。如无空位，那就延迟一星期了。所以明天究竟如何，还得到时再说。”[2]第五卷，218幸好第二天教育部长朱家骅改变原计划，不再派陈可忠赴兰大办理学潮善后事宜，才使得顾先生飞兰州的机票有了保证。他对夫人张静秋说：“昨午写信后，到教部，悉可忠，部长要他留京，西北之行作罢，他即往退票，并与公司说定，改由我乘，看来今天是稳稳的上飞机了。机于九时起飞，大约下午四时到。”[2]第五卷，219从这个小波折不难看出，由于当时战事频繁，从东南向西北的交通确实是非常不容易的。

1948年6月17日，顾颉刚先生排除万难，终于飞抵兰州，他向家人报平安时说：

> 飞机于上午九时一刻开行。十二时到郑州，停半小时，加油。到西安，又停十五分钟。下午五时三刻到兰州……名为七小时半，实为八小时半，有些累了。机一落地就热，一腾空即冷。过西安后有些颠簸，惟尚不剧……机中遇见中国工业合作协会的梁士纯（前任燕京新闻系主任），西北图书馆长刘衡如，颇不寂寞。一下机，辛校长及兰大重要职员都来接，省主席郭寄峤亦派代表来，就拥上了汽车，一直开到学校[2]第五卷，220。

离开兰州十年之后，顾颉刚又重新踏上了兰州的土地，回到了他曾经住过的兰大校园。

甫一进入兰州大学萃英门，新组建的国立兰州大学就令顾颉刚眼前一亮，他禁不住内心的欣喜，记载道：“兰大的前身是甘肃学院，是我住过的。那时候规模狭小，今则天山堂、贺兰堂、祁连堂等几座大楼岳岳峙着，积石堂、五岳堂正建筑中，学校的面积亦扩展了多少倍，不认得了。教职员住的院子，名静观园，花木葱茏，鸟鸣细碎，好像到了北平的花园里。”[2]第五卷，220依着辛树帜校长的安排，顾先生要休息几天，熟悉校园环境，拜会甘肃政军两界主官，走访昔日兰州学界旧友，并把自己的校长室献出让顾先生居住。然而顾先生对兰大的环境非常满意，抵兰当日就已经迫不及待地要开始准备上课了，他设想：“至于上课的办法，是从下星期一起，每日上午八时至十时，为国文、历史两系学生上两课，希望四星期中上满五十小时，课名是‘中国上古史研究’。学校中本星期考试，试毕即放假。我的课是在放假里上的。西北师范学院等机关又必须去讲几次，看来这一月中我是够忙的了。”[2]第五卷，220

顾先生为什么要赶在暑假给学生上课呢？这是兰州大学的一个独创教学模式。当时，由于兰州大学偏处西北，交通不便，条件落后，许多学者不愿意来兰任教。辛树帜校长为了吸引学者前来，把兰州夏天气候凉爽宜人的特色发挥出来，创造了暑假短学期的教学模式，聘请国内知名学者在暑假期间到兰大集中讲学，收到了非常好的效果。顾先生也感觉“此间不热，穿中山装不流汗，不必挥扇”，因此，他初步计划集中讲满一个月，就返回江南。

在休整的这几天里，顾颉刚受到张治中、郭寄峤、陶峙岳等甘肃政要的热烈欢迎，陇右著名学者张维、西北师院易静正院长、甘肃学院前两任院长邓春膏、宋恪等都前来拜访，“兰大风潮”中的双方相关人物也前来拜会，大家冰释前嫌，一团和气，为顾颉刚在兰州大学顺利讲学营造了一个和谐的社会氛围。兰大方面则给顾颉刚提供了优越的生活条件，他向家人汇报说：“我现在住在兰大教员第四宿舍，与得贤紧邻。他家自己煮饭，所以我的饭就是他们供给的。早晨一碗新鲜牛奶，一个鸡蛋。午晚两餐都是面食，菜味甚好。”[2]第五卷，222“饭包在得贤家，甚可口。工友朱永祥，忠实得和徐德荣一样。我在此绝无不便。”[2]第五卷，223几天休整下来，他的身体状况也很不错：“我近日食量增进，一顿吃三碗饭了。脚趾缝也不痒了。大便极通畅。”[2]第五卷，2226月19日，顾先生受到情绪和环境的感染，对即将开始的讲学生涯抱以美好的憧憬：“从后天起，我上课了。一上课我就谢绝宾客，伏在史学系或图书室中读书了。除早晨两小时的课及中午吃饭休息外，其余的时间都在用功了。下午六时后，则拟出外散步，使睡眠安适。”[2]第五卷，222由此看来，以前对兰州的片面印象以及“兰大风潮”所带来的负面影响，此时在顾先生的头脑中已经一扫而光，他已经非常急切地要为兰大正式上课了。

（二）顾颉刚在兰大的授课内容

6月21日星期一，是顾颉刚在兰州大学讲学的第一天，也是他主讲“中国上古史研究”这门课程的开始。这一天，顾先生在天山堂讲课两小时，所讲内容为“王官之学与诸子之学”。顾先生对第一天的上课情况非常满意，他写信对夫人说：“自本星期一开始上课，听者二百余人，校内教员及校外人士亦有来听的，辛校长更是必到之一，他们属望我太殷了，我如何走得成呢？”[2]第五卷，223表示不愿意在很短时间内离开兰大。五天之后，根据讲课情况和学生听课的情形，顾先生又有了新的计划：“我在此，上午教两小时课，下午准备功课。久已不走的路，现在重温一遍，倒也有益。学生每堂约记一千字，等此课上完，即可选最好的一本付印，名为《古史钥》，为一般读《古史辨》或自己研究古史时的导引。这也是我这回来的一种收获。”[2]第五卷，224没想到讲课十天之后，顾颉刚先生颇有感受，已经并不仅仅限于通过讲课编出一本中国上古史教材了，而是要借此机会，对自己三十年来的学术进行一次大梳理，他对夫人张静秋说：

> 我在此上课甚忙。每天两小时，豫备应有四小时，而酬酢甚忙，每天读书时间甚难得。然而上课决不能随便，因为学生二百人之外，校长、教员、来宾亦多前来，势不能搪塞。这是这回前来，把卅年来研究贯穿一系统，由学生笔记，交得贤整理，经我改定后便可付印，归来时当带得十万字之书作纪念了[2]第五卷，226。

这是顾颉刚第一次提出，要利用在兰大讲学的机会，把自己最近三十年来的学术进行一次系统贯穿和整理。此后，顾先生屡屡提及自己的“学术系统化”问题，这已经远远超出顾先生当初赴兰大教学的设想，而是要为自己的学术研究搭建一个完整的学术脉络体系。因此，后世研究顾颉刚先生的学术历程，他在兰州大学的日子是一个不可绕开的阶段，这是他一生学术发展不可或缺的重要时期，恐怕顾先生本人在来兰之前都没有想到会有这样一个意外的“大工作”。

顾颉刚先生在兰州大学是边讲课边构建自己的学术体系的。他曾经颇为自豪地对夫人张静秋说：

> 我这次所讲分两部分，一部分是古史的材料，把古书分析，认识其真伪与先后，作研究的凭藉；一部分是古史上的学说，中国古史之所以难研究，即为史实与学说的混杂，弄不清楚，造成了许多纠纷，如今我把战国秦汉间的许多学说的头绪理了出来，使人懂得这是诸子百家的臆想，不是真的史实，然后一部真的“中国古代史”可以出现。这是我一生工作的归宿，必有了这归宿，方如“百川朝宗于海”似的，为古史学立一个究竟[2]第五卷，254。

也就是说，顾先生思考中的学术体系，主要包括“古史材料”和“古史学说”两大部分，特别是“古史学说”是其学术体系的核心内容。根据顾先生在7月31日、9月30日两天的日记，和10月9日写给夫人张静秋的家信，可以窥测到顾颉刚先生学术体系的梗概：

顾颉刚先生在兰大期间构建的学术体系（兰大讲学题目）

序论8小时（四个时代）

古史料概论14小时

诗经10小时

楚辞14小时

尚书总论17小时（篇目及汉、魏古文）

尚书分论：

分州说4小时

五服说2小时

四宅说5小时

五岳说7小时

任贤说3小时

禅让说10小时

五伦说2小时

道统说：

周公4小时（天命与德）

孔子8小时（圣人、君子、中、无为、与周公之关系、神化、论语、皋陶谟）

孟子4小时

伏羲、神农、黄帝3小时（系辞传观象制器说）

尧、舜2小时（论语尧曰、孟子尽心）

中庸3小时（道的神化）

颜子1小时

曾子11小时（曾子十篇、孝经、大学）

子思3小时

周濂溪4小时（通书、太极图说）

张横渠2小时（西铭、正蒙）

程明道1小时

程伊川4小时

朱晦庵8小时

朱陆之异2小时

陆象山4小时

王阳明8小时
顾亭林2小时
颜李学派6小时
清代反理学诸家
道统总论
五行说（调和、相胜、相生、洪范九畴）
灾异说（洪范五行传、汉书五行志、各史五行志、通志灾祥略）
五帝说
五德终始说
三皇说
三礼总论
三礼分论：
封建说
井田说
宗法说
丧服说
明堂月令说
明堂说（孟子、吕氏春秋齐宣王事、汉武帝建明堂、王莽建明堂、汉儒说）
气候说（夏小正、豳风七月、周书时训）
顺时布政说（管子四时、五行、幼官、洪范五行传）
五帝五神说（封禅书、郊祀志、淮南天文、洪范五行传、郑玄经注、孔子家语）
月令说
三统说
周易通论
周易分论：
汉《易》
宋《易》
春秋总论
春秋分论：
三正说

五等爵说[3]第六卷，318-322、349-352

以上是顾颉刚先生拟订的在兰州大学讲学的题目，他在兰大的174天中，对其中半数以上的内容进行了讲解，尚有一部分内容没有来得及讲解。即便如此，以上内容也只是顾先生讲学计划中的主体部分，按照他的规划，他要讲六大问题，即“古代神话、六经分析、先秦诸子、两汉经学、宋明理学、清代经学”，还有“先秦诸子”和“清代经学”两个板块未能涉及。那么，把这六大问题组合起来，是不是就是顾先生学术思想体系的全部呢？回答是否定的。顾先生并没有就此止步，他在兰大期间以六大问题为基础，还搭建了一个更宏大的学术体系，即“中国思想史分期”体系：

中国思想史分期：

1.巫术时代（周以前）（想像）古史神话化——古文化

2.王官时代（周）（因袭）记载系统化——古文化

3.诸子时代（战国）（创造）古史学说化——古文化

4.经学时代（汉至唐）（信仰）古史宗教化——古文化

5.理学时代（宋、元、明）（悬测）古史圣道化——古文化

6.史学时代（清）（研究）经典历史化——古文化

7.科学时代（民国）（分工研究）学术世界化——新文化[3]第六卷，351-352

纵观顾颉刚先生的“中国思想史分期”体系，“通古今之变”的浓厚气息跃然纸上，它那明晰的条理，高度的概括性，至今都还闪烁着智慧的火花。这一体系已经远远超出了顾先生到兰大之初的设想，超越了“中国上古史研究”的范围，我们从中看到的是一代大学者三十年学术积累的升华，五十余年学问人生的浓缩。试想，当这一宏大而明晰、蕴含着深刻学术至理的学术体系孕育出炉时，顾颉刚先生会是多么的高兴和自豪。

事实也的确如此，当顾先生越思考越清楚，越提炼越深邃的时候，他欣喜地把自己的构建给爱妻分享：“我呢，也是高兴，因为不但把我卅年的研究工作做系统的整理，也把古今学术，尤其是近五十年的学术做系统的整理，这是从前没有做过的。靠了他们的逼迫，使我自己学问有了一个系统，使得三千年的学术也有了一个系统，这对于将来的研究多便利呵。”[2]第五卷，233顾先生决不满足于“只作专篇论文”，他要纵横捭阖，古今贯通，做一位学术“通人”。他在兰大的讲学，并不是简单的兜售贩卖，而是借机系统梳理，某些问题甚至是他以前也未曾认真考查过的。例如，

对于“道统说”，他曾谈到：“这四个星期，为了讲道统，而我从来只有这一问题的印象，不曾作过文章，也没有搜集过材料，现炒热卖，十分麻烦。我相信，经过这一次大讲之后，我的学问可以说贯通得多了。如果东归之后，尚能好好用功数年，然后可以说是一个‘通人’。”[2]第五卷，269

（三）顾颉刚在兰大专心整理学术思想体系

为什么顾颉刚先生偏偏会选择在偏处西北的兰州大学进行自己学术体系的构建呢？总结起来，主要有以下四个方面的原因：

1.兰大为顾颉刚创造了一个稳定的学习和思考的环境。正如顾先生自己内心所表白的，他曾深情地说：

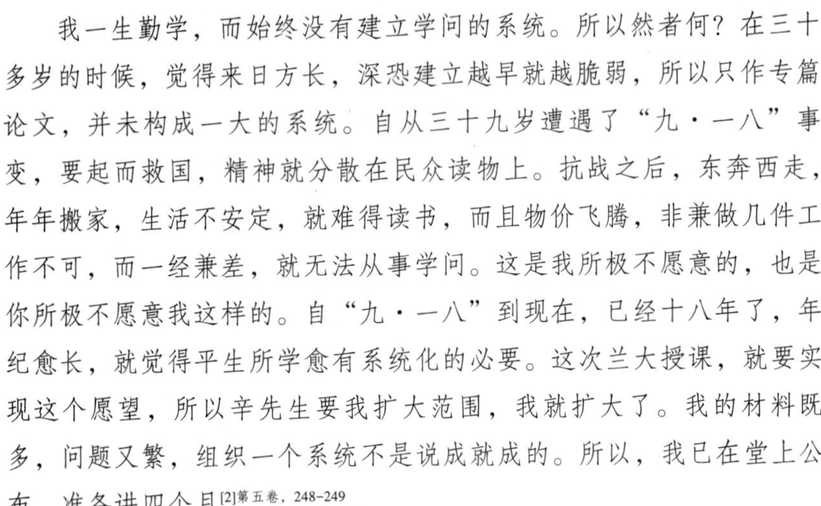

> 我一生勤学，而始终没有建立学问的系统。所以然者何？在三十多岁的时候，觉得来日方长，深恐建立越早就越脆弱，所以只作专篇论文，并未构成一大的系统。自从三十九岁遭遇了“九·一八”事变，要起而救国，精神就分散在民众读物上。抗战之后，东奔西走，年年搬家，生活不安定，就难得读书，而且物价飞腾，非兼做几件工作不可，而一经兼差，就无法从事学问。这是我所极不愿意的，也是你所极不愿意我这样的。自“九·一八”到现在，已经十八年了，年纪愈长，就觉得平生所学愈有系统化的必要。这次兰大授课，就要实现这个愿望，所以辛先生要我扩大范围，我就扩大了。我的材料既多，问题又繁，组织一个系统不是说成就成的。所以，我已在堂上公布，准备讲四个月[2]第五卷，248-249。

自“九·一八”事变以后，多年为事业和生计奔波，使得顾先生根本无暇对自己的学术进行系统梳理。用顾先生自己的话说是：

> 自从“九·一八”事变，到今十七年，我不曾用全副精神治学，这不是我懒惰，实在环境不允许。当我们在北平办了民众读物之后，人事日忙，不容坐定。抗战之后，跑来跑去，没有一年不搬家，甚至一年搬几次家，又受生计压迫，兼了几个职务，如何集中得精神。胜利后返家，原望在家读书，而宗族、亲戚、朋友来个不绝，酬酢频繁，又为了大中国常跑京沪办事，哪有握卷的空间。这是我常常自恨的。这次到兰，好极了，我只做兰大一件事，上课之外就是准备，一天到晚均可读书，我吐了三十年的丝，现在可以借这机会织成帛了。这是我十七年来求之不得的，现在竟得到了，如何忍得放弃。我在此

多留一天，我的学问就多织一点。固然时间不许我织成一疋，但只要能织到半疋也就满足了[2]第五卷，281-282。

在话语中，顾先生充分表达了一种对劳碌奔波生活的厌倦和对稳定、思考看书空间的企盼。与之前的十多年辗转漂泊不同，顾先生在兰大期间可以认真上课，安静思考，这不正是他一直以来所梦寐以求的“轨道生活”吗？由于前后差异对比十分明显，他甚至把1947年4月至1948年3月一年间的生活进行了统计，“方知一年中流动了四十一次，其中往苏时间共计五个月，旅南京三个月，旅徐州、上海各两月，够忙乱的了”[1]222。与之相比，顾先生在兰大的讲学生活简直若在天堂一般。同时，顾先生意识到，“在这五六年工作之下，使我识得中国的古史必需用了这个方法得整理清楚，于是激起我作整个整理的壮志。”[2]第五卷，255外部的优越环境，再加之一个学者自身的内在学术发展理路，这内外因素完美配合，注定了顾颉刚要在兰州大学完成学术体系的总结与构建。

2.兰大师生认真听课，客观上促进顾颉刚认真思考自己的学术体系。兰大偏居西北，知名学者前来讲学的机会并不多，因此，兰大师生向来以积极认真听讲座著称，珍惜这来之不易的学习和交流的机会。由此兰大师生反而变劣势为优势，给许多学者留下了深刻的印象，顾颉刚先生也不例外。

顾颉刚在日记和书信中屡屡提到兰大师生听课范围既广，又严肃认真。

听课的人，除文、史两系的学生外，辛校长、董教务长爽秋，历史系的教员孙培良、丁琦、李得贤，别系的教员梁希彦、李瑞麟、张贤君，警官学校主任朱亚英、警校教官李武信，志果中学教员郭瑛，西北师院住城学生数人，都是经常的听众，其余不认识的不知还有谁。有这么些人监督我，叫我如何可以不卖力[2]第五卷，228-229？

此间的人盼望我太厚了。我向不点名，而学生无一缺课，住在近县的本来放假可以归家，为了我也不走[2]第五卷，248-249。

六、七十岁的老教授都来听了，教我如何可以不好好准备[2]第五卷，240。

学生们说，他们一天的笔记，抵得上别的教师半年的。他们听了我的课，每天下午自己整理，没整理完，明天的课又上了。他们所

> 记，永远赶不上我所讲。如今已上了两个月课，九十一小时，再有这些时候，我想我的学问系统也差不多了。天下事，无论做成什么，总得有个力量在背后逼迫。现在我就借兰大同仁的力量，逼着我在短期内完成这大工作[2]第五卷，248-249。

正是因为兰大师生有饱满的热情和如饥似渴获取新知的压力，顾颉刚“决计在兰大‘一鼓作气’的做好，新疆之游，敦煌之游，都不想了”，并且连具有大学术声誉的中央研究院第一届院士大会，他都敢于舍弃，而且心下十分自豪和坦然：

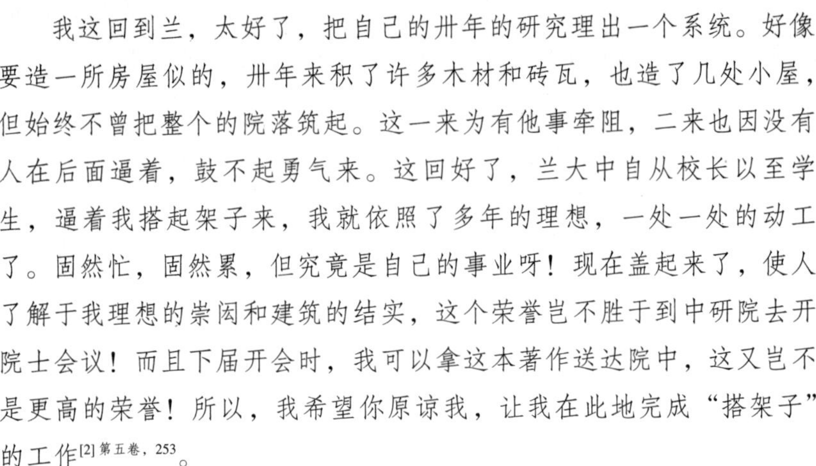

> 我这回到兰，太好了，把自己的卅年的研究理出一个系统。好像要造一所房屋似的，卅年来积了许多木材和砖瓦，也造了几处小屋，但始终不曾把整个的院落筑起。这一来为有他事牵阻，二来也因没有人在后面逼着，鼓不起勇气来。这回好了，兰大中自从校长以至学生，逼着我搭起架子来，我就依照了多年的理想，一处一处的动工了。固然忙，固然累，但究竟是自己的事业呀！现在盖起来了，使人了解于我理想的崇闳和建筑的结实，这个荣誉岂不胜于到中研院去开院士会议！而且下届开会时，我可以拿这本著作送达院中，这又岂不是更高的荣誉！所以，我希望你原谅我，让我在此地完成“搭架子”的工作[2]第五卷，253。

一个学者，当他真正认识到研究的学术意义和价值时，会毫不吝惜地把一切荣誉和利益视为粪土。兰大的师生非常荣幸，以自己固有的勤奋好学传统，为成就顾颉刚先生的学术体系充当了一次称职的学术推手。

3.兰州大学图书馆丰富的图书资料，为顾颉刚搭建学术体系提供了保障。刚建校时，兰大只有政法书籍和古籍4000余册。邓春膏掌校时期，多方筹集资金，兰大馆藏图书始上万册。由于馆藏图书量偏低，辛树帜校长在筹组兰大的过程中，就把采购图书作为创校的第一要务。经过辛树帜、沈其益、盛彤笙、黄文弼、吴相湘等学者的不懈努力，再加上教育部长朱家骅的鼎力支持，到1948年底，兰大馆藏图书飙升至12万册，一跃位居全国各大学前列[4]28-29。在兰大馆藏图书中，中文古籍图书是一大特色，其中不乏像明刻平露堂本《明经世文编》这样的稀见善本典籍。这批图书资料受到了顾颉刚、张舜徽等知名学者的肯定和青睐，为他们在兰大讲学和研究提供了便利条件。

1948年9月13日，顾颉刚在写给胡适先生的信中说："自抗战以来，为生计所迫，不亲书本，忽忽十年。此次来兰，兰大图书馆藏书十余万册，足敷搜寻。上课以外即为准备功课，轻易不出校门，回复旧时生活，找出不少问题"[2]第一卷，498。他对夫人张静秋讲："自从六月中到了兰州，辛先生鼓励我上课，也鼓励教职员、学生以及外宾来听，造成我不得不用功的局面。兰大书多，够我参考，我用功也有了凭藉。"[2]第五卷，290当家人盼他早日东归时，顾先生对兰大的图书资料乃至教学环境表达了依依不舍之情："你望我早日归来，我岂有不愿，我也觉得应当休息已。但我在此讲学，成了骑虎之势，学生太诚恳，辛校长又太殷勤了，教我不能说硬话。我自己为了学问，也不免恋恋，因为此地参考书还足用，一回上海就不容易工作了。"[2]第五卷，288后来，顾先生以自己的切身体会，在为兰大图书馆积石堂所作《积石堂记》中，对辛校长的高瞻远瞩大为称赞："知树人大计，必以师资及图书仪器为先。既慎选师资，广罗仪器，更竭其余力购置图书……两年之间，积书十五万册，轶出他人数十年之功，卓然成西北巨藏矣。"

4.辛树帜校长创造各种条件为顾颉刚构建学术体系提供巨大支持。顾颉刚与辛树帜的五十年"不变之好友"，并非建立在利益层面上的荣辱与共，而是根植于二人志趣相投、惺惺相惜层面上的知己情谊。辛校长作为东道主，当然会使出百倍的热情和周到细致，尽可能地创造条件让顾先生安心讲学。顾先生对此非常感激，他对家人说："辛先生用全力来招呼我，一星期一定要吃两次馆子，玩一处地方。我要做一个东，他死命不让。这样用软功来对我，弄得我没有办法可以断然在哪一天离开这里。"[2]第五卷，274如果说顾先生离妻别子到西北来讲学，辛校长在生活上对其进行无微不至的照顾，是理所应当的话，那么辛校长以生物学出身而对顾先生的古史学有深刻理解，以至每节课必亲自聆听顾氏宣讲，则更加彰显出二人相知相得的势所难免和牢不可摧。顾颉刚曾经对爱妻吐露心声说：

> 辛校长"三日一小宴，五日一大宴"，每天下午饭毕，卡卡的手杖声就来了，拉我出外散步喝茶。每天上课，他必先介绍，讲完了他又综合我的意思，说一大段话，凡可以加在我头上的好话都说尽了。我固然不必听人家的恭维，但他的好意是真的。我作事三十年，饱受挫折，半因人忌，半由主管人不了解我。现在辛先生如此了解我，我

所讲的，凡有独到的地方，他总能举出，实在不能不称为“知己”。我交友上万，知己有几人，因此我不能不为他而多留些日子，正是豫让所谓“智伯以国士待我，我故以国士报之”的意思[2]第五卷，248-249。

有以上四方面的因素奠定，顾颉刚在兰大讲学如鱼得水，发挥得淋漓尽致，取得了极好的教学效果，不仅对兰大师生的学习和研究大有裨益，还对兰大的学风产生了深刻的影响。

（四）顾颉刚在兰大授课的效果及影响

顾颉刚先生对课堂教学非常重视，态度严谨，一丝不苟。他决不“现炒热卖”，更不“敷衍塞责”，而是竭尽全力，倾囊而教。他不顾兰州和苏州之间远隔千山万水，让夫人张静秋把自己需要的教学参考资料通过航空寄到兰大来。例如，7月12日，他给张静秋写信：“《春秋三传研究》稿本一册，现在授课需用，请检出航挂寄来。又书桌，靠我坐的一小柜内（左手下层），有‘古地理文字’一包，内有从杂志上撕下的一篇《州与岳的演变》，亦请寄我。”正是这种认真负责的态度，保证了顾先生在兰大授课取得了巨大成功。在他的日记和书信中，出现频率最多就是“听课学生多”、“反响效果好”之类的字眼。

顾先生在兰大上课时，下面经常座无虚席，本系的、外系的，兰大的、西北师院的、甚至外省院校的，既有辛树帜校长堂堂坐镇，又有马继援将军前来捧场，不仅有教师，甚至还有警察，可谓“三教九流”，盛况空前。顾先生写道：

此地的课真无办法。校外校内，学生先生，天天挤满一大讲堂，下雨也不减少，使我虽欲偷懒而不能。兰大与西北师院向来交换教授，故师院要我前往讲二三星期。但兰大学生听到，就联名写信给辛校长，拒绝这事。所以现在只有请师院学生来城，住在兰大，吃在兰大，来听我的讲。所以，现在我必得一气呵成，把预拟的题目讲完方可走动。星期一本来是不上课的，从下周起，也上了。我的休息时间便更少了[2]第五卷，233-234。

他还曾颇为自得地对夫人张静秋说：“我是最不会讲的人，想不到这次到兰州竟成了大名角。兰大正式上课之后，我总以为班上的人数要少些，因为听我课的有别院别系的学生，他们自有功课，不能再听了，哪知还是黑压压的一堂。有一个学生对辛先生说：‘我们听顾先生的课好像抽上了大烟，有了瘾了。’间接听人说：‘学生都希望我，多留一天是一天。’少年将军马继援……他昨天也来听课了。他说：‘我不幸驻在平凉，倘在兰州，愿意天天来听，做一个旁听生呢。’”[2]第五卷，281

当时，非但兰大的师生占尽便利，认真听讲，西北师院的学生也不顾往来奔波，甚至吃住在兰大，就是为了听顾颉刚讲课。更有甚者，冒雨前来听课，也不愿意缺漏一节课，名门闺秀张令瑢就是其中之一。9月14日，兰州下了一场大暴雨，顾先生记道：“昨天早晨的雨，是我到兰州后最大的一回雨。我依然上课，学生依然来听讲。有一位女生张令瑢住在南门外，那时街上早已积水流潦，她竟乘了马车而来。静秋，你想，此地学生如此诚心听课，怎不鼓励我的勇气，我又如何忍得潦草塞责呢！”[2]第五卷，264

师生们听得认真，顾先生讲得更带劲，他对家人说：

> 现在讲了三个半星期，史料还未讲完呢。我这班上人太拥挤了，连在外省大学读书，暑假回兰州的学生也来听了。他们既有这般的兴趣，足证我教书的成功，我应当好好教他们才是[2]第五卷，238。
>
> 我这回教书很成功，许多学生和先生都天天来听，从不缺席。辛校长说：“这次的讲学，一定发生大影响，使得他们思想改变，做学问的方式也改变。”[2]第五卷，233

正所谓名师出高徒，顾颉刚研究古史的方法，不仅对听众产生了深远的影响，甚至连留学德国、学生物的辛树帜校长也触类旁通，发表了一番心得感言：“你的方法就是达尔文的方法。达尔文研究了一生生物学，知道生物会随时随地的变，你现在也是把古史随时随地的变态理了出来，这成绩太大了！”[2]第五卷，254半个世纪以后，顾潮对此事做过专门研究，她说：“父亲本不知道自己受达尔文的影响，此时从辛氏处得知：达尔文的生物进化学说出来之后，影响到欧洲各门学问，尤其是地质学和社会学，用他的方法开出了许多新领域。我国的留学生到了欧美，其中胡适接受了这种方法，回国后就以此来整理国故，于是父亲也就从中领悟了这种方法。”[1]221

当然，听了顾颉刚的课之后，受益最大的还是各色听众，他们不仅从顾先生的课中学得了古史和经学知识，还学得了研究古史的方法，进而影响到他们的人生和处事：

> 此地的学生程度固然不算高，但他们却用功，懂得我的意思。有一个学生对辛校长说："听了顾先生的课，使我一生走的方向定了。"有一位训导员裴俊峰君告诉我："自从你来，兰大就有了学术空气，许多学生都埋头整理笔记，把风潮后不安定的空气变过来了。"那位警官学校分校主任朱亚英君对兰大的训导长段子美君说："听了顾先生的讲，不但使我懂得研究学问的方法，并且懂得处理事务的方法，因为这都是需要分析和比较的。"他只缺了一堂课，为的是我星期一上课，而警校星期一却要做纪念周，不得来，他懊恼得很，向兰大学生借了笔记去抄。静秋，我教了卅年的书，从没有碰到一班这样信仰我的学生，教我如何不为他们而卖力[2]第五卷，254！

古人云："师者，传道、授业、解惑也"，顾先生在兰大讲学就达到了这个境界。前文述及，顾先生曾经在多所著名大学任教讲学，然而都不曾像在兰大这般授课酣畅淋漓，听课者受益良多，这恐怕是顾先生在日记和书信中，对兰大教书这段日子大书特书，乃至把东归日期一再延迟的重要原因吧。

四、系主任职位上的顾颉刚与兰大建设

顾颉刚先生是以历史系教授兼系主任的身份被辛树帜校长聘请来兰大的。1946年夏，因诸事牵累，顾先生无法莅校就职，推荐自己的学生史念海教授代理系主任之职。1948年6月17日，顾先生抵达兰州，开始践行教职，而史念海教授则因"兰大风潮"于7月30日返回西安。在兰大的半年时光里，顾先生不仅把主要精力放到授课教学上，还要抽空履行系主任职责，并以兰大一分子亲身参与兰大建设，在兰大校史上留下了自己的深深印痕。

早在顾颉刚未赴兰的情况下，他已经开始为兰大相关事务操心劳神了。1947年4月和5月29日，顾先生先后两次致信教育部长朱家骅，为自己的朋友时任兰大中文系主任魏应麒办理履历证明。魏君在中山大学时，当过史学系助教，与顾先生是同事，而当时校长即为朱家骅，因此有顾氏出面为魏应麒求托任职证明之事[2]第二卷，402-403。

（一）顾颉刚重视历史系的教学工作

顾颉刚身为历史系主任，对系内的教学工作非常重视。7月2日上午，顾颉刚出席了教务处会议，与董爽秋、段子美、乔树民、陈祖炳、李瑞麟

等一起讨论暑假期间上课事宜。7月22日，顾先生至红山根殡舍，凭吊“兰大风潮”中被打死的学生刘德让的灵柩，又至兰州医院，探视受重伤的学生田兆农，以示慰问[3]第六卷，314。8月31日下午，他到办公室主持召开了文史两系工作会议，辛树帜、李得贤、魏郁、尹巨、何自诚、张葆英等来参加，讨论开学相关事宜。9月22日上午，顾先生与辛树帜校长、董爽秋共同商定了历史系功课表。下午，他又参加了全校教务会议。此后这一周，他不厌其烦地给历史系学生选课加盖印章，并开列选课学生名单，没有摆一点学术大师和中央研究院院士的架子。9月29日，历史系三个学生来向顾先生反映情况，请求《西洋史学名著选读》课程下发讲义，他都给予耐心地解决[3]第六卷，348。10月下旬到11月初，是新生面试的日子，顾先生特别看重优秀人才的选拔，不辞劳苦，连续参加新生口试，保证招生环节顺利进行。11月5日，他还与辛树帜校长商讨了历史系学生韩万林停学的事宜。另外，对外学术交流是一个学科健康发展的重要条件，每有外来学者讲学，顾先生必定认真接待，主持演讲，引导参观，毫无怨言。他先后接待了印度国际大学师觉月教授、美国斯坦福大学教授乐及士夫妇、清华学者陈梦家、法国汉学家于儒伯、藏传佛教界人士黄明信、美国学者牟复礼等人。可见，在涉及教学、招生以及学术交流等问题上，顾先生毫不马虎，事必躬亲，为兰大历史系重视本科教学开了一个好头。

顾颉刚不仅对自己要求严格，对别人同样有较高的标准。他虽然已奔花甲之年，但仍然精神矍铄，干劲十足。历史系助教魏郁曾经说：“顾先生的精神真好，起得这么早，一天到晚不断地工作，我们年轻人太惭愧了[2]第五卷，255。这种精神状态和办事风格，使得顾先生看不惯懒散疲沓、胸无大志的人，于是就有了辞退历史系教师刘昌洪之举。历史系助教刘昌洪，中央大学毕业，湖北人，为人疲懒。史念海作主任时没有严加训练，导致他养成了“吃粮不管事之习惯”。顾先生履职以后，安排他工作，他仍然积习不改，“无论用什么方法都推不动”。8月4日，顾先生令其专管阅览室，让他起草阅览室章程，以便第二天施行。然而第二天他自己却不到岗，也不向顾先生请假，令顾先生非常恼火，当即请示辛树帜校长将刘昌洪予以开除。顾先生在8月5日的日记中记道：“此予来后一快事也。闻文学院助教大都无所事事，既害了学校，复害了助教本人。而青年之无志，亦可见矣。”[3]第六卷，324第二天，辛校长就改派尹巨来担任顾颉刚的助教。顾先生在关乎青年人成长方面很直率，正如他辞退刘昌洪时并没有考虑自己与刘昌洪的父亲刘仲阮（辛树帜校长的英文秘书）的交情一样，他还是出于对青年人长远发展考虑。因此，他在9月2日、9月4日、10月21日、10月25日，以系主任身份分别训责过何自诚、尹巨、李国栋等人，也就不足为怪了。

（二）顾先生关心学生工作

顾颉刚先生不仅对教学、系内事务非常用心，还特别关心学生工作和学生活动。每有学生观光团、考察团来访，他必亲自接待；迎新大会、学生社团活动，他也常是座上嘉宾，表现出一位大学者的胸襟和对青年学生成才成长的关怀。10月10日下午，顾先生和辛校长一同参加了全校运动会。10月31日下午，顾先生到祁连堂参加欢迎西北大学新疆观光团茶点会，并在会上致辞，鼓励学生关注新疆问题。11月1日，他到会议室参加系内月会，演讲“我的大学生活”一个半小时，以自己的亲身经历，为历史系学生进行大学学习和生活的示范[3]第六卷，367。11月3日，他参加了历史系迎新大会，并在会上致词。因他的出席，辛树帜校长也来参加，历史系二、三年级学生二十余人，一年级学生十人，共同聆听了顾先生的教诲[3]第六卷，368。11月7日，顾先生到学生社团风风艺文研究会致辞，辛树帜校长、董爽秋教务长同来出席，学生董葆藩、李生华等四十余人参加。11月12日、13日、14日和16日，他分别参加了医学院迎新会、皖江同学会迎新会、甘肃同学迎新会和国文系迎新会，并在会上致辞。顾先生出席这么多的迎新会，并不仅仅因为他是辛树帜校长的座上客，更重要的是其著名学者和首届中央研究院院士的身份，当时他是兰大教授中惟一的中研院院士，他的出席，会对入学新生产生巨大的榜样作用和激励效果。此后，兰州大学就逐渐形成这样一个传统，每年新生开学典礼上，坐在主席台显要位置的并不是学校领导，而是各学科的著名学者和院士，使新生入学第一天就深刻体会到，那些学术大师才是一所大学的脊梁。

（二）顾先生热心兰大校园文化建设

顾先生到兰大讲学期间，正值兰大校园大规模基建时期，他以自己的学识和才华为兰大校园文化建设增色颇多。8月10日，他陪同辛树帜校长、刘宗鹤和沈竟秋等到下西园，查看了兰大附中迁造校舍的情况。从9月8日开始，一有机会，他就陪同辛校长查看昆仑堂建设工程，总计有四、五次之多。9月15日，他在写给张静秋夫人的信中说：“兰大新盖的学生宿舍，称做五岳堂，现在造好了四所，要我题匾。现在做好了。泰山、衡山两堂，是我开头写的，不免拘敬。华山、嵩山两堂，写在后头，笔势一放，露了才气。所以辛先生说：‘这两额是兰大所有的匾额中写得最好的，又端庄，又秀丽，超过了左宗棠写的至公堂。’”[2]第五卷，265此外，他还于10月16日，为兰大附设医院题写了匾额。11月8日，顾先生为学校写《五岳堂铭》。11月12日，为图书馆作《积石堂记》，约一千字。11月14日，又作《昆仑堂记》二千余言。如此一来，兰大的图书馆、大礼堂、学生宿舍等主要建筑，都留下了顾颉刚先生的墨宝。在兰大期间，顾颉刚被以辛树帜校长为代表的兰大人的自强不息精神所感动，为兰大建设的日新月异而倍感自豪，他要把自己这半年来的所见所闻，如实汇报给教育部长朱家骅，以求得国家继续加大对兰州大学的支持。1948年12月11日，他返回东南以后，把兰大建设面临的困难认真地向朱家骅进行了汇报：

> 骝先先生道鉴：刚于七日自兰返沪。行前承辛树帜、盛彤笙两先生挚讬，到京面谒先生陈述一切，到沪后知京沪秩序失常，有待车数日而不得登者，无可如何，欲以函达。兰大及兽医学院两校为公手创，惟其中曲折，或未尽知，敬为我公陈之：……辛先生菲衣恶衣从事建设，其克勤克俭之心，几公正之甘肃人莫不予以同情，仅宋恪、郭维屏等遇事生波，捏词控告而已。现在积石堂（图书馆）业已完成，昆仑堂（大礼堂及文、法、理等院）亦成一半，明年春夏可望落成，惜数月中物价日高，部拨经费不敷甚钜，只有向银行借款维持。而现在银行拆息甚高，委实无法周转，拟恳先生即予筹拨，俾得完成当年创办之计画，不胜盼切。至兽医学院有图书仪器一百五十五箱，分批经渝运兰，所需运费，上月预算为金圆十七万，现在油价飞涨，实已超出此数，惟祈迅予照拨，俾其亏欠不致过多。又联总补助中国农业器材中该院分得三十八箱，亦请即予分拨，俾得一同付运，尤为盼感。兰州粮价较低，人心安定，当此四海鼎沸之际，犹得推动文化事业，可谓得天独厚，倘蒙加意护持，则辛、盛两先生所以自效于国家者固不可量也。刚现在返沪，明年如有可能，尚愿前往协助辛先生办文史两系[2]第二卷，408-409。

顾先生在信中对兰大的发展表现出了情之殷殷，对兰大未来盼之切切，而于兰大办学困难则忧心如焚。当时国内战争已经到了关键时刻，国家前途尚未可知，教育发展又有孰人过问？然而，即便在如此困难的情况下，教育部长朱家骅还是迅即给予了肯定的答复，他于12月20日给顾颉刚回复道："顷获本月十一日手书，得审文从现已返沪，凡百佳胜，忻慰之至。关于兰州大学昆仑堂建筑费及兽医学院农业器材运输各费，早已嘱令主管速办矣。明年兄仍往兰大协助树帜兄，甚善。专覆布臆，顺颂台祺！弟朱家骅顿首。"[2]第二卷，409-410后来，这批建设经费和仪器都按时抵达兰大，成为兰大发展的基石，顾颉刚先生于兰大功不可没焉！

五、顾先生在兰大期间的社会活动

顾颉刚先生于1948年6月17日莅兰，至12月7日离兰，共计在兰大生活了174天整。在这近半年的时间里，他除了忙于教学和处理系内事务之外，还有大量的社会活动，比如访朋会友、宴饮酬酢、书法酬客、郊览游学、演讲开会、观戏听剧，等等。这些社会活动是顾先生在兰期间生活的重要组成部分，有助于加深对顾先生性格特征和内心世界的了解，也是那一时期兰州政、军、学、商各界名流交游往来的一个真实写照，同时，这些活动又与兰大有着密切的关系。

（一）顾颉刚在兰大期间的主要社会活动

据笔者详细统计，顾颉刚在兰大的174天里，共计接见来访的朋友891人次，他拜访的朋友有475人次，其中有31人次访而未晤。在这174天中，顾先生共计参加各种宴会173次，其中辛树帜校长做东有53次，而宴饮活动中会见的朋友达1500余人次。从这些数据中不难看出，当时兰州各界对顾颉刚先生的景仰和热忱。顾先生下车伊始，兰州的各类媒体就进行了跟踪报道。6月17日之前，兰州《和平日报》就先期报道了顾颉刚即将来兰讲学的消息，所以许多老朋友都提前做好了准备，敬候他的光临。顾先生在家信中说："饭局终辞不掉。行辕主任张治中、副主任陶峙岳、省主席郭寄峤，全都请过了。十年前的老朋友，亦复设席见邀。至西北师范学院的易静正院长则请了三次，为的是要我去演讲几次。报纸上天天载我的消息，弄得社会上更注意我。行辕、省党部、国立图书馆、地质调查所，都拉我作演讲。"[2]第五卷，224 7月28日，他对张静秋说："我一切安好，只是忙。兰州人当我一尊佛，人人想对我烧香，固然出足风头，然而亦感痛苦。"[2]第五卷，239到了8月2日，顾先生向家人表白自己，并不是到兰州来吃吃喝喝，而是有不得已的苦衷："我在此，一方面为教课忙，一方面又为交际忙。六七十岁的老教授都来听了，教我如何可以不好好准备。但是冠盖往来，各机关迎新送旧，我都是第一位陪客，这又得天天奔跑。别的人，交际的不读书，用功的不交际，而我必得兼此两种资格，又教我如何不忙。”[2]第五卷，240

顾颉刚在兰大174天，宴饮活动竟有173次之多，平均下来几乎每天一次，其频率惊人。那么，为什么顾先生会有这么多的宴饮酬酢活动呢？辛树帜校长为什么如此厚待顾先生呢？仔细探究起来，主要有四个因素：一是顾颉刚是著名学者，中研院院士，兰大乃至整个兰州少有这样大师级的学者来讲学。各色人等出于各种目的，对顾先生趋之若鹜，奉若神明，也是可以理解的。二是顾颉刚是辛校长的挚交，既是兰大的教授，又是兰大的客人，兰大以礼相待，无可厚非。三是辛校长出于顾先生安全的考虑。“兰大风潮”与顾先生有着千丝万缕的联系，当时风潮刚过，局势未明，辛校长惟恐顾先生出什么闪失，因此从讲课到吃饭，辛校长几乎是寸步不离顾先生左右。辛校长如此谨慎，并非没有道理。风潮过后，教育部派钟道赞督学来兰大处理善后，公事将毕，准备回京复命，没想到7月27日晚间，钟督学在街头散步，给自行车撞倒，压坏了尻骨，影响到兰大风潮的早日解决。这也是史念海离开兰大的原因之一。既然已经出现接待不周的事情，辛校长当然不希望顾颉刚再出什么意外。四是货币贬值，物价飞涨，辛校长以请客吃饭的方式给顾颉刚减少点经济负担。对于这一点，顾先生也看得十分清楚，内心非常感激，他曾说：“请客片连着来。到此三星期了，还没有吃完。物价昂贵到这步田地，而此地人为我如此花钱，心中着实不安。”[2]第五卷，230

顾先生擅长书法，宾朋来访，难免向他索求字纸，而顾先生的性格向来是有求必应，这又给他增添了许多额外辛劳。笔者统计过，在174天里，顾先生共计写条幅、对联等1483件幅，平均每天完成8幅之多，有时过于忙碌，一天竟要写就五六十件之多。由于前来向顾先生求字的人太多，以至于兰州的宣纸都告售罄，这一点丝毫没有夸张，有顾先生8月16日的家书为证：“我这回来，功课已忙得不堪，而每家报纸杂志要我写一篇文章，每个机关要我作一次演讲，每个人要我写一张字条，所以忙得不能喘息。有一位靳重言君，从青海来，要我写字，走了好几家纸铺子，找不到好的宣纸，原来兰州存留的宣纸，从我来后已给人们搜买一空了。从前有‘洛阳纸贵’之说，现在竟‘兰州纸空’，也是一段有趣的新闻”[2]第五卷，247。

顾先生不仅在兰大校内讲学，还要到社会各处进行讲演，出任各种社会职务。顾先生在社会上演讲主要有：6月28日，省党部演讲《如何整理中国历史》一小时；7月5日，为少校以上军官讲话一小时，又为省政府职员讲四十分钟；7月12日，为甘肃省银行纪念周讲一小时，又到警官学校讲一小时；7月19日，为省图书馆纪念周讲《我与图书》；7月29日，为党政军暑期讲习会演讲《中国历史与西北文化》；8月9日，为兽医学院讲《中国历史与西北文化》一小时；8月11日，为市立小学教员暑期讲习会演讲《西北史地》一个半小时；8月23日，为七区公路特党部讲《中国历史与西北文化》两小时；9月5日，为各县警察局长讲《西北史》一小时四十分钟。上述演讲，总计13小时。对于这些演讲，顾先生都不敢马虎应付，颇占用他不少精力，以至于他抱怨做“名流”真苦：“加上各机关的纪念周，或特约演讲，既不能随便应付，又不能老说这几句话，所以也得预备，但这预备的时间在哪里呢？再加上必作的应酬文章，一时找不到像刘起釪一般的捉刀人，不得不自己动手，所以更苦了。我不知前世作了什么孽，罚我今世做‘名流’！”[2]第五卷，243

除此之外，顾颉刚还于7月18日任中国边疆学会甘肃分主席，8月1日任旅兰江苏同乡会主席。顾先生是个热心肠，还在8月15日为同乡商人沈凤翔夫妇的婚礼做证婚人，又在8月26日为西北师院副教授宋汉濯夫妇的婚礼主婚。9月9日，他推荐赵梦若太太到兰大医学院任配药师。10月13日，他又推荐王载舆为数学系助教。凡此等等，真是忙煞顾先生也。

（三）劳逸结合的兰大生活

如此繁多的社会事务，会不会影响到顾先生的上课呢？顾颉刚对此有严格要求，决不能影响课堂教学。他一再强调：“为了准备功课，我不愿出门。”“写字，我规定的时间，是星期二、四、六上午十至十二时，不在这时间不动笔。演讲，规定的时间是星期一，这天是不上课的，只是一个机关来请，单就一机关的人员听的，我就答应。所以，一个星期，实际是上十小时课。”“要我作公开演讲的，我也拒绝了。”[2]第五卷，228像顾先生这样的大学者，都深知课堂教学的重要性，他们心目中的主次摆得很端正，这一点深值后来者借鉴和学习。

辛校长看到顾颉刚如此劳累，怕他身体吃不消，想尽办法调剂顾先生的生活，每到周日必带顾先生去郊游散心，每有机会必拉顾先生去观戏听剧。兰州地区的兴隆山、皋兰山、中山林、安宁崔家崖、孔家崖、城内鲁家花园、马家花园、小西湖、雁滩等风景名胜，都留下了顾先生的足迹。兰州戏曲艺术界的名角，如白云亭、齐兰秋、萧喜玲、马兰香、宋淑虞、赵义庭、胡褒、范镇、陈斐予、聂永祥、陈辟疆、张黛妹、马最良、刘律华、葛少林等，他们的经典唱段《战樊城》《探亲家》《花蝴蝶》《贩马记》《问樵闹府》《草桥关》《回龙阁》《审头刺汤》《斩经堂》都给顾先生留下了美好印象。秦腔剧目《诸葛看星》《白蛇传》令顾先生耳目一新，管夫人（喻宜萱）的美声演唱、王景云的豫剧《义烈风》《三拂袖》，评书馆李豫才的《血滴子》，也都在顾先生的休憩生活中留下了精彩的回忆。

事实证明，顾颉刚先生在兰大期间身体状况大有好转，失眠发作次数大大减少，饭量也恢复到正常水平。正当顾先生满心欢喜地沉醉于自己的学术构建，热衷于在兰大课堂上尽情发挥之时，战争的影响已使得顾氏家庭生活陷于困局，他不得不心怀留恋地东归而去。

六、顾先生东归与对兰大的留恋

前文述及，顾颉刚先生此次到兰州大学讲学，起初并未有长久居留之计，大概以一个月左右为限，暑假一结束即东归返苏。他当初对夫人张静秋是这么讲的，家人也是这么企盼的。然而，随着顾先生对兰大情况的熟悉和了解，特别是他本人学术体系的梳理呼之欲出，东归日期不得不一再推迟。

（一）顾颉刚难以割舍的兰大情结

顾颉刚与张静秋是在重庆北碚订婚与结婚的，俩人伉俪情深，感情笃好。张静秋夫人在抗战胜利以后，曾经任徐州女子师范学校校长，胸中亦曾怀揣一番教育事业。只是随着顾潮和顾洪的相继出生，受家务拖累，只好忍痛辞职，放弃理想，专心在家相夫教子。顾先生于1948年6月赴兰讲学之时，夫妻二人的第三个孩子又将出生，可谓舍妻别子。此时，张静秋夫人已身怀六甲之躯，不仅要哺育尚在冲龄的顾潮和顾洪，还要管理苏沪两处房产、大中国书局和顾氏一大家族事务，又值时局动荡，货币贬值，物价飞涨，其难何堪，诚非常人所能想及。因此，张夫人急切盼望丈夫能早日结束讲学，回到自己的身边，一家团圆。

7月15日，讲学临近一个月，顾颉刚已经预感到不能草草结束课程而东归了。他向张静秋解释说：“六经中问题太多，所以一时不得结束。在这里，固有应酬，但请吃午饭或晚饭，费的时间不算多。或晚上请看戏，或星期日请游山，则更可调剂生活，加增工作力量。每天自晨八时至十时，为上课时间，自十时至晚，为自修准备时间。许多人知道我忙，在我的工作时间内轻易不来打搅。这虽不是完全的理想生活，究竟已是具体而微的理想生活，和‘九·一八’以前的生活差不太远了。十七年的骛外生活，到现在扭转来了，叫我怎能不留恋！实在，你应当为我高兴，因为这正是你所希望我所度的生活呀！”[2]第五卷，290他想以自己多年梦寐以求的“轨道生活”近乎实现为由，换取妻子的支持。

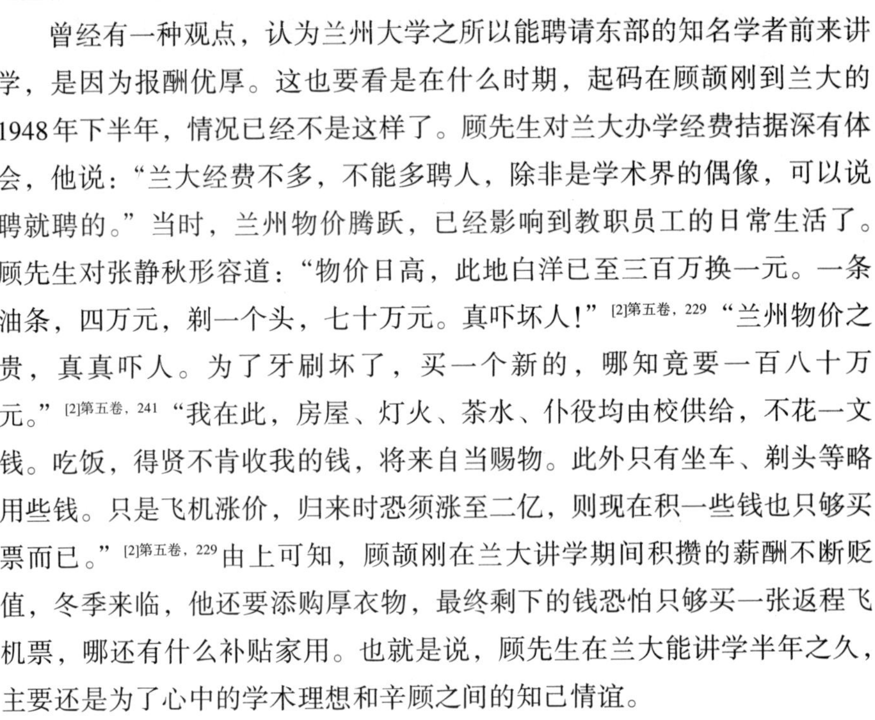

曾经有一种观点，认为兰州大学之所以能聘请东部的知名学者前来讲学，是因为报酬优厚。这也要看是在什么时期，起码在顾颉刚到兰大的1948年下半年，情况已经不是这样了。顾先生对兰大办学经费拮据深有体会，他说：“兰大经费不多，不能多聘人，除非是学术界的偶像，可以说聘就聘的。”当时，兰州物价腾跃，已经影响到教职员工的日常生活了。顾先生对张静秋形容道：“物价日高，此地白洋已至三百万换一元。一条油条，四万元，剃一个头，七十万元。真吓坏人！”[2]第五卷，229“兰州物价之贵，真真吓人。为了牙刷坏了，买一个新的，哪知竟要一百八十万元。”[2]第五卷，241“我在此，房屋、灯火、茶水、仆役均由校供给，不花一文钱。吃饭，得贤不肯收我的钱，将来自当赐物。此外只有坐车、剃头等略用些钱。只是飞机涨价，归来时恐须涨至二亿，则现在积一些钱也只够买票而已。”[2]第五卷，229由上可知，顾颉刚在兰大讲学期间积攒的薪酬不断贬值，冬季来临，他还要添购厚衣物，最终剩下的钱恐怕只够买一张返程飞机票，哪还有什么补贴家用。也就是说，顾先生在兰大能讲学半年之久，主要还是为了心中的学术理想和辛顾之间的知己情谊。

士为知己者死，士为知己者生。顾先生在抗战期间，几件事业都是不了了之，其主要原因就是人事牵绊，没有遇到知己。但在兰大，辛树帜校长对他信任有加，为他创造一切便利，令他如鱼得水，二人配合默契，相得甚欢。顾先生对此由衷感激，铭记心头，想以学问事业来报答知遇之恩。他曾经表露心迹说：

> 我一生做了不少机关的事情，但真正要我发展才具的机关领袖实在太少。因为我名高，所以易为人所捧。一经人捧，不但同事不乐

意，连领袖人物也不乐意。他们所以要我，为的是我有名，把我的牌子挂在他们的机关上，显出他们的光彩。但我既进了这机关，他们就对我暗示："你不要动，不要出风头！听我的命令做事！"但我如能接受他们的暗示，我就决不会在古史学中起革命了，因为古圣先贤的话原是该听的呀！要我的工作和我的学问及人生观背道而驰，这那里做得到！所以，我决不能接受这暗示。既不能接受他们的暗示，所以结果就容易不欢而散，至多是"君子之交，不出恶声"而已。现在辛先生不要我听他的话，只望我自己发展才具，这使我不能不认为此生少有的知己，我何必赶速回到上海，做某机关的傀儡呢[2]第五卷，290-291！

顾先生舍不得兰州大学的和谐人际环境，这是他留恋兰大的又一重要原因。

（二）离兰东归的诸多因素

张静秋夫人也并非不理解顾颉刚的事业，她甚至两次写信表示愿意到兰大来陪伴夫君，只是时局突变，战事频频，交通受阻，使得这一美好愿景变成空想。试想，如何让一有孕在身的弱女子长途跋涉来西北呢？何况张夫人此前已有过早产的痛苦经历。

顾先生在兰州则是无日不思念妻子，无时不挂念顾潮。潮儿长，潮儿短，成了他家书的主要内容。他甚至考虑过举家西来的计划，这并不是他的一时脑热之想，而是综合判断局势的合理之策。10月30日，他写信说：

静秋，近来时局益劣，劝我接眷的很多。甘肃朋友冯仲翔对我说："甘肃累次大变，均得安静度过。辛亥革命成功，此地未受惊动。陕甘总督升允自动退去，袁世凯派张广建来视察，就易了旗帜。国民革命时，冯玉祥来，亦无扰乱。及冯、阎倒蒋失败，蒋派人来接收，仍属无事。所以，只要中原定，此间自然服从；中原不定，此间亦得苟全。你就接了太太来吧！"昨天辛校长也向我说："京沪多事，你还是接了太太来的好。她来，我就派她职务。盘费，我即可汇出，不用你担负。"静秋，请你接到此信后，立刻决定，无论来不来，都打一电报给我。如其可来，当请辛先生电汇盘费。如其不来，则我仍赶速结束功课，准备十二月中归家[2]第五卷，294。

最终，实在因为身体和局势的原因，张静秋夫人未能来兰。虽然知道已经无法挽回，顾先生还是坚持多上几天课，并且每天上午在兰大讲学，下午奔波到西北师院讲学，以期多留一些学术薪火。到11月底，顾颉刚连续接到两封急电，夫人有早产难产迹象，他只得于12月7日匆匆登上东归的飞机。后得知母子平安，所谓夫人有难产迹象不过是张静秋夫人为家中困难计的无奈之举。这也是人之常情，无可厚非，可以充分理解。

顾先生带着对兰大的依依留恋之情东归而去，虽然他在这半年时光里，取得了很大的成绩和收获，初步搭建了自己的学术思想体系，也实现了自己当一名优秀教师的理想，但是，仍然留下了一点点遗憾，那就是《古史钥》未能最终成书出版。在兰大期间，顾先生已经将《古史钥》的六册篇目整理好，计划每册后均附地图、年表、索引[3]第六卷, 321-322。辛树帜校长也已经将这本书作为“兰大丛书”的第一种，向大中国书局付清了出版费用。然而众所周知，随之而来的是政局的天翻地覆和政权的鼎革变迁，一本学术著作就这样无奈地淹没在历史的长河之中。

七、结语

而今，顾颉刚先生离开我们已经30年了，他在兰大讲学的日子距今已有65年，兰州大学也已经度过了百岁华诞。高山仰止，景行行止。每当仰望着《顾颉刚全集》那煌煌62册巨帙，我们仿佛依然可见顾先生在天山堂、祁连堂和积石堂里的身影，耳畔回响着顾先生的谆谆教诲。斯人已去，生者长思。考证顾先生在兰大的讲学生活，吾辈后人深深体会到一位伟大学人的学术理想和心路历程，知学术追求之不易，思学术探索之无涯；我们还看到那一代知识分子为中国高等教育的发展呕心沥血，无欲无求，知办学之艰难，思立校之根本；我们更为顾颉刚、辛树帜那一代学人之间的真挚友谊所感动，人生得一知己足矣，斯世当以同怀视之，知相交之无邪，思相期之永远。而顾颉刚先生任教兰州大学这一段学术史所带给我们的思考，或许才刚刚开始。

致谢：本文在写作过程中得到了中国社会科学院顾潮，中华书局俞国林，兰州大学档案馆段小平，历史文化学院王希隆、王冀青、玉春子、杨自福、杨新宁、王慧明等老师提供资料帮助和支持，谨此致谢！

参考文献

[1]顾潮.我的父亲顾颉刚[M].北京：人民文学出版社.2010.

[2]顾颉刚.顾颉刚书信集[M]//顾颉刚全集.北京：中华书局.2010.

[3]顾颉刚.顾颉刚日记[M].台北：联经出版事业股份有限公司.2007.

[4]王希隆，张克非，杨林坤.坚守育人为本信念，传承百年兰大精神[M]//史苑育英集：兰州大学历史学人才培养模式创新实验区的探索与研究.兰州：甘肃民族出版社，2011.

顾颉刚先生与兰州大学

王希隆　李景铭

2003年是顾颉刚先生诞辰110周年（1893—2003年），同时也是顾先生发起的古史辨运动80周年（1923—2003）。8月8日，中国社会科学院历史研究所在京隆重召开“纪念顾颉刚先生诞辰110周年学术座谈会”[1]，纪念这位国学大师，著名历史学家。笔者有幸作为特邀代表参加了座谈会，并就20世纪30—40年代顾先生在甘肃的社会考察活动及其为兰州大学的发展做出的贡献做了发言。

顾颉刚先生1920年毕业于北京大学文科中国哲学门，留校后随胡适先生整理国故。他在中国古代史、历史文献学、历史地理学、民俗学等方面都有重要的成就，现存著述达二千多万字，是近代以来论著最多的学者。建国前，顾先生曾在厦门大学、中山大学、燕京大学、北京大学、云南大学、齐鲁大学、中央大学、复旦大学、兰州大学、震旦大学等多所大学任教授。兰州大学不仅是他从事过教学的大学之一，也是他担任过历史系主任的三所大学（即中山大学、燕京大学、兰州大学）之一。

抗日战争爆发后，顾先生来西北考察教育，受甘肃学院（原兰州大学）朱铭心院长之聘，任文史教授。抗战胜利后，兰州大学辛树帜校长聘顾先生为历史系首届主任，顾先生专程来兰，主持工作并主讲中古史。顾先生与兰州大学有着不解的情结，曾有“吾忍不终老于此乡”的感叹。探讨顾先生来兰州和他在兰州大学的活动，对于了解顾先生的爱国精神和治

第一作者时为兰州大学历史文化学院教授。该文发表于《兰州大学学报》(社会科学版)2003年第6期。

学思想，对于了解兰州大学的历史，都有着重要的意义。

一、首次来兰州与受聘于甘肃学院

1937年9月29日，顾颉刚先生首次来到兰州。顾先生首次来兰州的身份是管理中英庚款董事会补助西北教育设计委员。王树民先生云："在三十年代中期，管理中英庚子赔款董事会有逐年补助甘肃、青海、宁夏、绥远四省教育设备费二十万元之议，顾颉刚先生受该会委托，到兰州筹划此事……"[2]但来兰州实际之背景，则是因顾先生在北平宣传抗日，七七事变后为日本驻华北军方通缉，逼迫出走。他先南下返回苏州老家，拟在家中读书，继而八一三沪战起，苏州受日军威胁，又不能安居。在此背景下遂接受管理中英庚子赔款董事会的委托，与王渭珍、陶孟和、戴乐仁赴西北考察教育。因此，首次西行，实为避难。顾先生自云，受日特之威胁，"予遂不得不出走，走则至甘肃"[3]。

"七七"事变后，兰州成为抗战的后方重镇，苏联军援由此运抵前方，政治、军事地位突出。8月25日，"八路军驻兰办事处"成立，谢觉哉、彭加伦、伍修权等人代表中共中央和八路军驻兰办事。与此同时，国民党政府加紧控制舆论，统一思想，限制抗日流亡团体的活动。国共两党名为合作，实际斗争并未放松。

9月29日，顾先生与王渭珍到达兰州，与先期抵兰的陶孟和、戴乐仁相会，并参观甘肃省图书馆及各大中专院校。因临洮学校之多为甘肃之最，10月2日顾、戴二人赴临洮考察，于14日返回兰州，22日赴西宁考察，11月1日返回兰州。

从11月1日到1938年1月3日近两个月，是顾先生首次来甘肃在兰州居住最长的一段时间。这段时间中，由于原定3个月的西北教育考察工作于西宁之行结束后即告一段落，管理中英庚款董事会聘请的四位考察设计委员中，陶孟和、戴乐仁、王渭珍先后离兰而去，只有顾先生一人决定留居兰州。除继续教育考察设计未尽事宜之外，他留居于兰州主要有两个方面的原因。

当时作为后方的兰州抗日救亡运动高涨，顾先生自述云："西北青年亦乐于与予相接近，省外留学生抗战团、省妇女慰劳会、青年抗战会、伊斯兰学会等团体并见聘为顾问或指导员。"特别是北平陷落后，顾先生创办的《老百姓》通俗读物停刊，编刊社工作人员听到顾先生在兰州的消息，“群度六盘山而至，故社址亦移兰州，”继续出版通俗读物进行抗战宣传工作。《老百姓》刊物在兰州出版，在当时有很大影响。12月15日八路军驻兰办事处彭加伦、谢觉哉二先生“往会顾颉刚，谈通俗读物事。”19日，顾先生回访，“谈通俗读物事。”[4]兰州抗日宣传工作开展顺利，故顾先生亦作久居之计。

顾先生原任燕京大学教授，北平陷落后他与燕大关系自然中断。到兰州后又有甘肃学院（原兰州大学）院长朱铭心和云南大学熊迪之校长出面聘请。顾先生答熊迪之校长信云：“此间事又待主持，一时固不能行。”他接受了朱铭心院长之聘，担任该院文史教授。这是他留居兰州的又一重要原因。受聘后他即开始备课。11月间日记载，“点读皮鹿门《五经通论》，钞《左传》以试编《国语原本》，备讲学之用。”《皋兰读书记》也记到：“其时甘肃学院院长朱君聘予为教授，予方谋治《左传》以应校课。”当时在兰州的王树民先生回忆说，“大约在十一月间……先生住在城内贤后街四十五号，我住在东关，一日晚饭后前去拜会时，见先生正在灯下点读《左传》……”这是顾先生首次受聘为兰州大学（甘肃学院）文史教授。

但是，就在顾先生决定久居兰州、编辑抗日通俗读物、任教甘肃学院之际，兰州的政治局势发生了变化。11月26日甘肃省政府主席贺耀祖以“防共不严”被调任，朱绍良抵兰接任主席。朱绍良以省抗敌后援会名义，归并各抗日救亡团体，集中领导，并加强舆论监督、思想控制。1月4日，顾先生应邀赴临洮讲学，受聘为临洮小学教员寒假讲习会会长。在此期间，王自治被任命为甘肃学院院长，朱铭心去职，引发了甘肃学院的学生运动。2月22日，王自治在武装警察护卫下进入甘肃学院，被学生围困，发生冲突，学院秩序大乱。同时，顾先生主持的《老百姓》旬刊社被封禁，而新任教育厅长葛武棨到任后创办西北训练团，对教育进行整训，要顾先生主持教务，为顾先生所拒绝。推却西北训练团教务长之聘，惹恼了葛武棨，引起了麻烦。顾先生《皋兰读书记》记云：

> 其时甘肃学院院长朱君聘予为教授，予方谋治《左传》以应校课，而院中易长风潮突作，予迁居临洮，教育厅长葛武棨以予得青年心，与之立老百姓旬刊社，复以通俗读物编刊社中出有《平型关大战》诸书，为共产党张目，控予于国民党中央政府。

《西北考察日记》记云：

而教厅长葛君非但攻讦予于董事会，且以谰言达中央，加予以红帽子……于是予以避网罗，远陷井，盘桓洮、岷、河诸邑，迟迟不回省垣。

受聘甘肃学院后，因兰州风潮突变，顾先生转而在河湟洮岷之间进行社会考察八个月之久，1938年9月他离开甘肃，赴云南大学。首次受聘，虽未能开课，但这是顾先生与兰州大学关系的开始。

二、辛树帜校长与顾颉刚先生

1946年，在上海生活工作的顾颉刚先生，受兰州大学校长辛树帜先生之聘，担任了历史系首届系主任。

1946年3月，国民政府行政院会议决定在甘肃学院基础上成立“国立兰州大学”，任命著名教育家辛树帜先生为校长。

辛树帜（1894—1977），湖南临醴人，早年留学于英国伦敦大学、德国柏林大学，专攻生物学。他是我国著名的生物学家，也是农史专家，又兼治先秦诸子，对老子、庄子、管子之学都有一定研究。曾任中山大学生物系主任、国立编译馆馆长、西北农林专科学校校长。1920年在他任中山大学生物系主任时，即与主任中大历史系的顾颉刚先生成为至交。顾先生首次来甘肃，途经西安时，专程冒雨赴武功西北农林专科学校访辛树帜先生，1937年9月24日日记载：“终日雨。伴质庭到西北农林专校，乘西行慢车，九时开行，下午二时到武功。道路泥泞，兼以上坡，几不能举步。天气骤寒，降至六十余度，所穿衣亦感不足。到校，访辛校长树帜。”1938年9月顾先生赴重庆途中，在成都与辛树帜相遇，日记载：“武功农校，部令改为西北农学院，树帜南来接洽，适与予同寓，欣然相见，因同包汽车赴重庆。”可知两人交往之深。

辛树帜主长兰州大学后，高瞻远瞩，设置院系，并积极争取教育部巨额经费，购置图书仪器，进行基础建设。1946年8月1日，国立兰州大学正式成立，设有法学院（法律、司法、经济、政治、政治经济、银行会计六个系）、文学院（中文、历史、英文、俄文、边疆语文五个系）、理学院（数学、物理、化学、动物、植物、地理六个系）、医学院、兽医学院五大学院。辛树帜校长以办校重在人才，他以自己在教育界的声望，出面延聘了一大批国内著名教授担任院长、系主任。在辛校长的积极努力下，兰州大学的院系设置、校舍扩建、教授延聘、图书仪器设备的购置都有了空前的发展，成为西北地区规模最大的一所高等学府。是年，兰大在兰州、西安、武汉、南京四地设立考区，首次面向全国招生。

兰大历史系即在此时设立。在设立历史系时，辛树帜校长首先想到的是著名国学大师、历史学家、老友顾颉刚先生。他聘请顾先生担任首届系主任，请他来兰州主持系务。此时，顾先生在上海生活工作，因事不能西行，乃请史念海先生代行主任事。后经辛树帜校长力请，顾先生于1948年6月来到兰州大学就职讲学。

三、顾颉刚先生的学术造诣及其在兰大之教学活动

顾颉刚先生在中国古代史、历史文献学、历史地理学、民俗学等方面都有重要的成就。顾先生是近代以来著述最为丰富的国学大师，古史辨学派的创立者。1920年代初期，他在北京大学研究所国学门随胡适、钱玄同整理国故，接受“历史演进”的治学方法，继承和发扬我国学者实事求是、辨伪存真的优良传统，考辨古史古籍。1923年，他在《努力周刊》上发表《致钱玄同先生论古史书》，提出“层累地造成中国古史”的著名论点。他认为：1.时代愈后，传说的古史期越长；2.时代愈后，传说中的中心人物愈放愈大；3.我们在这上，即使不能知道某一件事的真确的状况，至少可以知道那件事在传说中的最早的状况。这一论点提出后，震动了学术界，引发了一场关于古代史料真伪的讨论。顾先生把这些讨论成果编为《古史辨》第一册，于1926年出版。胡适先生评论说：“这是中国史学界的一部革命的书，又是一部讨论史学方法的书。此书可以解放人的思想，可以指示做学问的途径，可以提倡那‘深澈猛烈的真实’的精神。治历史的人，想真实地做学问的人，都应该读这本有趣味的书。”此后直至1940年代初期，顾先生编辑出版《古史辨》计七册，三百多万字，从而奠定了“层累说”在史学研究中的坚实地位。

顾先生又是我国现代历史地理学的奠基人。在研究中国古代史和古代史文献过程中，顾先生特别留意古代地理问题。1930年代，他在燕京大学和北京大学开设“中国古代历史地理沿革史”课程，以研究《尚书·禹贡》为始，发起成立了禹贡学会，创办了《禹贡半月刊》，推动了历史地理学研究的发展。九一八事变后，随着民族危机的日益加深，顾先生与禹贡学会同仁把研究的方向转向东北和西北的边疆地理和民族问题，《禹贡半月刊》出版了这方面研究的专号，刊出了许多重要的成果。通过禹贡学

会和《禹贡半月刊》的学术活动，培养了谭其骧、侯仁之、史念海等一批著名的历史地理学家，奠定了中国历史地理学发展的坚实基础。

顾先生还是我国著名的民俗学家。他注重以民俗学资料来印证古史，重视社会考察，重视田野调查资料。他在北大期间，编辑《歌谣周刊》，整理出版《吴歌甲集》。研究孟姜女故事，发表《孟姜女故事的转变》等论文。1925年，他带领同仁数人，赴离京西40公里的妙峰山，对妙峰山庙会进行了为期三天的民俗考察，《京报副刊》连续六期刊出妙峰山进香专号，推动了对妙峰山庙会民俗的研究。七七事变后，他来到甘肃考察西北教育，在汉、回、藏杂居地区进行社会考察，历时八个月，足迹遍及河、湟、洮、岷间，对这一地区的民族教育、民族关系、藏传佛教、伊斯兰教进行了全面细致的考察，收集了大量资料。

经辛树帜校长的力邀，顾先生于1948年6月抵达兰州。十年前顾先生为甘肃学院朱铭心院长聘为文史教授，虽因故未能开课，但当时他已经做了部分备课工作。《兰课杂记》中记到："此一九三七年秋，予至兰州，甘肃学院朱院长聘任讲座，预备功课之册也。其后院中风潮起，予竟未授课，故所书不多。一九四八年，即以此册做读书笔记焉。"

他在兰州大学半年时间的这次讲学主要集中在中古史研究领域。

来到兰大的当月即在历史系开课，主讲中国古代史。此次主讲的内容，是顾先生30年中古史研究心得的系统料理。他在序论中讲到："我从事中国古代史的研究工作，已经三十年，这次来兰大，想把三十年来研究的心得，作一番系统的讲述与检讨，不过三十年来所致力的，大半偏重于零碎问题的考据与研讨，整个的来做一番系统的研究，这还是第一次尝试……"

这一系统研究的尝试，是在6月21日至12月2日集中讲授了235个课时的中国古代史专题讲座。日记载讲授专题及课时安排如下：

序论（四个时代），6月21日至24日，8课时。

中国古代史料概述，6月25日至7月3日，14课时。

《诗经》，7月6日至10日，10课时。

《楚辞》，7月13日至21日，14课时。

《尚书》篇目及汉魏古文，7月22日至31日，17课时。

《尧典》、《禹贡》、《皋陶谟》、《洪范》，8月3日至12月2日，172课时。

分州说，8月3日至4日，4课时。

五服说，8月5日，2课时。

四宅说，8月6日至11日，5课时。

五岳说，8月11日至14日，7课时。

任贤说，8月19日至20日，3课时。

禅让说，8月17日至25日，10课时。

道统说，8月25日至10月22日，82课时。

五伦说，9月10日至11日，2课时。

五行说，10月29日至12月2日，57课时。

调和、相胜、相生说，10月22日至23日，3课时。

《洪范》及灾异说，10月26日及29日，7课时。

明堂说，10月29日至11月2日，4课时。

气候说，11月2日至5日，6课时。

顺时布政说，11月5日至9日，4课时。

五帝五神说，11月9日至16日，8课时

月令，11月16日至18日，4课时。

三王、五帝、三皇说，11月18日至20日，5课时。

五德终始说及三统说，11月23日至12月2日，16课时

从上列讲授专题可以看出，此次讲课内容极其丰富，凡上古史研究中的主要问题无不涉及。此次讲授的内容，是他集中研究中国古代史的系统成果。具体内容目前公开发表的有辛树帜先生长女辛毓南记录的《中国古代史料概述》[5]和李得贤记录的《中国古代史研究序论》[7]。

中国古代史为历史系本科学生基础课，今日各重点高校历史系中国古代史学时安排，最多每学期不过72课时，以3学期计，不过216课时。顾先生以半年时间，集中讲授235课时，其讲授内容之丰富，涉及问题之重要，时间跨度之大，非数十年潜心学术的大师级教授难以完成。可知顾先生将30年研究心得系统化的说法确非虚语。

当年听过顾先生此次讲课的张季容（又名张令瑢）女士（张鸿汀先生三女，兰大历史系首届学生，原甘肃省文物研究所研究员）曾告诉笔者，当时听课者除了中文、历史两系学生外，还有不少教师，大家为顾先生丰富的知识和认真的钻研精神所折服，多少年以后顾先生讲课时的音容笑貌还留在她的脑海中。

四、顾颉刚先生与兰州大学的不解情结

顾先生两次受聘于兰州大学，尤其是1948年来兰大就职讲学，与兰州大学结下了不解的情结。1948年6月顾先生到达兰州时，在辛树帜校长的积极努力下，兰州大学正在进入空前发展时期。兰州大学起源于1909年成立的甘肃法政学堂，1915年经北京政府教育部批准在法政学堂基础上成立甘肃公立法政专门学校。1928年在此基础上成立兰州中山大学，旋改名甘肃大学、省立甘肃学院。1944年甘肃学院改为国立。由于甘肃为西北偏僻之地，经济落后，在这35年中，学校历尽艰难险阻，发展缓慢，无论基础建设还是师资力量，与国内其他同时期建立的大学不能相比。1946年国民政府行政院会议决定成立国立兰州大学，任命辛树帜为校长后，兰州大学进入了空前发展时期。顾先生对发展中的兰州大学，尤其是建立不久的兰大历史系，寄予很高的期望。1946年受聘为历史系主任，虽未到任，但对历史系建立后的发展方向提出了规划，他认为兰大历史系地处西北，当以西北各民族及国防为研究之对象。1948年在兰大讲学期间，正值兰大新教学楼、新图书馆落成，辛树帜校长采用顾先生建议，名教学楼为“昆仑堂”，名新图书馆为“积石堂”，顾先生亲撰《昆仑堂记》、《积石堂记》，以记其事。他在《积石堂记》中追溯了兰大图书馆的发展史，高度评价了辛树帜先生建设兰大的功绩，对兰大的发展提出高度的期望：“当左文襄公之创建甘肃贡院也，至公堂后，越方池为观成堂……民国十六年，马鹤天先生任甘肃教育厅长，于斯立中山大学，设礼堂于至公堂，改观成堂为图书馆……是后甘肃学院因之。至三十五年，中央政府因学院之旧，立兰州大学，命辛树帜先生长校。先生高瞻远瞩，知树人大计必以师资及图书仪器为先，既慎选师资，广罗仪器，更竭其全力于购置图书，京沪陇海道上，轮毂奔驰，捆载西来者大椟数百事。未几，战祸突兴，陆行阻绝，又以飞机运之。二年之间，积书至十五万册，卓然为西北巨藏矣。于是以至公堂为阅览室，尽辟观成堂后小屋二十为书库。犹感不足，相其地宜，各房科旧屋历年久，虞倾圮，乃于三十七年之夏拆除之，即其基址建藏书楼二座……两楼所容，计可三十万册。后楼之北尚有余地，他年海内承平……则将增筑书库，其为八十万册之储。其规模之闳，致力之锐，所以推动西北文化者，岂不伟欤。”

接着，他感叹道：“颉刚自抗战以来，流离播迁，虽备员大学，曾未

能一日安居，书本之荒久矣，年日长而学日疏，思之常悚叹。今夏来此讲学，得览藏书，左右逢源，重度十余年前之钻研生活，目怡心开，恍若渴骥之奔泉，力不可抑而止，是以家人屡促其归，而迟迟其行也。使采储八十万册者，吾忍不终老于此乡！”

顾先生早在此十年前就已存有在甘肃定居之愿。1938年6月6日日记载：“予游西北，最爱卓尼，友人劝留居，怂恿置屋。今日看屋一所，凡十四间，价四百元。”十年后又有“吾忍不终老于此乡”的感叹。甘肃藏区的秀丽山水和发展中的兰州大学的藏书曾使得这位国学大师流连忘返，迟迟不归。

在谈到顾先生与兰州大学的不解情结的同时，应当指出，一代国学大师顾颉刚先生接受兰州大学的聘任，来兰大就职讲学，是与辛树帜校长超前的办学指导思想紧密相关的。辛树帜任校长期间，兰大不仅基础建设空前发展，而且校内聚集了一批一流的专家学者。兰大学生形象地赞扬他说：“辛校长办学有三宝，图书、仪器、顾颉老。”“顾颉老”即指以顾颉刚先生为首的一批著名教授专家。

注释：

[1]纪念会原定在5月15日召开，因“非典”疫情问题，推迟到8月8日.

[2]王树民.甘青闻见记前言[G]//甘肃文史资料选辑，第28辑.兰州：甘肃人民出版社，1988.

[3]顾颉刚.顾颉刚读书记·皋兰读书记[M].台湾：联经事业出版公司，1990.

[4]甘肃省政协文史资料编委会.谢老在兰州[G]//谢觉哉日记.兰州：甘肃人民出版社，1985.

[5]顾颉刚.中国古代史研究序论[G]//文史，第53辑.北京：中华书局，2000.

[6]文史，第61辑[M].北京：中华书局，2002.

[7]文史，第53辑[M].北京：中华书局，2000.

顾颉刚关于“国立兰州大学”的两篇序记述略

刘文江

顾颉刚先生（1893—1980），江苏苏州人，是我国20世纪著名的历史学家和民俗学家。顾颉刚一生行踪遍及天下，先后在多所大学执教。1954年以后，在中国科学院哲学社会科学学部历史研究所工作直至病逝。顾先生于1937—1938年和1948年先后两度来西北考事教育并讲学，更在1948年6—12月间在兰州大学担任历史系主任，并亲执教鞭，开讲《中国上古史研究》课程[1]334，是时顾先生刚刚当选中央研究院人文组院士，学术声望正隆，除兰大学子之外，甘肃省在外游学而放暑假省亲的学生以及社会各界均来听讲，一时蔚为金城盛事[2]227。

关于这一段史实，除了王树民[3]、李得贤[4]等与顾先生关系密切的前辈学者之外，兰州大学汪受宽、王希隆两位教授都撰文对此加以研究、介绍[5-6]。《兰州大学学报》（社会科学版）也在1999年90周年校庆专刊上，刊载了图书馆朱渝对顾颉刚先生为当时的图书馆——积石堂落成所做的一篇碑记《积石堂记》的介绍[7]。文章说，这篇碑记，得之于图书馆旧藏档案，经满达人先生指点，得以连缀成文。其实，除了这篇《国立兰州大学积石堂碑记》以外，另有《国立兰州大学图书馆概况序》以及《国立兰州大学昆仑堂碑记》二篇专为兰大所作。二篇均见于1949年4月由上海合众

作者时为兰州大学文学院讲师。该文发表于《兰州大学学报》(社会科学版)2009年第2期。

图书馆油印的《上游集》中[①]。

关于《积石堂记》，前述的几位先生都有所记述，至于原文，也可以参看《兰州大学学报》（社会科学版）所出的90周年校庆专辑，这里不再赘述。这里重点谈一谈《图书馆概况序》和《昆仑堂碑记》。

顾先生两度来西北，所作文字大都收在《西北考察日记》《浪口村随笔》《上游集》三书中。中国边疆史地中心在1983年、甘肃人民出版社在2002年，分别翻印出版过《西北考察日记》；辽宁教育出版社的《新世纪万有文库·近世文化书系》1998年也曾收入《浪口村随笔》一书。而《上游集》至今未见再版。据《上游集·序》作者自言，此书由当时上海合众图书馆顾廷龙先生主持油印出版，行世不过百部。因此，60年后的今天更是难觅芳踪了。笔者因就学于中国社会科学院研究生院，因为兰州大学百年校庆的缘故，特别访问了该院图书馆“顾颉刚文库”，得以看到这部难得一见的《上游集》，在这里向读者介绍这两篇文章。

一

《图书馆概况序》是1948年11月12日顾先生为当时的图书馆主任何日章编印的《国立兰州大学图书馆概况》所做的序文。文中叙顾先生自己1937年九、十月间来兰州考察西北教育，到甘肃学院（兰州大学自1932—1946年间办学的名称）图书馆访书，仅见两三万册。而11年后重来，发现在学校同仁的努力之下，各类图书杂志已增富颇多[②]。

图书馆概况序

当民国二十六年之秋，颉刚衔命抵皋兰，考察西北教育，甘肃学院院长朱君闻之，聘主讲座，遂出入院中者匝月。其时日机西来施炸，甘肃省立图书馆暨五泉图书馆所藏，悉闻置南山洞穴中，不可得见，所得读之公家书惟学院而已。院中成书两三万册，略數搜寻，而学校风潮忽起，庭院阒其无人，辄独键户诵焉。前岁学院改大学，辛树帜先生长校，聘颉刚主史系，人事牵缠，至今夏始得来，进萃英门，观三山堂，气象高伟，大异于曩所见。入图书馆，则中外图书杂

①《兰州大学校史》一书中也提到了这三篇文章，但仅见其名，没有记述具体内容。参陆润林主编《兰州大学校史》（1909—1989），91-95页。

②根据《兰州大学校史》（1909—1989）第91页记载，全校到1948年共有图书11万册。

志充塞老屋数十椽，如登群玉之峰，为宝气所震慑。询主事者谁，则前河南省立图书馆长兼博物馆长何日章先生，二十年前之旧识，夙服其开创之才者也。以辛校长之旁搜远绍，何主任之勇猛精进，两美必合，仅仅二年之力，轶出他人数十载之功，其魄力之沉雄何可及哉！校长自述其采书之方针曰："杂志为一代学术之总汇，故全世界学术性之杂志务求其全。线装书以清代刊本为最精，近五十年之著述与今人呼吸相通，故亦必求其备。"颉刚暑中讲学，有所索几必得，益信其言之诚，而其启发学徒，俾识现代水准，兴迈进之思，其有功于后学宁有极耶！西北自唐而后，国都远徙，迄今千年矣。魁士既不至，当地人亦少外游，文化日臻于枯涸。追念汉唐之世，西域之道大通，河西四郡为国家门庭，文物积累，至今尚有敦煌画壁写经艳称于世，以昔抚今，唯有长叹。然剥极则复，复兴西北之声已籍甚于人口，一旦国家安定，交通大启，地不爱宝，工业兴而人文起，汉唐之盛固不难睹也。兰州为西北钤键，大学储才以待用，得辛校长之安排措置，其有裨于他日恢弘之业所不待言。图书馆者，又教学之根也。今既穰穰满家，新得之本不克启箱，乃更筑积石堂为新馆，期为五十万册之藏，陇士何幸，得此文宗。昔左文襄公文武兼秉，开府此间，请于中枢，与陕西分场试士，陇中文学，彼实振之。今大学所在地即当时之试院，图书馆即至公堂，积石堂基址即阅卷各房科，而左辛二公并为湘人，先贤后贤，若合符节，宜为永传之嘉话。日章主任编印《图书馆概况》既成，属书数语，是述所怀以塞其意，且祝校务与馆务之日有进，莫将来伟业之基焉[8]28。

颉刚先生熟稔史事，甘省自唐以后，中国的政治中心由关陇东迁，而兼气候干旱，经济文化渐趋衰落。近代以来地震、兵祸，绵延不断，人才匮乏。然而教育是一国之根本，而图书又是文物典章、历史人情的物化载体，是教育体系中师生获得知识的另一条渠道。要办好一所现代大学，必须要有丰富的图书资料以供师生教学研究之用。而在当时甘省这样一个边陲之地，教育文化均不发达，既缺乏优良的师资，又没有充足的图书资料。辛树帜先生长校之后，明确两路办学方向，一是延聘名师；二是增加图书资料，尤以杂志为主。这一办学思路两三年后已卓有成效。当时的学生中有一句顺口溜："辛校长办学有三宝，图书、仪器、顾颉老。"[9]说的就是这一史实。辛树帜校长与顾颉刚先生的交往，实在也是值得一书。两人相识于1927年。时辛校长自德国留学回国，出任广州中山大学生物系主任，而顾颉刚先生出任该校史学系教授兼主任，双方由傅斯年引见而相识。《顾颉刚年谱》记载：是年10月19日，傅斯年与辛树帜来，“余于今日始识树帜，中大生物系主任也。渠在德留学时，始读予辨古史文，曾大骂予，后乃侵对予表同情，遂为五十年来不变之好友。”[1]145辛树帜校长以科学家身份兼治《尚书·禹贡》[10]，因此双方不仅是私人情谊，同时更是学术唱和。这在当时乃是科学与人文交通的一段佳话。

二

甘肃学院改国立兰州大学之后，国民政府任命辛树帜为校长。辛校长就任之初，除上述两路办学方向之外，另在今萃英门校址新建现代馆堂以供教学之用。取饮水思源之意，用西北的名山为这些建筑物命名，如贺兰堂、昆仑堂、积石堂之属。私下揣度辛校长办学之理念，兰大固已改为国立，但因为所处西北之特殊情况，一方面要以天下为己任，承当国立大学培养“国用之才”的任务；另一方面，兰大也要立足西北，立足本省，“学于斯者念之哉！”以教育回馈社会。这也是当时先进的西式大学教育理念。几十年之后，20世纪90年代初兰州大学新建一分部，重以五岳，命名其教学办公楼，也是土述理念的承续。而目前兰州大学在基础研究领域的雄厚传统，以及针对西部“天地生人”的学科特色优势，岂不同样也是这一理念的实践么？

昆仑堂碑记①

中原之地，弥望平畴，可以通沟洫，画井田，其民治生有常度，是以朴质而无玄想。自虎牢函谷而西，乃有高原。自太白六盘而西，乃有峻岭。迤逦至于西倾、祁连之境，拔海率在五千公尺上，行其地者步益高，气益促，似将直上于天扪星摘斗者然，是以古代神话多萃集于西北。曰山者，玉膏汤汤，黄帝是食者也。曰槐江之山者，是生琅玕，天帝之平圃也。曰昆仑之丘者，河、洋、赤、黑四水之所出，天帝之下都也。又西曰玉山，西王母所居，其状如豹尾虎齿而善啸者也。其在古籍，《西山经》记之详矣。而《淮南》之书则称述帝之下

①本文作于兰州，时1948年11月26日。

都尤瑰玮，曰：“昆仑虚中有增城九重，其高万一千里百一十四步二尺六寸。上有木禾，其修五寻。珠树、玉树、璇树、不死树在其西。沙棠、琅玕在其东。绛树在其南。碧树、瑶树在其北。旁有四百四十门，门间四里，里间九纯，纯丈五尺。旁有九井，玉横维其西北之隅。北门开以内不周之风。倾宫、旋室、县圃、凉风、樊桐在昆仑阊阖之中，是其疏圃。疏圃之池，浸之黄水。黄水三周复其原，是为丹水，饮之不死。河水出昆仑东北陬，贯渤海，入禹所导积石山。赤水出其东南陬，西南注南海丹泽之东。赤水之东，弱水出自穷石至于合黎，馀波入于流沙，绝流沙南至南海。洋水出其西北陬，入于南海羽民之南。凡四水者，帝之神泉，以和百药，以润万物。昆仑之丘，或上倍之，是为凉风之山，登之而不死。或上倍之，是谓县圃，登之乃灵，能使风雨；或上倍之，乃维上天，登之乃神，是谓太帝之居。”其说如此。是昆仑者，下属地而上通天，神与人以此而往来，诚能立大决心，前进而不已，不第超脱生死，且直与造物者比肩而游焉。昆仑四隅之水，河则流于东海，赤、弱、洋水流于南海，依增城以远望，莽莽苍苍，目穷乎万里，谓非天地间至壮之观耶！《汉书·地理志》于金城郡临羌下曰：“西北至塞外，有西王母石室，西有弱水昆仑山祠。”临羌于今为青海西宁，是古人所谓昆仑与西王母者必在西宁之西无疑也。青海康藏于全世界为最高原，大江、黄河于全世界为最长川，山川之壮阔若是，凭依之高迈若是，居者行者感发遐思，以为俄顷之间即将对越上帝，此实一发而不能自禁之宗教热诚，不当斥为无稽之揣测者矣。

汉武帝即位之初，匈奴破月氏，以其王头为饮器，月氏遁于西荒，怨匈奴甚，武帝欲合其力以击匈奴，遣张骞为行人，得游大宛、康居、大夏诸国，归而述其事，汉人由是始知有西域。黄河源者，《禹贡》所未详，骞至于阗，观其地多玉石，与□山、玉山若相符，又于阗之西，水皆西流注西海；其东，水东流注盐泽，与旧传河水之贯渤海也亦近似，遽谓自盐泽而下，河水潜行地中，至积石而出，为中国河，得河源矣。遂出所采玉石，为天子道之；武帝大喜，案古图书名河所出山曰昆仑云。衡以今日之地理智识，则骞所谓河源者，新疆之塔里木河，入于罗布淖尔而止，故无术潜出于积石，惟一经张骞之武断，再经汉武之锡名，二千余年来，于阗南山乃确定为昆仑而不可移，此犹“秉烛尚明”非其朔义也。

中华民国三十五年，国民政府置国立大学于兰州，任命辛树帜先生为校长，西北人士欢忻相告，甘肃省参议会及省政府决议划兰市西北萃英门内子城全区为校址。其地旧为贡院，清季左文襄公总督陕甘时所创建，广可二百四十亩。在昔子城未建，其北为海家滩子，滨河而洼。树帜先生既至，以为现代之大学必具有现代之规模设备，乃可使莘莘学子吐纳当世之空气，以接受世界学术之水准，既竭其力以充实图书仪器，又于曩所谓海家滩子者建筑三堂，冠以西北之名山，曰贺兰、祁连、天山，大启学者崇高之心胸，而累土以填其西隅，建台曰中山堂，临于体育场，以会集全校师生。然堂既隘，而风雨之来又不可抗拒，实不通于合大众，于是定议并台与场建大礼堂。贺兰、祁连诸堂皆课室，以实验室之夥也，课室又不足，并议于礼堂左右及前部增筑之。兴工于二十七年九月。堂之状若飞机，张其左右翼，机身为大礼堂，居其后，长三十九公尺，宽十九公尺，高八公尺，面积七百四十平公方，设座容千八百人，直立可二千余人。前楼二层，长九十公尺，宽十五公尺有半，高十公尺，中部三层，高十四公尺，以楼上下面积合计之，得三千六百平公方，中置课堂二十七，凡容六十人者十七，八十人者八，百六十人者二，又办公室十二，几小者十，大者二。是堂也，匪特于斯校为巨构，亦今陇中诸县市所莫与京者矣。以西北之山无大于昆仑者，名之曰昆仑堂。以昆仑之在青海境也，奠基之礼乞青海省政府马主席子香为之，并书以颜其额。主席公子少香军长，名将也，驻军平凉，往来经兰州，辄游于校，与诸师生班荆道故，承请于主席，赠以大木百章，备栋梁材，工是以得完。又以工事之巨与地之早寒也，两营造厂分主之，□之□□，筑之登登，或解木，或椎基，或畚土，或驱车，工作者日以二百人为律，自朝至暮不少息，迄十一月终而外部悉成。明年春暖，继修内部，轮焉奂焉，弦歌咸集，大学之规模立矣。而校长又拟筑工学院于西郊，筑附属中学于上西园，筑教职员宿舍于北山之麓，则工事犹未竟也。

夫以今日强邻眈视于外，战祸暴兴于内，商辍于市，妇叹于室，士不能恒其业，民生其侥幸之心，主持一机关者竭蹶支撑，形格势禁，虽有善者，冀一时之苟全已耳，即不然，作一隅之粉饰已耳，谁复发大愿，起大信，以赴大事者。树帜先生立大任重，不远讥谤，以导于先，校中同人齐一心志，忍饥耐寒，以随于后，用能当兹物价日高校款益竭之际，而此弘伟之目标卒底于成。然则是堂也，一砖一木之间因皆涂有血汗涕□在焉。后之人登于斯，观其堂皇而博大，幸毋误谓为物力充盈之显示，当知此实为一篇可歌可泣之史诗也。诸生来学于斯，诵书听讲，集会游艺，陶陶以乐，愿辄顾念此缔造之辛劳而有以自振奋也。昔周公之戒成王曰："君子所其无逸"，又曰："先知稼穑之艰难"，学于斯者念之哉！当知屋宇可得而毁，唯此为之于不可为之日之精神则永永不可磨灭者尔。

工事之兴与其成，实赖众力之擎举。辅助校长相度地宜，规划局势者，董爽秋、段子美、李镜湖、向郁阶、水天同、乔树民、陈祖炳、王德基诸先生也。为请于子香主席贤乔梓而得其厚锡者，杨质夫、吴均、李得贤三先生也。设计建筑者，钱青选先生也。绘制图样者刘郁文、郭祖培、上官宗贵三先生也。调度经费者，刘宗鹤、牛得林、何日章、张鸿欣四先生也。督进材料者，吴鸿业、刘希成、吴达实三先生也。常川驻窑厂负发砖责者，李祖恒、段永祺二先生也。包筑大楼者，格盛营造厂马式玉先生也；其大礼堂，则源利营造厂徐文彪先生也。监督工事者，焦信之、张绍先、龚才相三先生也。是皆不可以不记。民国三十七年十一月二十六日行奠基礼，颉刚幸得观焉，退为斯记以彰其盛，并述古人之想象以兴其情。方今子香主席主青海军政十余年，政肃刑清，百废俱举，入其境，林木蔚然，道路坦然，夏屋巍然，《山经》、《淮南》所述之神话不难渐化为事实。数十年后，天帝之旋室、县圃与其珠玉瑶碧之树其志移于人间乎？

而斯校也，穷究科学，精思眇虑乎天人之间，从事乎控制自然之业，宜于人者则顺之，其不宜者则戡之，用日以利，生日以厚，是则岂特登昆仑之最高峰者为神，其个人之成功为足颂，因广之于天下而无不被其泽，将衍其颂声于无穷也。树帜先生之大愿大信必至于是而后具足，此固后学者必当负荷之重责，其勉之哉！其勉之哉！

爰系之以辞曰：泉兰之阴兮白塔之阳，黄流浩荡兮撼我墙。天山祁连兮从其旁，五岳俯首兮若羔羊。昆仑三成兮入混茫，擎天柱兮此可当，移嘉名兮颜我堂，文章华国兮何煌煌。弦歌作兮乐未央，秀士来兮趋相将。奋前进兮毋自□，秉信心兮终有庆。瑶之圃兮远飘香，沙棠琅玕兮列千行，天上芬华兮莫长望，待君力兮植之于此方！[8]30–32

《昆仑堂碑记》分三部分：第一部分为“昆仑”之溯源，从中国神话中的“昆仑”系统入手，阐发西北的重要性，并以此引申在兰州建立国立大学的必要性。

抗战爆发前后，日本人提出所谓“中国本部”的概念[11]，妄图把我国边疆地区列为次要地区，以麻痹中国人民的反抗意志，为吞并东北之后进一步在当时的热河与察哈尔地区发动侵略行为做铺垫，蒙骗国人认为只是失去了次要区域。顾颉刚先生和当时的一些学界同仁愤而发起边疆学会，研究边疆的地理人文、历史民族，极大地提升了民族自信心和自豪感。另一方面，顾先生在20世纪20年代开辟的“疑古”史学，细致地区分了神话和历史的关系；在他的晚年，他又提出了“昆仑”和“蓬莱”两个神话系统，将中国土古神话体系化了。所以，“昆仑”神话与西北，既是现实写作的需要，也是学术上的兴趣。因而作起这篇文章来，更是情感深厚，气韵秀伟。

接着，顾先生在文章中叙张骞奉汉武帝之命出使西域，得以游大宛、康居、大夏等西域诸国，至于阗以当地之多玉石而与《山海经》所载相映证，推测说“河水”（黄河）“自盐泽而下，潜行地中，至积石而出。”武帝因此命名新疆之于阗南山为昆仑山的史实，来追溯河水与中国文化、中国历史的关系，同时穷溯古人究河水之源的探究精神。进而一转，因兰州大学萃英门校址即位于黄河之滨，正可以承接这段文化余脉，以现代之“智识”，于此地探索“天人之际，古今之变”，可谓得其所哉！

第二部分叙昆仑堂的形状大小及主事的各色人物。顾先生写到：在兰州大学转设为国立之后，“西北人士欢忻相告”，而当时“甘肃省参议会及省政府决议划兰市西北萃英门内子城全区为校址。其地旧为贡院，清季左文襄公总督陕甘时所创建，广可二百四十亩。”辛树帜校长长校之后，多方奔走呼吁，将原居此地的众多单位迁走，方才可以联翩修成积石堂、昆仑堂、天山堂等现代建筑物。

最后部分效楚辞之“乱辞”，作歌勖勉诸位师生。

顾先生前后三文所述“甘肃贡院”的历史沿革，其实对整个甘肃省有极其重要的意义。明朝建立之后，甘肃与陕西合省。清代虽然在康熙六年建立甘肃省，但一直未能与陕西分闱、分场，只是在陕西西安设立考点。因此明清两代的大部分时间，甘肃学子若想在科举中有所作为，必须千里迢迢赴陕西赶考。这是造成明清两代甘肃的科举人物稀少的原因之一，也是近古时代甘肃文化不甚发达的重要因素。而左宗棠出任陕甘总督之后，条陈光绪帝，建立甘肃贡院，以使甘省学子有一个仕进之地。也因此在以后清朝废科举、兴学堂的历史背景中，为本省能够顺利设立甘肃法政学堂，打下一个好的基础，这即是兰州大学的肇始。所以顾先生的三篇碑记均提及此事，并用他绵远的历史眼光反复深凿出这一大学在甘肃、乃至西北的重要性。

这一时期要在经济条件落后的西北地区办起一座现代的国立大学，其艰辛亦是令人感慨的。加之当时正处新旧政权更迭之际，物价飞涨。国立兰州大学1946年初成立之际，得到国民政府教育部10亿法币的开办经费[12]75，但是随后的两年多时间里，出现了天文数字般的通货膨胀；学校方面于是争分夺秒，到东部地区购置图书仪器，在校内也是辛苦耕耘，抢建校舍礼堂；到1948年七八月间，兰州一石米竟要法币4000万元[2]231，条件愈发艰苦。虽然如此，在辛树帜校长的主持之下，一大批知名教授，如文中所提到的董、段、李、向、水、乔、陈、王诸先生，不避危困，来到兰大，为学校日后的教育科研事业，奠定了一个良好的基础。顾颉刚先生亦如是。来校之后，他辛勤备课，虽已五十六岁，但每日上课两小时，讲授古籍之源流和古史问题，大受学生欢迎，辛校长亦敬若上宾。半年下来，利用学校丰富的图书资料，积稿二十万言，拟编为《古史钥》[1]334；在与家人的信中，他甚而说自己是“留学”，意指欲留此地而为学问之道。“我吐了三十年的丝，现在可以借这机会织成帛了。这是我十七年来求之不得的，现在竟得到了，如何忍得放弃。我在此地多留一天，我的学问就多织了一点。”[2]230-234可见教与学之欢洽。也可观当时兰大师生不畏险阻，倾心向学的景况，正是“唯此为之于不可为之日之精神则永永不可磨灭者尔”！

文章的第三部分是顾先生的期望，其勉励诸位师生努力探索人文、自然之业，“成一家之言”，而可以使天下被其泽，不负国立大学之使命。最后以骚体为颂诗而结句。

顾先生在《浪口村随笔》中说，明季名臣杨继盛流谪临洮时在当地开书院、办教育，虽为时不过一载，但当地人于四百年之后的民国，仍然隆重祭祀这位开启文化风气的历史人物[13]，以外人度之似不可解。然而以顾颉刚先生于兰大初成且又时局艰危之时来此执教之经历衡之，仿佛又可解释。正所谓：以斯人而有斯文，以斯人而遇斯地也！

参考文献

[1]顾潮.顾颉刚年谱[M].北京：中国社会科学出版社，1993.

[2]顾潮.历劫终教志不灰——我的父亲顾颉刚[M].上海：华东师范大学出版社，1997.

[3]王树民.顾颉刚先生甘青之行的轶事[G]//王煦华.顾颉刚先生学行录.北京：中华书局，2006：212-216.

[4]李得贤.顾颉刚先生与西北[G]//王煦华.顾颉刚先生学行录.北京：中华书局，2006：226-232.

[5]汪受宽.顾颉刚先生1937—1938年在甘肃[G]//王煦华.顾颉刚先生学行录.北京：中华书局，2006：232-241.

[6]王希隆，李景铭.顾颉刚与兰州大学[J].兰州大学学报：社会科学版，2003（6）：49-53.

[7]朱渝.顾颉刚与兰州大学图书馆[J].兰州大学学报：社会科学版，1999（3）：33-37.

[8]顾颉刚.上游集[M].上海：上海合众图书馆.油印本，1949.

[9]中国科学技术协会编.辛树帜[G]//中国科学技术专家传略：农学编：综合卷一.北京：中国农业科技出版社，1996：117.

[10]辛树帜.《禹贡》新探[M].北京：农业出版社，1964.

[11]王煦华.抗战期间的顾颉刚先生[G]//王煦华.顾颉刚先生学行录.北京：中华书局，2006：298.

[12]陆润林.兰州大学校史（1909—1989）[M].兰州：兰州大学出版社，1990.

[13]顾颉刚.浪口村随笔[M].沈阳：辽宁教育出版社，1998：243-244.

顾颉刚先生未刊书信两通释述

王希隆

一

兰州大学档案馆藏有顾颉刚先生致兰州大学前身甘肃学院院长朱铭心书信两通，墨笔缮就，信末所署时间为1937年11月25日和1938年2月8日，共三页。11月25日一通为两页，第二页有眉批，为11月26日朱铭心院长批示复函要点。两通书信皆为民国通用之红格宣纸信笺，2月8日一通所用信笺下印有"临洮兴记文书局承印"字样。

兹录两通书信全文并标点断句。

11月25日书信一通（图1、图2）：

> 铭心先生赐鉴：屡承教言，至为所幸。刚等本拟至天水考查，而戴先生以飞机停航，改乘西兰路车东返。以彼高年，恐不堪途中辛苦，故推王文俊兄伴送至汉。刚一人在此，秦游遂尔作罢。惟十二月已届考试之期，上两三星期课即停一二月，似不如至明年授课为宜。届时文俊兄亦可返兰。渠拟任之课为"近代教育思潮"，刚拟为"中国古代文化史"。所恨北平书籍无法寄出，虽在此间专肆购置一二，终嫌不足。因拟自下月一日起，每日到贵院读书半天，借图书馆之收藏，作编讲义之豫备，想荷允可也。匆此举达，敬请大安。弟顾颉刚顿。十一月廿五日。

①作者时为兰州大学历史文化学院教授。该文发表于《兰州大学学报》(社会科学版)2013年第1期。

朱铭心院长眉批（图2）：

函复顾氏，其内：（1）蒙允就聘，嘉惠西北青年匪浅。（2）明春开学时再授课。（3）敝院已为伊预备读书处，请其随便来院。十一月，廿六。（朱铭心印）

2月8日书信一通（图3）：

镜堂院长先生大鉴：上月到洮，临行匆匆，未走别为怅。现在临洮讲习会业已结束，以康乐、渭源两县局邀请参观，拟顺道一游，因此，回兰之期须在二月底或三月初。贵院嘱任功课，恐初开学两星期中不克上堂，无任抱歉，乞赐原恕是幸。特此告假，请即鉴察。专上敬请道安。弟顾颉刚顿。二月八日。

按，顾颉刚先生（1893—1980），名诵坤，字铭坚，号颉刚，江苏苏州人。著名国学大师，古史辨学派的创始人，中国历史地理学和民俗学的开创者，近代以来著述最多的学者。曾任厦门大学、中山大学、燕京大学、北京大学、中央大学、复旦大学、兰州大学、云南大学等校教授，中央研究院院士，中山大学、兰州大学历史系主任。解放后，历任中国科学院历史研究所研究员，第二、三届全国政协委员，第四、五届全国人大代表。先后主持《资治通鉴》和“二十四史”及《清史稿》的点校工作。

顾颉刚先生逝世后，其女公子顾潮教授、助手王煦华教授等人辛勤整理其遗稿，历经十余年，编成《顾颉刚全集》，计8集，62册，2500万字。在整理过程中，先后纳入国家“九五”、“十五”、“十一五”重点出版项目，并作为第一届国家出版基金重大资助项目，由中华书局出版。

2010年12月25日，中华书局、北京大学国学院、中国社会科学院历史研究所在北京香山饭店联合举办了“《顾颉刚全集》出版发布会暨顾颉刚先生逝世三十周年学术座谈会”，受到国内外学界的关注。根据顾潮教授的提议，中华书局决定给顾先生工作过的各大学及研究机构增送《顾颉刚全集》一套。笔者作为兰州大学历史文化学院负责人，有幸应邀与会并作发言，所受赠《顾颉刚全集》一套，已入存历史文化学院新书阅览室。

现在我们看到的《顾颉刚书信集》共五卷，包括目前收集到的所有的顾颉刚先生书信，约一千八百余通，其中一部分是原信（包括家书七百余通），另一部分是录副本，还有一些是底稿及为数不多的发表于报刊的书信。由于顾先生一生交游广泛，散落各处之书信此次未能收入《顾颉刚全集》者仍当有不少。中华书局俞国林先生与顾潮教授在《顾颉刚全集》出版发布会暨顾颉刚先生逝世三十周年学术座谈会上表示，期望大家关注散落各地之顾先生书信，中华书局将陆续做征集工作，作为《顾颉刚全集》之补编部分结集出版。

经我们查阅《顾颉刚全集》中之书信部分，确定兰州大学档案馆收藏的顾颉刚先生致甘肃学院（兰州大学前身）朱铭心院长信件两通，即《顾颉刚全集》中未刊之书信。

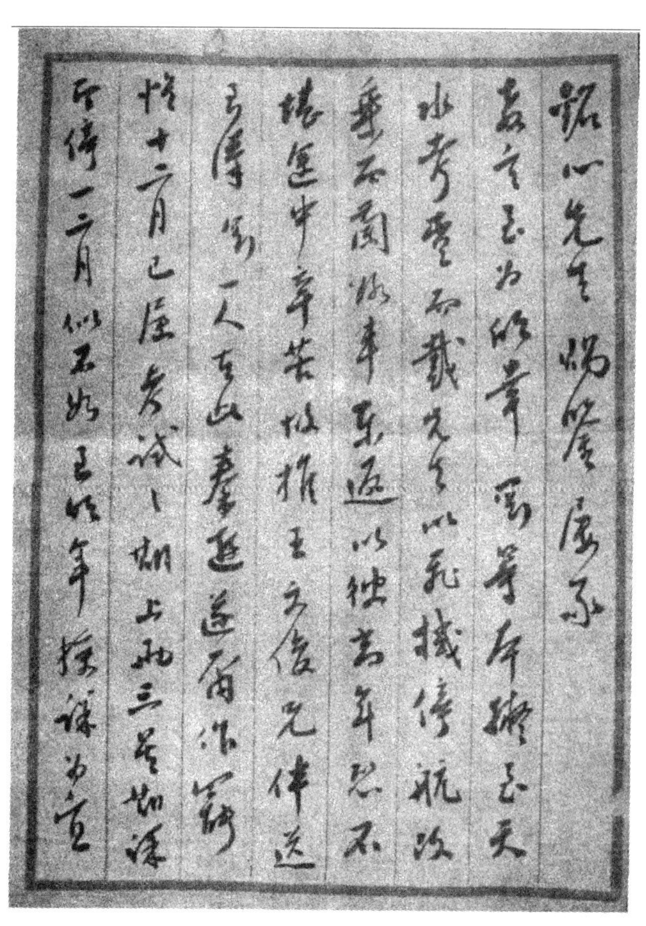

图1　顾颉刚致朱铭心书信1–1

二

顾颉刚先生一生中曾两度受聘于兰州大学，与兰州大学有着很深的情结。1948年他在所撰《积石堂记》中盛赞辛树帜校长建校规划云：“先生高瞻远瞩，知树人大计必以师资及图书仪器为先，既慎选师资，广罗仪器，更竭其全力于购置图书”。他对校图书馆藏书赞赏不已，曾发感叹云：“颉刚自抗战以来，流离播迁，虽备员大学，曾未能一日安居……今夏来此讲学，得览藏书，左右逢源，重度十余年前之钻研生活，目怡心开，恍若渴骥之奔泉，力不可抑而止。是以家人屡促其归，而迟迟其行也。使采储八十万册者，吾忍不终老于此乡。”[1]卷一，79-80

顾颉刚先生首次应聘兰州大学是在1937年，当时他来到甘肃考察教育，受甘肃学院院长朱铭心先生之聘，任文史教授，但因复杂的原因，未能开课。1946年初，国民政府行政院决议在甘肃学院基础上成立国立兰州大学，他再度受辛树帜先生之聘，担任首届历史系主任，并于1948年来校授课半年。两度受聘之经过，在顾先生当时日记中均有一些记载，但由于首次应聘后未能授课，其日记中仅二三条记载此事，使读其日记者对此次应聘始末有扑朔迷离之感。

顾颉刚先生致甘肃学院朱铭心院长两通书信，则披露了一些具体情节，使我们对1937年他首次受聘以及所做的工作有了比较深入的了解。

“九·一八”事变后，顾颉刚先生激于爱国之情，在燕京大学创办“三户书社”，又发起编刊通俗读物，宣传抗日思想。至七七事变，宋哲元赴天津谈判，日方提出缉拿抗日分子，顾先生名列在前。7月21日清晨，顾先生得知此讯，当晚即乘车逃离北平避难。他先至绥远谒见傅作义将军，再取道太原、郑州、南京，于8月8日回至家乡苏州。不料，上海“八·一三”事变起，16日，日机轰炸苏州，窗棂振动，家人惊惧相泣。时，管理中英庚子赔款董事会有补助西北教育之计划，委戴乐仁、陶孟和、王淯珍、顾颉刚四人①赴西北考察。日期为三个月，定支旅费5千元。顾颉刚先生遂于9月29日抵达兰州。

---

①戴乐仁，英人，燕京大学经济系主任、教授。陶孟和，北京大学社会学系主任、教授。王淯珍，即王文俊，著名教育家，毕业于北京大学，留学德国，获得教育学硕士和哲学博士学位，时受聘为中英庚款董事会西北教育设计委员，后与顾颉刚等主持创办青海湟川中学。

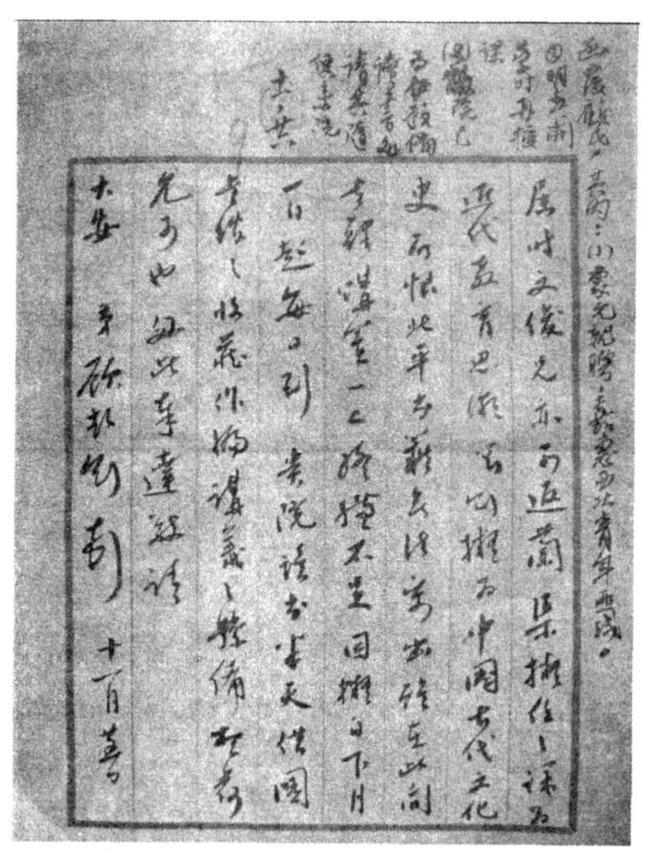

图2 顾硕刚致朱铭心书信1-2

按庚款会规定，此次考察当在年底结束。但七七事变前，顾颉刚先生在燕京大学任教，离校出走后，聘任关系自然中断。由于“北平既不得归，苏州亦于二十三日沦陷”，本着“于义当不入沦陷区”的立身原则，顾先生在从事庚款考察的同时，不得不开始考虑下一步的去向。我们从其日记中得知，到兰州后不久，他即先后接到了甘肃学院朱铭心院长与云南大学熊迪之校长的聘书。

据11月25日书信中顾先生所说“屡承教言”可以得知，在此之前他已与朱铭心院长联系过不止一次。根据顾先生日记可知，9月29日顾先生从西安乘飞机到达兰州，住于教育厅，次日开始参观兰州各校。10月1日，曾到甘肃学院参观考察。10月2日，与戴乐仁等人赴临洮考察教育，14日返回兰州。17日，省城教育界开欢迎会并摄影。18日，赴省立学校校长公宴。大概在10月1日参观甘肃学院和18日校长公宴时，顾先生已与朱铭心院长接触。22日至31日顾先生赴西宁考察。11月1日返回兰州。

顾先生日记载：

> 八日至二十七年一月二日，此五十七天，予在兰州，迁居贤侯街四十五号，与锐才俱以此为本会办公地点。孟和先生以十一月十二日行，贻泽于十八日行，戴先生与渭珍于二十五日行，留余主会事。予以北平既不得归，苏州亦于二十三日沦陷，而西北青年颇乐与予相接近，省外留学生抗战团、省妇女慰劳会、青年抗战团、伊兰学会等团体，并见聘为顾问或指导员，又创办《老百姓旬刊》作通俗之抗战宣传，故亦作久居之计。除续撰《考察报告》及规拟补助计划外，并以甘肃学院朱院长铭心见聘为特约讲座，点读皮鹿门《五经通论》，钞《左传》以试编《国语原本》，备讲学之用。其后临洮教育会常务干事刘尚一君拟与本会合办小学教员寒假讲习会，累函商讨，适燕大同学洪谨载君来，即嘱其前往筹办[1]卷四，433。

由于顾先生日记中将此57天未分日记事，而是笼统记为一段，故我们只知他已经接受甘肃学院聘任，并已开始备课。以25日顾先生致朱铭心院长书信结合上段日记可知：

1. 至11月25日，庚款会之西北考察已告一段落，后续工作即撰写《考察报告》及规拟补助计划事宜，由顾先生负责撰写。当日，顾先生在送别戴乐仁、王渭珍、王文俊等人后，即复信于朱铭心院长，告以拟于寒假后赴甘肃学院授“中国古代文化史”课，并告以此举之理由。

2. 提出自12月1日起，每日到甘肃学院图书馆查阅资料编写讲义之要求。顾先生所居之贤侯街即今大众巷附近，距离萃英门外之甘肃学院不过数百米。经朱铭心院长安排后，有将近一个月时间，顾先生每日赴甘肃学院图书馆查阅资料，编写讲义。当时来兰州的王树民先生回忆说：“先生住在城内贤侯街四十五号，我住在东关，一日晚饭后前去拜会时，见先生正在灯下点读《左传》，心思先生可谓好整以暇”[2]118。王树民先生所见正是顾先生日记所载“并以甘肃学院朱院长铭心见聘为特约讲座，点卖皮鹿门《五经通论》，钞《左传》以试编《国语原本》，备讲学之用”的工作情景。

1月4日，顾先生与杨向奎等多人赴临洮举办“小学教师寒假讲习会”，并在临洮度过春节。此次讲习会盛况空前，临洮邻县渭源、康乐教育局闻讯，俱派来代表请顾先生等前往，援临洮之例，举办讲习会。故顾先生于2月8日致函朱铭心院长，告以："现在临洮讲习会业已结束，以康乐、渭源两县局邀请参观，拟顺道一游，因此回兰之期须在二月底或三月初。贵院嘱任功课，恐初开学两星期中不克上堂，无任抱歉，乞赐原恕是幸。特此告假。"

三

首次受聘，顾颉刚先生多次赴甘肃学院图书馆查阅资料，备课多日，完成之部分讲稿定为一册，题名为《兰课杂记》，该册有注云："此一九三七年秋，予至兰州，甘肃学院朱院长聘任讲座，预备功课之册也。其后院中风潮起，予竟未授课，故所书不多。一九四八年即以此册做读书笔记焉"。

首次受聘后，未得授课，其牵涉甚广，原因十分复杂。主要原因在于聘任顾先生为甘肃学院教授，积极为其提供备课条件的朱铭心院长的去职与甘肃学院发生学潮。

朱铭心（1895—1974），字镜堂，甘肃靖远人，甘肃省立第一中学毕业，1923年考入北京师范大学教育系，1926年考取北京研究学院，攻读教育学和心理学，毕业后留北平师范大学任教。1932年任甘肃学院教授兼事务长。1933年任甘肃省政府委员兼财政厅长。1936年出任甘肃学院院长，到任后积极筹划发展，购置仪器，聘请教授，为学院的发展做出过重要贡献。从11月25日顾颉刚先生致朱铭心院长信件上之眉批可以得知，接到此信件之当日，即26日，朱铭心院长即为复函做出三点指示："（1）蒙允就聘，嘉惠西北青年匪浅。（2）明春开学时再授课。（3）敝院已为伊预备读书处，请其随便来院"。可知其办事效率之高，而思贤期望之殷切跃然纸上。

七七事变后，兰州作为抗战大后方，苏联军援由此运往前方，政治、军事地位突出。1937年8月间，"八路军驻兰办事处"成立，谢觉哉、彭加仑、伍修权等人代表中共中央和八路军驻兰办事。与此同时，东北、华北等地流亡知识分子云集兰州，各抗日救亡团体陆续建立开展活动，甘肃学院为兰州各校之首，学生纷纷参加抗日救亡运动。11月底，任甘肃省政府主席的贺耀祖因"防共不严"被调任，朱绍良接任省主席后，以省抗敌后援会名义，归并各抗日救亡团体，集中领导，加强舆论监督与思想控制。新任教育厅长葛武棨到任后创办西北训练团，自任教育长，轮番培训各校教职员工，统一思想。朱铭心同情鼓励学生的抗日救亡运动，支持保护青年抗战团，引起当局的注视。1938年2月，朱绍良下令将其调离甘肃学院，另派王自治任甘肃学院院长。此举遭到甘肃学院师生的抵制，他们一致挽留朱铭心，拒绝接受王自治接任院长。22日，王自治在武装警察的护卫下进入甘肃学院，被学生围困，发生冲突，学院秩序大乱。其后，省政府以高压手段平息了这次学潮，朱铭心被调任西北训练团教官，一度被监禁，几被暗杀[①]。

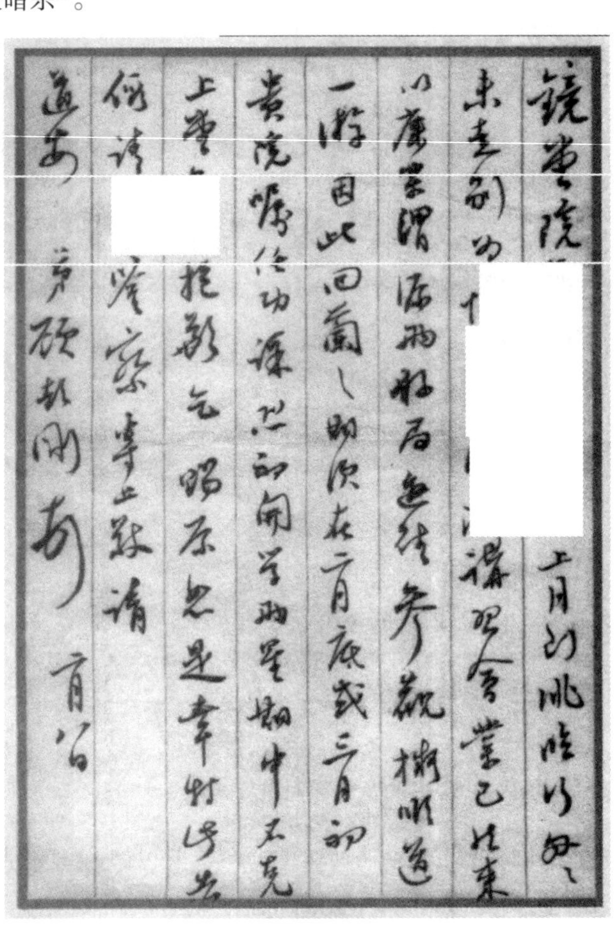
一游，因此回兰之期须在三月初
贵院嘱任功课，恐初开学两星期中不克
上堂，[illegible]抱歉，乞赐原恕是幸。特此
[illegible]
道安
弟顾颉刚

图3　顾颉刚致朱铭心书信2

甘肃学院爆发学潮之前，顾先生尚在做开课之准备，2月8日致朱铭心院长书信中，以欲赴康乐、渭源参观考察，耽误功课为歉，称：“贵院嘱任功课，恐初开学两星期中不克上堂，无任抱歉，乞赐原恕是幸。特此

①朱铭心解放后出任兰州大学总务长。1952年，被国务院任命为甘肃省检察委员会委员。1955年任甘肃省政协委员，参加省文史资料编写工作。1974年逝世。

告假”。10日赴渭源，25日返回临洮，始得知甘肃学院学潮消息，当日日记载：“予离兰两月，本当返主会务，而葛厅长见予四处视学，以为侵犯其权限，颇见嫉，流言达于中央。甘肃学院又闹易长风潮，警察围之数日不解。如于今日归，虑将不胜他人之推挽，姑且徘徊于洮水之上矣”[1]卷四，442。《皋兰读书记》亦载此事云：“其时甘肃学院院长朱君聘予为教授，予方谋治《左传》以应校课，而院中易长风潮突作，予迁居临洮，教育厅长葛武棨以予得青年心，与之立《老百姓》旬刊，复以通俗读物编刊社中出有《平型关大战》诸书，为共产党张目，控予于国民党中央政府”。可知，顾先生未返兰州赴甘肃学院开课，主要原因是朱铭心院长的去职，而另一深层次的原因则是省城政治风气的变化。关于后一原因，顾先生还曾进一步谈到：

> 予在北平，已交西北之友，及其往也，顾客尤多，将穿户限……若干游学外省之青年，久闻通俗读物编刊社之名，亦立社曰“老百姓”出旬刊，以西北流行之民歌方式作抗战宣传，推予主其事。俄而教厅易长，新官来，欲统御全省人民思想，创西北训练团，分批组训公教人员及高级学生，自为教务长而以教务主任属予。予以党团工作非所习为，谢不往，便生猜疑，横加污蔑。既强迫《老百姓》停刊，又摭社中人所编某报副刊中《大战平型关》鼓词，指为异党铁证。予闻而笑曰：“抗战之中，国共合作，八路军固有共产党统率，其军队非属国家者乎？平型关之胜利独非吾国家之胜利乎！今日指予为共产党，不足以杀我，曷不锻炼我以汉奸罪耶！”然彼非特讼予于中央党部及军事委员会，亦牒致庚款董事会，请其撤我离甘肃。虽当局者曲予宽容，曾未加以缧绁，而曾参杀人三人言之则慈母投杼而起，补助西北教育之事遂非我所得主张。予足以进网罗，远陷阱，盘桓洮、岷、河诸邑，迟迟不回省垣[1]卷四，409。

四

1937年9月顾颉刚先生首次来到兰州，至1938年9月转赴西南。这次西北之行，顾先生首次受聘为兰州大学前身甘肃学院历史学教授，并在甘肃学院图书馆读书备课多日，尽管由于复杂的原因，最终未能开课，但因此与兰州大学结下了不解之情结。在顾先生离开兰州之前，曾向甘肃学院介绍了他的几位学生前往任教，如著名史学家杨向奎先生回忆说：“1938年五月，先生介绍我到兰州甘肃学院文史系教书”[3]209。1946年，在甘肃学院基础上成立兰州大学，应辛树帜校长之邀，顾先生出任第一任历史系主任，来历史系任教的著名史学家王树民、史念海、李得贤等，都是顾先生推荐的自己的学生或助手。

顾颉刚先生致甘肃学院朱铭心校长的这两通书信，是我们了解顾先生首次受聘兰州大学前后经过的最新资料，也是早在1937年顾先生即与兰州大学结下了不解情结的资料证明。阅读这两通七十余年前写成的书信，顾先生一丝不苟的学术态度、教学风格和认真精神，朱铭心院长为兰州大学的发展殚精竭虑、求贤如渴的工作作风，使我们对两位前辈油然而生敬意，同时，也为百年来兰州大学的发展历史感到自豪。

参考文献

[1]顾颉刚.宝树园文存[M]//顾颉刚全集.北京：中华书局.2010.

[2]王树民.怀念顾颉刚先生[J].河北师院学报：哲学社会科学版，1989（4）：117-119.

[3]杨向奎.回忆顾颉刚老师[G]//王煦华.顾颉刚先生学行录.北京：中华书局.2006.

顾颉刚先生与兰大图书馆

——读《积石堂记》有感

朱　渝

顾颉刚先生是著名的史学家，他在20年代对中国历史所做的“疑古辨伪”研究是很有名的。1948年因国立兰州大学校长辛树帜先生力邀，担任国立兰州大学历史系教授兼系主任。顾颉刚先生在兰大生活、工作的时间虽然很短（大约一学期），但做了很多有意义的事情，给国立兰州大学新落成的“积石堂”（“积石堂”系今兰州大学图书馆的前身——国立兰州大学图书馆楼，兴建于1948年）撰写“积石堂记”便是其中的一件。

前些时候，图书馆一位老先生告诉我，他发现一篇记载兰大图书馆历史的重要文章。他说：“你应该看看，这是我们馆的历史啊。”老先生如获至宝的欣喜，我当时还不以为然：一个图书馆有什么了不起的历史？但他的热情感染了我，顾先生与兰大乃至兰大图书馆的因缘我更是闻所未闻。带着好奇，我开始读《积石堂记》，居然读得兴味盎然，说实话，没全读懂。以我的文学素养，文中典雅蕴藉的内涵是我无法完全领会的。但我从中知道了这篇文章的前因后果。1948年顾颉刚先生应聘至兰大历史系任教授兼系主任，适逢兰大图书馆新馆竣工，欣然提笔作记，于是便有这篇《积石堂记》。从文中我第一次知道了兰大图书馆的历史沿革。原来兰州大学图书馆的历史可以上溯至1927年，前身是（甘肃）中山大学的图书馆

作者时为兰州大学图书馆馆员。该文发表于《兰州大学学报》(社会科学版)1999年第3期。

"观成堂"，馆址在清末左宗棠创办的甘肃贡院内。1948年，在原址上重建新馆，援永靖积石山之名，取名"积石堂"，顾颉刚先生在文中把命名的用意解说得很清楚：积石山在《山海经》中被说成是"禹所积石之山"，古代地理学的权威著作《禹贡》则认为积石山是黄河的源头，因此，积石山在中国文明史上有丰富的象征意味。当时的兰大校长是著名的生物学家、农学家辛树帜先生，他对历史地理学也颇有研究，以此山名此堂，意在喻图书馆为文明与文化之源，警示学子勿忘饮水思源。我于是惊喜，我们的图书馆原来有过这么好听、这么有深意的名字！也慨叹前辈学者对图书馆倾注的情感之深，连取名都如此处心积虑。联想起现在的图书馆，一律冠之以"××图书馆"，简明则简明矣，然而毫无个性，少了那种文化底蕴，要知道，图书馆本是最具文化气息的地方啊！

顾先生还谈到兰大图书馆建设的艰辛。的确，在当时的经济和交通条件下，积聚20万册藏书，实属不易。经历几十载，数代图书馆人的努力成就了现在的典藏，更是可歌可泣！我们的图书馆数易其名，数易其址，但始终不变的是文化传承与传播的使命。我突然体悟到，看似平凡琐碎的图书馆日常工作其实蕴涵着某种崇高，所谓"火烬薪传"不仅是表彰学者们的文化功绩，我们每一个图书馆人不也是一根根传火之薪吗？

从顾先生的字里行间，我可以体会到一位真正的学者对图书馆的挚爱。"今夏来此讲学，得览藏书，左右逢源，重度十余年前之铿研生活，目眙心开，恍若渴骥之奔泉，力不可抑而止。"作为一位图书馆工作者，我对爱书嗜书的顾先生产生了浓厚的兴趣。我翻阅了他的著作，惊叹于他的史才史识，印象更深的是他对真知识、真学问的热爱。他自己说道，他生长在苏州一个书香之家，在提抱之年就已识得很多字。12岁时作了一册自述，题为《恨不能》，第一是"恨不能战死沙场，马革裹尸"，第二是"恨不能游尽天下名山大川"，第三便是"恨不能读尽天下图书"。他的一生，不知道读了多少书，光自己的藏书就达到两万多册，搬家时常为书多所苦。在民不聊生的内战时期，他感叹说："以前学生时代，我向祖母和父亲乞得些钱钞，常常到书肆里翻弄；哪知道现在自己有了职业，反而失去了这个福分。在研究上，有许多应备的参考书，但没有法子得到。例如《二十四史》，是研究历史的人何等切要的工具，以前我不能买全部，尚可搜罗些零种，现在连零种也不许问津了。有许多急需的书，熬到不可熬时，也只有托人去买，因为免得见了他种可爱的书而不能买时，害苦了我的心。”看了这样近乎哀诉的话，作为图书馆员的我心在震颤。我想，一位读者在你帮助下找到一本寻觅已久的书，真无异于沙漠中焦渴的旅人得到一瓶水！

由此还突发奇想，在扩建以后的兰大图书馆的某个显要位置上立一块碑，将这篇《积石堂记》镌刻其上，让无数的读者记住我们图书馆的过去，记住那已不再存在的观成堂和积石堂，恐怕是很有意义的吧！

《积石堂记》影印件附后。

積石堂記

當左文襄公之創建甘肅貢院也，至公堂後，越方池為觀成
堂。二堂皆西向，其北為閱卷各房科，則度其地□畝。其手
書聯額尚保存至今，書院學子重沈毅，令人想見其德性。
民國十六年，馬鶴天先生任甘肅教育廳長，亦欲立中
山大學，設禮堂於至公堂，改觀成堂為圖書館，時藏
書不豐，地固有餘裕。其後甘肅學院因之。至三十五年
，中央政府因學院之舊，立蘭州大學，命辛樹幟先生長校
。先生遂膺艱鉅，招致人材，以師資及圖書儀器為
先，既慎選師資，廣羅耆碩，更竭其全力購置圖書
，京滬隴海道上，輸載不絕，捆載而來者大小數百事。
未幾，戰禍突興，陸行阻絕，又以飛機運之。二年之
間，積書至十五萬冊，屹然為西北巨藏矣。於是以至公
堂為閱覽室，書益，闢觀成堂後小屋二十為書庫。猶感
不足，相其地宜，合各房科諸舊屋歷年久，虞傾圮，乃於
三十七年之夏拆除之，即其基址建藏書樓二座。前樓
縱四十一公尺，深八公尺，高十二公尺，樓上下兩層積六百五
十六平公方，以為圖書館辦公室及研究室、陳列室。
後樓縱四十公尺，深十二公尺，高十公尺又五寸，兩層積
九百六十平公方，書庫及閱覽室設焉。兩樓所容，計

可三十萬冊。後樓之北尚有餘地，他年海內承平，中外
[illegible]兩樓不可勝容，則將增築書庫，期為八十
萬冊之儲。其規模之閎，所以推動西北文化者，豈不偉
歟。工事既粗成，援校中新築題以名山之例，名之曰積石
，請嘉宇及前政府馬主席少雲書其基，且題其堂。斯
堂也，居全校之中央，聳然而高，左接觀成，右挹至公，
左公之遺澤播之以長存，馬公之嘉惠因之以永記。蒙
字人士凡來遊於此者，東將登堂而求圖籍之材，為之
依徊留連而不忍去焉。夫積石者，山海經謂之「禹所積
石之山」，禹貢則曰「導河積石」。蓋亦請積石關[illegible]，
二十餘里，兩山相逼，如削如截，黃河中流，岩[illegible]間，
古人至此，欲溯河源而不可進，遂以為導河之始。其北山
為第三紀紅砂礫土所成，為火成岩嶺，為花岡岩嶺，若
五丁力士所推積，相民好以一切奇蹟集於禹身，故謂
之為禹所積也。後世地理知識日廣，沿流溯源，得至阿尼瑪
卿山，以為禹當始導於此，遂呼阿尼瑪卿山為積石，轉名
此山為小積石，且更[illegible]左氏所謂新闢舊耳。蘭州大學居大
河之濱，[illegible]北，不數武即聞湍流之聲，師生所飲無一
滴非取諸河者，飲水思源，詎可以忘積石。抑凡教於斯
學於斯者，無日不披索而洛誦，則又安可以忘積石堂。

昭

水也，書也，固皆校中人所不得須臾離者也。樹幟校長以積石名此堂，旨哉味乎！少雲主席家於臨夏，一瞰馬卲至永靖，以其鄉土之名山鼓勵菁莪育才之地，知其必有樂於斯也。堂之築，相度規劃者，校長而外，圖書館芮主任日章及董教務長爽秋，段訓導長子美，水利系長天同，喬院長樹民，王主任德基，陳主任祖炳；籌集經費者，劉秘書宗鶴，牛主任得林；購運材料者，吳主任鴻業，[illegible]承包建築者，裕德盛營造廠馬經理式玉；監督工事者，焦君星信之。群策群力，旦夕不懈，用能於金融波動之際，百日而功成，此不可不記以章

設計者錢工程師書選，繪製圖樣及監修者為工程師郭[illegible]，任師祖墉。

之者也。頡剛講學此間，飽覽藏書，[illegible]，躬逢落成之盛，爰書其事，以志欣賞之意。

自抗戰以來，流離播遷，雖備員大學，曾未能一日安居，書本之荒久矣，年日長而學日疏，思之慄然。今夏來此講學，得睹藏書，左右逢源，重度十餘年前讀書生活，日聆心開，恍若渴驥之奔泉，力不可抑而止，是以同人屬促其歸而遲遲其行也。[illegible]采頌以中華好者，未忍不汲汲於此鄉！茲當臨行之日，[illegible]既與，爰書其事於石，以告後人，並[illegible]焉。

中華民國三十七年十月二十六日，顧頡剛撰書。

思晰渊微　门墙多杰

——谨述赵俪生教授史学与教育成就

汪受宽

一

1991年11月28日下午，兰州大学逸夫科学馆展览厅座无虚席，教授、学者、领导和同学济济一堂，热烈祝贺著名历史学家赵俪生教授从事学术60年、教育54年。大家深情回顾赵先生半个多世纪的学术和教育生涯，对其杰出成就充满了由衷的敬佩。

赵俪生教授，是山东省安邱县人，1917年农历四月二十五日生。中学时代，受校长宋还吾影响，就倾向进步，创办进步文艺副刊《浪花》，被国民党查禁。1934年考入清华大学外语系，在党的领导下，积极参加一二·九爱国运动，与反动军警进行了英勇搏斗，是左翼作家联盟和中华民族解放先锋队的成员。七·七事变后，来到山西，投身抗日游击战争，曾在山西新军政治保卫队任连指导员和营教导员。1939年夏，因病离开部队，到陕西作中学教师，同时受共产党西安城市工作部委托，做一些情报工作。1947年，经傅斯年介绍，被聘为河南大学副教授。1948年6月，开封解放，根据中原局安排，到设在河北省正立县的华北大学（中国人民大学的前身），任第四部（研究部）研究员。1949年初，奉调至刚解放的济

作者时为兰州大学历史系教授。该文发表于《兰州大学学报》(社会科学版)1992年第2期。

南，在市委、市政府负责人的直接领导下，从事群众团体的组织工作。1950年初，调任中国科学院编译处副处长。5月，受聘为设在长春的东北师范大学历史系教授。11月，回故乡山东，任山东大学历史系教授兼马列主义教研组副组长，与童书业等共同创办《文史哲》杂志。1957年8月，奉教育部之命，举家西迁，任兰州大学历史系教授，至今达35年。

赵俪生教授于1932年在《胶济日报》上发表新诗创作。六十年来，无论环境多么险恶，遭遇多么坎坷，赵先生始终自强不息，孜孜不倦地研究学问，谆谆善诱地教育青年，做出了巨大的成绩。

二

45年前，赵先生以《清初山陕学者交游事迹考》的论文，博得胡适的赞誉。在人民共和国成立的1949年10月，赵先生就在《新建设》上发表文章，论中国新史学的建设问题。提出，在改造旧史学的同时，必须进行新的通史、新的断代史和新的专史的写作。而马列主义原理与中国具体史料相结合，则是中国新史学建设的必由之路。怀着建设新史学的宏伟抱负，先生几十年奋力耕耘，在农民战争史、土地制度史、思想文化史、史学理论和地方史的研究上，取得蜚声中外的成绩，已出版著作十余部，论文160余篇，是享有盛誉的历史学家。

赵先生是中国农民战争史研究的开拓者。1953年起，先生与夫人高昭一合作，投入这一有拓荒意义的工作。次年，就出版了《中国农民战争史论文集》(上海新知识出版社1954年版)，这是新中国第一部个人研究农民战争史的专著。如果说，五十年代初期，许多学者对农民战争史的研究仅仅是偶尔为之，或主要致力于历史事实钩稽的话，赵先生夫妇从一开始，就把通盘梳理史实以探讨规律作为自己研究农民战争史的头等任务。1953年发表的《试论中国农民战争的特点》一文，就提出中国农民战争的四大特点，以及农民起义打击地主政权，迫使统治者实行妥协让步，从而导致社会生产恢复与发展的著名论点。以后，又发表了《靖康、建炎间各种民间武装势力性质的分析》、《关于古史分期与农民战争问题》等一系列论文。这些论文，体现了赵先生对农民战争的思考更为成熟，并形成了四个相互关联、富有新意的专题的完整体系。这四个专题是，第一，中国封建社会不同阶段，农民身份的差异，决定了不同时期的起义规模，战斗力强弱，坚持时间长短，内部凝聚力大小的不同。第二，从起义者与国家机器的关系说，双方各有其有利的或不利的条件，关键就看那一方能更好地发扬优势克服劣势。战争的后果更为复杂。例如经过农民战争的打击教训后，统治者有没有改良？或者反而会变本加厉？假如起义者取得政权，这种新政权与被打倒的旧政权之间有多大区别？能不能叫“农民政权”？或者只是新的“皇权主义”。这里的每一问题，后来都成了史学界争论的焦点。第三，是农民战争与多民族的关系。中国是一个多民族的国家。中原农民起义引起的动荡，对周边民族总是一种带动，启发他们生产和文化能力的提高，以及生产关系、阶级关系的调整。第四，宗教在起义中的作用。赵先生认为，农民起义是封建社会的一种革命，要革命就需要力量，要力量就需要信仰。在封建社会，这种信仰的力量往往要从宗教中去吸取，这就是农民起义往往利用宗教来组织群众的原因。而宗教的局限，又会给蓬勃发展的起义带来损失。这些专题的阐述，大大丰富了农民战争史的研究内容，极其鲜明地体现出科学研究的综合特点，将农民战争史研究推进到新的高度。

土地制度史，是农民战争史研究深入以后必然提出的课题。农民战争是阶级斗争，要揭示阶级斗争的根源，必须研究阶级关系，研究人们财产的所有制问题。从1963年起，赵先生开始致力于他毕生治史的第二大课题——中国土地制度史的研究。赵先生从探索“亚细亚生产方式”在中国历史上的表现着手。认为，所谓“亚细亚生产方式”是指公有制在私有制社会（阶级社会）中的遗存。从人类财产所有制发展的总进程看，人们财产的私有制高度深化以后，才会为公有制所扬弃。古老共同体经济形式的遗存和军事政治上的专制，是中国古代私有制由浅化向深化历程中的两大阻力。当时，无论私有制或国有制都不成熟，一直带有“亚细亚”色彩。现代资本主义的纯粹私有制，在鸦片战争之前，有的甚至在土地改革以前，都未曾出现。循着对公有制遗存的检查，经过二十多年的努力，赵先生写出了《中国土地制度史》这一专著（齐鲁书社1984年版），发表了《有关井田制的一些辨析》、《从亚细亚生产方式看中国古史上的井田制度》、《中国经济史上的三个转折》等代表性的论文，从多方面阐述先生通过阅读马克思《前资本主义生产形态》及《费尔巴哈论纲》得到的启发，对中国土地制度史进行了全面独到的分析，受到史学界的高度评价。

与土地制度史方面的观点相联系，赵先生对古史分期也有精辟的看法。早在1950年8月，先生就从社会发展史的角度，开始殷周社会性质问题的探讨。后来，更发表了一系列论文，阐述了自己的观点，参与史学界的争鸣。赵先生认为，古史分期，是个渐变和突变辩证地结合的问题。五种生产方式，从一个社会转化到另一个社会，中间必然有个渐变的过渡时期。古史分期的任务，就是要从渐变中找出突变点来。赵先生主张，两周是奴隶社会的低级阶段，到了西汉，私有制才前进了一大步，带有某些古典的色彩，并由奴隶制向封建制过渡。赵先生坚信，他的意见，今天看来好像是少数派，不久的将来就会成为多数派。

赵先生对中国思想文化史研究也有显著的成绩。早年，先生自明清思想史入手，料理北方学术，发表了对顾炎武和清初四大学派的研究论文，撰写了《王山史年谱》等专著。老一辈马克思主义史学家嵇文甫先生，当时就称赞该书是“为清初学术史开生面”的著述。五六十年代，先生更着力于明清之际一代宗师顾炎武的研究，出版了《顾炎武传略》、《顾亭林新传》以及《日知录导读》，并刊出了《顾炎武〈日知录〉研究》等一系列有影响的论文。十一届三中全会以后，先生发表《胡适历史考证方法的分析》《朱熹与王守仁之比较的探索》等几篇引起广泛注意的论文，对几位以往被一骂到底的思想文化人物予以一定的肯定。提出，唯物主义与唯心主义的关系不是“绝对的、僵化的”，而是“相反相成的”，“唯心主义在与唯物主义的交错中，对唯物主义的发展，起过很重要的促进作用”，对思想文化史领域的拨乱反正，有积极的推动。近十年来，先生在进行“明清思想史”和“中国综合文化史”等总结性著述的同时，将注意力更多地集中于对先秦思想文化的研究，尤其是对《易》《诗》《书》和先秦诸子的逐一检讨。先生认为，周《易》是中华综合文化的起点，继之以儒家、道家、墨家、阴阳家等百家争鸣，中华文化由此奠定。只要将《易》《诗》《书》三者串连起来，就不难寻觅到中华文化的源头。赵先生曾说：“人的学问，越后期越精密。”拜读近年发表的《从地缘看先秦诸家间的网络关系》《易系辞传内容之剖析》等宏文，我们深感先生对先秦思想文化的研究已达到很高的境界。赵先生对思想文化史的研究，还涉及诗歌、戏剧、小说、绘画等广阔的领域，尤其是对蒲松龄和《聊斋志异》的研究，成绩卓著，在学术界很有影响。

史学理论和史学方法研究，是赵先生用力甚勤的一个方面。解放以来，对史与论的关系，史学界争论得十分激烈。赵先生是以考据成果叩开史学神殿大门的。但是，早在中学时代，他就开始接触马克思主义的书籍。参加一二·九运动和抗日战争时，先生更阅读或翻译过英文版的《路易波拿巴的雾月十八日》（即《拿破仑第三政变记》）等一系列经典著作。在华北大学，赵先生与马克思主义理论家艾思奇、何干之过从甚密，受他们的影响，更加如饥似渴地钻研马恩列斯的著作，成为有精深理论修养的历史学家。建国之初，赵先生在一系列文章中，强调马列主义原理与中国具体史料结合的重要性，提出，对旧史学改造，第一要掌握和运用历史唯物主义原则，第二要批判继承乾嘉以来的历史考证学，第三要大规模地有计划地展开田野考察。其中，第一点是首要的起决定作用的问题。如果忽视理论，只注意材料，结果将是只见树木不见森林，只吃桑叶而不会吐丝。十一届三中全会以后，赵先生对此有了更深层次的思考。他反复强调论与史的结合，思辨与考据的结合。认为，历史科学必须为研究具体历史事件进行考证，通过思辨，实现感性认识向理性认识的飞跃，从更高更科学的角度去认识和把握历史事件。对“以论带史”还是“论从史出”的争论，赵先生指出，“以论带史”和“论从史出”，是“两个循环结合的方法，它是人们认识论上从抽象到具体，从具体到抽象循环往复历程在史学工作中的反映。史论结合，就是在这种循环往复中体现出来的。”（《我对“史学概论”的一些看法》，载《文史哲》1985年第2期）。这些阐述，没有过去讨论各方的盛气凌人或意气用事，从哲学的高度来分析，平实在理，令人信服。赵先生还根据自己长期从事学术工作的经验，写出了诸如《谈史学研究的工作方法》等文章，度人金针，嘉惠后学，很受中青年史学工作者的欢迎。

赵先生在地方史研究上也做出了重要的贡献。作为学者，不能不以自己的学问为生养自己的地方服务。赵先生研究地方史，主要包括他生活了三十多年的西北和父母之邦的山东。对西北史兼及西域史，赵先生主要从料理晚清西北之学入手，参照外文资料，辅以对西北民族迁徙和出土文献文物的考察，发表了《论晚清西北之学的兴起》《丝绸之路上两大国——中国史与伊朗史的比较》等力作，翻译了《七河史》等重要外文著述，为西北史地研究做了示范性的工作。对山东历史的研究，先生五十年代就与夫人合作撰写了《历史上山东农民的起义》（山东人民出版社1957年版）一书，阐扬山东古代劳动人民的斗争史。最近这些年，先生则以《管子》书的检验为突破口，着重梳理齐国的历史，发表了《〈管子〉与齐国历史的关系》《齐桓公与管仲》等见解深透的论文。相信在此基础上，先生计划中的《齐国史》定能如期完成，填补先秦史研究的这段空白。

赵先生杰出的学术成就，在国内外有广泛的影响。他的许多论说被《新华文摘》和人大报刊复印资料全文转载。日本广岛大学寺地遵先生在该校学报著文，称誉赵先生《靖康、建炎间各种民间武装势力性质的分析》一文，为同时日、美、澳探讨同一题目诸文章所不及。加拿大多伦多大学将赵先生论井田制度的文章译载于《中国人论亚细亚生产方式》一书，在纽约出版。按照美中学术交流委员会安排，1987年4、5月间，赵先生赴美参观讲学，考察了哥伦比亚大学、哈佛大学、密西根大学、加州大学、亨特学院、国会图书馆等文化教育单位，与美国同行进行了广泛的接触与交流。1989年，剑桥大学拟举行李约瑟研究所创成典礼学术讨论会。这是一个全球仅有29位学者受到邀请的高规格的学术活动，李约瑟博士将此殊荣也给予了赵俪生先生。可惜因为当时国内的形势，未能成行。

三

赵先生在上述这么多的史学领域，都取得了令人瞩目的成就，究其原因，我认为有以下五点。

第一，得力于先生很高的思辨能力和高度的理论水平。农民战争史和土地制度史，都是理论性很强的学科。赵先生凭着他缜密的理论思维、敏锐的观察力和宏大的视野，攻克了一个个坚垒，“每篇文章都有新的东西”(白寿彝教授语)，达到别人难以企及的高度。

第二，得力于先生良好的旧学功底。赵先生出身于书香门第，祖父和外祖父都是举人，父亲也很有学问。虽说赵先生幼年家道已经衰落，但家学的影响还是很深的。后来在清华大学，赵先生从闻一多先生学习《诗经》《楚辞》和中国古代神话。济南解放初，向王献唐先生请教文字、声韵、金石之学。这一切，使赵先生对中国文献有广泛的涉猎和坚实的基础。从而，在研究历史、查考材料、审核史实时，就能左右逢源，触类旁通，走出了一条自己的治学路子。

第三，得力于先生外文和中文的精深素养。赵先生是清华外语系出身，英文水平可谓上乘。通过阅读英文的经典著作和历史论说，先生不仅提高了理论水平，而且熟悉世界历史范例，从事中外历史比较研究，发现和解决了许多单有中文知识所难以看到的问题。至于赵先生的文学修养，更是大家所佩服的。先生创作过许多诗歌、小说，比如1940年写的中篇小说《中条山的梦》（上海海燕书店1950年版），以细腻、生动而又新颖的手法，描述了一支抗日人民武装的战斗生活和政治工作，当时就受到沈雁冰、郑振铎、章靳以等先生的重视和好评（美国各大图书馆均收藏有此书）。高超的文字表达能力，使先生在撰写论文时，无论多复杂的问题或多枯燥的题目，都能条分缕析，娓娓道来，横生妙趣，文采飞扬，可读性很强。

第四，得力于先生坚定的毅力和自强不息的精神。赵先生曾回忆十五岁时学习数学的往事。说的是他初中毕业，总分很高，数学成绩却只有45分。当时父亲刚刚逝世，赵先生在户口册上已成为家长。为强烈的责任感驱使，在整个夏天，他顶着酷暑，每天演算100道题，把十大本厚厚的练习簿都用完了，终于使数学成绩在全班名列前茅。赵先生说，这件事“最大的效果，就是我相信我的毅力是可以信赖的。”六十年的学术生涯漫长而又崎岖，有二十年甚至被剥夺了在外边发表文章的权利，就是凭着坚定的毅力和自强不息的精神，赵先生始终坚持历史研究和教学工作。至今年逾古稀，仍壮心不已，勤奋笔耕。

第五，得力于夫人高昭一的帮助。时下有句名言，“每一个成功的男人后边，都站着一位伟大的女性。”夫人对赵先生的帮助，主要不是体现在家务的料理和生活的照顾上，而是在学术的切磋上。用赵先生的话说，他搞史学研究，开的是爿“夫妻小店”。如果说中年时的赵先生比较偏重理论的思维，夫人似乎更注意微观的探索，二人相濡以共，相得益彰，在学术界传为佳话。

四

赵俪生教授于1957年8月调来兰州大学，将自己的后半生全部献给了西北的教育事业，为兰大历史系的建设与发展做出了特殊的贡献。

三十多年来，根据领导的安排和个人的研究积累，先生开设过中国古代中世纪史、中国农民战争史、中国土地制度史、中国古代社会经济史、中国综合文化史、明清思想史、部目录学、史学概论等课程。先生对课堂教学有强烈的责任感和特殊的爱好，并有非常出色的讲课艺术。每次开课，他都要花许多时间，认真搜寻和耙梳资料，做出卡片，从中归纳出理性的思路。这种卡片，先生自己叫“小本”，没有“小本”绝不上课，一辈子攒下了许多小本。登上讲台，则全神贯注于这一课题的阐述之中，条理清晰，剖析透彻，深入浅出，博约结合，抑扬顿挫，妙语连珠，把知识性、科学性和趣味性融通于一体，给学生以深刻的教育和启发。同学们都把听赵先生讲课当成是极大的科学享受。赵先生自己因为讲课过于努力，精神特别亢奋，每次课下来都精疲力竭，有时休息好几天才能复原。当年，江隆基校长亲自带领校部干部听过赵先生一学期的课程，把这看作是提高自己和学校干部水平难得的机会。赵先生执教54年，为国家培养出大批高水平的人才。他五六十年代的弟子中，有担任副省长、大学校长和省社科院院长等高级领导职务的。十一届三中全会以后，赵先生带出的研究生，如今几乎全部具有了高级职称，在许多专门领域做出了引人注目的成绩。

对中青年教师的精心培养和大力提携是赵先生为历史系的第二项贡献。作为卓有成就的老专家，赵先生非常重视对青年教师的培养。几十年来，每当其他教师有学术上的疑难向他求教，他都尽自己所能予以帮助。1962年，赵先生刚刚恢复工作不久，就响应江隆基校长“多带徒弟”的要求，为青年教师开小班上课。选择了章太炎《自述学术次第》与余嘉锡《四库提要辨证序》作为参考教材，无私地传授自己的治学经验，总结掌握史学情报“两截一复”的方法（“两截”指清朝学者成就一个截面和时下学者成就一个截面。“一复”指向古老原文献进行复查）。如今，这些五十多岁的教授们，一谈起当年赵先生的小课，仍不胜感念之至。1986年，为了适应改革开放的新形势，受国家教委的委托，赵先生主办中国古代经济史助教进修班，我系好几位青年教师也参加了学习。赵先生以七十岁的高龄，亲自执教，讲授自己的研究心得和治学路数，给助教们以很大帮助，这些青年教师迅速成长为历史系的骨干力量。

赵先生的最大贡献是对历史系风气的影响。科研上，赵先生是在大战场进行高水平作战的专家，教学上，赵先生是效果突出的优秀教师。他重视科研，也重视教学，从教学的需要提炼科研课题，用科研成果促进高质量的教学工作。他的杰出成就，为全系教师树立了榜样。他的言传身教，使历史系始终保持着朝气蓬勃积极进取的主流。如今，历史系学术空气很浓，教师又很重视课堂教学，这一优良风气的形成，赵先生起到了重要作用。

先师赵俪生教授的思想风范与人格魅力

葛金芳

2007年11月27日，著名历史学家赵俪生终于走完了自己富有传奇色彩的跌宕人生，享年91岁。一个多月来，当年（1978—1981）跟先生读研究生时的历历往事一再浮现于脑际，思之夜不能寐。如今，仍在为学途程的弟子们再也不能亲耳聆听先生充满睿智的教诲和批评了，然而更为重大的损失则是史学界失去了一位能开风气之先的大师级学者！公平地说，虑及先生90余年的荆棘人生中所经历的种种挫折与苦难（1958年，先生被划为右派；“文革”中又被揪斗，打入牛棚：接着被迫退职下放，僻居贵州山区达数年之久），先生能以耄耋之年告别人世，这确乎是个奇迹。或者毋宁说充满荆棘的人生遭际与丰硕隽永的学术成果，两者水乳交融，共同汇成先生的传奇人生。如果从1932年（时年15岁）发表白话诗算起，先生70余年间发表各种论著数百万字，为学界留下一批富有启迪意义的原创性成果来看，我们不能不惊叹先生生命力之旺盛与顽强，这更是一个奇迹！

就先生一生所涉猎的学术领域而言，先生无疑是一个学贯中西、并于文史哲诸领域皆有建树的“通人”。先生外语功底极好，年轻时钟情于“新文艺”，翻译过苏联作家微尔塔的长篇小说《孤独》[1]，中年时又译过马克思的《雾月十八日》（即《拿破仑第三次政变记》）和德国作家沃尔夫的剧本《奥京喋血》（又名《维也纳工人暴动记》或《福劳利德

作者时为湖北大学历史文化学院教授。该文发表于《兰州大学学报》(社会科学版)2008年第6期。

镇》)[2]。先生还能创作，曾以自己年轻时在晋南山区与日寇周旋的生活经历为基础，发表过中篇小说《中条山的梦》(1946年发表于《文艺复兴》杂志，1951年由上海海燕书店出版单行本)等文艺作品。先生自称“一生偏爱哲学”，思辨能力极强，出版过《逻辑学教程》[3]，而最多的精力则是耕耘在历史学领域中。先生是学界公认的中国农民战争史的拓荒者与奠基者，他的《中国农民战争史论文集》是新中国出版的第一部农战史专著[4]；先生在中国土地制度史研究中的诸多创见现在已成学界共识，1984年，先生的《中国土地制度史》[5]出版，该书由《论要》和《讲稿》两部分组成，共30余万字。

先生暮年发力，对中华文明源头所做的重新梳理而成《学海暮骋》[6]，该书汇集了先生从65岁至75岁间所撰的数十篇论文，而以文化史为主，反映出先生很深的国学功底和极高的思维水平。硬朗坚实的西学和国学功底，恢宏开阔的学术视野，再加上精细严密的逻辑思维，这几项构成学术大师的必备素质，在先生身上得到了近乎完美的体现。正如哲学家徐友渔所说：“个体生命是有终结的，但是精神上的延续确有可能。”[7]先生精心结撰的学术论著已将自己的一生汇入人类永恒。就这个意义而言，先生不朽！

先生留给后人的还有一份宝贵的思想和人格遗产。综观先生90余年离奇曲折而又内涵丰富的人生历程，笔者的印象是：在遭遇人生坎坷和诸多挫折时，先生是一个能抗住击打并坚持抗争的人；面对来自革命队伍内部的怀疑和批斗时，先生是一个能坚持自身信仰并不断反省的人；同时先生又是一个在持续的紧张和焦虑中仍能保持生命激情、道义追求和责任担当的人。

一、过人的毅力——一个遭遇坎坷时能坚持挣扎的人

1934年，先生以优异成绩同时考上北大、清华，后入读清华外语系，从吴宓修大一英语、从杨树达修大一国文、从冯友兰修哲学史、从张申府修逻辑学，同时又在中文系选学了闻一多所开的四门课程：《诗经》《楚辞》《唐诗》(以上旁听)和《中国古代神话》(选修)。当大学生时，先生因为“家境贫穷，只好靠稿费维持，于是拼命搞翻译。”先生从《莫斯科新闻报》、《国际文学》、美国《新群众》以及《伦敦水星》、《读者文摘》等外文杂志上翻译一些文章，寄到当时的《大公报》《益世报》《时事类

编》等报刊上发表。据先生说，“有时一篇长文可以拿到近百元大洋，足够半年的伙食钱。”同时也学做索引（index），编制过1935、1936年两年的西洋杂志论文提要，发表在校刊《清华周刊》上。先生因此自称从14岁到23岁是“沉浸在新文艺中的十年。”[8]498由此看来，先生确实聪颖过人，青少年时已崭露头角。然而，若欲成就一番事业，聪颖却只是必要条件，并非充分条件（古往今来，因各种原因而被埋没的聪明人该有多少？真是不计其数）。更重要的是，先生有“恶补”知识缺项和心无旁骛、长时间持续工作的过人毅力。先生说过：“干则已，要干就叫它干成，叫它一定能够干成，这是人一生中间很重要的一条纲。”[8]508先生的这种品格给历届学生和所有认识先生的人都留下了极为深刻的印象。先生15岁由初中升上高中时，遭遇丧父之痛。为了以后能考上大学，下决心恶补数学，买了10大本练习簿，每晚坐在教室里一动不动达三四小时之久。从初中的小代数、平面几何、三角一直演算到高中的大代数、解析几何，每天做五六十道题。结果数学成绩从初中毕业时的40多分上升到高中时的90多分、100分。此后，在人生途程的不同阶段，先生利用当时的主、客观条件，曾多次“恶补”过不同的课目。如解放初在济南市人民政府工作时，曾于工作闲暇跟文献学家兼文物考古学家王献唐先生恶补过文字学功夫。他借来《两周金文辞大系》等大部头古籍，对照着青铜器上的款识，一器一器对照查读，结果甲骨文、金文和文献学水平有明显提高。20世纪80年代为参与文化研究，先生又以古稀之年“恶补”先秦诸子和《十三经注疏》等等。

尤为令人感慨的，是先生1960年初以“右派”身份从河西山丹农场“劳改”回来时，已形同骷髅，气若游丝。在床上躺了数日缓过劲来后，竟将英文版的《王尔德全集》翻来覆去地读，接着动手翻译其中的《道廉格雷的画像》。书译完了，人也慢慢恢复了。当然，先生的“起死回生”亦有赖师母的百般扶持和精心调理。每当先生遭遇挫折、虚弱不堪时，师母就是重新点燃生命之火的“火种”。事后，先生常对人说：“译一部书，能救下人一条命。”①先生生命力之顽强于此可见一斑，这恐怕也是先生高寿的原因之一吧。

记得思想史家朱学勤说过，“中国是一个磨炼人类耐心的最好地方。”[9]我们不禁要问，先生的这股子韧劲和毅力究竟来自何处？我的同门

①高昭一《回首忆当年》(自印本)，134页。

师兄秦晖说："赵先生平生治学一出于'爱智求真'的纯然兴趣，二出于某种理想主义热情和责任感。"[10]此话当然不错。我的理解是，先生是一个在遭遇坎坷时能坚持挣扎的人。支持先生从死亡线上挣扎过来的翻译过程，其实也是先生在百般无奈中重新探寻生命意义和存在价值的过程。通过读书和翻译，先生让自己的灵魂回到思想中，让自己卑微而又脆弱的生命重新回到人类文明发展的康庄大道上来。正是在翻译中，先生通过重新发现人生的意义并确证自己存在的价值，从而增添了再苦再难也要活下去的勇气。生命随思想而升华——只要还有一口气，就要追求知识和智慧，进而解悟这不易悟解的人生遭际和世事奥妙。也只有读书、写作这条路，才能暂时忘却肉体上的痛苦，稍稍抚平心中的创伤，从而更平静地在学术研究中实现自己的人生规划和既定目标。

我的这种解读，应该不是瞎猜。因为先生早在当大学生靠翻译挣伙食费时就体会到，从翻译中可以得到"无穷无尽的启发和滋润"[8]507。当年，先生奔赴抗日前线的前夕（1937年7月），突击完成了一部反映苏联十月革命后富农暴乱的小说——《孤独》的翻译。先生通过翻译"懂得了俄国富农是怎样一个阶级，它的政党——社会革命党如何由于阶级利益与布尔什维克党处于敌对的地位。又看到列宁的政策，一方面由著名将军杜哈切夫斯基率军进剿，另一方面它在政治上调整粮食政策，争取个体小农和贫农走到布尔什维克的同路上来。"[8]507而当先生1960年初从山丹农场回来，在生命之火渐趋暗淡之时，先生脑海中自然会浮现出自己人生不同段落中的种种经历及其教益，这真是再平常不过的事情了。

还有一事可证。1941年，先生的清华同学王瑶从西安来乾州相访，当时先生因病从山西抗日前线回陕西养病，正在乾州中学教书。经过几昼夜的畅谈，先生和王瑶一致认为，二人将来"进《宰辅传》压根没有门，进《忠烈传》也未必有资格，进《货殖传》根本没有那本领，到头来还是进《儒林传》吧。"[6]470所谓"进儒林传"在其现代意义上，无非是"踏进学术圈子，成为学林中人"的一种戏语。事后，王瑶去昆明拿研究生文凭去了，而先生则在教课之余，"一面泛览明末清初关中的理学，一面追踪江东大学者顾炎武在关中活动的踪迹。"[11]96也就是预备从新文艺向史学研究"跳槽"了。结果是一篇考据性论文《清初山陕学者交游事迹考》得以公开发表，并得到傅斯年、胡适的嘉许。此文成了先生的"成名之作"，并因此敲开了由姚从吾执掌的河南大学之门，成为历史系的一名副教授。先生所开的大一通识课“中国通史”和从嵇文甫先生手中接过来的大三专业课“明清思想史”，均受到好评。课余经常彻夜不眠，发奋撰写《清初四大学派》、《王山史年谱》、《张尔岐年谱》等论著，而对王山史、张尔岐等关中学者的研究，只是先生“顾炎武研究”的外围环节而已。所以此后一发不可收拾，学界声名鹊起，解放初便与童书业、王仲荦等人成为山东大学的“八大名教授”。1961年初，先生摘去“右派”帽子后衔命去北京为学校买书，顺道拜访老同学王瑶（时为北京大学教授）时，二人开玩笑地说起“我们现在都进了《儒林传》了”云云。我想，或许这种“生命不止，求知不已”，一心想要在学术上有所建树的“人生规划”，成了先生一辈子的内在动力，至少也是动力之一。

若再要追问，这种内在动力来自何处？人当然有谋生乃至养家的需要，也难免会有成名成家的向往。想想先生30岁时踏入高等学府，一个副教授月俸330大洋，远非陕西八年中学教员的收入可比。这是多大的改善呀！然而停留于此却无法解释先生后来在“文革”中被迫退职、僻居贵州山沟时，还要重新料理《中国土地制度史》讲稿，明知不可能公之于众，仍要手工誊抄三份，并在稿件首页写下“篱槿堂遗著”五个大字的举动；更不能解释先生40岁时被打成右派，教学和发表论著的权利被一并剥夺之后，仍旧读书不止、笔耕不辍的倔犟劲头。这种不向命运低头、不向权力投降的生存姿态，背后必有形而上的信念在支撑。

二、坚定的信念——一个有信念、有秉持、有“把柄”的人

是的，先生是一个有信念、有秉持、有“把柄”的人。这“把柄”绝非虚语，而是可以找到实证的。1946年，先生从陕西赴上海参加“全国文艺界抗敌协会”复员大会的途中，决定在开封下车，看看河南大学。在拜访嵇文甫先生（时任河南大学文学院院长兼文史系主任）时，两人在明清思想史这个题目上相谈甚欢。嵇先生谈孙夏峰（奇逢）[①]，赵先生谈“关中三李”。这两者合在一起，构成一部“17世纪北方文化史”的主要内容，所以连谈三夜。赵先生援傅山《霜红龛集》，说傅山在谒见孙夏峰后的一则“札记”中谈到他对孙的印象，中有“外似模棱，而其中实有一大把柄”之语。嵇先生“感同身受”（嵇在开封刷绒街的住宅墙上刷有“总

① 孙夏峰(名奇峰)，明末清初河北保定人。其家土地被清初入关的满洲贵族圈占，孙在河北秘密从事抗清斗争。其行事、学说对清初名家颜习斋(名元)影响很大。

裁”蒋中正的训词“纷杂错综的思想必须纠正”），击节赞赏。这“把柄”就是做人的信念，坚守的原则，不能突破的底线，当然也是艰难困苦中坚持前行的动力。赵先生对傅山“把柄”云云当然印象深刻，所以当嵇先生谈到孙夏峰时插入此事；坚持马列主义信仰的嵇先生在国民党河南警备司令部的监视下，颇感“抑制”，所以会发生共鸣。

先生一辈子行世处事，确实也是有信念、有秉持、有“把柄”的，试观如下数事：

1.全身心投入“一二·九”运动。1935年，“一二·九”爱国学生运动爆发。作为“左翼作家联盟”清华园小组成员，先生全身心参加了由共产党秘密领导的前后五次游行和抗议集会活动（1935年的“一二·九”“一二·一六”，1936年的“三·三一”“六·一三”“一二·一二”），首尾两年。身材伟岸的他在游行队伍中，执掌清华大学门旗，走在抗议队伍的最前列。但当清华地下党的负责人蒋南翔动员先生加入组织时，先生却以《列宁传》中提到的马尔托夫（只愿作布尔什维克的朋友，而不愿入党受组织约束）为例婉言拒绝了这个邀请。先生说：“我感到自己有点像马尔托夫。我愿意做一个全心全意的马克思主义的信仰者，同时是一个自由主义者。”[11]46-47事实上，这种“自由主义”气质在先生血液里流淌了一辈子，丝毫未见减少，只是为因应时势变化而时藏时露，时隐时现而已。

2.投笔从戎奔赴抗日前线。1937年7月，卢沟桥炮声轰响北平上空之时，先生时年20岁，正在清华外语系读大三。值此中日大战一触即发、民族危机无比深重之时，先生匆匆结束了《孤独》一书的译事，在“卢沟桥事变”后的第12天，将译稿邮寄上海沈雁冰（茅盾）后，即毅然决然投笔从戎，踏上了奔赴山西抗日前线的征途。先在民族解放先锋队属下的战地动员委员会做抗日宣传和发动群众的工作；继又直接穿上军装，到晋南夏县支队任连、营指导员，在中条山和日军打游击。在晋西北动委会工作时，为避日军，组织上让外省干部（不能说当地方言者）渡过黄河，撤到陕北。先生和师母就此到了革命圣地延安一趟（1938年3月中旬）。先生看到，根据地正在开展“批张”（张国焘，时任边区政府主席）运动，加之“小老乡”康生从莫斯科回到延安主持“肃托”（反对托洛茨基派）工作，就婉拒了进陕北公学的安排，要求回山西抗日前线工作。自然，这又是先生自由主义本性在“作怪”。先生偕夫人去延安，因为延安是高举抗日大旗的圣地，也因为延安是先生所信奉的中国马克思主义的“大本营”。但先生同时又是一个自由主义者，他同时还想看到一种自由探索真理、自由选择信仰的制度环境。“批张”“肃托”中的种种过火、极左事情，实在与先生所秉持的自由主义格格不入，于是只好要求回山西抗日前线去工作了。

3. 当面顶撞华北大学某领导。1948年夏，解放军攻下开封，在党组织的安排下，先生与嵇文甫等一批进步教授赶赴河北正定筹建华北大学。先生即在第四部（研究部）与范文澜、艾思奇、刘大年，还有作家王蒙的父亲王锦第等人共事。当时北平即将和平解放，华北大学某领导召集会议讨论进城后如何接管北京大专院校和文化部门的事。那位领导发话，北平所有大专院校的教师都要亲自到军管会下属的文管会报到，即便是像陈寅恪这样的国学大师，也不能以眼力不济为由让家属或朋友代替报到。先生体内的自由主义血液再次贲张起来，心想，“这是把自己当作征服者，把知识分子当作被征服者，要他们‘迎降’在文管会门口，办个受降仪式吧？”[11]137-138于是，先生讲话了：“我讲点题外话，我读过一些列宁的传记。十月革命后俄国知识分子可比中国知识分子凶得多，嚣张得多。像巴甫洛夫，他开口闭口骂布尔什维克‘匪帮’。可是列宁怎么样呢？他隔几天就拿着黑面包和黑鱼籽来看望巴甫洛夫。他骂，列宁并不抓起他来，也不同他吵，而是耐心等他回心转意，替苏维埃共和国工作。这一切，我觉得值得大家学习。”最后竟又提高嗓音加了一句：“特别值得咱们的领导学习！”这当然是“大逆不道”——驳了校长的面子。事后三天，先生即被调离华北大学，以“支援桑梓”之名，打发到济南市人民政府去工作了。

此后，先生被打成“右派”和“文革”挨斗、被迫退职等情节，不必再去说它。反正先生在革命队伍中是一个“别扭”的人、挨整的人就是了。其因无他，作为一个自由主义者和理想主义者，先生从不靠近、更不依附权势，甚至可以说对权势抱有一种与生俱来的警惕，常用挑剔的眼光来审视权势者的所作所为。无论在什么时候，先生总要保持一个知识分子的独立判断和自主人格，总要发出经自己思考后“自以为是”的不同意见来。在一个多元化的社会中，保持自己的独立人格和自由思想原是作为知识分子的题中应有之义；但在学术文化事业已经成为国家意识形态构建工程之重要组成部分的制度环境中，先生就难免被入“另册”了。俗语称“性格即命运”，不错；但我想补充一句，先生的处世行事，亦说明“秉持即是命运”。先生在不少场合说过：“我绝不是拿学术做政治投机的人！”

即使为此吃亏也在所不辞，这又有什么办法呢？

三、飞扬的激情——一个在紧张与焦虑中坚持寻找自我的人

30年前，我们给先生当研究生时，先生刚刚恢复教职，忙于上课、写作、开学术会议，所以平时话并不多。给人的印象是沉稳、平实、忙碌，了解我们的学习状况时总是一句话戳到关键处，叫你“无所逃遁”。所以，每次去先生处汇报、请教时不免惶惶然、惴惴然，坐不安席。现在回过头来看，先生的一生其实是充满激情、道义和责任感的一生，当然也是屡遭挫败、饱受磨难的一生。然而无论如何落拓、怎样倒霉，他始终不改相信生活、拥抱生活之初衷。据先生子女说，先生写作时或会停笔哼上一二首小曲，其中即有“反右”斗争中传唱的“右派分子就是坏，台上不说台下捣蛋”之类言辞。这显然是“自我调侃”，也是让脑筋休息一下的好办法。但可以设想，此时此刻先生心底涌动的恐怕还有自己能抗得住击打的自勉自励，以及“躲进小楼”搞研究的一丝欣慰。先生一辈子笔耕不辍，视学术为自己的生命。若无生命激情、道义追求和责任担当，如何能抗住一次大过一次的种种打击，继续发扬、光大自己的学术生命？

毋庸讳言，先生也是一个有脾气的人，为此得罪过一些人，或许这是先生内心激情的另一种表达方式。有些人说，先生有时会在某个不起眼的小事情上“光火”，脾气发得很大，令在场的人不知所措（当然，我自己读研三年只碰到一次，而且事出有因）。可能这与先生与生俱来的“天性”有关，如弗洛伊德所云。但我以为先生情绪偶尔失控更可能与心灵和思想深处某种持续性的紧张有关。先生年轻时通过“左联”、“民先”、“牺盟”等组织靠拢革命，也曾将血肉之躯汇入民族救亡运动（“一二·九”、打日寇）的潮流；但他始终只是革命的同路人，在不同场合一再固执地坚守自己的自由主义者身份而不肯加入“组织”。——这是一种“紧张”。

先生通过新文艺和阅读塔尔海玛的《现代世界观》（介绍唯物史观和辩证法）、马克思的《雾月十八日》以及列宁的《谈谈辩证法问题》等进步书籍，逐步而又真诚地皈依马克思主义；然而在绝大部分时段中却总是得不到代表着马克思主义的“组织”的信任。——这更是一种“紧张”。

先生本是一个心系国家、民族命运，因而也是关心政治的人，只是不愿被政治权力整合，怕失去独立思考和行事的权利而已；然而解放后的历次政治运动却总是把先生当作不可信任之人审来查去，一次次推向革命队

伍的“对立面”。——这种紧张会伴以前途莫测的焦虑，更折磨人！

先生曾被学界很多人视为革命“左派”阵营的一员大将，但先生从没享受过不少“左派”学人甘之如饴的诸多资源（更不用说权力了），反而被打入“右派”阵营，视为另类，此乃“熏莸不同器”之故也（这再好不过地说明了马克思主义的世界观和方法论在先生手里只是认识现实世界和历史世界的分析工具，而从来不曾成为打人的“棍子”）。——这种紧张程度更高，强度更烈。

先生30岁前后盼来了抗日战争的胜利和新中国的诞生，更重要的是先生自己曾为此历史进步做出过无愧于民族和时代的奋斗和努力；然而新中国成立之后这一切却不仅得不到承认，反而在“文化革命”中被戴上“投机革命”等等帽子，打入“牛棚”，屡遭批斗。——这种紧张不仅来自外界压力，同时来自内心的失衡和尊严的失落。

当然还有经济方面的紧张：解放前，先生当河南大学副教授拿大洋时尚可维持体面生活；建国初干部是供给制，先生子女多自然生活拮据；改成工资制的几年之后又被打成右派，撤去教授学衔，工资连降四级，“监督使用”，生活更加艰难。——这种紧张是基础性的，弥漫性的，持续性的，无处不在，挥之不去。

所有这一切：理想与现实间的反差、抱负与事业间的落差、信仰和遭际间的反背、贡献与评价间的失调，以及连遭厄运后个人前途的渺茫和家庭责任的煎迫，等等，肯定会在先生内心引发持续的紧张和焦虑。这一切不如意（包括事业、生活、家庭）犹如一股寒流常在心底涌动，稍一放松就会浮出表面。所以需时刻警惕，要紧紧压住。如若这股暗流偶尔失控，在某个不经意的关节点上冲破束缚，浮上台面，这又有什么可奇怪的呢？所以我们学生和先生的多数同事并不以此为忤。

上至伟人下至草民，任何人都会有局限，我的老师自不例外，这没什么可忌讳的，当然也不是学生辈的人可以肆无忌惮地说长道短的话题。我只是想要认真地、努力地理解我的老师和他所处的时代。我的认识是——

先生这一辈子，其个体生命已与民族命运的跌宕起伏构成谐振；

先生的马列主义信仰与其自由主义人格和理想主义激情互为奥援，透射出耀眼的熠熠光华；

先生的思想风范、人格魅力和学术贡献已为后来者留下一笔富有启迪意义的宝贵资源；

先生桃李满天下，名山事业后继有人。

仅此数项，即足以证明先生不朽！

参考文献

[1]微尔塔．孤独[M].赵俪生，译．上海：上海新文艺出版社，1951.

[2]沃尔夫．奥京喋血[C]//沃尔夫戏剧集．赵俪生，译．北京：人民文学出版社，1960.

[3]赵俪生．逻辑学教程[M].上海：上海春明出版社，1953.

[4]赵俪生，高昭一．中国农民战争史论文集[M].上海：上海新知识出版社，1955.

[5]赵俪生．中国土地制度史[M].济南：齐鲁书社，1984.

[6]赵俪生．学海暮骋[M].北京：新华出版社，1992.

[7]徐友渔．自由的言说[M].长春：长春出版社，1999：16.

[8]赵俪生．史学论著自选集[M].济南：山东大学出版社，1996：498.

[9]朱学勤．书斋里的革命[M].长春：长春出版社，1999.

[10]秦晖．教泽与启迪：怀念先师赵俪生教授[N].南方周末，2007-12-20（24/25）.

（本文有删节）

学术通人赵俪生先生

汪受宽

2007年11月27日，著名历史学家、教育家赵俪生先生于兰州逝世，终年91岁。

多半年来，我脑海中不时浮现出11月20日下午在甘肃省人民医院干部病房探望的情景。当时，赵先生瘫坐在轮椅上，鼻孔里插着吸氧管，两眼无光，脸色煞白，寿眉低垂，鬓须肆张，喉中不时呕呕地喘着粗气。交谈不到十分钟，就会双眼紧闭，因缺氧而昏迷过去。听医生说，老先生的肺部弥漫性感染，其他脏器都受到影响，很少有逆转的可能。我告诉先生，29日将在榆中校区为学生做“赵俪生的生平和学术”讲座。他说，我有什么好讲的！又说，说不定到时候我就不在了。想不到，这竟然成为谶语。27日10时半起，我先后接到两个通报先生弃世的电话，即在校园网发出帖子，沉痛宣布赵先生去世的噩耗，同时通告后天晚上的学术报告，将和同学们一起祈祷赵俪生先生操劳一生的伟大灵魂得以安息！那天讲座之后，学生们在教学楼前举行烛光追思会，大家默默地肃立在摆成“先生走好”四个字的91支白烛光前，长久默哀，情景十分感人。

赵先生是11月17日因咳喘严重送进医院的。他预感到这是最后一次住院，平静地安排了后事。25日，我去看望已报病危、处于弥留之际的先生。先生已经转移到特护病房，经过几次抢救，上了呼吸机。用三根黑带子在头和两颊固定着的呼吸罩，捂盖在他未戴假牙的瘪陷的口唇上，依靠

作者时为兰州大学历史文化学院教授。该文发表于《兰州大学学报》(社会科学版)2006年第6期。

着呼吸机，噢噢抽动着，喘着粗气。大概这个过程太难受了，所以前两天他就一再伸手要将呼吸罩扯掉。那天躺在病床上的赵先生始终处于昏迷状态，双手无力地垂放在床边，一动不动，没有睁开眼睛，更没有对进来探望的人哪怕用眼神打一下招呼。只有在医生为他吸痰时，因吸管插入鼻腔深处，刺痛气管，才见他一再抽搐，头部激烈地晃动着。吸了痰以后，喉咙里的呼呼声才稍微小了一点。我看着先生昏迷抽搐的样子，痛心地想，这就是那个在“一二·九”运动中掌门旗的清华学生吗？这就是那个抗日游击队潇洒的大学生指导员吗？这就是那个用如椽之笔写出数百篇充满灵性引领潮流的学术论文的大家吗？这就是那个在大学讲堂用智慧和富于磁性的嗓音拨动千万学生心智的名教授吗？人生的结尾为什么总要遭受如此的煎熬！

回到11月20日。瘫坐在轮椅上的赵先生一见我就说：“老汪，我不行了，就要死了。不过我没有留下遗憾。”接着，他断断续续地说道：“我们编辑的那六本书《赵俪生文集》出版后，各方面的反应热烈。我的老同学赵德尊前几天电话中还说这件事。最近，学校又送来了教育部的奖状，也算是对几十年治学的一个交代。”他表示很想见到甘肃省社科院的郝树声，因为是她在“文革”结束后请他重新登上历史系的讲台。他特别伤感地说：“我依着（夫人高）昭一这株树健健康康、丰丰富富、踏踏实实地生活了68年，没有一点遗憾。从去年昭一去世后，我文章不能写了，字也不能写了，我的精、气、神一下子全没有了……”我想，这些谈话可以视为赵先生临终对自己一生的总结。

一、20世纪中国史学的最后代表者

赵俪生先生，名甡，以字行，1917年农历四月二十五日出生于山东安丘县一个败落的家庭。这位苏俄十月革命的同龄人，天生带有他那个时代的烙印。先生评价自己，是一个理想主义者，始终秉持为消除贫富不均、贵贱不等而奋斗的人生理想。几十年间，先生从参与政治斗争，再而抗日救国，再而史学领域，用不停息地搏击，去追寻理想的彼岸。

中学时，先生因为创办进步文艺副刊差点被捕。就读清华大学外文系（后转入哲学系）时，先生参加了左翼作家联盟和中华民族解放先锋队，翻译俄苏文学，在“一二·九”运动中掌门旗，“搏斗中表现英勇”（蒋南翔语）[1]46。“七·七”事变后，在民族存亡的紧急关头，他投身中共领导的晋南新军，从事抗日游击战争，以满腔激情投入反击帝国主义侵略的战场。后来因病离开部队，到关中做中学教师。他在接受中共西安城工部负责人程之平的委托，做一些情报工作的同时，撰写了《在王老婆山上》《中条山的梦》等反映抗日前线生活的作品，并开始了以顾炎武活动为主线的学者反清复明秘密活动的研究。因仰慕顾炎武的为人和气节，而给1940年出生的长女取名绛（顾氏本名）。胡适对赵俪生撰写的《清初山陕学者交游事迹考》十分赞赏，1947年初将其发表于自己主编的《大公报·文史周刊》；1946年7月，得到老师闻一多先生被特务枪杀的消息，他不顾肆虐的白色恐怖，撰写《混着血丝的回忆——悼念闻一多先生》，表示要“坚定自己的意志去为闻先生未竟的遗志而努力”[2]43；为了鼓舞国统区学生反饥饿反迫害斗争，他撰写明末反宦官黑暗政治的东林党人《赵南星评传》，经叶圣陶先生推荐，发表于《读书通讯》之中。很显然，赵俪生先生一开始进入史学，就将其与个人理想及时代要求紧密联系到了一起。

1948年夏，开封第一次解放。根据城工部安排，时任河南大学副教授的赵俪生，以及嵇文甫、苏金伞等随攻城部队撤至解放区。在襄城的一座教堂，赵俪生一行受到中共中原局首长刘伯承、陈毅、陈赓的欢迎。陈毅在讲话中称：“我们今天在这里相会，意味着两条战线的合流。我们用枪杆子打蒋介石，各位先生用笔杆子讨伐蒋介石。今天这两支同盟军凑到一起来了。”[1]111对包括赵俪生先生在内的红色教授以笔杆子争取人民解放的业绩予以高度评价。

1949年10月中华人民共和国成立，正在济南市总工会任职的赵俪生觉得几十年奋斗追求的理想实现了。他踌躇满志地规划今后的学术工作，撰写《论中国新史学的建设问题》一文，在《新建设》第6期上发表。提出，在改造旧史学的同时，要进行新的通史、新的断代史和新的专史的写作。而马列主义原理与中国具体史料相结合，则是中国新史学建设的必由路径[2]15，4。他的见解，体现了时代主题的本质要求，开启了新史学的发展道路，被誉为“新史学的功臣”。

1953年，赵先生与夫人高昭一开始联袂从事中国农民战争史的研究，1955年出版了新中国第一本个人的农战史研究专著，并在山东大学历史系四度开设农战史课程，讲授研究心得。赵先生夫妇通盘梳理史料，着重探讨不同时代农民身份的差异、起义和国家机器的关系、农民战争与多民族的关系、宗教在起义中的作用等四个相互关联的专题，建立了一套完整的理论框架，大大丰富了农民战争史的研究内容，成为公认的中国农民战争史研究的开拓者。十几年前，我曾当面询问："赵先生，您们当年从事农民战争史研究，是不是为了彰扬中共领导的武装斗争的成功?"他的回答，先用了一个问号，后用了一个句号。在晚年的学术回忆中，赵先生坦陈当年从事农战史的研究，是受了"只有这种农民的阶级斗争、农民的起义和农民的战争，才是历史发展的真正动力"论说的影响，以自己的研究，企图解释这个违背基本史实的"宸断"。到头来，却因为自己既有让步政策，又有反攻倒算的观点，导致接受和阐述了这些观点的他的学生孙祚民和孙达人受到钦点的斥赏。站到今天的史学高度看，花费了赵俪生多年心血，最后却戛然而止的农战史研究，并非毫无是处。首先，古代中国的历史是由地主和农民组成的，过去学者只研究帝王将相才子佳人，农战史将研究对象转向了社会最基层的农民，是历史学的新跨越。其次，决定古代社会朝代兴衰、经济枯荣、民俗演进的是广大的农民群体，农战史研究为新型中国古代史的写作奠定了基础，为古代政治史、社会史和经济史等专史研究开启了新的路数。第三，赵俪生先生建立的农战史理论，对当代许多理论和现实问题，有重要的参考价值。例如他对宗教在农民起义中作用的研究，引发了"9.11"后他对宗教中所具备的两个因素——虔诚和愚昧的思考，"希望将愚昧的部分抛弃掉而发扬它虔诚的那部分"。他关于农民身份和生存状况的研究，由他的学生秦晖发展为农民学，对于中国社会问题主要是农民问题的解决，有极深的透析和重要的启示。

赵先生以自己对农民问题的深刻理解，来分析古史分期问题，1957年发表《从阶级关系和阶级斗争角度来看我国古史的分期》(《兰州大学学报》1957年第1期)一文，认为"在我国历史上奴隶制的下限应该是西汉之末，封建社会的上限应该是三国、魏、晋，而东汉是过渡时期。"现在看来，企图用削足适履的办法，以中国的历史去证明马列某种说法的"四海皆准"，本身就是幼稚的教条主义。但是赵先生在那种政治环境下，敢于与钦定春秋战国之交说唱反调，旗帜鲜明地提出自己独立研究的见解，表现了极大的理论勇气。其论证，对今天研究周晋社会状况和历史发展的渐进性，也有着很大的启发。

1958年初，赵先生被揪回山东大学，补划为右派分子，从此成为社会的另类，丧失了发表文章的权利，更别说研究以阶级斗争为主线的农民战争史了。在身心疲惫、生活艰难的时日里，赵先生不甘于思想被封闭，他看到剥夺了农民土地所有权的“公社化”，造成农村和农民的贫困与骚动，敏感地觉察到土地所有制在中国社会中的根本性质。他以揭示古代农民战争根源为由，开始了中国土地制度史的研究。他认真阅读马恩英文著述，从探求亚细亚生产方式在中国历史上的表现入手，结合中国土地制度的实际，终于找到了中国土地私有制渐进性的理论根据，用20年时间写出《中国土地制度史》（齐鲁书社，1984年）一书，阐述了数千年中土地私有制从浅化到深化的发展历程。认为，所谓“亚细亚生产方式”是指公有制在私有制社会（阶级社会）中的遗存。古老共同体经济形式的遗存和军事政治上的专制，是中国古代私有制由浅化向深化历程中的两大阻力。中国古代无论私有制和公有制都不成熟，一直带有“亚细亚”色彩。现代资本主义的纯粹私有制，在鸦片战争以前，有的甚至在土地改革以前，都未曾出现。在抨击专制制度对农民土地所有权剥夺的同时，肯定土地改革赋予农民土地所有权对解决农村和农民问题的意义。这一研究更重要的意义，是在为一直被丑化为“罪恶”的私有制平反，找到了几十年政治经济弊端的根源。

我的导师张孟伦（1905—1988）与赵俪生先生，一位重史料，一位重理论，平时不少互相讥讽。他俩住门对门，我常常是出了这扇门，进对面的门。两位先生总向我打听对门怎么说自己。我左右为难，一向是报喜不报忧，言张说赵很会写文章，言赵说张做学问很细心。其实二位对自己的优势和不足都很清楚。赵先生说：“我知道自己的底子不行，所以我得补自己的老底。”当土地制度史研究告一段落以后，一向善于“追补”的赵俪生先生开始了对先秦典籍的通读和反思，进行中国综合文化史的研究。我想，20世纪80年代初，他之所以转向研究古代文化，主要不是为赶当时已经开始的文化研究热，而是对“左倾‘政治压制人性的思考，使他产生对传统文化的迷茫，他在试图寻找左的文化根源和发扬人性尊严的良方。

先生将《尚书》《周易》《诗经》《礼记》《周礼》《论语》《孟子》《管子》《庄子》等一本本仔细读过，用医学上照CT的方法一一切片检验。先生认识到，经济基础在历史发展上的力量并不是以前所说那么大，人们的思维、意识的力量也是不可忽视的。他否定领袖“不是……就是……”的机械思维模式，指出，中国的思想家很难用唯心或唯物来界定，唯心主义“对唯物主义的发展起过很重要的促进作用。”[3]他认为，《周易》是中华综合文化的起点，继之以儒家、道家、墨家、阴阳家等百家争鸣，中华文化由此奠定。只要将《易》《诗》《书》三者串联起来，就不难寻觅到中华文化的源头。赵先生青少年时代深受新文化运动的影响，几十年的学术生涯尤其是个人遭遇又使他深知专制主义的危害，所以对与专制制度连体的所谓传统文化的探讨，更多是批判性的。他发表文章对盛行的“21世纪是中华文化的世纪”论调予以痛击，说，“在现社会，提倡一点儒学，并不是准备让它有朝一日‘篡位’，而是希望它能对现社会的一些弊病进行一些教化补救而已”[4]。他研究王阳明“致良知”说，指出，“在教条主义充塞的海洋里，我们不正是急需王阳明牌的‘去蔽’、‘致良知’、求‘吾心之灵明’去启迪自己的主观能动性吗?”他看重《易》中所含原始思维的古代辩证法，批评有些人将三国王弼已经摒弃的《易》的占卜之学搞得轰轰烈烈。他对时说绝不盲从。在西化说甚嚣尘上的时候，他到美国访学。回来对我说，我算领教了西方文化，大家都忙于赚钱，人情太冷漠了。

著名学者金景芳先生盛赞赵俪生先生“博学多通，才、学、识兼长”，特别欣赏赵先生在研究中国农民战争中提出的四个专题，和在土地制度史关于“亚细亚生产方式”问题及公有制与私有制问题的看法。对赵先生论述东西文化差异的独到之处“惊叹不已”，认为“这是作科学研究从具体事实升华为纯理论，不是穿穴载籍，没有高度的抽象力是办不到的”[5]等等。

1991年起，我开始从事赵俪生先生学术成就的总结工作。随着时间的推移和对赵先生学术日渐深入的了解，我认识到赵俪生先生是具有独立学术品格的马克思主义史学家，他的学术道路体现了20世纪中国马克思主义史学一个典型的侧面。在60多年的学术生涯中，赵俪生先生顶着不断的挫折和打击，顽强地维护思想自由，逐渐学会避开与强势权力的正面交锋以保护自己，站在学术工作的前沿，奋力耕耘，在中国农民战争史、中国土地制度史、思想文化史、史学理论、西北地方史等领域的研究中，做出了卓越的贡献。他是一位学术通人，他的论著，是现代中国学术宝库中的珍品。为此，在学校支持下，我们集结了赵先生一生学术研究的主要著述，于2002年编辑出版了6卷本250万字的《赵俪生文集》。其中，第1卷是关于史学理论与史学方法、中国农民战争史研究的著述；第2卷是关于中国土地制度史和中国古代史研究的著述；第3卷是关于顾炎武研究的著述；第4卷是关于中国思想文化史、西北地方史研究的著述和其他学术论说；第5卷是作者的自传、自序、杂诗、序跋书评和师友回忆；第6卷是文艺创作和翻译作品。

《赵俪生文集》出版后，学界对赵俪生及其学术成就更为关注、好评如潮。2006年底，该书获得第四届中国高校人文社会科学研究优秀成果奖历史学一等奖。消息传来，赵先生虽表现平静，内心却感慨良多。我们知道，赵先生是个性情中人，生性率直，却不善处理人际关系。他敢怒敢骂，论著中常常不加隐晦指名道姓地批评，为此得罪了不少人。加之他历来都是从马列原著中发掘理论根据，自抒胸臆，而不是人云亦云，追逐时势，对几十年间自视为正统马列代表掌握学界大权的“权威”从来不迎合上套，更招惹来诸多是非。在20世纪八九十年代，我们曾几次以赵先生牵头申报中国古代史博士点，却屡报屡败。传来的消息说，有位被赵先生骂过的学科副组长不说话，其他成员只好投弃权票。想想1978年底，这位先生曾礼请赵先生担任他为会长的某某研究会副会长，几年后竟翻云覆雨如斯，我们切身感受到学界也有可怕的“秋后算账”。20世纪90年代以来，老一代学人多已退出学术领域，晚年的赵俪生先生却宠辱不惊，笔耕不辍，坚守理想，对现实的中国和世界越来越关切，思想越来越率真透彻，文笔越来越生动犀利，观点越来越少顾忌。人们回过头来看，新中国史学奠基人之一的赵俪生，人品和学问卓然独立，高擎头帜，奋勇前行，品位很高，贡献很大，终于他的《文集》获了大奖。赵俪生先生是20世纪中国史学的最后一位代表者，他的逝世标志着一个学术时代的结束。

二、培育领军人物的大学教授

2008年11月20日下午，赵俪生先生特别要我将甘肃省社科院的郝树声请来医院。16时许，郝树声及其丈夫张德芳闻讯赶到，赵俪生先生正躺在床上呕呕地大声喘气。医生为他用了一次药，精神稍好一些，就对来到床前的郝树声大声说，你们来看我，我很高兴。接着，他们很兴奋地回忆起1978年郝请他为同学上课的情景。郝说，1978年上半年，班上同学向系里要求请赵先生给他们上课，管事的老师说，前些年他们批判过赵，不好出面，你们自己去请吧。于是她和张德芳来到住在狭窄平房的赵家，邀请先生给他们授课，赵先生非常高兴地接受了他们的邀请。他们的谈话，使我深切地感受了赵俪生先生视课堂讲授为生命的职业精神，他临终念念不忘的是在被禁锢和批斗十年后乍暖还寒的政治空气中，请他重上讲堂的学生。人们习惯于称赵俪生是著名历史学家，但是，他的终生职业是大学教授，是教育家。

赵俪生先生的教学生涯在清华大学读书时已经开始。当时，中共北方局北平西郊区委社会工作部在清华三院后身创办了一所工人子弟小学，赵俪生被聘为六年级国文教员兼班主任。几年后，在山西晋南政治保卫队宣传科时，赵俪生负责为基层“军事干部轮训班”讲课，内容一是新三民主义论，二是抗日民族统一战线。两课有延安解放社出版的统一教材，但是赵俪生从来不照本宣科，而是将其融会贯通了，用通俗的语言讲述，收到很好的效果。赵先生说，“可别小看当年的讲课，那是后来历史学教授的发轫之地呀！”[1]80

1939年，赵先生因患细菌性痢疾加疟疾，请假离开部队，到西安治疗。夫妇二人无任何经济来源，夏初还穿着部队的棉军装。在省教育厅当厅长秘书的老师杨展云介绍赵俪生先生到乾州中学任教，以养家糊口。同时由于阎锡山大举屠杀新军，部队已经回不去了。赵俪生先生终于开始了人生的大转折，从战场转到教坛。他教四个班的英语，兼丁班级任老师（班主任），同时还开夜车撰写小说以及翻译英文版的德国进步剧本《福劳利德镇》。赵俪生的英语教学效果优异，在全省中学单科抽查考试中获得第一，西安高中校长为此聘请他到该校任教。其后，赵先生又在蔡家坡扶轮中学、雍兴工业职业学校任教。期间，他还从事秘密政治活动，从事顾炎武和关中学者的研究。

1947年夏，经中央研究院史语所所长傅斯年介绍，赵俪生被河南大学校长姚从吾聘为文史系副教授，自此，赵先生开始了60年的大学教师生涯。为了在大学讲坛站稳脚跟，他不仅十分努力地备课，而且注意向老一辈历史学家、系主任嵇文甫学习。他发现，嵇文甫的课，都是在大礼堂上，原因是听的人太多，据说连便衣侦探也来听。嵇老最高明之处，在于他讲的道理全是辩证法和唯物论，但这类的词句他却不用，他用的全是传统的，让找把柄的人什么都抓不到。嵇先生很看重赵俪生，将自己主讲的“明清思想史”让给他教。同时，赵还给工学院开设“中国通史”课。高昭一先生描述道：“为了把（教学）工作做好，他花费了很大的心血。记得盛暑天，俪生穿一条短裤，光着脊梁，汗流浃背，几乎整天坐在书桌边，临时备课、写讲稿，就这样在大学讲台上赢得赞誉之声，课上得很顺利。”①

1948年夏，赵俪生随部队撤至解放区。其后，被安排到位于河北正定的华北大学研究部任研究员。校长吴玉章、副校长兼研究部主任范文澜和副主任艾思奇对其爱护备至。赵与艾思奇、何干之过从甚密，提高了自己的理论水平，学到如何将唯物论应用于中国史学研究的方法。

在与副校长成仿吾因进京知识分子政策发生冲突以后，赵俪生被调到济南市工作。后到中国科学院翻译局，协助局长杨钟键设计创刊《中国科学》《科学通报》，与叶丁易合作创办《光明日报·学术副刊》，负责组稿，自己也在上边发表文章。因向上级状告院长郭沫若对非党副院长颐指气使的蛮横作风，遭致院长批示“照准”他“辞职”。

在艾思奇的帮助下，赵俪生先生到位于长春的东北师范大学历史系任教研室主任，讲授中国古代史。1950年冬，应华岗校长邀请，赵俪生受聘青岛山东大学历史系。在“同槽”的八位历史系教授中，赵俪生是最年轻的一位。经过长期学术积累，有着精深理论修养，又受革命理论家华岗校长的赏识，30多岁的赵俪生先生，精力旺盛，在大学讲坛上大展宏图。他同时担任社会发展史、辩证唯物主义与历史唯物主义、马列主义史学名著选读、中国通史明史段等课程，超负荷运转。1953年春，历史系要他承担中国农民战争史课程，他愉快地接受了这一艰难而具有开创性的任务。在夫人高昭一的帮助下，当年秋季，赵俪生先生就为本科生开出了全国高校第一个中国农民战争史课程。边研究、边开课的赵先生，在农战史的课堂讲授中新见迭出、妙思纷呈，为中国史学界培养出一批出类拔萃的领军人物。

1957年夏，受教育部派遣，赵俪生到兰州大学任教，自此终生寄居陇右。在兰州，赵先生的教师生涯并不愉快。如日中天的他，先是被山东大学补划为右派分子，剥夺了上讲台的权利。大饥荒最严重时又被派到河西山丹农场劳动，差点送命。1961年到1965年底，是他兰大教授生涯中辉煌的一段。主政兰大的著名教育家江隆基在1938年就与赵俪生有交往，他说：“兰大文科三系，称得上有真才实学的，就是一个赵俪生。”还说：“1934年入学的清华学生，出过几支大手笔，赵俪生是一个，王瑶、韦君宜也是……”[6]江校长排除干扰，将濒临死亡的赵俪生先生从山丹要回来，在他恢复元气以后，大胆地决定，让赵俪生为新招进来的历史系66级学

①高昭一《回首忆当年》，1994年自印本，第81页。

生上中国古代史课。戴着右派帽子的赵先生对江校长的决定喜出望外、感激涕零，10多年后他回忆道："当时我是没有资格开课的，只配在资料室里打打杂，有时候做清洁卫生工作。可是忽然通知我开中国通史，这真是一步登天了。没有沦落过的人，是不会懂得这种滋味的。我一贯有一种报恩的思想，于是我一鼓气教了五个学期，从中国猿人讲到鸦片战争。"[7]期间，赵俪生还为历史系69级上中国古代史、中文系68级上中国通史，为历史系66级、67级讲中国土地制度史，并给青年教师办班，以章太炎《自述学术次第》等为教材，传授史学研究的方法。江校长多次到教室听赵先生讲课，还要求崔乃夫、丁桂林等领导同志带了机关干部去听课，以提高自己的修养。有一次在历史系69级听赵先生讲古代史，下课后，学生们往门口拥，江校长大声说："同志们，请赵先生先走！"使学生们深受教育。

好景不长，1966年初，赵俪生先生被派到榆中县农村搞"社会主义教育运动"。5月底，"文革"波及兰州大学，赵先生被当作"牛鬼蛇神"揪回学校批判。自此，断断续续一直被整到1969年9月。林彪一号通令发出，赵俪生先生被疏散，投靠在贵州息烽三线厂工作的大女儿。次年初，赵俪生先生被迫退职，经周恩来总理亲自过问，才于1972年复职。不久，兰州大学历史系确立沙皇俄国侵略我国西北地区史研究课题，赵俪生先生参与其中，主要从事西北史研究和英文资料翻译。每当阶级斗争的弦绷紧的时候，他就被拉出来当靶子。

1978年初，赵俪生先生被历史系学员郝树声等请来为他们上课，这是他11年后重新登上大学讲台，作为一位将课堂教学视作生命的优秀教授，其激动的心情难于言表。1978年夏，赵俪生先生招收了7名专门史研究生，研究方向分别是中国土地制度史和中国农民战争史。1986年，又受国家教委委托，主办中国经济史助教进修班。几年间，他先后开设了中国土地制度史、中国古代社会经济史、中国综合文化史、明清思想史、史部目录学、史学概论等课程。当时，历史系各个专业的研究生都选修其课，甚至本科生也溜进来蹭课，以一睹赵先生的风采。年逾花甲的赵先生精神抖擞，纵横捭阖于三尺讲台，努力追补着已经流失的岁月，高超的教学能力得到最大的释放。1979年以后，赵俪生先生应邀先后到苏州、无锡、杭州、上海、徐州、淄博、湘潭、天津、济南、青岛、成都、昆明、西安、武汉等地的数十所高校讲学，将智慧的种子播撒到大江南北。1992年，赵俪生先生离休后，还经常应邀为学生做学术报告。这些年，每逢赵俪生先生生日，我都带了研究生去为他祝寿。看到这些后学青春的面孔，赵先生总是非常高兴，向他们询问论文的选题，并给予精准的指教。赵俪生先生为培养一代代史学人才真是鞠躬尽瘁、死而后已了。

华东师范大学王家范先生在张荫麟《中国史纲》导读《前言》中写道："记得严耕望先生说过，中国通史必须折衷于重点与全面之间，并能上下脉络连贯一气，与断代史有别，与专史也有别。因为有此种种考虑，所以大学'中国通史'可说是所有历史系课程中最难讲的一门课。过去大学'中国通史'课程教得最成功的，耕望以为应该数钱穆宾四先生为最。据笔者所知，较晚还有一位，就是50年代曾在山东大学教中国通史的赵俪生先生。"[8]当今历史学教授成千上万，但获得如此盛誉的仅赵俪生先生一人而已。

赵俪生先生的历史教学工作受到多般盛誉，当之无愧。

首先是他对教育工作有强烈责任感。赵先生始终将课堂教学视为生命。50多年间，他几次被政治运动剥夺上讲台的权利，对左的路线深恶痛绝。一旦有了上讲台的机会，就拼出老命，超负荷地带课。只要有教学任务，不管是紧裹大衣还不住打战的严冬，还是汗流浃背膊肘生痒的酷暑，他都"如临大敌"般地提前在家中认真备课，将要讲的问题进行细致的梳理，归纳出理性的思路，将查阅的资料写在小纸条上，然后才满怀敬畏地走上讲台。赵先生每次讲课都特别卖力，精神处于极度亢奋之中，以至每次课下来都精疲力竭，即使在冬天也是浑身汗湿。下课回家，赵先生就累瘫在床上，盖上被子，由夫人高先生替他用毛巾擦拭汗液，换上干净的衣服，还要休息好几天才能复原。晚年的赵俪生先生，以顾炎武"苍龙日暮还行雨，老树春深更着花"的诗句自勉。87岁时，疾病缠身的他，还想贾其余勇到距兰州47公里的榆中校区为本科生做学术报告。高昭一先生拦不住他，拉我当救兵。我说，且别说长时间坐车要消耗多少体力，关键是报告以后浑身大汗，万一感冒了怎么办？在我们的坚决阻拦下，赵先生终于未曾去榆中校区，却一再为之憾然。

其次，以高水平科研成果为基础的启发式教学。赵俪生先生始终将教学与科研结合，从教学需要提炼科研课题，用高水平的科研成果保障和提高教学质量。在几十年教学工作中，赵俪生先生总是挑战自我，敢于承担那些难度很大，属于学术前沿的课程。例如在河南大学的明清思想史，在山东大学的逻辑学和农民战争史，在兰州大学的中国古代史、中国土地制度史和综合文化史等。对这些课程，他都是先集中进行研究，大问题越做越小，小问题越做越大，从一个个小问题的研究中找出规律，再进行总结，写出综合性的讲义。在讲课中，他仍然不停地思考，对已有的观点进行检验、深化或否定，再对讲义进行修改。如此写稿、讲课、改稿、再讲课，最后定稿，成为专著，拿出来出版。他的《逻辑学教程》《中国农民战争史论文集》《中国土地制度史》等专著都是这样成型的。这些在本学科具有开创意义的著作，至今仍然是有关专业学者案头必备的经典。他的中国土地制度史讲义，在“文革”前已经写成，而且两次授课，两度修改。疏散到贵州后，又一次修改增补，复写三份，书眉题以“篱槿堂遗著”五字，将出版的希望寄托于身后。1978年夏，他经过修改，将自以为有把握的部分，铅印成讲义，供研究生参考，同时在讲课中继续探索新的问题，终于又写成12万字的《论要》将两部分合到一起，交付正式出版。

山东大学、兰州大学历史系的学生，从来都是冲着教师学术研究的水平来听课和评课的。赵俪生始终活跃在史学前沿，又注重以学术前沿的思考上课，当然对学生有极大的吸引力和治学方法的启迪。赵俪生先生曾深有体会地说：“受教的学生们不喜欢的教法，是一种平铺直叙的、人云亦云的、重点不突出或者根本没有重点的、不提出问题、不解决问题的课。他们喜欢的，是重点突出的、提出问题并在一定程度上解决问题的、从而鼓励和启发了学习者的兴趣，并从实际中诱导了学习者的独立操作能力的课。我们讲中国通史的，也不例外。……在系统知识传授的基础上，一定限度地诱导一些争论，这对启发学生独立思考、独立操作能力方面，将起到很好的作用。”[9]我们常说，高校要培养创新型人才。赵俪生先生20多年前的这段话，不就是培养创新人才经验的最好总结吗！中国政法大学教授金雁称赵先生的这种教学是问题意识，她说：“赵先生讲课最大的特点是‘问题意识’非常突出。一个问题套着一个问题，使人总在‘为什么’里遨游，调动你高度紧张的思考，然后从逻辑关系上一层层地推开，在这个过程中我突然有了把原来的‘死知识点’贯通整体的意识，甚至有了与先生不同的看法，这让我非常兴奋，有了争论的冲动。可以说是赵先生的这种传道授业方式把我领入史学领域的，后来我搞俄国农村公社就是受赵先生讲‘亚细亚生产方式’时谈到俄国公社的启发。”赵俪生先生的思想是开放的，学问是开放的。执大学教鞭60年，赵俪生的学生成千上万，他没有培育出一个死守师说的赵家学派，却以授人以渔的教学，培养出了史学、文学、哲学、经济、文化、地理，甚至自然科学方面的诸多领军人物。

第三，杰出的讲课艺术。赵先生上课，从来不拿讲义，每次只带了抄着原始材料的几片纸头，就成竹在胸，侃侃道来，口说手舞，奋笔板书，令人敬服不已。这种习惯，造就了赵先生出口成章的本领。记得2001年底，我们受《史学史研究》编辑部的委托，要做先生的访谈，事先向他通报了访谈要求。12月21日，应约到他家，赵先生提前已有所思考，未拿一片纸，坐在低板凳上，对着录音机连续讲了75分钟。其内容包括，他治学的六个阶段，对11月北京唯物史观讨论会的评论，以及对青年学人的希望。事后，外孙邱锋将录音一字不易地转写，就成了一篇精粹利落逻辑严密的7000余字长文。

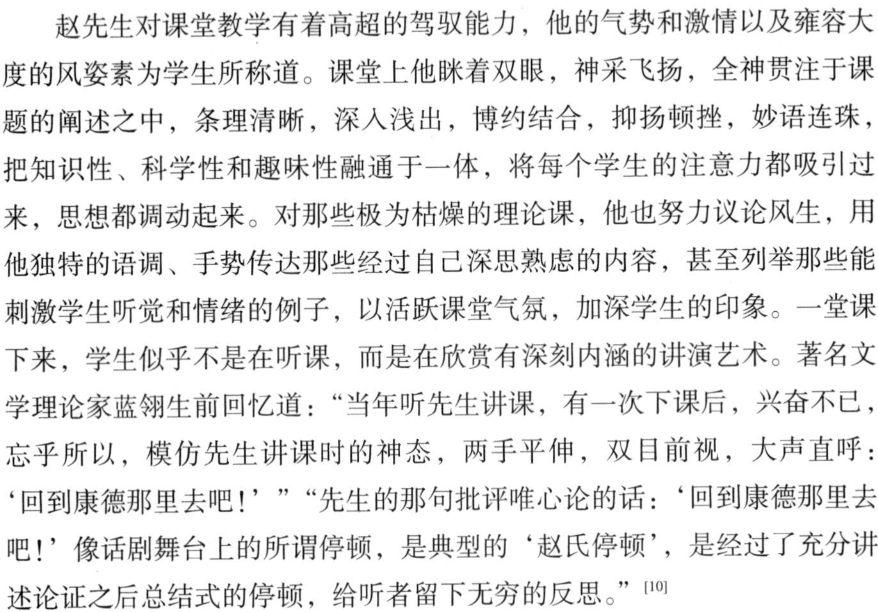

赵先生对课堂教学有着高超的驾驭能力，他的气势和激情以及雍容大度的风姿素为学生所称道。课堂上他眯着双眼，神采飞扬，全神贯注于课题的阐述之中，条理清晰，深入浅出，博约结合，抑扬顿挫，妙语连珠，把知识性、科学性和趣味性融通于一体，将每个学生的注意力都吸引过来，思想都调动起来。对那些极为枯燥的理论课，他也努力议论风生，用他独特的语调、手势传达那些经过自己深思熟虑的内容，甚至列举那些能刺激学生听觉和情绪的例子，以活跃课堂气氛，加深学生的印象。一堂课下来，学生似乎不是在听课，而是在欣赏有深刻内涵的讲演艺术。著名文学理论家蓝翎生前回忆道：“当年听先生讲课，有一次下课后，兴奋不已，忘乎所以，模仿先生讲课时的神态，两手平伸，双目前视，大声直呼：‘回到康德那里去吧！’”“先生的那句批评唯心论的话：‘回到康德那里去吧！’像话剧舞台上的所谓停顿，是典型的‘赵氏停顿’，是经过了充分讲述论证之后总结式的停顿，给听者留下无穷的反思。”[10]

三、相伴68年的学者夫妻

1963年秋，我从学校图书馆借出赵俪生先生20世纪40年代撰写的中篇小说《中条山的梦》，其中一段是夏支队（晋西南人民武装夏县支队）一中队指导员杨何与其妻秋爽走回住屋的文字：“在遍生着酸枣树的沟涧那边，有两个人正沿着小径慢步走下那陡坡来。那矮一些的，一望而知是秋爽同志的坚实的身躯；并排走在她的旁边的，是一个魁梧的青年男子，穿着一件簇新、但显然太短了的俘获来的敌军黄呢大衣，从那大衣下面，露出两条有点太不匀称的骆驼似的长腿。”看到这里，我会心地笑了，这一对青年抗日伴侣，不就是赵俪生、高昭一夫妇的自我描画！

高昭一先生1914年11月出生于河北正定的一个大家庭，舅舅王士珍是“北洋三杰”之一，在北洋政府中当过内阁总理、军政部长。高先生自幼丧母，受后母欺虐，早熟，独立生活的能力很强。1936年在正定女师读后期师范时，高先生参加中华民族解放先锋队，从事抗日宣传。次年赴太原加入牺盟会。1938年1月赵俪生与高昭一在山西离石第二战区战地工作团相识。两周后，两人举行了一个茶话会招待战友，就宣布结婚了。论相貌，赵、高二位似乎并不匹配。赵一米八一的细挑个子，长脸，宽额，隆准，大下巴，仪表堂堂。高身材娇小，双肩结实，宽鼻，嘴唇微突，被王瑶先生称为“不算漂亮”。当年风流倜傥的赵俪生是怎么看上了相貌平常的高昭一呢？用赵先生自己的话说：“父亲死后，我们这个家已经跌落到最低点，应该有所振作了。所以我自己选择对象，不找那些谈情说爱的，而要找成家立业的。”“我一眼就看上了高昭一，我感到她和那些花花哨哨的女孩子不一样，我认定她是一个‘成家立业’的好伴侣。”经过抗战烽火洗礼的赵俪生夫妇，在崎岖的人生旅途中相互搀扶、患难与共，相伴68年，成就了中国学术界的一对模范夫妻。

高昭一不仅是赵先生的精神和生活的终身伴侣和坚强支柱，更是其处理诸多事务的主心骨和学术研究的合作者。

几十年间，除了在山东大学七年生活稍微安逸外，他们夫妇一直经济紧张、处境困顿。在山西游击队他们吃大灶，每月只有5角津贴。后到关中教书，抗战间工资折半，两人仅有80元收入，这才过起了小家庭生活，也多是一碟盐、一碟辣子拌饭。1958年赵先生被补划为右派分子，工资降至七级，家庭生活条件陡降。1960年3月，赵先生被发配到甘肃师院在山丹的农场改造，从事繁重体力劳动，还曾经被罚脆，甚至不给饭吃。高昭一在兰州带着孩子在饥荒中挣扎，还省出一点口粮，加工成熟食，邮寄给在农场的赵俪生。干瘦而全身浮肿的赵先生，每当收到兰州寄来的救命食品，当即狼吞虎咽，一扫而光。在家中高昭一带着孩子们挖草根拾野菜充饥，有一次她吃野菜中毒，全身浮肿，指甲紫黑，头昏眼花，差点丧命。1961年2月，赵先生的二女儿到皋兰山上采食地衣填塞饥肠，失足殒命。只剩一具骷髅的赵先生被江隆基校长急电叫回。当时食物极端缺乏，赵先生既要恢复调理病躯，又要从事学术研究，不得不变卖家中藏书，以购买高价食品。不久，江隆基得知赵家窘迫的经济状况，特批每季度100元的生活补贴。高昭一又毅然退职，用数百元的退职金购买高价粮，使全家不致饿毙，还每晚熬点玉米面糊，为赵先生补充营养。一直到“文革”结束，赵先生家的经济状况仍然不好。他终生嗜茶，那些年他只好托人买一元多一斤的茶叶末充饮。赵俪生先生幼年家庭生活困难，身体素质欠佳，瘦长的身板十分单薄。在山西抗日前线时，他罹患恶性疟疾，因前方战斗频繁，经常转移，缺医少药，以至生命危殆。幸得高昭一先生向部队请假，拖着病重的赵先生，扒车找饭，转至西安投靠亲戚，问医治疗，精心照料，方得重返战地。在乾州中学任教师的1941年，赵先生因工作繁重，积劳成疾，感染伤寒，几次濒于危殆，经一学生祖父治疗，高先生日夜照料，方转危为安。不久，在蔡家坡雍兴高级工业职业学校任教且从事秘密工作的赵俪生，因特务横行，精神过于紧张，而发生焦虑性神经病。1947年在河南大学，因教学和治学勤奋，肺部感染结核。1960年在山丹农场劳动，给庄稼浇水时，被冰块划伤，腿部化脓感染，幸被到农场巡视的校医院院长鞠强发现，坚持送进医院，才保住了那条腿。1963年，46岁的赵俪生拔去剩余的病牙，装上满口义齿。两年后又患腿疾，不利于行。“文革”开始后，赵俪生是全校第一个被抛出的“反动学术权威”。几年中，他被批斗、“统管”、罚做重活脏活，强迫退职，反复折腾。记得1968年时常传达和庆祝“最新最高指示”，兰州大学各系学生和被统管的“牛鬼蛇神”都要排着队进大礼堂开会，“牛鬼”的队伍比任何一个系的队伍都要雄壮，赵先生因为个子高，总是低着头，走在队伍的最前列。那时，赵先生的工资停发，子女被发配下乡，全家只有48元的生活费，还要遭受各种政治上的欺压凌辱。就这样，赵俪生和高昭一夫妇还是艰难地挺了过来。1973年赵先生又一再挨批斗，患上高血压和心动过速。

1978年以后，赵俪生重新焕发学术青春，他带研究生，搞科研，外出参加学术会议和讲学，却依旧保持在校园里顺着墙根低头走路的习惯。这一段时间，虽然也时有不愉快事件，但赵先生的精神和身体一直较好。1986年，他的一个女婿因癌症逝世，他害怕自己的器官有病。我专门联系了一位省医院的专家，用当时还很稀罕的B超机做脏器检查，得出全都健康的结论，使他增进了信心。80岁以后，赵俪生先生的身体机能逐渐衰退，先是右眼白内障，手术植入人工晶体。接着是前列腺炎，治来治去，最终切除，在腹部插一根管子，挂上了尿袋。那时，我去赵先生家，他们夫妇常常谈起各自的身体，谁会走在前边。高昭一先生三四十岁就有心脏病，一犯病就大把吃药卧床静养。但她信心十足，自认为家族有长寿基因，她的一位姐姐已寿过百岁。而赵俪生先生的祖、父皆仅四五十岁阳寿，自己已创造了家族男性寿命的记录。2000年7月，当年山东大学历史系“八大教授”之首的杨向奎以90高龄去世。赵俪生先生不满足于成为“八大教授”之仅存者，还要争“八大教授”之最长寿者，说：“我一定要活过九十岁！”2005年初，赵先生查出肾癌，子女对赵先生夫妇善意隐瞒了实情，只称是糖尿病，每天为他注射治癌药物，却说是降糖。好在先生年事已高，机体代谢率极缓，他不仅活过了医生判定的半年，而且奇迹般又过了将近3年，才因肺部弥漫性感染导致呼吸困难，引发缺氧性休克逝世。

2006年9月1日凌晨，高昭一先生平静地走完了她94岁的生命。此后，赵先生的精神一日不如一日，外表木讷，内心十分痛苦。一再为终身伴侣先去、知音不在伤心，为余下孤独残年的人生痛心，为从此自己手不能写字、难以集中思索难心。我建议他有什么想法就口述，让外孙邱锋记录整理。次年2月，赵先生给了我一篇电脑打印的文稿《忆我妻》，文章末尾深情地说：“我读过一篇《凌霄花诗》，其中有两句是‘偶倚一株树，遂抽百尺条。’我这一辈子倚过两株树，一株是我的母亲，从下生倚到二十岁；第二株树就是我的妻，从二十一岁到八十九岁，倚了差两年不到七十年。她帮助我祛除少年时候的飘零阴影，过了这完整的九十年，我很感谢她。”2007年11月20日躺在病榻上的赵先生对我说：“我要死了，不过我没有留下遗憾，我们赵家没有一个人活到我这么大岁数的。”这中间高昭一先生功莫大焉！

高昭一先生受过良好的教育，有厚重的旧学根底，又阅读过许多马列的书籍，知识丰富，思维细腻，是赵先生治学的好帮手。20世纪40年代，赵俪生撰写报导抗日前线的小说，发表怀念因反蒋而被特务杀害的业师闻一多的文章时，高昭一也在《新华日报》上发表了《抗日锄奸记》的报道，向《中国时报》投寄揭露伪国大代表张希文丑行的文章。1953年赵俪生夫妇在山东大学开了一爿“夫妻小店”，共同研究中国农民战争史，搜寻、整理、摘录浩繁的史料，为有影响的农民战争绘制地图、编纂年表，最重要的是理论的建树。两年后二人合著的《中国农民战争史论文集》，由上海新知识出版社出版。《篱槿堂自叙》第239页，有一帧50年代赵俪生、高昭一进行学术研究的照片，夫妇二人着单衣，各占着八仙桌的一侧，在埋头写着什么。桌上摆着一个白色的瓷茶壶和几个茶杯。靠墙的长条桌上是摞得很高的线装书，立在左侧墙根的书架上则排满了洋装书。如果说，中年的赵俪生先生更偏重于理论的思维，高昭一先生似乎更注意于微观的探索。二人相濡以沫，相得益彰，在学术界传为佳话。80岁时，高昭一先生撰写的《回首忆当年》一书，自费印行送亲朋好友。1996年高昭一先生撰写《我与俪生走过的路》，编入山东大学出版社出版的《赵俪生先生八十寿辰纪念论文集》，旋即被《新华文摘》转载。高昭一先生说："我们不像夫妻，而像朋友、同学或弟兄，经常是切磋、琢磨。"多年来，赵先生夫妇都是晚上看完新闻联播就洗漱后上床休息，半夜两三点醒来，老两口在床上谈时事、论学问、忆往昔、讲家庭，天亮后才起床用餐。谈起学术，二位总是兴致很浓，争论不休，互相启发，互为补充，赵先生的不少文章，就是在这种"床谈"以后写出来的。20多年间，每当我去赵先生家探望，屋门打开，首先见到的总是头发花白、慈眉善目的高先生，她将我引进狭窄的客厅，然后提起嘶哑的嗓子冲着里屋喊道："汪先生来了！"再坐在长沙发的一端，听我和赵先生谈话。赵先生多年耳背，高先生有时不得不对着他的耳朵当传声筒，还在赵先生想不起某人名某诗句时，她一口准地说了出来。有时分析说到的事情，往往比赵先生更高明、更透彻、更无遮拦。

在《〈回首忆当年〉序》中，赵先生称："高昭一同志文风梗直，不喜欢打弯。不但文章，就连她这个人也是不打弯的。时下有句惯用语，'买账'。不管这词的含义是好是坏，在我呢，实在非'买账'不可的时候也只好'买账'，而高昭一同志我和她过了一辈子，她是'绝不买账'的！凭这一点，她没有白活了80岁，没白受了这一辈子的'折腾'，留下了这样的人格，留下了这样的文风。"从中，我们不仅看到他对妻子人格的赞扬，更理解一个理想主义学者在高压环境下痛楚的心路。有人将赵俪生称为"一位讳言历史的历史学家"，说他写回忆录讳言打过右派，只字不提文革遭遇的巨大灾难，不提在山东大学时发言批判过束星北……其实，赵先生的《篱槿堂自叙》叙事至1949年初在华北大学与成仿吾的冲突，而《赵俪生文集》第五卷的《自叙》则补充了1955年被当成反革命分子批斗的事，最后是被打成右派的专章《"另册"一案的全部过程》。他也没有讳言“文革”灾难。1992年6月，他曾以《我的四个“剿匪司令部”》为题给我讲了40多年间屡次挨整的事情。后来，他将其中的一部分内容，写成《从〈困卦〉谈起》一文发表，对极“左”路线进行了深刻的批判。批判束星北，是时势所致。凡对现代中国有过接触或研究的人都知道，在召开政治批判会时，人们为了自我保护，也不得不敷衍地批判几句。在《束星北档案》一书中，王彬华提到赵俪生后来曾说过，束星北身上有一种可贵的品质，像一种易碎的稀有元素，需要大家好好保护。赵俪生所谓的稀有元素，当是指知识分子的独立自由精神，这是经历过多次运动后的反思之语。

其实，在打成右派以前，赵俪生先生还批判过吕荧，批判过胡适，批判过向达……他自己又何尝没有遭到别人的批判！八年前开始编辑《赵俪生文集》时，我曾有意将他几十年间写过的“认罪书”和交代材料，以及导致他屡次挨整的被称为“攻击土改政策”的《从中原到华北》的书稿收进去，以展示更加完整的历史。一位相熟的党员领导告诉我，1978年他被抽调参加清理赵先生的档案，按照文件精神，将赵先生写的交代材料以及别人的揭发批判材料拣出来，打成一大捆全都销毁了。他看到的揭发材料有不少是赵先生最要好的朋友写的。与别人不同的是，赵俪生先生敢于反省和自责，而且在后来竭力予以补救。他曾向赵淮青诚恳地说：“我曾奉命批判过吕（荧）先生，很对不起他。”赵淮青说：“您批吕先生，说的是些无关紧要的话，明眼人一看就知道你的用意，会理解您的。”他答：“那也不行，当时我是肃反对象，上边叫我‘立功赎罪’，我自己想过关，几十年后想起这件事来，心里还不好受。”[①]赵先生批判胡适的文章被收录于有关的专书中，但“文革”后是他第一个写文章为胡适“大胆假设、小心求证”正名。发表于先生去世数日的某人文章为什么这样不顾事实，对一位伤痕累累，始终踏着荆棘奋勇向前，而又敢于自我剖析的逝者，我们有什么权利指手画脚、说三道四？

赵俪生先生以教师为业，以史学成名，以传奇和抗争的经历饮誉士林。他文、史、哲皆通，古文、英文、理论、文献、口才、学养、文章、书法、绘画皆长，既立志救民于水火，又早悉政治的险恶，虽避之不及，累累受困，却终生不改初衷，昂昂挺立。他是一位少有的通人，是这个扭

①参见赵淮青《“史学界的杨小楼”赵俪生先生》一文，该文刊发于《青岛山东大学校友通讯》（内部刊物）2006年6月22日第93页。

曲时代始终未被吞没的弄潮者。91岁时，他无遗憾地走了，留给我们的是永远不无遗憾的思索！

参考文献

[1]赵俪生.篱槿堂自叙[M].上海：上海古籍出版社.1999.

[2]赵俪生.文史学的新探索[M].上海：海燕书店.1951.

[3]赵俪生.王阳明和他的学派[J].文史知识，1982（6）：13-16.

[4]赵俪生.我看儒学[J].社科纵横，1995（1）：4-6.

[5]金景芳.《赵俪生史学论著自选集》序[M]//赵俪生史学论著自选集.济南：山东大学出版社.1996：1-3.

[6]赵淮青.我所认识的赵俪生先生[G]//赵俪生先生八十寿辰纪念论文集.济南：山东大学出版社.1996：8.

[7]赵俪生.回忆江隆基校长[M]//赵俪生文集：第5卷.兰州：兰州大学出版社.2002：447.

[8]王家范.《中国史纲》导读[M]//张荫麟.中国史纲.上海：上海古籍出版社.1999：12-13.

[9]赵俪生.中国通史史论辞典：序言[M].哈尔滨：黑龙江人民出版社.1992：1.

[10]蓝领.仁者长寿[G]//赵俪生先生八十寿辰纪念论文集.济南：山东大学出版社.1996：1-2.

我读《篱槿堂自叙》

——从赵老的一封信说起

吕绍刚

我和赵俪生老先生交往二十多年了。论年龄，他长我16岁；论学问，更差好几截儿；论辈分，他和先师景芳先生是朋友。无论从哪个角度说，赵老都是我的老师一辈。我却和赵老成了朋友，而且是知心朋友。这有两个原因，一是赵老谦虚，再是先师景芳先生和赵老是好朋友。可以说，二老的友谊自然由我继承过来。逐渐赵老跟景老的通信，就转变为我跟赵老的通信。

提起通信，至少有15年的光景了。每年按两封计，也总该有三十封上下了。来信当时读过，感动过，笑过。可惜我这人马马虎虎，并未特别留意保管。但是有一封信我是特别放在心上，妥善保管了。把信放在一定的地方，可谓佛爷眼珠——动不得。现在把它原封不动地抄录如下：

绍纲大兄，[金老前叱名请安]2000.1.2日兰州

确实，我们很久没有通信。接到来信，如久旱之逢雨。立刻将拙新著《篱槿堂自叙》寄奉，想大兄收到后定然津津乐读，妙趣丛生。希望把这些妙想不要悭吝地留在自己脑海里，而是慷慨地对在下予以布施，阿弥陀佛。

今天已经是新年、新世纪的第二天了。回首旧年，正如大兄所

作者生前系吉林大学历史系教授。该文发表于《兰州大学学报》(社会科学版)2009年第1期。

说，不可说好，亦不必说不好，中不溜溜儿的，如此而已。今弟已83，高先生86，将“望九”矣。也曾泛览了一年中之《日记》，得到两个印象，第一，老夫妇病情有所改善。回忆96年前后，高先生闹心脏病，弟闹前列腺病，真是闹得死去活来。现在缓和了，翻阅一年记录，弟仅于五一前到校医院吊瓶子7天，高仅于十一前到校医院吊瓶子9天，如此而已。当然，从另一面想，缓和，也许是通向死亡更邻近的一种象征。

第二个印象，是文章写不动了。回顾一年，仅年初（1-3月）写了两篇短文，年尾（11-12月）又写两篇短文，以每文4000字计，不过16000字。这就是年产量！而且，中年时候，写文章是一种兴奋，一种快乐，而老来写文章则是一种受难，每次写完，都要卧病一两日。心里想不通，怎么会这样呢?!

弟现在人降格了，文章也降格了。弟有一夙疾，即从来不主动投稿，定得等杂志主编来邀。我想，这大概就是所谓“架子”了吧？“老作者”的架子。有时编辑来催也不写，如《光报·史学》，弟认为是强人盘踞的地方。再就是大门台不登，如《历史研究》《中国史研究》等。弟现在找到一家小铺《文史知识》，其中一位史学编辑读硕士在兰大（博士在北师大），她常打电话来约稿，我99年写了3篇，2000年大概还有几篇，这就好像不逛大公园，只逛小花园，今天浇浇水，明天剪剪叶，也好。

再汇报汇报儿女。小女一直在BOSTON以东北的PORTLAND（波特兰）市的缅因州立大学教中国历史。儿子在淄博学院的历史系教《齐国史》。余三个女儿全在兰州，各自有家。“老家”有保姆时，她们轮番回来看“二老”，共进餐饭；无保姆时，则轮番回来为“二老”尽炊囊之劳，如此而已。两个外孙都已在大学里作事，都早已有了女朋友，一旦结婚生子，则弟夫妇即为曾祖父曾祖母矣。一笑。

祝 大雪中颐养天年！

弟赵俪生上言

高昭一同此不另。

这封信真可谓赵老和我的友谊的见证。信前头写着2000年1月2日的发信日期，正是新世纪的开始，证明我们的友谊是跨世纪的。接着写一句："金老前叱名请安！"这说明赵老和景老的友谊多么深重，而赵、吕友谊则是直接由赵、金友谊继承过来的。

赵老20世纪80年代初跟金景老谈的一件事，我至今不忘。大约是1978年，赵老招五名硕士研究生①，景老招六名。毕业答辩时，赵老请了北京中国社科院历史所的某某先生去兰州大学主持答辩，景老则就近请了东北师范大学的陈连庆先生主持答辩。结果，景老的六名研究生全都通过，而赵老的五名研究生竟有两名答辩硬是卡住没通过。于是兰州大学赵俪生教授研究生毕业答辩遇险的事，在业内同行中作为笑话传播开来。这无论如何都算赵老不大不小地丢了一次面子。可是，赵老把这事看得很淡，景老更不以为然，都以为可笑已极。金老私下说："某某这么做，太不应该。"1982年赵老见到金老谈及此事时说："你就是高明，你就没像我那样'引狼入室'。"景老事后对我说："赵俪生这位老兄就是直，有话是憋不住的。"这封信抬头称"绍纲大兄"，赵老称我"兄"，我早已跟他申辩过，我说我们不是同辈，直呼名可也，不该称兄。可是他硬不讲道理，且以清人朋友间以兄相称、不论年齿为由，继续称兄。称兄就称兄吧，后来竟变本加厉，又加上个"大"字，称起"大兄"来。关于我们三人年龄问题，不知什么时候赵老还弄出个笑话来。金先生1902年生，我1933年生，赵老生在1917年，恰巧处在金先生和我中间。所以他说，他是我们师徒二人的"比例中项"。这"比例中项"一语，逗我至今发笑。这"大兄"之称同"比例中项"联系起来考虑，我想起辽南方言中"大兄弟"一词。记得少年时，常听某大哥哥大姐姐称呼比自己年幼的男青年为"张家大兄弟"或"李家大兄弟"。这"大兄弟"的叫法，显然含有敬重的意思。赵老的"大兄"我想含义正当如此。"绍纲大兄"者"吕家大兄弟"是也。想到这儿，我就非常高兴了。

这封信开头一段话很重要，那段话说："接到来信，如久旱之逢雨。立刻将拙新著《篱槿堂自叙》寄奉，想大兄收到后定然津津乐读，妙想丛生。希望把这些妙想不要悭吝地留在自己脑海里，而是慷慨地对在下予以布施，阿弥陀佛。"当时我是不是遵赵老嘱托把读后感写信向赵老报告，实在是淡忘了。不过，当时我看过《篱槿堂自叙》后第一时间的感想依然记得，因为我深深地被感动了。有许多话要说，一时又说不全面说不清

①赵俪生先生1978年招收七名研究生，因故有两位未参加论文答辩。吕先生此处言五名，即基于此。

楚，总想再看两遍，好好写封信寄过去。结果，随着时间的流逝，“好好写”的信终于没能“好好写”出来，我很后悔。但是，现在还不晚，趁赵老九十大寿之际写出来，算作我献的寿礼。下面是我读过《篱槿堂自叙》后第一时间的感想，不包括以后的想法。

第一，赵老是语言高手。赵老的书我最喜欢读，因为语言好，话说得好，说得透辟，说得精彩，尤其这一本书，简直就是汉民族最标准的文学语言。赵老文风简练，文章精干，逻辑清晰，分析透辟，这是尽人皆知，谁都承认的。我认为，赵老作为一个教员，他的超群之处不在别处，就在语言好。赵老的语言，眼鲁迅、郭沫若、茅盾的相比，一点都不逊色。赵老的语言是怎么来的呢？老人家自己从来没说过。我说，是逐渐养成的。怎样养成？我替他概括出这么几条途径：1）古诗文的熏陶。2）外文、中文相互促进。3）翻译，等于中文演习。4）教书是语言的实练。5）走四方，是语言的积累。6）读书，是语言的沉积。总之，赵老的语言好，是自然而然，是水到渠成，不是刻意学得的。语言这东西，天赋挺重要，学习只占三分。语言，大家都学习，效果可是大不一样，有人平平常常，能对付沟通而已，有人却成为语言大师，文章高手，例如赵老。

第二，写别人，其实也是写自己。不少名家自传，都是就事论事，内心世界总是藏着的。赵老的自传则不然，他不论说什么事，三句话没说完，内心就流露出来了。即使是回忆朋友，不经意间还是露出了他自己的心思。他书中专门回忆了好多位朋友，我以为写得最好的是回忆童书业。他活灵活现地描写了一个被极端扭曲了的童书业。童书业有三怕：解放前怕失业，解放后怕运动，怕老蒋反攻大陆。后两怕更现实，简直怕到神经失常的程度，竟捏造一个所谓“反革命集团”的《供状》，诬陷十多位知识分子，甚至他自己也包括在内。交上去后又反悔，要求组织上退回。蒋介石声张反攻大陆，他又怕得要死，以至于人们疑心他故意恐吓革命人士。就是这样一个精神病似的知识分子，赵老视为最要好的朋友，始终寄予最深沉的同情，最宽厚的爱。看完回忆童书业的文章，我联想到《孔乙己》，孔乙己与童书业只是时代不同而已。论文章，回忆童书业的文字和《孔乙己》可相媲美，都是作者对知识分子（也是对自己）的厚爱及鞭挞。

第三，写自己，则切肤地剖白。记事不是简单地开年纸单子，而是剖心裂肺地自我剖白了。说到深刻处，简直就是入木三分、掘地三尺。“一二·九”后期，蒋南翔找到他，启发他申请入党。他以列宁如何对待孟什维克知识分子马尔托夫为例，说明党是容忍知识分子留在党外的。因此他对蒋南翔说，他觉得自己就像马尔托夫，走不成布尔什维克的道路。他受不了严格的组织性和纪律性。他愿意做一个全心全意的马克思主义的信仰者，同时是一个自由主义者。

这是中国现代社会一个党外知识分子切肤的自我剖白。

蒋南翔没再找他，很可能对赵老的剖白是默认了。从此，赵老一辈子都走着当年所自我剖白的道路：在思想上忠诚地信仰马克思主义，同时又是个自由主义者。这条道路使他日后成为著名的学者，也使他遭遇了许多坎坷。

后来，在北平解放前夕，赵老所在的华北大学奉中央指示，讨论进北平后如何接管各高校的问题。在像陈寅恪这样的国际知名的大知识分子是否也要亲自到军管会的文管会登记问题上发生意见分歧。有人主张陈寅恪身体衰弱，且眼睛不好，可由别人代替报到、登记就行了。副校长成仿吾高声表态："资产阶级知识分子到无产阶级领导的革命机关来报到，来办理登记，一定要亲自来，本人来，不得由别人代替，因为……"他特别提高了声音说，"这是个态度问题。"赵老心里大不舒服，觉得成仿吾副校长是以征服者自居，把知识分子当成了被征服者。于是赵老奋不顾身，站起来说话了。他征引列宁对待大骂布尔什维克的资产阶级知识分子巴甫洛夫，采取耐心等待的态度，而不是同他吵，更不是把他抓起来。他说："这一切，我觉得值得我们大家学习！"最后，提高嗓门说："特别值得成校长学习！"这就是赵俪生。凭这后一句话，在后来五十年代反右斗争时，足够打成右派了，因为这是向党猖狂进攻。在当时也造成了严重后果。不久，赵老被调到山东工作，没能进北平。

我听说赵老1958年曾被打成右派，但是在《自叙》中压根儿就没讲这个事。奇怪，为什么不讲呢？是怕丢面子吗？不是。窃以为，赵老自己对反右那个事根本没放在心上。罪是遭了，而心没服。他心里怎么想的，《自叙》中没明说，可我是体会到了。赵老心里是这么想：1）他是个信仰马克思主义的自由主义者。他一直跟着党走，心是和党在一起的。2）他只是看不惯某些领导的老"左"倾向。3）他根本不是右派，硬是被打成右派，实在冤枉。不过，我仔细地想，赵老成右派并不冤枉，他这种人势必打成右派。事后从全国的情况看，大多数被打成右派的知识分子，都具备这样一些特点：第一，业务尖子，遭人妒恨；第二，性格"格路"，人缘不好；第三，自由主义，目无领导。这三条，赵老不仅具备，而且条条十足。赵老业务样样拔尖，中学、大学、研究生都教过，都教得特好，特受欢迎。这固然是好事，也是得罪人的买卖。“窝囊废”绝不能成右派。赵老交友有严格的选择，他的朋友都是傻傻乎乎、老实巴交的臭知识分子。那些“左”在高位、威风凛凛的人，他是不以为然的。而能够决定人命运的，正是某些居高位、习惯用“左”眼看人的人。

第四，同情那些不幸的人，其中有的是大一点的人物，有的就是小人物。这使我不禁联想到司马迁和他的《史记》。论规模二者当然不可比，论思路则大体一致，都同情那些不幸的人。大一点的人物（主要是学术人物），例如张申府、徐中舒、童书业、丁山、嵇文甫、王献唐、王瑶、冯契、王崇武，等等。小人物写了不少，最感动我的是《死三人记》的三个劳改人员的死。周新治那块怀表……读完我直觉得鼻子酸酸的，眼睛湿湿的。还写了些不怎么出奇但十分可爱的小人物。如抗战期间蔡家坡扶轮中学的学生束布、金彭、赵宏才。甚至连毛泽东所说“不杀比杀了好”的五十年代镇反中被枪毙了的陕西“学霸”侯良弼，也给了不少笔墨。因为侯良弼也有他的优点，是可以不杀的。

读赵老自叙，我更大的收获，是通过它我熟悉了当年清华园里的几位名教授。感觉就像少年时代第一次看《红楼梦》初进大观园乍见金陵十二钗一样，那真是激动不已。说来也巧，赵老记当年清华园里名教授也是十二位，我心里暗暗戏称清华十二教授。但是二者写法不相同。十二钗是个个美艳可爱、十二教授则大多不怎么可爱，缺点是极突出的，有的甚至给隐姓埋名了，如外语系主任，有的是轻淡地描上一两句，只有少数几位教授大力泼墨。作者最敬佩的是闻一多先生。赵老认为如果闻先生不是死得早，定会有影响几个世纪的大作写出来的。乃至于说：“我既然受教于他，我就得立志，以期无愧于称做他的学生。”我则想，学生有这样的老师，可以骄傲；老师有这样的学生，可以瞑目矣。张申府先生也是赵老最为佩服的老师，那不是由于学术，而是由于人品和坎坷的人生遭遇。

第五，炽热的爱国心。一提起爱国，人们往往看重嘴上讲些什么，讲得呱呱叫就爱国，否则，就不算爱国。可是从《篱槿堂自叙》看，作者竟连一句冠冕堂皇的爱国的话也没讲，我却实实在在地看透了赵老有一颗炽热的爱国心。何以见得呢？爱国必自爱乡始。赵老并非有意地描述他的故乡多么可爱，而是在不经意间自言自语地讲到他对故乡的深沉的爱。他的故乡是山东安丘县。安丘县的行政归属，历史上多有变化，一会儿划到了那边，一会儿又划到了这边。“以我来说，我把西汉划的郡国认为是最有权威的，它把安丘列在北海郡，缘陵是首县，安丘是次县；而南沿就是琅琊郡。试想，北海和琅琊是两个名郡，历来出了不少的人才。我以自己能在这两大名郡的边缘上出生而感到自豪。”

故乡也不是处处可爱，也会有令人讨厌的地方。赵老的第二故乡在青岛，他的六年中学时代就是在青岛度过的。青岛是德国和日本的殖民地。有些街道，如广西路，就纯是德国味的；有些街道，如市场三路，就纯是日本味的。赵老对资本主义的“声光电化”的科技进步并不感兴趣，而对它的贫富悬殊十分厌恶。他说：“我每走在山本路（后来叫中山路）就总是不愉快，这跟十余年后我每走在上海南京路就总是不愉快是同一种感情，同一种心理。”

我以为，一个人爱国必由爱母亲开始，一个对母亲冷漠的人，不可能爱国。赵老自叙中，于母亲所用笔墨不多，但是流露出的都是真情。母亲对于他的一生有绝对的影响。可以说，从赵老一生的巨大承受能力，能够看出母亲的影子。有一年冬天，积雪成冰，他家要摊煎饼，为推水磨，母亲向邻家借驴。驴脚是铁掌，母亲是木头底小脚鞋。于是连人带驴一起摔倒。母亲不惊叫、不呼助，自己慢慢爬起，再慢慢将驴拽起。那时赵老幼小，是从窗户眼里窥见这一幕的。他说：“母亲这种坚毅承担生活的精神在我一生中起着一种强烈的感召作用，每当在承担生活中撞到泄劲时，我一想到母亲和驴一起摔倒一齐爬起的景象，就又重新鼓起一股劲头，去承担不管是多么沉重、多么残酷、多么屈辱的担子了。”每读及此，赵母的坚强和赵老的坚韧感动得我潸然泪下。

1987年上半年的60天《游美日记》附在书后，读起来更令人感动。从这些日记中更看出了赵老的倔劲儿，看出了赵老的铮铮铁骨。在洋鬼子面前，尤其在假洋鬼子面前，赵老显出一身凛然正气，令我肃然起敬。好像赵老在美国的每一言行都代表我，代表我们中国人。赵老出了气，也就代表我出了气。例如杨联陞这个假洋鬼子，本来是个背叛祖国的家伙，居然说赵老不习惯吃西餐、不会打美国电话来美国是给中国“丢人”，而且声色俱厉。

赵老还以声色俱厉地说：“（卢沟桥事变后）不久，我就到了太原，在山西新军打了两年日本鬼子，弹片至今还留在腿里。可是您哪，您却在中美处在极不友好的情形下跑到美国来，替侵华军师当了军师。试问，咱们二人谁丢人?!”赵老心里自己说，用中国老话说，这都是一些“全无心肝”之辈，跟他们有什么道理可讲呢？他骂你“丢人”，你就“丢人”就是了。赵老对于杨联陞这一类在美国拿高薪，住着洋楼，开着汽车的“全无心肝”的人，不给留面子，以骂还骂，就对了，可谓大快吾心。

行了，不用多说了。书中无处不显现赵老炽热的爱国心，可是赵老并不直接地说他爱国。《篱槿堂自叙》这书为我们描绘了一位实实在在的完美的山东倔老头。他爱所有的人，更爱他的亲人。他是仁慧的，宽厚的。面对那些自以为是的，站在中华民族另一面的人，他铁骨铮铮，嗤之以鼻。

我爱赵老这倔老头，因此也爱赵老这本《篱槿堂自叙》，达到了“居则在席，行则在囊”的程度，简直可以说韦编快要“三绝”了。

编者按：吕绍纲先生（1933—2008），祖籍安徽旌德，生于辽宁盖县。生前为吉林大学历史系教授，兼任国学大师金景芳先生学术助手，著名易学家、儒学家，在易学、儒学方面建树颇丰，有多部著作传世。吕先生已于2008年2月10日逝世，终年75岁。此文系吕先生为纪贺赵俪生先生九十大寿撰写的文章，未公开发表。兰州大学历史文化学院汪受宽先生将此稿交给我们，刊发在这里，作为纪念赵俪生先生的文字，亦以之表示对吕绍纲先生的哀念。

赵俪生先生的中国土地制度史研究

葛金芳

作为赵先生的受业弟子，本人听赵先生的课，读赵先生的书，的确获益良多，受惠不少。十余年来，我撰写的数十篇论文，其中不少是直接阐发先生思想的，例如，《关于北宋官田私田化政策的若干问题》（见《历史研究》1982年第3期），明显是先生"官田私田化和官租私租化"思想的发挥；《唐宋之际土地所有制关系中的国家干预问题》（见《中国史研究》1985年第4期），直接受到先生论点和研究方法的启迪；《五朝均田制和土地私有化潮流》（见《社会科学战线》1990年第4期），更是受惠于先生对土地关系发展主线的揭示，把古代共同体对于土地私有制的阻碍和土地私有制在演进过程中对这种阻碍的排除这样一种理性化认识，进一步具体化而已。特别是在拙著《中华土地赋役志》（此书是百卷本《中华文化通志》中的一部，上海人民出版社，1997年出版）的写作过程中，更是受到先生《中国土地制度史》这本大作的种种影响和启迪，很有一些地方，则直接采用了先生的表述。凡此种种，均说明学生受先生影响既巨且深。可以这样说，我这十多年来之所以能够在土地制度史和中国经济史的研习过程中取得点滴成绩，是跟赵先生当三年（实际是三年半）研究生打下的基础，这个基础，毫不夸张地说，够我受用一辈子。

作者时为湖北大学人文学院教授。该文发表于《兰州大学学报》(社会科学版)1999年第3期。

一、从赵先生的研究转向中我们能学到些什么

赵先生在土地制度史研究方面的代表作当然是《论要》。众所周知，在20世纪50年代，先生是以治农民战争史名闻于学界的，然而到60年代初，先生却转移到土地制度史研究领域中来了，其中原因先生列了五条，分为政治、学术、形势等几个方面。一是1958年先生被打成右派；二是学术上先生连当反面教员的资格也被取消；三是当时演绎法铺天盖地，根本没有学术讨论所必需的正常氛围；四是“史无前例”的年代中毛泽东指示农民战争之后，地主阶级只有反攻倒算，决无妥协让步，而先生则是历来主张“统治者既有反攻倒算，也有自我调整的”[1]。五是先生看到了50年代土地制度的研究中，存在着不少源自“左倾”思潮的弊端，不吐不快。在我看来，前面四条全是政治原因，这是时代的悲剧。第五条中，既有政治因素，也有学术因素，这说明先生转移研究阵地既被动又主动，而这主动的一面正反映出先生眼光之深邃、感触之敏锐。其实，正如先生所说，对于一个学者来说，阶级斗争（农民战争）的研究和阶级关系（土地关系，其中包括人与土地的关系和基于其上的或者说由其引发的人与人之间的关系，例如剥削、奴役、强制、赋税征调和地租课取等等）的检查，两者原本就是相通的。

事实也是如此。早在农民战争史的研究中，先生对于土地关系也多有涉及。1957年发表于《文史哲》的长文《靖康、建炎间各种民间武装势力性质的分析》，就是一个典型的例证。先生首先对两宋之际的两河民兵、山东群盗、各类“军贼”、农民起义队伍，还有地主武装等分别进行研究，在对比中看出各类武装在政治态度、抗金表现等方面存在着耐人寻味的差异，然后从经济关系，特别是土地所有制关系入手，追寻了这些差异由以发生的原因。先生指出，太行民兵政治态度之所以比较稳定，是因为他们大多附着于当地的农业生产组织和行政组织，这与挣脱了生产与行政羁绊的山东流民——他们时而反宋，时而拥宋，政治态度相对而言易于变化——形成鲜明对照。先生进一步解说，山东、河北、陕晋、四川等地，经济比较落后（四川稍稍例外），均田、府兵之制，历二、三百年而未全泯，建炎元年南宋朝廷企图用“巡社”这种形式把河北忠义民兵重新编制，而“巡社”的实质，恰恰是“将土地按中古原则分配，使与土地附着之人民编成御敌的军队。”[2]而另一类地区，如两淮、江浙、闽广、荆湖等

地区，因其方位偏东、偏南，经济相对而言较为发展，所以当时不少流民集团和武装力量，流徙的总方向是南方的富庶地区。而南方的杨幺起义、范汝为起义深层原因，则是新兴自耕农阶层在要求自身的发展与时时遭受摧残这个矛盾所引发[3]。由此又可看出，“宋朝在历史上的地位，正当中古、近古御接之冲，即正当我国封建社会自其典型阶段向其开始分解的过渡。”[4]这种抽丝剥笋式的解析，层层深入，逻辑严密，鞭辟入里，一针见血，看出了历史表象后面隐藏着的深层次的奥秘，揭示出众多现象背后的带制约性的东西。难怪此文一出，即受到日本学者的关注，《广岛大学学报》上就有反响。我们从先生这种独具慧眼的“史识”中，不是可以学到足以受用一辈子的“史法”吗?

由此看来，赵先生在研究领域里的转向，就是一件顺理成章之事了。从这个转向中，我们不仅可以摸到时代变迁的一缕脉络，而且能够从如何培养史识、如何掌握史法、以至如何开拓自己的研究领域、扩大自己的学术视野等方面，得到许多宝贵的启迪!

二、赵先生土地制度史研究的主要贡献

土地私有制的发展，有一个从浅化到深化的历程。赵先生对土地制度史研究的最大贡献，就是透过种种历史表象和重重成说之迷雾，结合中国实际和具体史料，把这个从浅化到深化的迢遥历程，清晰、明白、扼要而又逻辑严密地揭示在我们面前。所谓浅化，“就是说私有制从一开始就遭遇障碍，遭遇公有制残余的障碍，使它不能爽利地进入私有制，而是要携带着许多公有制残余的泥沙，经历一个较长的时间段落，才转化为私有制。”[5]所谓深化，“是指人们财产（土地是其主要构成之一）的私有，已经相当巩固，相当纯粹，人们把财产和土地看成是‘排斥其他一切人的、只服从个人意志的领域’。”[6]在另一处地方，赵先生对此有形象的说明：原始墓葬中女酋长殉葬所用的贝壳项链、少量石刀等，可以视为最浅化的私有；墨西哥影片《玫瑰庄园》中反映的，无论美国资本家想什么办法要买下这座庄园都不能得逞，最后只好采用毒死这位庄园主的办法来实现庄园所有权的转移，这就是深化的私有制[7]。土地私有制在从浅化到深化的演进历程中，主要受到来自古代共同体残余和国家权力干预这样两个方面的障碍。而纯粹的私有制，直到鸦片战争，甚至20世纪中叶的土地改革之前，怕也不曾真正出现过。因为古代共同体残余未被抛弃净尽，有时还

会在废墟上重新生长起来，更重要的是专制国家权力对私有制的粗暴干预到最后也没停止过。赵先生的《论要》，就是沿着这样二条线索，经过悉心检查而后写成的。赵先生说：

> 我发现，照这两条检查下去，周代半公社所有制的井田制度可以得到解释，魏晋北朝的半国家所有制的均田制度也可以得到解释，宋和宋以后的地主（相对）土地所有制也可以得到解释[8]。

因而土地制度史这门学科的任务，就是——

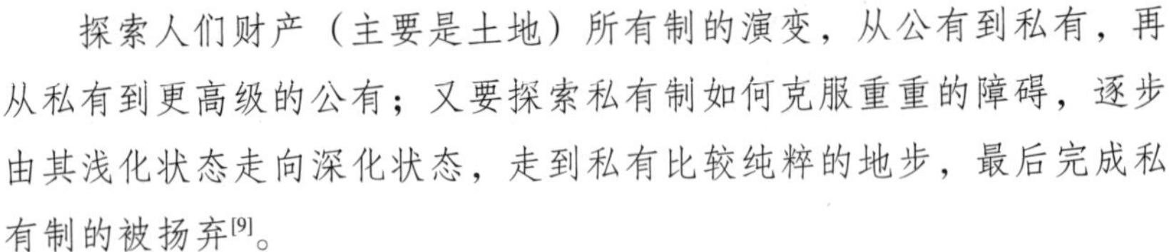

> 探索人们财产（主要是土地）所有制的演变，从公有到私有，再从私有到更高级的公有；又要探索私有制如何克服重重的障碍，逐步由其浅化状态走向深化状态，走到私有比较纯粹的地步，最后完成私有制的被扬弃[9]。

今天看来，“私有制的被扬弃”，同样还有一个“遥迢的历程”，特别是1989年“苏东冲击波”以来的世界现实生活图景，严重地警示着人们，必须从浪漫主义的理想状态尽快回到经验主义的现实生活中来。

> 在阶级社会的段落中，《土地制度史》又应该既要看取人与土地间的关系，又要看取通过土地的中介而发生的人与人之间的关系，也就是说，要处理历史上的剥削与被剥削、压迫与被压迫、役使与被役使的诸关系，要钻研这些关系所表现出来的性质、数量、程度，以及它们的变化。假如能从这些性质数量和程度的变化中，找出一些规律性的东西来的话，那就更好了[10]。

赵先生关于中国土地制度史的论著，即《讲稿》和《论要》，就是按照这样一种主轴和思路写出来的。先生私下里曾说过，《讲稿》和《论要》的关系，打个不避僭越之嫌的比方，是“经”和“传”的关系，《论要》是“经”，《讲稿》是“传”。当然，在传统经籍中，经在前，传在后；而先生则是《讲稿》在前，《论要》在后。但从“以传释经”这个特定角度来说，赵先生的这个比方是恰当的。用先生自己的话来说，《论要》的着重点，“在于将过去累次诸文、诸稿所未触到的新见解，予以阐发。”[11]在这12万字的《论要》中，“我个人二十年来积累的一点‘精要之言’，一点心血，都已经灌注在里面了。”[12]职此之故，以下对于先生见解的绍介和评述，主要依据《论要》一书。

按照赵先生的见解，先秦时期，特别是作为其典型表现的西周阶段，从土地制度史这个特定角度来把握，应该称为农村公社新时期。其主要依据，便是井田制度确凿不移的存在。井田制度的基本内容是自然形成的，先民们在古老的平均主义惯例支配下，把土地划成具有一定亩积的整齐的块，并定期由村社在其成员之间平均分配，定期轮换，其带有一定程度的亚细亚特征。由于当时已经进入阶级社会，因此，井田只能是古代共同体即原始村社的次生形态，其上带有公有制和私有制的两重性。概而言之——

> 井田制到头来只可能是不完整的公社所有制和不完整的“王”有和贵族所有制的混合体，一句话，它是一种比较标准的“亚细亚”式的古代土地所有制[13]。

战国时期井田制弛解，私有土地开始出现，到秦汉形成了国有、地主所有和小农所有这三种土地所有制三足鼎立的局面。当时国有土地大量存在，主要表现为国家授田和军队屯田这两种形式。由“豪家”、“权家”、“命家”所体现的是大土地私有制，三家之中又以豪家为主。这几家体现者“包括使用奴隶身份劳动者的大矿主、大商人，投机倒把者和高利贷者，自然也有地主。”他们“不形成为一个阶级，而是几个阶级在形成和瓦解过程中的凑合。这正有力地说明着两汉社会的过渡性质”[14]。还有就是由小农所体现的小土地私有制，他们已从锢闭性的农村公社这个笼子中飞出来，还没飞到中古“土围子”里去，所以享有“卖田宅，鬻子孙”，“民不地著如鸟兽散”的“自由”。

历史进入东汉时期，古典经济气氛逐步减退，中古自然经济气氛渐趋浓烈。这是因为“豪家”这个阶层在国家打击、战争摧残等诸种因素的催化下发生分解，原来兼营工商业、高利贷等因而与商品货币关系发生或深或浅关联的部分豪家向权家转化，而人数众多的小农群体在国家徭役、豪强兼并、天灾人祸的四面夹击之中，加速向流民和奴婢转化。加之东汉晚期黄巾起义以来连年不断的兵祸战乱对于物质财富的毁灭和社会经济的摧残，使得谷物、布帛成为人们（包括军队）最为重要的维生手段，以五铢钱为主的金属货币退出交换舞台，古典经济这股潮终于被遏止，社会进入了以物物交换为特征的中古自然经济时代。与此同时，几种古老的强制形式，如村社共同体内含有脉脉温情的习惯法强制、奴隶主式的绝对强制，还有古典经济氛围中以“富相什则卑下之”为特征的经济性强制均有所减弱，第四种强制形式，即以人身隶属关系为特征的超经济强制发展起来了。

正是在这种历史情势中，相继出现了曹魏屯田、西晋占田和北魏均田这样几种田制。曹魏屯田实行军事管制，不仅剥削极重，而且超经济强制表现得特别峻急严酷，所以推行不到70年（196—264年）就终结了。此后16年，在晋武帝司马炎“平吴”之后，又出现了“西晋占田法”。占田法虽然缺乏对农民进行土地还授的关键性规定，但对国家授田、小农自发占田诸类情节不能绝对排除。赵先生看出了屯田、占田与均田这三大田制之间的内在联系：

> 占田法对于屯田法的峻急说，是一种折衷；对于屯田法下屯田与小农农村间的双轨制说，是一种拉平[15]。

而占田和均田之间，则存在着明显的连续性和继承性：

> 均田制是明文规定的一种授田（并加还田）制和限田制，占田法则是未经明文规定的一种授田制和明文规定的限田制。……可以说，西晋占田是北魏均田的直接的前行者；北魏均田则是西晋占田的完整化了的成熟的后果[16]。

隋唐时期，由于“分立的小国变成统一的大国，民族融合到了更成熟的水平；生产力提高，交换频繁，商业联络网四通八达；庶族地主有所抬头，门阀势力在渐衰下去。”实行了五朝近三百年的均田制加速弛解，降及中唐，主要是“贵者有势可以占田”这股潮流，再加上商品货币关系恢复发展之后日趋明朗的“富者有赀可以买田”这股潮流，两股潮流汇聚而成瓦解均田制的基本力量。赵先生特别指出：

> 在自然经济下，特别是六世纪，货币流通量只到最狭窄的地步，不得不以土地作为主要支付手段，这就对国有土地和均田制带来极大的漏洞，成为均田制破坏的主导性根源[17]。

而相比较而言，在土地兼并中占据主导地位的，始终是“贵者有力可以占田”这股力量。

均田制瓦解后，历史进入“田制不立”、“不抑兼并”的新时期，大土地所有制的优势、合法地位在杨炎两税法后逐步得到确立。因此，两宋土地经济中最为突出的主流现象，在赵先生看来就是土地兼并。但与中唐及其以前相比，宋和宋以后的土地兼并有其新的历史特点，“总起来看，‘贵者有势可以占田’的趋势，到宋朝有明显的减弱。……主流现象是‘富者有赀可以买田’。”[18]而随着官田与私田的分列，国税与私租的分离，“从两宋起，地租国税合一的亚细亚（东方）特征已经减退完毕了。”[19]窃以为这几点是赵先生解析宋代土地所有制关系所做出的最为重要的贡献，道人之所未道，工作做得既细且深，慧眼独具，启迪实多。

金元二朝，由于女真、蒙古等周边部族相继入主中原，土地所有制关系严重地复杂化了：

> 大量私田突然变成官田，然后通过军功报偿又变成大小军事贵族的占田和赐田，变成猛安谋克村寨或投下村寨的田土。但原来中原的封建土地私有制并没有停止起作用，它并没有睡大觉，它无时无刻不在浸润，跟异族的政治军事权力相暗斗，……这样，占田和浸润仿佛以一种循环的轨道在运行着[20]。

在人与人的关系方面——

> 平民身份受到严重冲击，属于“奴婢”一类身份的人空前增多了，各种带政治隶属性质和军事隶属性质的“户”的名色也大大增多了[21]。

但是上述这样一些变动，“根源于政治权力和军事权力的多，在经济方面能茁下根来的少，所以它们的回转也快，也较容易。”[22]直到元朝，由于自金朝以来生产力和生产关系较之宋朝落后了一个段落，加之蒙古人在制度上又无所创新，所以表现在赋役制度上元朝是“弃宋而就唐”[23]。所以赵先生是反对金之“倒退论”之类看法的。

明朝历史的特点，赵先生指出其上有着来自两个不同方向的烙印。首先是金元两朝人身隶属关系的某些倒退，在明朝打下了很深的烙印，如贴军制度、配户当差制度的存在即是显例。其次是明初历史又打着农民起义的烙印，这是因为朱元璋是由红巾军首领登上明太祖宝座的。这两种烙印，集中体现为“洪武政令”对社会各方面的强制，专制主义高度强化，“如对士、农、工、商四种人的控制，对军户和军屯的控制，对迁徙的执行，对高额税田的指定，对海上贸易的禁断，等等。”[24]如再加上具有保守倾向的朱棣在靖难之役取胜后统治的二十多年，使得明初封闭政策持续了半个多世纪，即贯穿整个明太祖、明世祖时期（1368—1424年）。于是“到朱元璋身上，亚细亚的气息又空前地浓厚起来。”[25]表现在土地关系上，土地国有制的比重增加了，军事屯田、贵族庄田和高额税田这些“由专制主义操纵和干预的田土”，占到全部耕地的一半左右，地租和赋役合一的现象也有回潮。赵先生强调指出：“这是亚细亚形式的遗存在中国前资本主义社会中最后的、也是最顽固的一次‘回光返照’。”[26]到洪熙、宣德年间实行解冻政策以来，社会生活渐渐开放起来。无论北方、还是南方，地方官员们不约而同地实行各种调整方案，南方主要是把重租平下去，北方则是推行摊丁入亩。这样，经过一、二百年的努力，亚细亚特征再次消退下去。清朝康熙、雍正之际，加速推进“地丁合一”。但到了道光年间，“地丁合一”制度才在全国各地普遍得到施行。

以上，就是赵先生积近二十年之精力和心血，在中国土地制度史研究上获得的主要成果。本人所做的数千字介绍，自不免挂一漏万，以管窥豹，但从中已不难看出先生眼光之博大，思考之精深了。至少，先生从理论和史料的结合上，从感性到理性的升华上，为我们理出了中国土地关系发展史的主要脉络；为我们理解中国传统社会的演进轨迹，提供了一个总的框架（stracture，一称“架构”）。想当年，战国封建说所主张的井田制是奴隶社会的土地国有制一类观点，一度几乎成为学术界的定论，然而到今天，包括赵先生在内的一批史界前辈所阐扬的井田制是村社共同体时期的土地制度，是古老的原始共同体的次生形态这样一种观点，因其更加符合中国古史的实际，更加符合世界上多数民族所经历过的共同道路，因而也更加符合马克思和恩格斯对东方社会、对亚细亚形态的诸般分析，特别是其精神实质，而理所当然地成为史学界的主流观点。仅此一点，即足以证明先生之精力和心血，不仅没有白费，而且会日见发扬光大。

三、赵先生土地制度史研究的方法论启示

自1978年邓小平倡导改革开放、打开国门后，西方学术新知如钱江潮般向我们涌来，我们才得以知道国际人文和社会科学界正在哲学思维和研究方法上经历着一场巨大的变革。仅就历史研究而言，使用常规方法和叙事式研究法虽然仍是常见的方法，但是已有越来越多的学者已经不满足于仅只采用叙事式之一法，而是力图超越现象描述阶段，进入生成解释和

结构再现的更高境界。用我国传统史学的术语来说，就是史家不仅要有“史学”和“史才”，还要有“史德”（史义）和“史识”。就史德而言，赵先生说过：“我从来不是拿学术做政治投机的人。”[27]前述先生之学术转向及其坎坷经历已为先生这句话做了注脚。仅就史识而言，赵先生确有其非凡、独到之处。诸如秦汉豪家、权家、命家并不形成为一个阶级，而是几个阶级在形成和瓦解过程中的凑合；诸如战国秦汉小农刚从锢闭性的村社共同体这个鸟笼中飞出来，暂时还没到中古地主“土围子”之中去；诸如曹魏屯田、西晋占田和均田制之间的区别和联系，等等。这样一些鞭辟入里、探髓取精式的精辟论断，真是随处可见，发人深省。因为这些论断，的确触及到了历史过程的深层次本质。其中既有生成解释，又有结构再现，非常人所能企及。下面试再举几例以见先生视野之宏阔、眼光之犀利和史识之精到。

1. 关于中国古代社会经济史的“三个拐弯”说

《论要》中在剖析均田制瓦解的原因之后，增列一通“附篇”，专论这“三个拐弯”，亦即转折。先生指出：

> 第一个拐弯发生在公元前第六、第五世纪，它是由“工商食官”向自由商业手工业发展的一个转折点。第二个拐弯发生在公元后第一、第二世纪之交，它是由商业、货币、交换比较频繁、比较发达到其相对衰落，自然经济代之而占统治地位的一个转折点。……（第三个拐弯）发生在公元八世纪末，绵延至第九、第十世纪。它是冲破自然经济的锢闭，货币交流逐渐增多、商业手工业逐渐发达的一个转折点。[28]

把春秋战国之际（第一个转折点）、东汉中叶（第二个转折点）和杨炎两税法（第三个转折点）作为把握我国古代经济发展历程的三个里程碑，整个古代经济史就全部拾起来了。这里用得上毛主席的一句话，叫作“纲举而目张”。

2. 关于民族冲突和融合中导致不同结局的原因分析

赵先生指出，这与以下五个因素相关：（1）征服民族原来的起点（或者凭借）；（2）征服的强度；（3）被征服民族的社会结构；（4）占领面积的大小和统治年代的长短；（5）统治者所施行的民族政策（隔离或者同化）的作用[29]。

按照上述五个角度，先生拿北魏、辽、金、元四朝作“并比的观览”，创见迭出，妙论连珠，如“有奴隶，不等于已经形成了奴隶制；形成了奴隶制，不等于出现了奴隶社会。”[30]“元帝国，从整个蒙古大汗国来看，是一个后来被汉化了的‘沦陷区’。”[31]“大体看来，应该说统治年代长一些，并且局面稳定，那么融合才具备一些条件，也就是说，落后的生产关系才有可能向先进的生产关系靠拢、糅杂、同化。”[32]等等。

3. 关于明史分期四段说

自洪武初至永乐末，共57年（1368—1424），是“整肃和冻结的年代”；第二段，自洪熙至正德，共97年（1425—1521），“是开放和繁荣的年代”；第三段，自嘉靖初至万历末，共99年（1525—1620），是“矛盾和调整的年代”；第四段，自泰昌至崇祯，共25年（1621—1644），是“崩溃和灭亡的年代”[33]。赵先生的土地制度史研究，就是在这种宏阔的历史背景中进行的，难怪能看出脉络，深入本质，提纲挈领，而又要言不烦、简洁明快了。赵先生曾引清人张澍的“星宿须穹脉，罾罟或失鱼”，说明“做史的人，一是工作要细，二是眼光要大”这样一个道理[34]。赵先生正是这样做的一个典范。

既然“眼光要大”，就必须重视理论思维，事实正是如此。先生指出，“一个工作，要沿着两个反背方向各工作一道，成果才会逐渐臻于圆满，臻于成熟。”[35]这两个方向，指的就是“以论带史”和“论从史出”。先生一生偏爱哲学，擅长思维，特别重视马克思主义理论的指导作用，但又不是拘守成说，而是创造性地运用在自己的研究过程中。先生强调马克思的亚细亚生产方式，是剖析井田制的一把钥匙，认为农村公社是亚细亚方式的主要特征。指出“马克思说亚细亚的、古典的、日尔曼的，主要是就模式为示例”[36]，不能把模式混同于一般道路。以及讨论两汉田制，从分辨古典经济和自然经济两股潮流入手，等等，既体现出先生重视理论对于历史研究的导向作用，又反映了先生创造性地运用相关理论来解决具体问题的高超能力及技巧。对像我这样的后学来说，这是一种“诱惑”——既然重视理论，擅长思维能把问题解决到如此漂亮的程度，为什么不去花点力气和功夫来提高自己的理性思辨和理论透视能力呢？打个不一定恰当的比方，理论就像是望远镜和显微镜，有其就能看得更远和更深，为什么要弃而不用呢？其实考据派拒斥理论的背后也有一种理论在指导他们的研究工作，这个理论就是警惕各式各样的理论干扰。严格遵循乾嘉大师们以事实考订、典章梳理为己任的学术路线，这是一种价值取向。这种价值取向的背后，也是有哲学思维为其依据的。此类议论我们早已耳熟能详，不必称引了。

面对个别持纯考据派立场之人的冷嘲热讽，先生说过“憎恨琐节考据”，“一生不愿被枯燥史料捆绑住”[37]的话。但是先生却是十分重视史料，而且史料功夫极深之人。先生说治史者需要三桩东西，一是史料，二是理论，三是世界历史范例[38]。《中国土地制度史讲稿》固然史料充沛，就是《论要》一书，所有精要之言，也是建立在史料基础上的。先生《论要》的方法是——

> 每写一个章节之前，重新把资料搜辑一遍，分成等级。少量第一级资料，用低两格的重点引用式在文中引用；第二级则剪成最短文段夹在文章中散落使用；第三级则抛开原文用作者本人的概括写出来，仅加注脚，以明出处；四级以下，概行芟汰，绝不以之充斥篇幅[39]。

先生重视理论，但绝不轻视史料。理论和史料两者之间并不是你死我活、有你无我的敌对、排斥关系，而是相辅相成、互赐生命的水乳交融关系。先生的方法是拿理论作为“触媒”，然后“深入到中国经济史资料的汪洋大海之中，去搜辑、爬梳、剔罗”，让“每一个史料工作的过程中都渗透着理论的作用，渗透着观点和方法。”[40]这样，史料活了，理论也活了。先生对《夏小正》等几种“老历头”的比勘对读，先生对《周礼》这部书的梳理考辨，以及先生论著中那些由先生首次发见的顶尖级原始材料，无不显示出先生料理史料功夫之深、细。试看先生对1972年出土的E.P.1号汉简的考释，把当时一个戍卒一年劳动224天都算得清清楚楚[41]，就知道吾言之不虚了。

正因为先生理论素养极深，史料功底很厚，所以研究中能够透过重重迷雾，一针见血地戳到历史过程的深处，因而先生的表述也是极有个性，极具风采的。例如先生讲到中国史料积淀虽然丰厚，但保持确切性的资料却远远不够，需要研究者细微料理时说：“史料不像买来的烧饼，开口就吃，要发面、做饼、烘烤，很麻烦。”[42]《周礼》经过后儒的篡改覆盖，其中虽然包含了许多很古老的东西，但名声不好，顾颉刚先生称之为“四不像的动物标本”。但先生说：“到头来它还是像一匹野驴。”[43]提醒我们注意其中许多材料的原始性。先生讲到农村公社内部有浅化的奴隶制和萌芽状态的封建制这两种关系处在互相粘连的状态，但井田制瓦解后，奴隶制因素急速增长，又把农村公社比喻为“火箭”，载荷着浅化奴隶制和封建制萌芽两颗弹头，而在公社这枚火箭堕毁时，“封建制萌芽随之脱落，奴隶制经济开始由浅化向深化、由低级向高级、由亚细亚的中国模式向希腊、罗马的古典模式的部分状态跃进。”[44]讲到五种生产方式的衔接问题时，先生反对单线式发展的机械论，又用“电插销”作比方，说奴隶制的插销不一定非得插在原始社会的插座上，封建制的插销不一定非得插在奴隶社会的插座上，社会主义的插销不一定非得插在资本主义的插座上[45]。再如把西汉经济比作一个球，在古典经济和自然经济交错的基地上滚动，把北魏均田令文中种种照顾性规定，比作“三条松紧带”，等等，无不显示出先生眼光之犀利，表述之风趣，既形象生动，又说理透彻。许多人说，听赵先生的课是一种享受，我要补充一句，读赵先生的书，同样是一种享受！

记得在80年代末，有个回族学者张承志在《读书》1998年第4期针砭当时的学界现状时说：“在论文专著堆成的黄土高原之下，真正科学的金脉已经被深深埋藏了。”仅从以上简略介绍中，我们可以看到，赵俪生先生的中国土地制度史研究，充满了原创性，就连表述、取譬也是充满了原创性，的确是货真价实、闪闪发光的科学金脉。请允许我也打个比方，赵先生的论著，就像“面筋”。我小时候调皮捣蛋，将家中面粉和成面团，然后放到水龙头上边揉边洗，直到剩下最后一小团面筋，装在竹竿头上，去粘知了。先生的研究成果，就是洗去了所有淀粉的一团“面筋”。这个感觉，在读《论要》时特别强烈，而在80年代先生第二次学术转向后所写的五六十篇文化史论文中，这个特点就更明显了。不过评介赵先生文化史研究成果的任务，已有别的师兄弟承担，我就不再饶舌了，就此打住。

注释：

[1][7][8][27][35][37]赵俪生．赵俪生学术自传［M］．成都：巴蜀书社，1993，64，68，70，77，70-71，72.

[2][3][4]赵俪生．寄陇居论文集［M］．济南：齐鲁书社，1981，359，372-374，356.

[5][6][9][10][11][12][13][14][15][16][17][18][19][20][21][22][23][24][25][26][28][29][30][31][32][33][34][36][38][39][40][41][42][43][44][45]赵俪生．中国土

地制度史［M］.济南：齐鲁书社，1984：9，9，12，13，论要自序，论要自序，35，67，105，105，115，123-124，144，140，140，140，148，154，153，154，116，125，136，137，138，155-156，17，50，14，论要自序，19-20，76，15，38，53，50.

赵俪生先生的哲学方法初探

孙希国

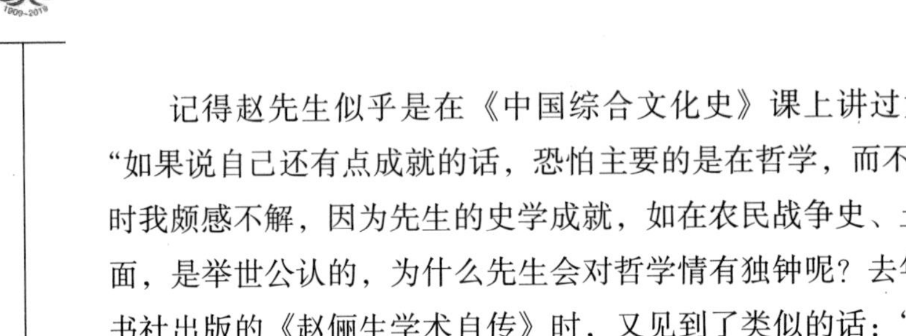

记得赵先生似乎是在《中国综合文化史》课上讲过大意如下的话："如果说自己还有点成就的话，恐怕主要的是在哲学，而不是在史学。"当时我颇感不解，因为先生的史学成就，如在农民战争史、土地制度史等方面，是举世公认的，为什么先生会对哲学情有独钟呢？去年在拜读由巴蜀书社出版的《赵俪生学术自传》时，又见到了类似的话："纵观我的一生，由文学而历史，由历史而哲学，历史学到头来不过是一个过渡、一个跳板。让那些琐节考证的史学家去笑骂吧，我并不是你们那里的长驻客，正像鲁迅《野草·过客》中所说的'我还得走'，'一个声音在呼唤我'……"[1]这就使我产生了一种想法，赵先生的哲学贡献是什么？能不能把它系统地整理出来？应当说这是一个很有意义的题目，也是一个我很愿意做的题目。因为我是学哲学的，至今仍在研究哲学。回想自己近年来所取得的这点可怜的哲学成就，实与先生的熏陶、教诲分不开。在聆听先生的授课和拜读先生的论著时，往往会受到先生的那与众不同的思维方式和别具匠心的思想观点的频频猛烈的撞击。正是这种撞击震撼着我的灵魂，启发着我去思考。但是，研究先生的哲学贡献也是难度较大、内容较广的题目，我想做，但由于受到时间和精力等因素的限制，又不敢贸然去做，惟恐这道题目做不好而辜负了先生的诲育之恩。因此，思来想去还是先从相对容易的题目做起，从宏观方面谈一下先生的哲学方法论。底下，当然也

作者时为山东大学马列部副教授。该文发表于《兰州大学学报》(社会科学版)1999年第3期。

不排斥在先生的哲学方法中，显现出先生的一些基本的哲学思想和观点。我准备谈三个方面问题。

一、对哲学思想的文化考察

先生一向认为哲学思想不是孤零零地存于现实世界当中，而是要受到来自各方面因素的“浸润”和“晕染”，因此，先生最反对那种把哲学思想孤立地抽取出来加以评判的形而上学的研究方式。正如他在一篇文章中所说：“一些哲学史，包括二、三十年代老一辈人写的哲学史，似乎都有一个缺点：重点分析哲学家们的思想，他的宇宙论如何，他的人生哲学如何，……就是不、或者很少拿这些跟哲学家们的生平践履挂在一起。”[2]因此，对于哲学思想的研究必须同哲学家所生活的时代和社会的政治、经济、文化紧密地联系在一起。正如先生所一贯主张的“只有‘思想’，才是‘文化’的最核心的主轴”，但是，“‘思想’与‘文化’间，表现出一种辩证关系。‘思想’，以‘文化’，为基础，而‘文化’又以‘思想’为其标志与特征。”[3]基于此，先生认为对历史上哲学家思想观点的考察，既应注重其“人缘”，又应注重其“地缘”。“所谓‘地缘’，绝不是单纯的地理关系。……是指一定的地理或地域条件为标志的，包括这一特定地域中的传统、政治统治、经济生活的经营、以至民俗等等的综合影响。在一定的综合影响下，一定的学派产生了；在另一综合影响下，另一学派又产生了。”[4]可见，哲学家哲学思想的产生和发展离不开其所在的社会文化环境，因此，对于哲学思想的研究，只有将其置诸广阔的文化背景下加以考察和定位，才能求得其确解。

赵先生的哲学研究正是从文化开始入手的。通过研究鲁文化，先生发现了儒家学说的浓缩与扩散的特点；通过研究齐文化，先生发现了齐学的基本特征不是法家，而是以道家为基调包括了阴阳学派、兵法学派和辩家之学等在内的杂学；通过研究三晋文化，先生发现了法家思想为什么会形成于“三晋”偏内陆的军事强国，而实施于西北高原的秦国；通过研究宋楚文化，先生发现了《老子》与《楚辞》的内在关联。尤为可贵的是通过对先秦诸种不同文化类型的研究，先生还发现了诸子之学之间的“雾露晕染”和渗透融合。

值得一提的是，先生通过对先秦诸子的文化考察，还发现了先秦诸子争鸣的基本阵势是“两条战线和一个大染缸”。两条战线，一条是由庄周为主帅对儒家展开的，庄周以其“自然主义”、“相对主义”和“不可知论”为武器，向儒家的人生论和社会改良论发动了猛烈轰击，通过这种交战，双方从各自不同的角度弄清了问题，提高了认识。第二条战线是由孟轲担任主帅对“杨、墨”展开的。孟子肆力辟杨、墨，墨是指墨翟，这是血缘贵族末流与公社农民间矛盾的反映。杨是指杨朱，孟子批杨朱实际上是批道家，“是和庄子批儒家恰好形成对流的两股流”，因此，“庄子批仲尼，孟子批杨朱，实际上构成先秦诸子争鸣中的两条主线。”至于所谓“大染缸”，则是指稷下学宫。先生认为稷下学宫是古代商业资本发展的地方，因而就具备了优越性和不足之处。其优越性表现在鲁是“亚细亚”的，齐略近于古典的。其不足之处在于，商业资本泛滥之地自必带有某些嘈杂，此黄老派道家之所以不及庄老派之所在[5]。纵观先生所论，不难看出，在先秦，儒、道斗争是客观存在的，讲儒道斗争既合乎历史，又合乎逻辑，而“文革”期所谓的儒、法斗争实是无端捏造和杜撰出来的。

就具体人物的思想研究来说，先生也是从广阔的文化背景的视角入手进行分析的。我们知道，“仁”与“礼”的关系问题是孔子思想中久有争论而又始终纠缠不清的问题。对此先生不仅从理论分析和逻辑求证上论述了“仁”与“礼”就如同波斯的火袄教圣者琐罗亚德的“善、恶”一样，是一种二元的提法（不是本体论上的二元），因而不存在“谁统摄谁”的问题，同时，先生又从文化发生学的视角探讨了“仁”、“礼”的道德属性，即认为“‘仁，萌发自人们古老的共同体，既原始公社和后来跨入阶级社会后依然遗存下来的农村公社。在这种天地里，限于生产力的不发达，对头人之外的普通社员来说，财产是均衡的；在均衡的物质基础上，只可能萌发平等的、民主的意识形态”，“‘礼’就不同了，它萌发自头人和群众的初步对立上。部落酋长要管束部落群众，部落群众要接受这种管束，比较松散的时候，就用‘礼’；严重化的时候，就用‘刑’。”[6]因此，就“仁”和“礼”的原始萌发地（或者说“出身”）来看，“仁”的身份要高于和优于“礼”，因此，先生认为，从社会主义新文化建设的角度考虑，我们不能弃孔子之“仁”而尽力拔高孔子之“礼”。

由先生从文化角度所作的哲学探索，我想到80年代的文化热，与这场文化热紧密相连，在哲学界文化哲学成为一门时髦的学问，一些人把自己的哲学研究东拐西拐与文化沾上边，然后再冠以文化哲学之雅称，以附庸潮流。遍观赵先生的论著，我们没有找到“文化哲学”这个词，但是，在拜读先生的文化史论著时，我分明强烈地感受到了一种文化中的理性的呼唤，一种文化中的哲学的呼唤。的确，先生研究文化是带着一种强烈的使命感去探索、去追寻，去看一看中华文化中究竟哪些东西推动了我们祖国前进。在这一意义上，我们认为，与一些自称为文化哲学开拓者的先生不同，赵先生是实践的文化哲学家。

二、对哲学家阵营归属的辩证认识

以唯物主义和唯心主义来划定哲学家的阵营归属，其理论依据是恩格斯的哲学基本问题理论。应当说，这一理论是科学的、正确的，它对于我们了解哲学历史的发展，把握哲学发展的基本线索，无疑具有十分重要的意义。但是，像前苏联的日丹诺夫那样，把整个哲学史仅仅归结为唯物主义和唯心主义的斗争，则是步入了教条主义的泥潭。

因为唯物主义和唯心主义的划分是以人类思维发展到能够抽象出“物质一般”和“精神一般”概念为前提的，而“物质一般”和“精神一般”这两个高度抽象、高度一般的概念，其形成显然有一个历史的过程，它是伴随着近代科学出现以后，才具有了其相对独立和完整的内容。正是在这一意义上，恩格斯说哲学基本问题“只是在欧洲人从基督教中世纪的长期冬眠中觉醒以后，才被十分清楚地提了出来，才获得了它的完全的意义。”[7]因此，在没有出现纯粹一般的“物质”和“精神”概念之前，是不可能有典型形态的唯物主义和唯心主义的。然而，正是对这一问题的认识，我们走了不知多少弯路，付出了多少沉重的代价，直到今天一些哲学史研究者都还在死守日丹诺夫的信条，就是明证。

赵先生是最早摒弃日丹诺夫的教条主义，主张对哲学家的阵营归属和思想观点进行辩证认识的学者之一。记得在1986年秋天赵先生在一次《中国综合文化史》课上曾动情地说：“在马克思主义以前，那么多的中国和外国的哲学家，我没有看到过一个纯粹而又纯粹的唯物主义哲学家和唯物主义体系，我也没有看到过一个纯粹而又纯粹的唯心主义哲学家和唯心主义思想体系。我看见的是唯心主义体系中有很多唯物主义的东西，唯物主义体系中有很多唯心主义的东西。”先生在1993年出版的《赵俪生学术自传》中又说：“我一直认为，在中国文化史上，我们很难定性某一思想家为唯物主义的，也很难定性某一思想家为唯心主义的”，“给思想家剪一顶纸帽的办法来自苏联，到日丹诺夫尤甚。他把唯物唯心看作两条炮火连天的前哨。”[8]又说：“40余年前，日丹诺夫《在亚里山德洛夫（哲学史）座谈会上的讲话》在我国译布以来，‘此亦一述日，彼亦一述日’，把古往今来的思想家都划到唯心唯物两条无时不在互斗的路线之中，这样，当初觉得解决了些问题；40年后反思一下，感到害了很大的事情。”[9]应当说先生对存在于中国哲学界四十多年的某些教条主义研究方法的反思是中肯的。

需要指出的是，作为一个马克思主义史学家和严肃的学者，先生从来没有否定过哲学基本问题理论，他反对的只是教条主义地运用和套用哲学基本问题理论的错误倾向。正如先生所言：“我们平心静气地想，唯物、唯心，这是客观存在的，虽孝子慈孙不能改易；但这是对观点而言的。某一观点是唯心的，某一观点是唯物的，这样说不仅是可以的，也是应该的。但拿来针对具体的思想家，说某一思想家是唯心主义的，某一思想家是唯物主义的，这却要慎重。人，总是具体的人，他在宇宙论方面可能是唯心的，可在人生哲学方面、历史观方面，又出现很多唯物观点。另一人，他在宇宙论方面可能是唯物的，可在人生哲学和历史观方面，又是唯心的。有人说，要看他的主流。这个主流，在某些思想家身上可以找出来，在另外很多思想家身上却不容易找出来。找出来是牵强的，硬派的。纸帽是加上去的”[10]。

因此，先生一贯认为对历史上的所有思想家都应当进行具体分析，不能简单地用唯物主义和唯心主义来定性。如，传统认为孟子是中国古代主观唯心主义的典型代表，荀子则是先秦唯物主义的集大成者。但是，先生通过认真研究，得出结论说：“很难说孟、荀二子各是唯物主义的或唯心主义的。”就孟子来说，“在《孟子》书中，泛滥着很多唯心主义观点，这是毫不掩饰的；但也不断流露出唯物观点，如《公孙丑》上的‘必有事焉’，一节，即被颜元（习斋）誉为‘圣学真传’。这是为什么？这是因为这段话讲任何‘心’的反映都是由外界的‘事’引发的。”[11]就荀子来说，“《荀子》书中，确有一些明显的唯物观点，如《天论》篇中‘天道有常，不以尧存，不以桀亡’、‘不以人恶寒辍冬，不以人恶远辍广’等等，但在整个《荀子》书32篇中这是少见的，而唯心观点也很多。”[12]朱熹也是这一类型的思想家，他一方面主张“理在气先”、“理终为主”，从而坚持了世界本原问题上的唯心主义立场；但另一方面，他又把“气”看作是“理”的“挂搭处”和“安顿处”，认为“无是气，则理无挂搭处”，表现出了浓厚的唯物主义气息。更有意思的是，在朱熹哲学中除了上述偏重“理”和偏重“气”的两种不同言论外，还有“理与气本无先后之可言”的辩证提法。到了晚年则感慨“先有理后有气耶？后有理先有气耶？皆不可得而推究。”因此，在唯物唯心这一分水岭上，朱熹本人也是动摇的、迷茫的[13]。

不仅如此，先生还更进一步认为，在中国历史上还存在着一些唯物主义和唯心主义共居的哲学。道家思想，就是这一方面的典型例证。为什么人们最初认定老子是唯心论；后来有人转而认定老子是唯物论；还有人先认定是唯心论，然后一百八十度大转弯认定是唯物论。究其原因，就是“道家思想，到头来是唯物唯心二者共居兼备的哲学。”[14]应该说，先生对道家思想所做的上述分析是一种比较接近真实的认识，而这一真实认识的获得，无疑与先生在认识方式上摒弃了长期以来存在于哲学界的削足适履式的研究方式紧紧联系在一起。

三、对“内”与“外”的阐释和对唯心主义的再评价

“内”与“外”的关系问题是存在于中国传统哲学中的重要问题之一，它同现代哲学中所讲的主体与客体的关系问题，既相似而又不完全等同。因为“内”指的是人们的主观世界，而主体则是指处在一定社会历史条件下的具有社会本质和一定认识能力的从事实践活动的现实的人；“外”是指人们主观世界以外的客观世界，客体则是指进入主体的认识和实践活动领域，从而同主体的认识和实践活动相关联的客观存在。因此，中国传统哲学中的“内”、“外”关系在一定程度上触及和揭示现代哲学研究中的主客体的关系问题。因此，把“内”与“外”从中国古代哲学中明确地抽象出来，并进行现代阐释，无论对于我们正确理解和把握传统文化，还是对我们当代的哲学、社会科学建设，都是一件很有意义的事情。赵先生是中国当代明确地进行这项工作的第一人。

以“内”与“外”的论述作为其理论基础，先生认为儒家哲学是一种偏向于内的省察，如孔子讲：“人能弘道，非道弘人”，就是强调人的能动作用，高扬人的主体意识，督促人把主体的能量、内在的功能，尽情发挥出来。先生认为，孟子在这一方面，做了很多、很大的发展，孟子反对告子所说的：“仁，内也，非外也；义，外也，非内也”的思想，提出“仁、义、礼、智、信，非由外铄我也，我固有之也。”先生反对把孟子的这一

思想说成是主观唯心主义，认为孟子“四端”说极大地提高了人的主体意识，强化了人的主观能动性，使人们能够发挥“民之秉彝”，并且明白“求则得之，舍则失之”的道理，因而能加强向内的修养，“存其心，养其性”，最终达到“万物皆备于我，反身而诚”的境界[15]。

为什么不能把孟子的上述思想称作唯心论呢？对此，先生解释说：“唯心论是把‘心’或‘理念’绝对化，使它超出客观存在的本体世界。可孟子并没有这样做。”“他只讲人有一种内在地认识本体的能量，也有一种内在地完善‘主体’的能量，这些能量要充分使用出来，叫它起作用。”因此，通常所讲的孟子的主观唯心主义，在先生看来，只不过是孟子“对人这个‘主体’在‘内’中所潜有的能量的估计。”[16]是对人的主体意识的高扬和肯定。

有人说，孟子讲“心”，甚至不适当地夸大“心”的作用。对此，先生也解释说：“孟子的‘心’从来不虚无缥缈，而是依存于‘事’上。……孟子的‘心’和‘内’并没有压倒‘物’和‘外’，所以，不能叫唯心主义。”[17]在另外一个地方，先生又强调说：“至于讲‘心’，很难据之定义为唯心主义。‘心’，孔子讲，孟子讲，荀子也讲，老子、庄子也讲”，“（它）既神秘又要害，它统治着人的主观世界，其能动性很大。这是不是唯心主义呢？不是。因为唯心主义、唯物主义要在‘本体’关系上才显影出来，而以上这几家的表述不涉及此，它们单指修养的高级境界。”[18]这就是先生从“内”与“外”关系的阐释中，对孟子这个通常被说成是主观唯心主义的哲学家所做的分析和评价。底下，我们再来看一下，先生是如何以“内”与“外”的关系为坐标，对王阳明进行分析和评价的。

先生认为，王阳明也是一个向“内”追求的哲学家，他主张人在认识客观世界时，可以暂时舍离客观世界，把精力集中到“良知”、“良能”无限充沛的主观世界上，因为“人的主观世界的感知能力很强、能量很大，满可以开发，并且客观世界之所以有意义、有价值，就是由于它们在人的主观感知方面有所反映。”[19]

先生对王阳明思想所作的上述阐释，实际上与80年代被哲学家们炒得热火朝天的“主体性原则”颇为接近。因为所谓主体性原则，就是指人类在认识和改造客观世界时所遵循的一条从主体的内在需要出发，以客体对主体的价值关系为尺度的原则。就先生所论“内”与“外”而言，“外”之所以有意义，就在于它是“内”的对象，为“内”的活动所指向。因此，离开了“内”的“外”就是毫无意义的存在，正如马克思所说：“对于没有音乐感的耳朵来说，最美的音乐也毫无意义，不是对象，因为我的对象，只能是我的一种本质力量的确证。……因为任何一个对象对我的意义（它只是对那个与它相适应的感觉说来有意义），都以我的感觉所及的程度为限”[20]。正是在这一意义上，马克思又说：“抽象的、孤立的、与人分离的自然界，对人说来也是无”[21]。行文至此，我不禁想起了王阳明《传习录》上的一段话：

> 先生曰：“你看这个天地中间，甚么是天地的心？”对曰：“尝闻人是天地的心。”曰：“人又甚么教作心？”对曰：“只是一个灵明。”“可知充塞天地中间，只有这个灵明，人只为形体自间隔了。我的灵明便是天地鬼神的主宰。天没有我的灵明，谁去仰他高？地没有我的灵明，谁去俯他深？鬼神没有我的灵明，谁去辨它吉凶灾祥？……”又问：“天地鬼神万物，千古见在，何没了我的灵明，便俱无了？”曰：“今看死的人，他这些精灵游散了，他的天地万物尚在何处？”

通常人们把王阳明的这段话作为其“心外无物”的主观唯心主义思想的有力佐证。但是，如果我们按照赵先生从中国古代哲学中抽取出来的“内”与“外”的关系理论去理解，或者更进一步说，按照现代哲学的主、客体理论去理解，王阳明在上面所谈的那一大段话，就不是什么主观唯心主义，它实际上所阐发的就是中国古代哲学的一个重要问题：“内”与“外”的关系问题，或者说是主体与客体的关系问题。因此，从赵先生的“内”与“外”的理论出发去反观王阳明的哲学，就不仅不能定义为唯心主义，反而可以得出结论说：王阳明是中国历史上较为系统地论述了主、客体关系的哲学家，是近现代哲学的开拓者。

我怀着对先生的深深敬意和感激，对先生的哲学方法论进行了粗疏的探讨和概括。当然，先生的哲学方法论远不止于此。因为先生早年曾教授过《马列经典著作》、《辩证唯物主义和历史唯物主义》、《形式逻辑》等课程，哲学修养和根底十分深厚，众所周知，先生在史学界又是以史带论、史论结合的典范，因此，先生的哲学方法论思想无疑是十分丰富的。以上所论，仅就个人所见就先生论著中比较明显的思想进行了肤浅的概括，不妥与错误之处，敬请先生及学界同仁斧正。

注释：

[1][8]赵俪生.赵俪生学术自传［M］.成都：巴蜀书社，1993，73，77-78.

[2][3][4][5][6][9][10][11][12][13][14][15][16][17][18][19]赵俪生.学海暮骋［M］.北京：新华出版社，1992，363，69，69，30-40，9，13，13-14，25-26，26，369-370，123，383，17，19-20，27，377.

[7]马克思恩格斯选集，第四卷［M］.北京：人民出版社，1972，220.

[20]马克思恩格斯全集，第四十二卷［M］.北京：人民出版社，1979，126.

[21]马克思.1844年经济学哲学手稿［M］.北京：人民出版社，1979，131。

张舜徽在兰州大学

刘筱红

在张舜徽长达60年的教学生涯中，有三年（1964年秋—1949年秋）是在兰州度过的。三年只是60年的二十分之一，是人生旅途中一段不长的路程，但这三年的路在张舜徽的学术人生中留下了深深的印迹，对其学术有深远的影响。

张舜徽移砚入陇是应兰州大学校长辛树帜之邀。辛树帜是湖南临澧人，原为国立编译馆馆长，后出任兰州大学校长。抗日战争初期，张舜徽任教的兑泽中学迁至临澧，辛树帜因事回临澧，来兑泽参观，得识张舜徽，两人相见倾心，晤谈昼夜，成为忘年之交。1946年，时任民国大学中文系教授兼系主任的张舜徽，偶因事至长沙，在旅馆中邂逅辛校长，与谈竟日。辛校长力邀张氏加盟兰大，情意真挚，因此张舜徽接受兰大的聘任。行将启程之前，时刚刚辞去西北师范学院院长的湘潭籍著名学者黎锦熙从兰州回故里小住，得知这一消息，即致信接任其职务的易价院长，黎在信中对张舜徽给予很高的评价，建议请张舜徽兼任西北师范学院教授，这个建议为易价院长欣然接受。其时张舜徽年仅35岁，在诸教授中年龄最小，而辛校长年已五十有余，易价院长又与张舜徽素不相识，但两位校长对他优礼有加，十分器重。因此，张舜徽在兰州的三年，除国事之忧而外，就他个人境遇而言，是愉快顺畅的三年。建国以前，张舜徽糊口于四方，在多所大、中学任教，在他的学术著作、随笔以及回忆录中，除了故乡湖湘，惟有兰州是他提得最多的地方。如果不是1950年奉调南归，张

作者时为华中师范大学管理学院教授。该文发表于《兰州大学学报》(社会科学版）2013年第3期。

舜徽与兰州的缘分可能会更长。

一、教学与研究相辅相成

在兰州大学和西北师范学院授课的张舜徽，兼文、史两系课程，所授课程为“国学概论”“校雠学”“中国近三百年学术史”等。并经常应邀为学生作学术讲演，今天仍可见于记载的讲演题目有“广义的文学”、“左文襄公在湖南”等。张舜徽深厚的学术根底、广博的学术见识，使他很快在学生中享有盛誉，成为为学生解困释惑、指点路径的名师。尽管教学花去了张舜徽不少时间，却也给予他丰厚的回报，他每讲一门课程，便是他又一部学术著作孕育或成形之时。

张舜徽在教学中，经常有学生向他请教读书问题，为了回答学生关于应读何书，书以何本为善的问题，张舜徽经过精心选择，写成《初学求书简目》，这本书主要是面对文、史两系学生，以简要文字，示国学入门之途径，很有裨于实用。张舜徽认为：“读书以识字为先，学文以多读为本。必于二者深造有得，而后可以理解群书。”[1]1859因此，初学者首先要下的功夫是识字与读文，以识字而言，要初通字形、字音、字义；读文可从诸家古文选本开始，读书的路径，“宜自近代始，由明清至唐宋，然后及乎汉魏六朝，以上溯周秦。庶乎由浅入深，自近及远，有自得之乐”[1]1867。张舜徽少年时其父亲张淮玉要求他熟读古文优秀篇章，认为少时不多读文，则长大不能执笔，虽有学，莫之能宣。张舜徽文章清通典雅，得益于他少年时的训练。张舜徽从个人的治学中体会到读文的重要，故在书目中谆谆告诫青年学生：文与学本不可分离，没有“文”作工具，“学”则不能得到完善的表达，也就不能被人所接受。为文之功，贵在多读。因此，他认为识字与读文是治学的初阶。以此为基础，进而阅读经、史、子、集以及笔记、书目、辨伪、概论等方面的书籍。从所选书目看来，体现了浅易可行，切合实用，循序渐进的特点。20世纪前50年，先后有梁启超、胡适、钱穆等国学大师都为青年学生开过读书书目，张舜徽所开书目从识字、读文入手，贯通四部，打通古今，具有自己的特点，将这些大师们所开书目相比较，从中透露出各人不同的学术取向和思想观念。

《四库提要叙讲疏》是张舜徽将研究用之于教学、结合教学而进行研究的成果。1947年，他为兰大、西北师院文史两系学生讲《国学概论》时，选取《四库全书总目提要叙》48篇作为教材，张之洞曾说：“《四库全书总目提要》读一过，即略知学问门径矣。”张舜徽则以为《四库全书总目提要叙》又是门径中之门径，如能熟习而详绎之，则博洽载籍，自不会迷失路向。他于课后将讲义详加整理，以《提要》为底本，采史传及前人旧说做参考，加上个人的研究思考论说附于其后，加以探讨，名为“讲疏”，取“讲论疏通”之意[1]1643。

《〈汉书·艺文志〉通释》也是讲课的成果。张舜徽自少年即对流略之学有浓厚的兴趣，因而《汉书·艺文志》是他案头常备之书。他说：“余自少好读是书，常置案头，时加笺记，顾随记随失，迄无一存。”促使张舜徽将自己读《汉书·艺文志》的笺记和心得整理成书的契机，是1946年秋，他讲学兰州，即以该书为教材，进行专题教学，撰《〈汉书·艺文志〉释例》作讲义，从《汉书·艺文志》中抽出典型例子加以疏证，与学生讨论。其时虽未来得及疏证全书，但为《〈汉书·艺文志〉通释》一书打下了基础。直至晚年，张舜徽重温是书，复有笺记，才理董而别成编，“凡前人之说有可取者，悉甄采之；句读之有误者，正之；史证之偶有疏者，补之；亦间附论说以评断之”。该书篇幅不大，以字数而言，只是一部十余万字的小书，从其成书的经过可知，这十余万字的成果，张舜徽持续了近一生的时间来磨研，其做学问的慎重态度和从容不迫的气度令人景仰[2]573。

张舜徽去世前一年（1991）出版的《清儒学记》，是以在兰州执教时撰写的《中国近三百年学术史》的旧稿为基础，经过40年的积累和磨研，整理撰写成书的。撰写之初，张舜徽便以梁启超、钱穆的同名著作作为参照，他在该书的《自序》中说：

> 清代二百几十年的学术成就，值得好好总结。过去虽有梁启超、钱穆都写过《中国近三百年学术史》，校其短长，各有偏胜。我早年在兰州教书时，也曾以此设课，有所撰述，复不同于两家。属稿未完，匆遽南归；扰于他事，竟致暂辍。

梁启超、钱穆的两部同名著作《中国近三百年学术史》堪称清学史研究的经典之作，“双璧辉映，光彩照人，影响历久不衰”[3]，然而它们“各有偏胜”，在思想观点上有很大不同，所得结论有相当大的差异。张舜徽当年在兰州，以《中国近三百年学术史》为题设课，吸取梁、钱二书所长，立论又自成一家，所描述的是与梁、钱各不相同的另一幅清学史的图境。故他在书成之后，将《清儒学记》的样书赠给儿子张君和时，便嘱咐他将此书与梁启超、钱穆的书对照着看。

二、读书如克名城

张舜徽的学术成果都是多年积累而成，在兰州的三年，是他学术积累的一个重要阶段。他到晚年，经常回忆起在兰州的读书岁月，兰州大学静观园那静静的书斋，是他永远不能忘怀的记忆。他在这里焚膏继晷，孜孜不倦，读书写作，他的好几部著作或是完成于斯，或是孕育于斯。

张舜徽在《自强不息，壮心不已》中写道：

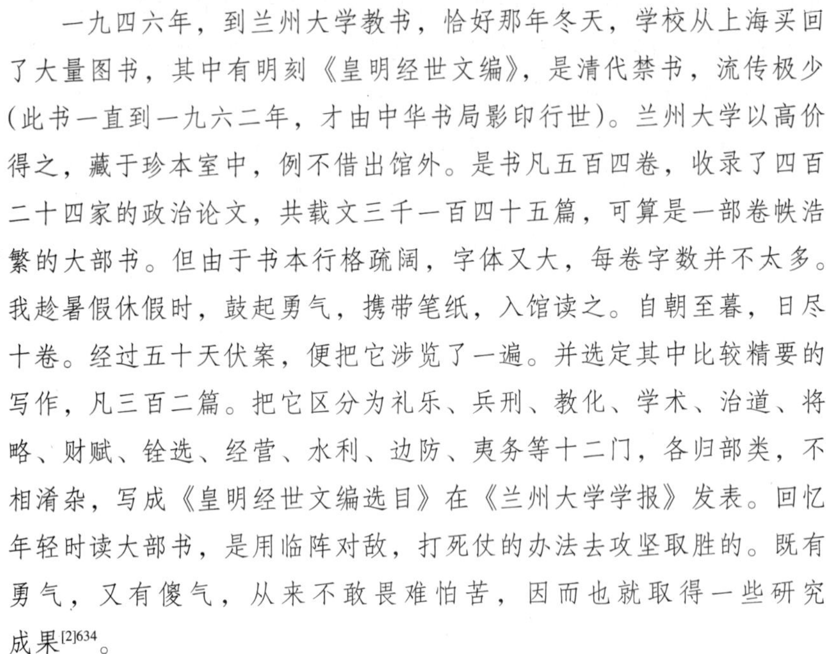

> 一九四六年，到兰州大学教书，恰好那年冬天，学校从上海买回了大量图书，其中有明刻《皇明经世文编》，是清代禁书，流传极少(此书一直到一九六二年，才由中华书局影印行世)。兰州大学以高价得之，藏于珍本室中，例不借出馆外。是书凡五百四卷，收录了四百二十四家的政治论文，共载文三千一百四十五篇，可算是一部卷帙浩繁的大部书。但由于书本行格疏阔，字体又大，每卷字数并不太多。我趁暑假休假时，鼓起勇气，携带笔纸，入馆读之。自朝至暮，日尽十卷。经过五十天伏案，便把它涉览了一遍。并选定其中比较精要的写作，凡三百二篇。把它区分为礼乐、兵刑、教化、学术、治道、将略、财赋、铨选、经营、水利、边防、夷务等十二门，各归部类，不相淆杂，写成《皇明经世文编选目》在《兰州大学学报》发表。回忆年轻时读大部书，是用临阵对敌，打死仗的办法去攻坚取胜的。既有勇气，又有傻气，从来不敢畏难怕苦，因而也就取得一些研究成果[2]634。

《皇明经世文编选目》虽只是选目而已，但作者是在通读了该书504卷、424家、计3145篇文章之后，经过作者甄别裁汰精选而出。其中所耗精力之大，所需学识之博，所具眼光之敏锐，是不言而喻的。《皇明经世文编》成书于明崇祯年间，九成以上内容皆明代270年间僚臣奏疏，其资料来源大部分采诸作者的文集，也有不少得之于传钞，因而其史料价值相当高，“非特治明史者之宝藏，抑亦博览者之渊薮”，是研究明代政治治乱的第一手资料。该书成书时间不长，即逢鼎革之变，书中关于防僚、御虏的议论，触犯清忌，故有清一代，被列为厉禁之书。该书流传未广，即成禁书，因而传本十分稀罕，即有传世，也因是三百余年前的刊本，岁月侵蚀，纸本坏烂，难存完璧。此前北京大学曾以重金购得一本，朱希祖特为之考定编纂本末，写成跋语以记其事。该书卷帙浩大，而成书于多事之年，故时间仓促，仅用十个月时间便完成编纂，搜采之际，贪多骛博，失之滥杂，且编录体例，“依时世先后，以人为经，而不区分门类，有如乱钱在地，顾无索以贯之，欲从检览，尤甚不便”。张舜徽通读该书之后，从中择出其“议论之尤至者”，共302篇，将之分门别类编排，如索贯穿，成为有统系、有条理、便于检索的书[1]1615。经过张舜徽的这番爬梳甄选，分析类别，使原来滥杂而无头绪的一部大书，变得简便可读，为后人读《皇明经世文编》提供了便利的门径，有利于明代政治史的研究。张舜徽还为《皇明经世文编》写过一篇跋，寄与湖南大学王啸苏教授，以乞指正，得到王啸苏的肯定和赞扬，可惜该文在现存的张舜徽著作中难以找到。

张舜徽对《皇明经世文编》的选目有着明确的选择标准，那就是围绕富强之术，选择那些既具担当精神，同时又是坐言起行的言论，而摒斥空言浮议。在读《皇明经世文编》之前，张舜徽在湖湘曾读过《清经世文编》，他认为，从政论而言，“明人识其大，清人识其小”，因为清人蹈宋人恶习，好以空言张皇耳目，以至浮议多而成功少，终于丧权辱国而莫之悟。而明人奏议，“每说一事，论一政，大抵称举理于前，而胪陈实施之法于后，有条不紊，悉可坐言起行”[1]1636。

《周秦诸子政论类要》一书是张舜徽平时遍读先秦诸子百家，撮摘善言，钞录成书。该书完稿于1946年除夕张舜徽执教兰州之后。此书虽是钞书，但钞摘之中，颇见编者的学识与价值取向。书中特别突出了敢于变古，勇于任事，奖励耕战，主张法治的法家言论。张舜徽对法家的理解不同于流俗，他赞同章炳麟“法家者流，则犹西方所谓政治家也，非胶于刑律而已”的观点，认为所谓法家不是专用刑律以治事的法律家，而是建国立制，以富强国家为己任的政治家。中国历代大政治家皆自周秦法家书中取得政治理论以自励，像霍光、诸葛亮、王猛、魏征、王安石、张居正之流，治国处事，莫不有法家精神[1]1191。

三、读无字之书

张舜徽曾题赠学生：“慷慨论天下事，卓荦观古今书”，其中的古今书，决非仅书本，还包括“无字之书”。他说：“天地间有两种书，一是有字书，二是无字书。有字书，即白纸黑字的本子；无字书，便是万事万物之理，以及自然界和社会许多实际知识。”[4]他主张从经历和实践中求得对事物的体认和知识，并在治学中，将读有字书与读无字书结合起来作研究。在兰州的岁月，他将读无字书作为他的另一件大事。从他的学术著作中，我们经常可以得见他在兰州读无字书的成果。

顾炎武的《菰中随笔》卷一云：“短右袂，向来不曾理会得，两只衣袖，一长一短，不成模样。盖古人之裘，如今皮袄，必以绸贴之而成，但短其皮不短其绸，则运动既便，而于外观亦无所妨。”张舜徽不同意顾氏的这一说法，他说：“亭林此言，疑未可从。余往岁游陇右，又尝西抵湟中，所见边陲民服，多袒其右臂，虽隆冬出行于外皆然，盖以便操作也。此殆远古遗俗，而今犹存于少数民族中。短右袂之制，即由袒右而变，非目验不能明，似未宜以臆见断之。”[5]5张舜徽以自己在陇西的亲历，来谈对“短袂”的看法，认为短右袂的习俗实原自袒右臂的远古遗俗，古人袒露右臂，以便于操作，后来发展为将右手的衣袖做短，便成了短右袂，在西陲少数民族中保留的袒右习俗便是佐证。

赵翼的《檐曝杂记》卷四《甘肃少水》条云：“甘肃地少水，水甚珍。余尝遣一仆至皋兰，每宿旅店，有一盂水送客盥面，盥毕不可泼去，店家澄而清之，又供用矣，凡内地诸水不通流者谓死水，久则色变且臭秽不可食。甘省独不然，水井、土窖，绝不通河流，但得水即藏入，虽臭秽弗顾也，久之，水得土气，则清沏可饮矣。”张舜徽读此条时，结合自己在兰州的经历，加上按语说：

> 按此所记，乃两百年前情况。三十年前，余讲学皋兰时，即不见此窘状矣。顾其土著之老年男女皆有惜水之习。终日但早起一盥，平时亦不常沐浴。盖由自古少水，世人相传。珍惜用之，习与性成耳，甘肃地处青藏高原、内蒙古高原与黄土高原之交接处，海拔都在数百丈以上，地势高峻，故甚乏水。往时农田灌溉，多恃水转翻车以取黄河之水，兰州附近之黄河水车，自古驰名遐迩。由于河床低下，台地过高，因地制宜，乃制成直径长达数丈之大木轮，四周系有小长方戽。筑坝引水，轮随水转，方戽即汲水入槽，以供灌溉。此法后渐行于江南，凡近河处多采用之，余昔在兰州，尝亲履其地，目睹

其事[5]100。

据赵翼所闻，其时兰州缺水的情况当十分严重，而在1946年至1949间，张舜徽在兰州生活的三年亲身经历来看，情况有所好转，其中必有缘故，可供研究。

值得注意的是，张舜徽“读无字之书”，绝不仅仅是游名山大川，观人文古迹，其中最重要的内容是对普通民众的日用伦常、俗务实技的考察与关心。张舜徽所做的学问，不仅是纸上的学问，也是讲求实务、实技、经世致用的学问，他对农具、水利等庶物的考证在在皆是，这里对袒右袂以及兰州的水车记载，便是他留意民谟，关心俗务的一例。1984年张舜徽有一本《中国古代劳动人民创物志》的书出版，将其平生所关注的民众在日常生活中的创造，归纳考证，结集成书。张舜徽著作中十分突出的人民观念，当下或许有人不以为然，以为是受意识形态的致幻，其实追寻其观念，则源远流长。无论世风如何转变，张舜徽作为一名知识分子，始终心系普通民众，关心民众的日用伦常，尊重人民的创造精神，这难道不是很可贵，而且在人民观念逐渐淡化的今日不是尤为可贵的吗！

四、访古搜奇，殆无虚日

兰州素以皋兰古地著称，是丝绸之路上的重镇，西去敦煌的交通要口。古代辉煌的文明遗存，以及被称为20世纪最重要的古史研究资料发现的敦煌窟藏，都令研究古史的学者心向往之。张舜徽当年欣然应邀入陇，这片神秘的土地对他的吸引，应是其中一个重要原因。他来到兰州之后，除了教学与研究外，“访古探奇，殆无虚日”[1]1435，希望搜求到可裨于治史的珍贵资料。

张舜徽最希望能寻求到的当然是敦煌的写卷以勘正古书。因此，他闲暇之时便在旧书摊、古董市场等一切可能找到敦煌古本的地方寻寻觅觅，然而成果令他失望，空手而归是常事，间或在冷摊之上，搜寻得一、二卷写经，也都书法劣弱，皆昔人弃之不顾者。询问当地的故老，被告之流落于甘肃民间的敦煌古卷，经数十年被心怀各种不同目的者搜罗，已为之几尽了。“见”的路遇到困难，张舜徽又寄希望于“闻”，在兰州，他结识不少当地的文化名人，通过当地的文化名人，张舜徽收获可谓不小，见于张舜徽记载的有几位特别值得一提。

一位是天水冯仲翔教授。从冯仲翔那里，张舜徽了解到散落民间的敦煌古卷流失的种种情况，两人秉烛夜谈，每每为之扼腕叹息，遗憾不已，冯氏告诉张舜徽，当地的收藏家张香冰，藏有敦煌石室古写本《说苑·反质篇》残卷，张氏宝爱备至，收藏三十余年，不轻示人，冯仲翔与张氏相熟，介绍张舜徽与张氏相识，在张氏的滩寓庐，张舜徽见到了他所收藏的明清人书画真迹，赏览终昼，叹为富美；直到最后，张氏了解并认同了张舜徽的学识及为人后，才从椟中拿出《说苑·反质篇》的古写本，写本“书法秀绝，运笔与上虞罗氏影印之隶古定《尚书》残卷略同；而字之工整过之，信为唐人写本无疑”[1]1435。张舜徽如见至宝，把玩移时，不忍释手，主人惠然见假，张舜徽将写卷携归后，取明程荣校刊本、平湖葛氏传朴堂藏明钞本，及坊刻诸本，进行校勘，写成《校勘记》一卷，其中提出了许多极有价值的问题。例如第五章中，唐写本说：秦始皇称帝后“于是有四方之士，韩客侯生，齐客卢生。”今本则为“于是有方士，韩客侯生，齐客卢生。”四方之士与方士显然所表达的内容完全不同[1]1439。再如第六章中，唐写本作：“故上不禁技巧，则国贫民侈；国贫民侈，则贫穷者为奸邪，而富足者为淫。”而今本则作：“故上不禁技巧，则国贫民侈，国贫穷者为奸邪，国富足者为淫。”[1]1442意思上有较大的区别，唐写本所言，表达的是“国贫民侈”后，民众中的两极分化所带来的后果。而今本所言，从逻辑上表达混乱，不如唐本的意思清楚。另一位是镇原人慕寿祺。张舜徽在《爱晚庐笔记》中专条谈到他，张舜徽在皋兰结识这位前清举人时，慕氏时年已74岁，张舜徽称他博学强识，岿然陇右耆儒。这位老人向张舜徽讲述了一段他亲历的故事：数年前除夕之夜，一寒士手携一卷见示，展阅之下，叹其书法秀丽，知出女中名手。及览至末行有云：“大唐某年月日，玉环为三郎写经。”乃杨贵妃手迹，为之伸舌太息，舌久不能收。叩其值，索银圆百版不少贬。慕翁处境亦窘，力不能举，未与议价而遽还之，惟长嘘累日而已。此必敦煌石室中遗物也，唐人多手钞佛经送至佛洞以祈福免祸，此即杨贵妃为玄宗所书以祷祝长生者，初藏佛洞，后乃流落于外[6]7。

张舜徽后来在兰州遍访周咨，寻访该写经的下落，终无踪迹可寻，这成为张舜徽一生中常常提及的一件憾事。关于此事的真实性，张舜徽后来又从文献中查到依据。在清人李佐贤的笔记《吾庐笔谈·杨太真书》中记载：“宋张端义云‘真定大历寺有藏经殿，其经皆唐宫人所书。内有涂金匣藏经一卷，字体尤婉丽。其后题云：善女人杨氏为大唐皇帝李三郎书。'则是太真笔迹。然太真能书，世鲜知者。”张舜徽在按语中写道，此事亦见载宋赵溍《养疴漫笔》，则当时实有此卷，故传闻甚广。因此，张舜徽认为慕氏所言，当为可信[5]289。

令张舜徽扼腕叹息的还有未能找到汉代《三老赵椽之碑》的最原始的拓本。《三老赵掾之碑》1942年出土于青海乐都县老鸦峡白崖，乐都县在汉为金城浩故地，该碑出土时文字完好，凡22行，行32字。字大六、七分，甚工整，末行尾署“光和三年十一月丁未造”（“光和”是东汉灵帝在位时的年号）。汉代石碑存于陇右的，还有耿勋碑、西狭颂，皆摩崖大字，历经千年风霜，灭坏已甚。而赵宽碑因长期埋于土中，未经风雨剥蚀，出土时完好如新。碑文所记内容极有史料价值，“可资以补证汉史者所在皆是”，是珍贵的文物。修路工人将之挖出后，无人识其为汉碑，随意丢弃在路边。后为当局得知，用车运往西宁，时处战乱年代，文物保护也不受重视，该碑在长途倾颠中断为两截，中断处有二三字剥落。张舜徽入陇后，寻觅赵宽碑的拓片，也只找到断为两截后的拓本。冯仲翔告诉他，此碑在刚出土时，有当地的一位小学教师，从其路过，见而爱之，曾拓取数本，此拓本为未断之时的本子，尤为珍贵。张舜徽为寻求这个最初也最完整的拓本，遍求于陇上，后又亲自去青海西宁，他亲携纸墨，将赵宽碑捶取十本，分寄南北学者，以广其传。但他寻求最初拓本的努力，终是无果而还，令他“殊怅惋也”[6]8。

张舜徽一生以学术为生命，他在兰州的日子，无论是教学、研究、读书、考古、读无字书，等等，所有的活动也围绕这个中心。他的学术活动可归纳为两个兴奋点，一是学术史，一是政治思想史。他的国学研究、清学史研究从辨章学术、考镜源流入手；他对周秦诸子政论，明经世文编的择精提要，以谋求国家富强之术为目的。他之所以对这两个选题如此感兴趣，则源于他深切的忧国爱民之心，源于他对学术经世致用的追求。

张舜徽的《周秦诸子政论类要》和《皇明经世文编选目》分别成书于1946和1947年，其时正是抗日战争刚刚结束，国共由合作到破裂，时局纷纷藉藉，众言泄泄沓沓，令人担忧，张舜徽心忧国家动荡，民生多艰，他摘录周秦诸子政论也好，选目明经世文编也罢，都有明确的经世目的，“虽古今异宜，而道揆不易，苟能师其意而不泥，亦有足以资借镜者”。他在《皇明经世文编选目》中说：“余自丁丧乱，身历百艰，端居深念今日国家之败，多原于士大夫之不识大体。因论明事，乃纵书所怀于此。世有达者，其不以吾言为狂悖也乎！”至于他对学术史感兴趣，也与对国家前途、命运的关心息息相关。他在《广校雠略·自序》中有一段意味深长的话。他说：

> 千载悠悠，则亦未有能真知郑学者，因欲为书发明之，未暇也。叔季祸乱相仍，由学不明，士不幸生而躬逢其厄，苟能考镜源流，条别得失，示学者从入之途，其振衰起废，固贤于空言著书。二郑起于汉宋之末，独以此为兢兢，亦岂无微旨哉！

张舜徽指出，二郑（郑玄，郑樵）之学途辙虽殊，而所以辨章学术之旨则无不同，其学术的重要意义也正在此。乱世的出现，与学术的衰败相联系。处身于乱世的学者，能从事学术史的研究，保存学统，便可起到振衰起废的作用。二郑之学这一重要的社会意义隐晦不显，不为世人所了解，千载悠悠，未有真知郑学者。张舜徽这段话蕴意深刻，中国历史上，每当末世，意识形态化的道统意识淡化，学统的意义便凸显出来，即使道统全然崩溃，只要学统还在，学者仍可能通过处身于这个学统之中的著述显明他的道统，学统成为重建道统的内在支撑。

注释：

[1]张舜徽.旧学辑存[M].济南：齐鲁书社，1988.

[2]张舜徽.张舜徽学术论著选[M].武汉：华中师范大学出版社，1997.

[3]陈祖武.清初学术思辨录·前言[M].北京：中国社会科学出版社，1992：5.

[4]张舜徽.词庵学术讲论集[C].长沙：岳麓书社，1992：679.

[5]张舜徽.清人笔记条辨[M].北京：中华书局，1986.

[6]张舜徽.爱晚庐随笔[M]长沙：湖南教育出版社，1991.

家尊，纯而又纯的学者

陈无畏

一

陈赓平先生

光绪二十九年正月二十九（1903年2月26日），红梅盛开，家尊呱呱坠地。这是浙江台州古城巾子山麓义井巷（以后移居厦门里）普通的一个读书人家。祖父陈春阳年方二十三，祖母王氏年方一十九，皆能作文赋诗。降生的是他们第一个孩子，而且是个男婴，红红的脸蛋，大大的眼睛，高高的鼻梁。夫妇俩自然喜上眉梢。他们考虑了几天，最后确定寿煊为婴儿的乳名。到了周岁生日，依照当地风俗，祖父母请来亲朋好友在家中大摆宴席。吃饱喝足后，祖父端来六角盘，上面盛满食物、珍宝、玩具、弓矢、纸笔之类，让儿子“抓周”。他的小手抓住笔杆子死死不放，祖父母大喜过望，心想这个儿子将来必有出息。

就在家尊出生这一年，清廷颁布了《癸卯学制》，这是我国第一部具有现代意义的教育体制。然而家尊到了四岁，祖父还是将他送到一家私塾启蒙，起学名赓平。家尊在私塾从《三字经》《百家姓》开始，继而到《千字文》《幼学琼林》，而后便是《四书五经》。这些由易到难、十分科学

作者时为临海师范学校高级讲师。该文发表于《兰州大学学报》(社会科学版)2009年第1期。

的教材给他打下了坚实的国学基础，使他终身受益无穷。家尊自幼便有超群的记忆力，读书能过目成诵，且博闻强识。这与祖父母严格的学前教育密不可分。家尊刚牙牙学语时，祖父母就教他念唐诗宋词，“一去二三里，烟村四五家，亭台六七座，八九十枝花”，还讲了许多有趣的神话故事，使他得益良多。但祖父过分严格，且动辄体罚，让他望而生畏。家尊小时经常尿床，祖父以不许上床相胁，任其在寒风中瑟瑟发抖，他至老回忆往事仍不寒而栗。祖母却个性温存，善良慈厚，施教循循善诱，给幼小的家尊留下极美好的印象。祖母是个才女。记得二十世纪六十年代初，我回家探亲，在巾子山三元宫古樟下遇一老尼，她当面背诵先祖母写的东湖七绝一首，可惜当时我未能熟记，成了终生憾事。家尊母子感情深厚。他念大学预科时，祖母病逝，家尊从石头城千里奔丧，扶棺痛哭，涕泪纵横，不能自已。有一次在兰州大学寓所睡眠刚醒，我瞥见年近花甲的家尊眼角尚有泪痕。问他何故？他说梦见了祖母，我不禁为此而动容。

1914年，家尊入回浦小学插班就读三年级，因未学过算术而受挫。那所学校的校长（以后改称董事长）就是陆翰文先生。陆先生倾其家财，在台州古城创办了这所西式学校，名动梓里。他早年留学日本学习音乐，重用人才，对学生严格要求且不乏爱心，在师道尊严盛行的年代，的确难能可贵。回浦小学对家尊影响最大的是国文教师项士元先生。项先生思想进步，博览群书，教风严谨，与家尊一直关系密切。家尊十五岁毕业于回浦小学，是第三期毕业生，同学有冯德培（曾任中国科学院副院长）、朱玉文（后改名洗，中国科学院院士）、毕修勺（上海师范大学教授）等人。

1918年，家尊考入浙江省第六中学，与林攸绵（后改名迪生）同班。翌年转上海澄衷中学。该校系宁波资本家叶澄衷所办。叶某原在黄浦江摆渡，某次，一洋行老板不慎将现金丢失在渡船上，叶某如数奉还，因此大受失主赏识，遂即用作买办。不久他自立门户，创办产业，成为巨富。他的学校遵循“中学为体，西学为用”的教育主张，除古文外，其他各科皆用英语讲授，给家尊打下坚实的外文基础。

1919年，五四运动风起云涌；1921年7月，中国共产党在沪成立；同年，英国和平主义哲学家罗素来上海讲学；担任上海《时事新报》总编辑的张君劢，积极鼓吹无政府主义。当时家尊系热血青年，各种思潮对他的思想和生活道路都产生了极大的冲击。1922年，家尊考入南京金陵大学预科。这是美国人办的教会学校，对外语极为重视，在这里，家尊的外语水平进一步提高。日后家尊虽没有从事外语教学工作，但金陵大学的学习生活无疑为他日后搞学术研究打开了另一扇窗户。晚年，家尊还自学俄语。因此家尊阅读外文书报、收听外语广播系轻车熟道，毫不费力。在金陵大学，对家尊印象最深的教授是胡小石先生。胡先生学识渊博，口才极佳，深得学生赞赏。当时大学学费生活费昂贵，一年约四百大洋。祖父掏不出如此巨额的钱财，一怒之下，家尊竟赴佛教天台宗祖庭国清寺出家。这一出格举动急坏了祖母。她连夜筹到款项，赶到国清寺，敲开山门，开门的恰恰是家尊。幸好此时他还未剃度。

1924年4月，印度大诗人泰戈尔到南京发表演说，担任翻译兼主持的是著名诗人徐志摩先生，产生了极大的轰动效应。家尊也聆听了泰翁的讲演。就在那一年，家尊接受了马列主义，加入了共青团，翌年转为共产党员。1924年7月，家尊大学预科毕业，旋即赴革命策源地广州，考入国立中山大学文学系本科。当时的中山大学文学系师资力量雄厚，有一百多门选修科目，学风极佳。系主任是郭沫若先生。此后不久，郭担任北伐军政治部副主任，接替他的是大文豪鲁迅先生。鲁迅先生担任《中国文学史》《中国小说史》和《文艺论》的教学工作。不修边幅的先生操一口绍兴官话，博古通今、论述精辟，深受广大学生的欢迎，因为慕名而来听先生讲课的人实在太多，教课场所不得不从教室移至大礼堂，但仍座无虚席。先生语言生动幽默，常引得学生们忍俊不禁以致哄堂大笑，可是先生一副冷峻的脸庞没有一丝一毫的改变。当时鲁迅先生栖身校内大钟楼，许广平女士作为先生的助教，住在先生隔壁，料理先生起居。家尊在中山大学期间，顾颉刚、傅斯年、王独清、郑伯奇诸公皆在文学系任教。顾颉刚先生系疑古派历史学家，说话期期艾艾，上课很难开口，在黑板上将教课内容书写完后，不管下课与否，便夹着皮包走人。顾先生后来任中央研究院历史研究所所长，乃一代大儒。

当时的五羊城是北伐大本营，孙中山、蒋介石、汪精卫、毛泽东、廖仲恺、周恩来、宋庆龄、何香凝、陈璧君皆在其间。各色人等发表演说，频繁登场，家尊参加了多少次政治活动，连他自己也记不清。当时革命领导人平易近人的风范随处可见。有一次，家尊与卢文迪先生（曾任中华书局副总编辑，当时在穗读中学）去聆听孙大总统演讲。他们坐在第一排，卢先生同家尊议论与会的宋庆龄和何香凝的琐事，被她们耳闻。孙夫人便问："有什么事啊，小同志？"弄得两个小伙子很尴尬。孙中山先生逝世后，家尊还在南京中山陵参加了极为隆重的奉安仪式。1925年暑假，家尊将革命火种带回家乡，与林炯、林迪生、陈韶奏、李敬永等人在城内敬一小学成立“乙丑读书社”，组织社员阅读革命书籍，宣传革命理想。1926年12月家尊同张崇文、张伯炘一起建立中共临海特别支部。1927年4月，国民党右派开始“清党”，大批共产党人遭受迫害，家尊亦被中山大学校方开除，组织将他安排到宁海中学教书。该校教师大多是中共党员，如赵平复（即柔石，现代著名作家）、林淡秋（曾任人民日报副总编辑、杭州大学副校长）、许杰（曾任华东师大中文系主任）等人。时间不长，中大同学来信云，校方开除的是胡赓年，陈赓平未在开除之列。家尊与林淡秋一起又赴穗继续学业，一直到1928年本科毕业为止。

家尊是个真正喜好读书的人，将读书当作一种莫大的享受，看书是他最重要的精神需求。这种习惯一直保持到生命的终结。他向来笃信“买书不如借书，借书不如抄书”的说法，最看不起的行为是藏书不看书。但无休止的政治运动剥夺了他读书和写作的自由。一般人以为大学毕业，就意味着学习生活的结束，然后谋一份职业藉以糊口，家尊却认为自己与奋斗目标差之甚远，毕业后便来到上海图书馆读书。上图藏书量在全国屈指可数，家尊带上中午干粮，一待就是整天。这样的生活持续了差不多两年。他精于目录学，熟读清代章学诚的《校雠通义》，“辨章学术，考镜渊流”，寻找相关书籍，按图索骥，得心应手。在传统的经、史、子、集中尤喜文学、历史、哲学著作。他研读名家诗文，不忽视小说戏曲之属，曾看过数百种传奇，以拓展文学视野；他通读《二十四史》，不忘浏览地方志、私家笔记之类，相互参照，以求真伪；他从研究哲学思想史的角度阅读儒家的著作、《大藏经》的重要典籍、《正统道藏》的主要卷函；他读书不忘动笔，在大量读书卡片中不乏自己的真知灼见。

1930年初，他所在党组织遭破坏，接着因失去联系脱党，从此以后成为一名党外人士。这时家尊二十有七，仍孤身一人，由于弟妹相继夭折（1931年后，继祖母徐氏生育大姑赓仪和二姑赓蕴），祖父非常着急，只怕断了香火，多次写信催促他回家，以成全婚姻大事。于是家尊回到阔别已久的家乡，应母校台州中学（即浙江省第六中学）校长肖卫之聘，担任文史教员兼图书馆馆长之职。

然而家尊在家乡寻找意中人并非一帆风顺。按当时婚姻习俗，无非是父母之命，媒妁之言，但家尊是新派人物，当然坚决不从。再加上与他年龄相仿的女子全是“三寸金莲”，以她们为妻，这对于引领新潮流的家尊来说，简直是巨大的嘲讽。这样，家尊的婚姻大事就耽搁下来了。1933年春，祖父病危，他老人家在弥留之际，含着眼泪将舅公请到病榻前，叮嘱舅公代他安排好家尊的头等大事。一直到了1938年，家尊三十五岁时才遇到比他小十一岁的女师学生结婚。他们是自由恋爱，母亲当然是“天足”。此事轰动了临海教育界。

二

从1930年起家尊走上了三尺讲台，成为一名教师。他讷于言而勤于笔，更适宜潜心搞学术研究，要是有人在教室或家里找不到家尊，他肯定置身图书馆。图书馆成了家尊安身立命的地方。中学图书馆里书籍不算很多，书库中的《四库备要》《二十四史》之类的惟一读者就是他。平心而论，家尊并非优秀的教师，更不适合在中学工作。但囿于当时的实际情况，他只能直面现实，而且一干就是十几年。好在家尊为人诚实，学问渊博，工作认真负责，对学生宽厚谦和，得到众人一致的好评。

1937年7月7日，卢沟桥事变爆发，抗日烽火燃遍了祖国大地，中华民族到了最危险的时候。同年11月，杭州沦陷，浙江医专无法再在西子湖畔立足，于是搬迁至台州。应该校校长王吉人先生聘请，家尊第一次取得了高等学校国文教席。为了躲避敌机狂轰滥炸，医专师生不断搬迁，辗转于临海、天台、缙云一带。他们高唱《流亡三部曲》，长途跋涉于豺狼虎豹出没的崇山峻岭、激流险滩之间，忍饥挨饿，足底重茧，从来没有人叫苦。有人劝说家尊去重庆谋一官半职，以摆脱生活的窘境，他在一首诗中这样回答：“自分沉潜老故园，强顽何意驾轮轩。早轻抢攘赢貂羽，宁愿酸寒咬菜根。”他早看透了国民党政府的各种腐败现象，决心不与其同流合污。家尊教学之余还在《青年日报》《力行》杂志发表大量文章，针砭时弊，宣传抗日；他同时担任临海抗日自卫会宣委会常务委员、三台歌剧团团长，带领演员到城乡各地巡回义演了许多自编节目，受到广大观众的热烈欢迎。尽管当时条件非常艰苦，居无定所，家尊仍保持着良好的读书习惯。我在翻阅他抗战的读书卡片时，就发现过他在天台乡下坑边村烛光下写的东西。在浙江医专期间，他与药科主任曹元宇先生过从甚密。曹先生是著名的药理学家，行有余力，则以学文，诗词丹青皆在行。解放后曹先生任南京药学院（后更名为中国药科大学）副院长。七十年代早期，我曾去南京替家尊要了几幅山水花鸟画，老先生谈起既往苦难岁月，感慨万端，欷歔不已。

1945年8月15日抗战胜利，医专迁回杭州，家尊因家庭拖累，未能前往。同年，临海师范校长王式智先生聘请家尊担任该校文史教员。

时间不长，国共内战爆发。我记得当时家中订阅《大公报》，大人们议论的是战事，幼小的我却关心报上有没有张乐平叔叔的连载漫画《三毛流浪记》。1947年3月19日，胡宗南占领了延安。大人们开始争执。王祥贤先生和叶宝鉴先生是我们家的常客。一个说共产党大势已去，一个说毛泽东日子不好过。惟独家尊胸有成竹地说，再等一年看看。果然，到了1948年下半年，辽沈、淮海、平津三大战役相继进行，解放军取得决定性胜利。不过家尊也有搞错了的时候。1947年解放区开始土改。苏北划地主的标准是40亩土地，家尊认为自己才二十几亩问题不大。谁知到了1950年临海搞土改15亩就算地主。家尊的如意算盘打错了。1948年国民党政府见市场情况越来越糟，便废除法币，以金圆券取而代之，哪知经济萧条不但没有扭转，反而每况愈下。“金圆券，一夜跌一半”，物价飞涨，民怨沸腾。金圆券一下子成了废纸，校方只好让校工给教师家挑大米来支付工资。国民党军事受挫、政治腐败、经济凋敝，民心丧失殆尽。家尊明白，这个政府行将垮台。1948年5月，教育家陆翰文先生去世，葬礼非常隆重肃穆，备极哀荣。家尊亦参加了先生的吊唁仪式。1949年4月21日解放军过江，23日解放南京，5月3日解放杭州，27日解放上海，29日临海宣布和平解放。家尊带着我们一家大小到望华门迎接入城解放军。我第一次见到那么多的战马、大炮和士兵，兴奋不已，至今记忆犹新。

1949年8月，组织找家尊谈话，询问重新入党意愿。家尊认为自己在困难岁月中虽然曾与担任临海地方党组织书记的张崇文、陈康白、陈育中等人关系密切，帮助组织做了一些工作，但未提出重新入党的要求，现在胜利了，如果再行加入，便有投机革命之嫌，因此他婉言推辞了。但组织仍让他担任了私立回浦中学董事长一职。在任期间，家尊日夜操劳，带领全校师生员工克服解放初期各种意想不到的困难，为维持正常的教学秩序，做出了自己应有的贡献。当时家尊仅有47元工资，根本无法维持一家八口日常生活，只好将家中仅有的一点金银首饰送到银行兑换成现款，贴补家用，渡过难关。1950年土地改革开始，我家定为地主兼自由职业成分，没收了地产、店屋和部分房产。家尊虽没有罪恶、没有劣迹，也在斗争地主大会上被批斗。家尊遇到了极其尴尬的局面：上班他是堂堂的回浦中学董事长，下班他又是被批斗的地主分子。

三

1954年7月，远在五千里之外的林迪生校长邀请家尊去兰州大学中文系任教。此时，家母在回浦中学图书馆工作，因肠胃不好，怕西北生活适应不了，并未偕同前往。于是家尊抛妻别子、只身一人来到黄河之滨的甘肃省会兰州，在海拔1500米的黄土高原开始了全新的生活。

那时，兰州是一个新兴的工业城市，第一个五年计划的许多项目在此实施。全国各地的建设者纷纷来到这里，人口从20万迅速增加到100万左右，整个城市到处是脚手架，到处是起重机。兰州好像是个大工地。道路尘土飞扬，汽车与马车同时出现在熙熙攘攘的人流之间，是这里一道独特的风景。冬天白雪皑皑，春天风沙阵阵。夏秋之交倒是好天气，此时酷暑全无，不需电扇，即便是太阳底下稍有点热浪，躲到树荫下便清凉无比。黄河从西到东穿过城市中间，南北两侧皆是童山秃岭，寸草不生；惟独一座山峰上五条泉水从上至下淙淙流淌，终年不涸。四周绿树成荫，一派江南景象。此间口味与江浙迥然不同。家尊刚到兰州，吃了顿羊肉包子，咬了一口，特别的膻味就使他将前面所食全部呕吐了出来。以后习惯了，家尊倒认为兰州的羊肉特别好吃，成为离不开的美食。

兰州大学创立于1909年，系解放初教育部直属26所重点文理综合大学之一。当时学校还在兰州老城萃英门内，1957年搬到新市区天水路，占地六七百亩。家尊一到校，便一头扎进了图书馆的故纸堆，翻阅资料，寻找写文章的选题。当他在兰州大学的第一篇文章《我对词人李煜的看法》发表于1956年1月1日《光明日报》副刊《文学遗产》上时，同事们都被他的洋洋万言长文惊呆了：这位刚从浙江来的中学教师下笔不凡，一下子就登上了权威报刊。这篇文章以全新的观点、翔实的史料，全面客观地剖析了李煜为君与填词的双重人格，令侪辈茅塞顿开、叹为观止。

接着家尊又在《兰州大学学报（社会科学版）》[①]创刊号上发表了长达五万多字的两篇学术论文，为开创兰州大学学术研究的新局面做出了自己的贡献。其中一篇文章替南宋“奸相”韩侂胄翻案，运用正史以外的私

① 《兰州大学学报》在20世纪50年代称“人文科学版”，以后才称“社会科学版”。本文为了行文方便统一，统称“社会科学版”。

家著作来揭示南宋光宗宁宗朝廷中权奸、后妃、假道学分子相互勾结的种种黑幕，以证明官修的《宋史》对韩侂胄的莫须有罪名，是元代假道学的徒子徒孙们带有偏见的历史论断。这篇文章被当时在兰州大学讲学的中山大学陈寂园先生所赏识，便给中大的容庚先生寄去，谁知容先生将此文转呈当时的中国科学院院长郭沫若过目。郭老是何等眼高之人，但一见此文即拍案叫绝，让家尊到社科院（当时称中国科学院哲学社会科学部）去做研究员工作。家尊将此信呈交江隆基校长（此时林迪生为副校长）。江校长说："兰州大学也是可以搞科研的嘛！"一句话堵住了家尊去北京的路。我事后对家尊说："你也太老实了！叫我接到郭老的信，打起包袱走人。看校方对你怎么样？"他老人家只是笑笑了事。

另一篇文章是《论〈牡丹亭〉》。该文开头就直截了当地指出："多年以来，舞台上没有全本《牡丹亭》的演出，连表演极为细腻的《惊梦》一出也很少与观众见面。这是作者汤显祖死后的厄运，也是我国剧坛的耻辱。"这几句话是对当时已十分冷落的昆曲舞台发自肺腑的感叹。接着，家尊从社会历史背景入手，深探这位剧坛巨子执笔为文的苦心；然后对剧本的情节结构、人物形象、表现手法等作了系统全面、入木三分的评析。面对解放以来昆曲表演艺术极为凋敝的事实，此文无疑有振聋发聩的作用。北京《戏剧报》正准备刊用这篇文章，编辑部清样也已寄出。不料《兰州大学学报（社会科学版）》出现暂时稿荒，家尊考虑诸方因素，临时将文稿撤回，与上述考论韩侂胄史事的论文同时在《兰州大学学报（社会科学版）》创刊号上发表。这一期《兰州大学学报（社会科学版）》共166页，家尊的文章就占了32页之多，惊动了兰州大学同仁。当时学校学术氛围令人振奋，地方领导也很重视教育，民主人士邓宝珊省长还在自家花园宴请了兰州大学高级知识分子。

1957年春党内整风运动开始。上级号召党外人士提意见，搞大鸣大放。幸好家尊素不喜出头露面作惊人之语，因此躲过一劫。有的知识分子就没有这样幸运了。中文系刘文兴先生是清代道光年间著名经学家刘宝楠的嫡孙，与家尊相处融洽。他们同治中国古典文学。在鸣放会议上，先生说："印把子你们掌着，我们有什么话好讲？"就凭这一句话，将先生打成极右分子，开除公职，回江苏宝应原籍劳动，罪名是煽动群众，反对党的领导。可惜刘先生未等到1979年平反昭雪，因贫病交迫，不幸早已离开了人世。中文系还有一位治民间文学的曹觉民先生。他平时心直口快，容易得罪人。当了右派分子后，曹先生偷偷在卫生间一面搧自己的两颊，一面说："嘴巴该死，嘴巴该死!"历史系清华出身的赵俪生先生在1957年8月底从青岛山东大学调到兰州大学。当时反右斗争基本结束，哪知青岛方面没有罢休，硬是将先生拉回山东大学。兰州大学校方为防不测，还派人乘坐软卧专程护送。一到山大门口，碰巧与已戴右派帽子的陆侃如先生相遇。陆先生说："赵老弟，你也来了?"山大校方旋即将赵先生押往会场进行批斗。如此这般反复多次，先生终于戴上右派帽子。当局还对先生说："我们山大没有像兰州大学那样，待你以上宾之礼。你要死可以跳海!"然后摔给他一张硬席车票。赵先生想到家中还有七口人靠他活命，只好忍气吞声，上了火车。不料车上广播响起："广大乘客请注意，有一个叫赵俪生的反党反社会主义右派分子上了我们列车，大家要提高革命警惕，防止他搞破坏活动。"在那个苦难岁月，哪有赵俪生先生的活路?

赵先生回到兰州大学以后，偶尔看到《兰州大学学报（社会科学版）》创刊号，两篇标有陈赓平姓名的文章映入他的眼帘。先生便第一次来到家尊寓所，自报家门。家尊也久仰赵先生的大名，热情地接待了他。从此以后，他们经历了人生道路上的风风雨雨，遂成莫逆之交。1957年下半年，中文系从北京调来两个右派分子：一个是搞鲁迅研究的陈涌先生，一个是搞古汉语研究的杨伯峻先生。杨先生是著名语言学家杨树达先生的侄儿，学问深厚，为人谦和。家尊与他过从甚密。杨伯峻先生六十年代调往中华书局之后，与家尊仍有文字之交。

1958年，全民大炼钢铁，粮食亩产吹到了十几万斤，乃至几十万斤，甚至有胖娃娃坐在特大麦穗上乐呵呵的漫画。在农村大办人民公社，大办食堂，放开肚皮吃饭，似乎中国一夜之间已迈进了共产主义。家尊也参加了校方组织的各种活动。一次到永靖参观刘家峡水库，在黄河激流上乘坐羊皮筏子。突然一个大浪打来，家尊来了一个趔趄；再一个大浪，家尊来了一个倒栽葱，差一点葬身鱼腹。这时高校又搞了一个"拔白旗"运动，家尊成了众矢之的：中文系里有人先从历史根源挖起，揭露家尊1924年投机革命，大革命失败后悲观失望、脱离党组织的问题；接着批判家尊解放后在历次政治运动中皆有抵触情绪，厚古薄今，走白专道路，与阶级敌人划不清界线，甚至同流合污、助桀为虐的种种错误，弄得他狼狈不堪。幸好家尊未被划为漏网右派，又逃过一劫。

这一年春天，家尊在讲义的基础上写了三万多字的长文《〈西厢记〉

六题》。文章从唐传奇《莺莺传》的作者元稹谈起，点明张生“始乱终弃”的行为是时势所趋，谴责的目标应该是男权思想。又从探究主题出发，指出《西厢记》不是喜剧，而是悲剧。再从情节发展的脉络中分析，表现大团圆场面的第五本是后人加进去的。这个说法非常新颖，引人注目。在分析女主人公的形象塑造时，对于唐宋前后迥然不同的婚姻观念作了细致入微的比较。同一个崔莺莺，宋元理学却将自由开放的“天足”蜕变成重重束缚的“三寸金莲”。这就给《西厢记》打上了时代的烙印。在评论作品的艺术表现手法时，特别强调了真实性的运用以及惜墨如金的中国画技巧。而对清代金圣叹等人诋毁《西厢记》的种种卑劣行径，文章也作了有力的抨击。

四

1959年春，兰州大学奉命进行系科调整，成了理科大学。经济系成立了单独的学院，中文系和历史系被合并到兰州十里店的西北师大。由于大跃进的恶果，当时中国经济已经陷入死胡同。商店货柜上的日常生活用品越来越少，粮食也开始紧张起来。三年困难时期很快就要到来。赵俪生先生也开始过上了拮据生活。当时他的工资减了一半，夫人被迫退职。右派分子照例是不许发表文章的，稿酬就无从谈起。到了月底要是揭不开锅，先生就照例让大女儿赵绛手中捏着张借条上门找家尊。借条往往是这样写的：

陈赓平与赵俪生

> 赓平先生尊鉴：
>
> 别来无恙？小弟已无米下炊，手头如有宽余，请借泉拾元。待下月工资发放，当即如数奉还。
>
> 谨肃寸禀，不尽欲言。敬请
>
> 著安。
>
> 弟俪生谨启

家尊见此，二话不说，连忙付款，而且能做到有求必应。那时，家尊最惬意的事情是去赵家饮茶聊天。从谈文章论学问，到古今中外、天南地北无所不及。一个口若悬河，谈锋甚健；一个引经据典，娓娓道来。一唱一和，倒也相得益彰。严格说来先生不是泡茶，而是煮茶。他先将一把绿茶撒进水壶中，然后搁在煤球炉上煮开，再倒入杯中饮用，味道要比泡茶淳烈许多。先生烟酒无缘，惟嗜茶如命，日常生活且不拘小节。历史系复旦毕业的齐陈骏先生（曾任兰州大学敦煌学研究所所长）从老家浙江天台探亲归来，顺便送给赵先生天台山云雾茶一包。赵先生过了一段时间，又问齐先生："小齐，你的茶叶不错，还有吗？"

1959年9月，家尊的论文《试论龚自珍》分两期在《光明日报》副刊《文学遗产》上发表。它是解放后较早全面系统评论龚自珍的文章。论文一开始就指出龚自珍是一个嗅觉敏锐的改良主义者。"他在一座行将倒塌的大厦中闻到了木料腐朽的气味，并想方设法改造它、修理它。"接着赞赏他的作品以公羊学的眼光反映万马齐喑、贫富不均的社会现实，在清代这样黑暗的封建社会中，无处不在的种族歧视与官场阴谋倾轧的情形错综复杂。龚自珍伤心自己"纵使文章惊海内，纸上苍生而已"！但他不消沉，"死我信道笃，生我行神空"。他以生死自誓，并要扭转乾坤。家尊特别提到龚自珍的《病梅馆记》中所体现的精神与法国哲学家卢梭代表作《爱弥儿》一样，主张自由解放的启蒙民主思想是符合人类历史发展规律的。文章最后对他在诗坛上的地位作了非常公允的评论。称龚自珍是随园（袁枚）、清容（蒋士铨）、瓯北（赵翼）、两当（黄景仁）以后单枪匹马驰骋在清代日趋没落时期的杰出代表。同时家尊还给《光明日报》副刊《文学遗产》寄去《论康有为的诗》一文，编辑部已将版面排好，但因反右倾运动开始，只好临时决定撤版。该文直到先父去世后才发表于《西北师大学报（社会科学版）》。

反右倾运动并没有能扭转经济大滑坡的局面，1960年，大饥饿终于悄悄降临我们的面前。家尊在学校小灶搭伙，要比一般人好得多。早餐还有制作粗糙的糕点供应，中晚餐多少还有一点点肉。到了下半年，供应每况愈下，饥饿愈演愈烈。家尊的体重迅速从160斤下降到116斤，衣领上的风纪扣一下子掉到前胸。我从兰州附近的定西乡下集市上搞到一只嘎啦鸡（当地的一种野鸡）、一只野兔子放在电炉上煮，家尊差一点儿触了电。碰巧中文系副主任刘让言先生上门造访，见此稀罕物，令其羡慕不已。当时赵俪生先生正在山丹农场劳动。那里的条件则更糟，加上劳动强度大，有几个教师再也未能回来。赵先生受尽摧残回家时，折损得只剩一把骨头，气息奄奄，命在旦夕。家尊不顾自己饥肠辘辘，取出刚从家里寄来的两听罐头登门相赠，先生感激涕零，并多次在我面前提及此事。

同年，杨伯峻先生的《孟子译注》一书在中华书局出版。这本书是《论语译注》的姊妹篇，出版之后深受读者的欢迎，社会反响很大。但鉴于作者的“右派”身份，封面和扉页上只能署名“兰州大学中文系孟子译注小组”几个字，以障人耳目。其实，当时中文系的同仁们只是给这本书提了一点意见而已。书局寄来的稿费也被大家瓜分了，杨先生本人只得到很少的一部分。直到杨先生摘了“帽子”，这本《孟子译注》的作者才露出了庐山真面目。

就在这样极端困难的条件下家尊仍坚持读书写作。在《西北师大学报（社会科学版）》1960年第一期上，家尊发表了两万多字长文《论李渔对中国戏曲理论的贡献》。文章开宗明义：“在中国封建时代里，论及戏曲的创作和演出，较为系统的著作就只有李渔《闲情偶记》中的《词曲部》和《演习部》。”此语只能在认真系统阅读中国古代戏曲理论书籍的基础上才能断定，这个观点也是家尊首先提出的。文章接着指出：李渔是在昆曲发展到高潮的时候，从时代需要出发，充满着大公无私的广阔胸襟，非常自觉地写出了这部有意义的戏剧理论作品来。然后，文章从结构、情节、语言以及音律与曲词的关系等方面评价了李渔对戏曲理论的贡献；同时对他处理剧本、教授唱曲与说白问题也作了介绍。家尊是一个书迷，也是一个戏迷。走到哪里戏看到哪里。早年家尊为了看梅兰芳的戏，出了当掉裤子的笑话。他还担任过剧团团长，对戏曲套路非常熟悉。这篇文章的最大特点是将李渔的戏剧理论同清初错综复杂的社会、经济和戏曲发展的实际紧密结合，举重若轻，如数家珍，丝丝入扣。要是没有大量的戏曲实践和对有关文献资料的整体把握，那是不可设想的。

值得一提的是，家尊在1961年暑假写的《关于方国珍起义事迹的探讨》。方的行宫建在临海城内龙顾山巅。在兰州期间，这是家尊惟一与家乡有直接关联的文章。此文发表在1961年9月《光明日报》副刊《史学》上。文章从各种地方志里梳理出方国珍是一个反抗地痞恶霸欺凌的佃农，而官修的《明史》以及解放后出版的几部中国通史，在谈到方国珍起义时，总是强调他出身盐贩、入海为盗的经历。文章同时指出，元末台州百姓反抗异族统治的情绪非常强烈。农历八月十五是“杀元种”的日子，台州民间习惯就将中秋节改为农历八月十六，藉以纪念方国珍起义。文章最后对方国珍投降元军的错误作了符合史实的评论。

五

1961年下半年，中文系和历史系又并回兰州大学。随着困难时期的结束，家尊迎来了他一生学术研究的高潮。江隆基校长决心要将兰州大学办成全国一流大学，他想方设法创造比较宽松的学术环境来激励广大的师生。江校长利用自己原先在北京大学当过党委书记兼副校长的经历，邀请了大批国内第一流的学者来兰州大学讲学。我就曾聆听过王力、王瑶、吴祖缃、季镇淮、谈家桢等人的学术报告。他们在兰州大学的最后一顿饭，往往是校长在小灶餐厅宴请这些学术巨擘，而费用笃定是校长自掏腰包。就在这个时候，中国科学院文学研究所开始编写《中国文学史》（上古至鸦片战争前部分）。编写小组将初稿分别寄给国内知名的研究古典文学史的学者征求意见，家尊也收到一份。他当时的学术地位可见一斑。1962年7月该书出版，文学所就寄来赠书，可以这样说，家尊是看到此书的最早读者之一。在此期间，家尊在《光明日报》副刊《文学遗产》上发表了《〈南词叙录〉和〈花部农谭〉》《袁枚的性灵说——读〈随园诗话〉》《漫谈杜诗〈秋兴〉中的具体内容》等文章。1963年春天，家尊被评为先进教师，每系仅两名。开表彰大会时，家尊与我正在五泉山公园游玩。他老人家对于浮名向来不屑一顾。

当时家尊已开始动笔写他的最后一篇学术论文《阮籍〈咏怀诗〉探解》。这篇十几万字的论文花费了家尊一年多的时间。我记得他房子里到处堆满了书籍、卡片和文稿，桌子上、书架上、地板上、睡床上、凳子上、窗台上、暖气片上比比皆是。家尊连走路、吃饭、睡觉都不得安闲。阮籍是曹魏时期的“竹林七贤”之一，他的《咏怀诗》是中国文学史上一部不容易理解的诗篇。从刘勰、钟嵘到沈德潜都认为阮公之诗“归趣难求”，“必求时事以实之，则凿矣”。然而，家尊看法与古人恰恰相反。《咏怀诗》第二十二首说得很明白：“谁言不可见？青鸟明我心。”家尊认为“青鸟”就是他的诗篇。这篇文章采用一些前人的研究成果，但更多的是家尊体察诗人当时的处境，对每一首诗结合具体的历史背景细加探索，做出了符合逻辑的意旨阐明。在此基础上，家尊还写了一篇代序性质的论文——《论〈咏怀诗〉是魏晋易代的史诗》。他认为，号称史诗的杜诗，其中直陈时事的不过占百分之五（杜诗共1405首，陈时事的只有75首）；

要是我们揭开《咏怀诗》中隐晦象征的厚幕，那显露出来、有关时事的作品就几乎占全部《咏怀诗》的三分之二。这样看来问题就变得非常明晰了。于是家尊将魏晋易代详细史实与阮诗的具体内容相照应，令人信服地得出了这样的结论：《咏怀诗》的大部分内容是采用比兴的手法，真实地反映了当时动荡的社会现象，称它为史诗是站得住脚的。同时，家尊对《咏怀诗》中抒发的思想感情和宣扬的人生哲学作了较为深刻的剖析。最后文章对《咏怀诗》比拟假托的手法进行了具体的诠释。该文因篇幅过长，连续在《兰州大学学报（社会科学版）》1963年第二期、1964年第一期和第二期刊发，但仅发表了一半。当时中国人民大学书报资料中心的复印资料《中国古代近代文学研究》立即予以转载，可见学术界是非常重视此文的。因为众所周知的原因，一直到1982年底，家尊的这篇论文才在《兰州大学学报（社会科学版）》发表完毕。此时，家尊已长眠地下半年了。一篇文章发表时间从开头到结束断断续续拖延了二十年，这是学者的悲剧，国家的悲剧，更是社会的悲剧。另外，家尊在1963年已作了研究王充《论衡》的计划方案，也因“四清”和文革付诸东流。

1964年，经中文系副主任刘让言先生介绍，家尊与数学力学系叶开沅先生相熟，遂成忘年之交。叶系著名科学家钱伟长先生高足，年不到三十便荣获国家自然科学成果三等奖。叶先生文理皆通，对古代戏曲有自己独到的见解。他曾携带洋洋数万言的论西安（浙江衢县）曲调的文章上门与家尊商讨，两人话语投机，相见恨晚。

家尊一直搞文学评论工作，但他试图完成一个角色转换，从食客变成厨师，也就是从文学评论者，变成文学创作者。从1960年开始，家尊就动笔写他几十万字的长篇小说《榴花烂漫开》。小说塑造了仲康这样一个大革命时期的年轻知识分子形象，描述他从家乡到上海，从领导农民运动到领导工人运动，最后壮烈牺牲的全过程。1965年，家尊将文稿寄到人民文学出版社，以后便石沉大海。1981年我经多方努力，将文稿要了回来。这部小说的确花费了家尊许多宝贵的时间和精力，但收效甚微。究其主要原因在于家尊欠缺形象思维的基因，语言表达也不够生动活泼，所以作品缺乏引人入胜的内容。当时写这部小说时，我曾劝说他“改弦更张”，但家尊比较自信，遂有如此结果。搞评论与搞创作是两种完全不同的思维方式，要实现这种角色转换，是多么不容易啊！

六

兰州大学是“文革”的重灾户。……一个从家尊学习多年的助教贴出大字报宣称，家尊的《阮籍〈咏怀诗〉探解》是借古讽今之作：文中的阮籍即为家尊，阮所刺的司马氏即为毛泽东。家尊一下子成了十恶不赦的“反革命”。至此，家尊左胸佩带白色标记，打入牛鬼蛇神队伍中，斯文扫地。在清理阶级队伍时，红卫兵又倒腾出家尊的地主成分问题，令他有口难辩。运动期间，他受尽各种迫害。当时我很怕他接受不了这残酷的现实而轻生。家尊除了接受批斗、强迫劳动外，还要接待许多全国各地来的外调人员。他们是非常难对付的一群，合他们口味的证词则可，不合口味，则拳脚相加。但家尊在高压下从不违心地写过丁点儿不符事实的证明材料，实在难能可贵。

1969年下半年，家尊总算被解放出来，他与中文系的师生一起下放到平凉柳湖公社劳动。尽管当时生活条件比较艰苦，但精神压力被解除了，心情还是愉快的。不久，最新的最高指示又下来了：“理科大学还是要办的。”看来大学文科前途暗淡，家尊讲课搞学术研究的愿望又落空了。此时有人提醒他何不退休回家？于是家尊向上级写了五次退休申请报告，终获批准，于1970年初回浙江养老。离别兰州时，他的心情是复杂的。在兰期间，家尊担任了《中国文学史》(魏晋南北朝部分）以及《中国戏曲史》《中国文学批评史》《文论选》《〈牡丹亭〉研究》《〈西厢记〉研究》《〈咏怀诗〉研究》《诗词格律》等课程的教学工作，写了上百万字的论文、讲稿和其他著作。在这片黄土地上留下了自己坚实的脚印。当然，家尊也吃尽了政治运动的苦头。他曾赋诗道：

研教兰州十六年，退休临别意拳拳。
非关碑碣无文字，只为匆忙略输笺。
陇水滔滔流不尽，祁连屹屹耐高寒。
多情最是雁滩柳，拂我征衣欲挽牵。

七

1970年3月5日，家尊终于回到生他养他的故乡浙江临海。掐指一算，“文革”以后他已有五年没有回家了，真是感慨系之！六十有八的家尊，两鬓斑白，俨然一位老者。刚返乡，他就大病了一场。当时林彪、四人帮淫威还在施展。临海当局将他弄到一个学习班里进行路线教育，幸好没有搞逼供信，总算勉强过了关。嗣后，家尊含饴弄孙，享受天伦之乐。除此之外，他就天天跑临海图书馆翻翻古籍。只是这里线装书无多，且不成规模，没法跟兰州大学图书馆相比，系统地搞学术研究便成奢望。有时与一些老友到近郊远足，诗词唱和，从中寻求晚年的生活情趣。他在七绝《南山殿晚归》中写道："登临日暮兴遄飞，啸罢天风露湿衣。未得梯云取明月，星辰聊带满头归。"字里行间表露了老人家对事业未竟的极度惆怅。七十二岁时，家尊只身上京访友，回程还登上黄山鬼见愁。期间，赵俪生先生从贵州息烽他大女儿处来信云："小弟日无所事事，上午赶场买菜，中午造饭，仅下午作中国思想史之研究。"家尊大屈不解：手头乏书，何能搞研究？

转眼间到了1976年10月，"四人帮"终于押进了秦城监狱。此时家尊还是一只惊弓之鸟。他偷偷对老母说："三点水揪出来了！"眉宇间透露出由衷的喜悦。

1977年9月，兰州大学中文系领导希望家尊来校继续发挥余热，承诺如有诸多不便，可派助手在北京、上海、杭州任选一地，搞汉代文选的研究与编写，一切经费问题由校方解决。可惜家尊当时年已七十有五，"廉颇老矣"，心有余而力不足，只能婉言推辞了。家尊真羡慕赵俪生先生，他比家尊少十四岁，正是大有作为的时光。1979年5月《新华文摘》转载报告文学《星蚀》，该文以非常生动的笔调赞扬了叶开沅先生在弹性力学方面的重要贡献，并以极为感人的文字描述了先生在"文革"期间的悲惨遭遇。家尊读后大受感动，遂成《金缕曲》一首送与叶先生：

> 东浙同乡土，隔苍山，云封峦岫，路途险阻。陇右相逢商曲调，谈笑风生眉宇。蓦地里，阴霾密布，比翼文鸾遭弹打。望苍穹，直坠真凄楚！思往事，泪如雨。
>
> 多行不义群情怒。四人帮，仓皇就逮，法庭惩处。黑狱沉冤终见日，除垢重磨铁杵。看膝下，芬芳兰杜。国势翻腾重振奋。想当年，硕果人欣慕。楼更上，迈高步。

1982年元旦，家尊的学生、中文系的陈进波先生来到了临海。这是家尊退休后惟一代表兰州大学校方来看望他的人。八十高寿的家尊是何等的高兴啊！他拄着拐杖将这位学生带到中山东湖观赏家乡的景色，留在家中询问兰州大学的近况。就连吃饭的时候，他们都有说不完的话，道不完的情。陈进波先生代表聂大江校长希望他老人家春暖花开的时候，偕同师母到兰州旧地重游，并作学术报告。家尊愉快地接受了邀请。

谁知三个月后，1982年4月7日他老人家得了急性胰腺炎，于11日12时永远离开了这个世界。他的床边，还摆着翻开的朱熹注的《易经本义》。家尊晚年一直致力于对《易经》的研究，写了大量笔记。我当时根本看不懂，就将它送给了赵俪生先生。家尊仙逝的噩耗一经发出，亲友门生唁电唁函便似雪片飞来。其中尤以杨伯峻先生的“吾与令尊大人文字之交久矣！惊闻哲人凋零，悲从天降。燕山浙水，何其迢迢！未能临棺执绋，深表歉仄”数语至为感人。送葬时，我含泪读了兰州大学聂大江校长和中国教育学会常务副会长林迪生先生的唁电。遵照先父遗嘱，我们没有花圈和挽幛，黑布的横幅上只写“一别千秋”四字，他的孙子越斌捧着祖父的遗像，和家人、亲属、好友一起走在摩肩接踵的街道上，送别这位生不逢时的学者。

当时我惟一的希求是将家尊的遗著整理出版。我写信给赵俪生先生，表示了自己的意愿。当时，除了赵先生外，应者盖寡。1986年底，我写信给时任广电部副部长的聂大江先生，希望他能给时任兰州大学校长胡之德先生打招呼，解决家尊遗著的出版问题。但胡校长出访异国，又将此事拖延下去了。《兰州大学学报（社会科学版）》在2000年第一期上刊登了吴景山先生的文章《兰州大学学报社会科学版的历史回顾及办刊特色》。其中以赵俪生先生和家尊为例，谈到学报将追求学术品位、刊登高质量的学术文章作为自己的首要任务。文章特别提到：“中文系老教授陈赓平先生在中国古代诗歌、戏剧、历史、语言文字以及思想文化等方面都有着较为深刻的研究。”同时，该文还介绍了家尊在《兰州大学学报（社会科学版）》上发表论文时的一些鲜为人知的曲折过程。——兰州大学没有忘记去世多年的家尊。

我看后大为振奋，马上购置电脑，将他的学术著作整理输入，足足花了一年多时间。完成此项工作后，我就与赵俪生先生取得了联系。当时先生年已八十有六。他不顾年迈多病、执笔维艰，应邀替家尊遗著撰序并题签。书序称家尊是“纯而又纯的学者”。此言出自肺腑，极为中肯。题签笔力苍劲，为人称道，绝非耄耋之年所能为。我又分头给兰州大学当时的校长李发伸先生、全国人大常委聂大江先生、中文系陈进波先生写了信。在他们的共同努力下，学术著作《金城集》在纪念家尊百年诞辰的日子里，终于付梓成册。我手握着这本书告慰家尊在天之灵：老人家的遗文已在兰州大学出版社正式出版了，您应该含笑于九泉。

2003年2月26日家尊百年诞辰

（本文有删节）

张维先生学术述略

——《还读我书楼文存》序

王希隆

2009年是近代陇上著名学者张维先生诞辰120周年。先生年二十一，以拔贡赴京朝考，授学部书记官，自此从政，服官凡四十载，颇有政声。然性喜文史，工诗善文，尤于史学造诣非凡。数十年间勤于治学，笔耕未辍，著作之多，成就之大，居近代陇右学者之首。曾三度受聘于兰州大学，即兰州中山大学、甘肃学院及国立兰州大学等时期，任史学教授，讲授“史学通论”、“方志衡义”、“中国史籍通论”等课程，传授研究心得，是兰州大学历史学的开创者之一，也是兰州大学兼职最久的历史学教授之一。顾颉刚先生阅其史学著作，叹曰：“以一人之身，六十之年，当扰攘之世，而有如此之卷帙，许大之志愿，可谓豪杰之士。观其所出版者，皆切实不苟，精力贯注……予游西北，所接读书人不多，乃有此博雅之才，洵出人意外矣。”[1]

遗憾的是，先生逝世较早，其著作大多未能付梓。今其诗作仅存一、二稿本；文稿二百余册多已散佚无存；成就最巨之史学著作仅刊行数种，诸稿本散存各处，尘封多年。值先生诞辰之际，我们查阅了甘肃省图书馆西北历史文献部收藏的部分稿本，从中选取诗94首、文56篇、行记2种、史学著作3种，整理点校。此外，又选录了先生哲嗣令瑄先生关于其父著作提要和兰州故居等遗作，合为一集，以先生书室“还读我书楼”为名出版，旨在纪念这位近代著名的学者，并使世人了解他的学识、思想、成就与造诣[①]。

一、身世事略

先生名维，又名国钧[②]，字维之，号鸿汀，又曾署名“南野”。1890年1月16日（清光绪十五年十二月二十六日）出生于甘肃狄道州（今临洮县）西乡麻山村（今属康乐县）。

先世原居关中，明隆庆朝徙居晋南曲沃。清乾隆朝，高祖子固公自曲沃来陇上经商，卜居狄道州西乡麻山村。祖父锡龄公，字梦九，咸丰朝诸生。同治动乱，河湟兵燹，狄道四乡百姓入州城避乱，与友人蓝峻亭等集乡团固守。城破，曾祖功一公、曾祖母张氏及家族三十余人皆罹难。裹创溃围出走，辗转投提督范铭军营参戎幕，积功至直隶州衔知县。乱平后，无意仕进，归乡设帐，教授经史，著有《友鹤轩诗文集》等。1901年（光绪二十七年）卒，年六十三。父致堂公，名明远，光绪丁酉举人，四川候铨知县，选任盐场大使，供职成都，有政声。1910年（宣统二年），弃职归乡，研治地方史志，又倡修德远渠，引洮水溉田，乡民颂其功德，卒年九十五。著有《清节堂论学集》《鹤云山房诗文集》《华阳忆旧录》《燕晋行纪》《熙州故事》等。先生为长子，有缙、绩二弟。

先生出身耕读之家，多受祖、父熏陶，自幼嗜读诗书。助母厨下，一手拉风箱烧火，另一手犹展卷颂读。致堂公亲为授业，继受业于临洮名塾师郑庭兰，李镜清[③]即其同门学长。年十三，州试第一名，为兰州府学廪生，旋入甘肃优级师范学堂。1909年（宣统元年），考取甘肃拔贡第三名。次年春，赴京朝考，试于礼部，复试于保和殿，列二等第五名。引见养心殿，授学部书记官，供职普通司。京师为政治文化中心，新潮迭起，思想深受影响，对时局多有己见。辛亥革命爆发前后，已加入同盟会，返回家乡倡组狄道州议会，响应共和，在甘肃诸县中为最早。又与地方人士

---

①本文系笔者整理先生著述过程中写成的，文章所出现引文未标出处者，皆引自未刊布之文稿。

②“国钧”一名为其清末民初时使用，凡赴京朝考，国会众议院议员注册，以及在北京、上海等地发表政论文，为他人之书作序，多署此名。1919年（民国八年）返回甘肃后不再用此名。张国钧即张维，多不为世人所知。

③ 李镜清（1871-1912），字鉴亭，籍临洮。光绪二十三年（1897）拔贡，朝考一等，分授四川蒲江知县，累官至云南巡警道、奉天巡防统领。1912年（民国元年）初返乡，被推为甘肃省临时议会议长。同年夏，被刺杀于临洮家中。

共创《甘肃民报》，并任《大河日报》《政文报》主笔。1913年（民国二年），被选为首届国会众议院议员，赴京供职。首届国会中有甘肃籍众议员14人，其中，隶国民党①者7位，先生为其中之一②[2]584-585。是年秋，袁世凯下令解散国民党，取消国民党籍议员之资格，出动军警，追缴党证。先生脱难后留居京师，读书治学，后被迫返回家乡。1916年（民国五年），袁世凯死，国会恢复，复任众议院议员。次年夏，张勋复辟，先生避走上海，拜会了孙中山先生。同年，广州军政府成立，护法国会众议院甘肃议员名录中列有先生之名[3]159。但因大病未能南下，愈后回到北京。

1919年（民国八年）返回甘肃，自此服务于家乡。先任督军省长公署秘书长。1922年，被选为第三届甘肃省议会议长。1923年，任政务厅长。1925年至1927年，任甘凉道尹[3]312-313，又曾任财政厅长。1928年（民国十七年），任省政府顾问，兼省图书馆馆长、甘肃通志局协纂，同时受聘兰州中山大学文史系教授。1930年至1931年，任建设厅长，又兼任甘边青海屯垦使。1931年至1939年任省政府委员[3]918-921。期间，曾倡设甘肃银行，兼任总理，主张省财政公开，主持编制年经费收支预算；并建议当局修建陇海铁路西段及包兰公路，开采玉门油矿，送甘肃学生出国留学及设立大学、图书馆、平民教养院。1939年后，任第一、二届甘肃省参议会议长先后达十年之久。同年，由邵力子、张继、于右任三人介绍，重新参加中国国民党，直接选为中央执行委员。期间，受聘甘肃学院，讲授史地之学。1946年（民国三十五年）后，两次被选为国民代表大会代表，赴南京参加国大会议，并被聘为国立兰州大学、西北师范学院特约教授，甘宁青文官高等考试典试委员，兼任甘肃省党部主任委员。1948年，辞职家居，曾致函邵力子、张治中，拥护和平谈判主张。1949年初，拒绝国民党政府派专机接其南迁。8月，兰州解放，奉命至军管会报到，王震将军嘱其参加学习，改造思想。1950年4月，因脑溢血逝世于兰州寓所。

先生有良好的家学渊源，又得名师教授，青少年时期即已奠定了坚实的国学基础。清末民初，任学部书记官、国会议员，在京居住近十年。时当新、旧学交替转型之际，公务之余，饱览京师各图书馆藏书，与当时著

① 1912年（民国元年）2月，清帝逊位，共和告成。3月，袁世凯就任大总统。8月，中国同盟会联合统一共和党、国民共进会等党派团体组成国民党。此国民党与同盟会、中华革命党同为中国国民党之前身。

②先生在众议院登记名册中使用“张国钧”一名。

名学者时相往来，学问复大进。1933年（民国二十二年），为编纂省志，赴北京及东南各省图书馆访书，被选为中国国学会理事，受聘国史馆顾问。四十年间，虽公务未得歇肩，而以治学为根本，每日读书数卷，未曾间歇。其《抒怀诗》云："我生无所好，所好惟读书。兀兀穷日夜，终年苦不足。上希马与班，下亦希方吴"。自述读书治学观念云：

宣统己酉年，我考中了拔贡，到北京学部任职三年多。接触到许多新旧学者，他们都有丰富的知识和经验，可以随时请益，而学部又有个大图书馆，使我得到很大的收获。辛亥革命后，我在北京作国会议员，先后十年。除认真研究议案而外，特别注意于法制制度，而主要时间还是读书。直到年老，每天必需要读一百页至一百五十页书，这已成习惯。平生阅读，约有七万卷。幼时读书，最无兴趣的是《易经》，虽然能记诵读解，但很快地又忘了。我的祖父和父亲，都是治史学的，在我幼读时，就训以《通鉴》大义，又常讲述他们经过的许多乱离和困难，使我在孩提时，就中了"天下兴亡，匹夫有责"的影响。在上学时，最感兴趣的是《诗经》和《左传》，作文应试，都运用它。甚至和同学叙谈，也常以此为资料。我初读王船山、黄梨洲、顾亭林诸先生著作时，就有一种特异的感觉。到北京后，读到其全集，又经前辈讲解，觉到欣快异常。我曾长期效力于研读他们的道德文章和经济之学。我读书四十多年的治学观念，就是明事理，求实用。

先生服务家乡，卓有政声，但以治学为根本，于诗、文皆有造诣，尤于史学著述最多，贡献最大。韩定山《张鸿汀先生事略》云：

辛壬之际，先生年富气锐，颇欲奋志事功，与时贤相先后。及迭经变故，知军阀政权之不可与有为，而建设国家之人才，必有赖于教育。乃议设立兰州大学，西北农专、西北医学院、兽医学院及各县专科学校，复力主迁西北师范学院于兰州，保送国内外留学生，设立西北图书馆、甘肃科学馆、敦煌艺术所。其任省图书馆长时，为置图书数万册，并辑刊藏书目录。而长通志馆、文献馆者二十年。又以陇地素瘠，欲改善国民生计，当先兴水利，大启农、林、路、矿之利，故于玉门石油之探采，各地河渠之疏修，公路、铁路之兴建，皆多所倡议，以格于时势，尽不能如愿。乃复欲倾平生之所肆习，所蕴蓄，奋力述作，著为陇右水利、财赋、政事、民族、舆地诸录，以与世所共见。先生四长省议会，为时十二年，以至公至正之态度，于民生疾苦，如迭请减免人民摊派、差徭及地方积弊，减少壮丁征额多至一万九千人。诸大端无不竭尽心力，与当道者争执之。尤以请减一百二十万石之田赋征额为七十五万石，与执事者论证古今，舌敝唇焦，坚持力争，经年余而始得定案，人皆以为难。然先生则自谓此皆不足以述其平生，而可以传世者，厥惟史学云①。

但先生之著作生前仅印行数部，其余为稿本、抄本；又将拟撰之著作列目，汇集资料，欲编修成书。曾语其哲嗣令瑄先生，欲在60岁之后，将已成之著作逐一订补刊行，拟撰之著作按目编修成书。自述云：

我觉得学无止境，所以计划在六十岁以前，不著书，因为自觉见解还浅，当然并不是六十岁以后学识就满足了。这是因为年龄大了，再不写作，恐怕以后精力有限，不能完成对平生所学的记述。我已印行的拙作，大部分是初稿，希望就正于傅雅，以便定稿时，籍作改进。

但事与愿违，1949年，刚刚进入花甲之年，先生即已有不虞之感。自撰《六十自述》中颇有表露：

吾在通志馆七年，其时戎马倥偬，经费极少，吾昕夕治书，常至夜分。自己采访，自己编录，时致目眩胸胀，历经辛劳。其后三年，全尽义务，终得完成志稿。其起例发凡，且获海内通人赞许。惟内容材料，仍未能全无遗憾，故常欲继续研究，以期完成此巨大典册。吾一生勤学，涉猎群籍达七万余卷；拟著之书，材料搜集者有四十余种。今以病废，使数十年辛苦，俱付诸梦幻，使关陇少一博学者之表现，殊为大憾。吾于文史、方志，致力颇深，自信略有成就，而已写成书者甚少。近于病中连日手订《金石录》、《著作录》及《丛书》目录，宜待机刊行。《陇右金石录》全文博大精通，确为可传之书，如能合编出版，供献于社会，才不枉辛苦十余年。其余拟著有：《陇右水利录》、《财赋录》、《霸国录》、《耆旧录》、《边事录》，诸书皆为前此未有，后学必需，今俱付之一叹。西北学者不多，而我仅仅成就如

①参见《中国西北地方文献丛书》第76册348页。

此，真可惜也。

一般来说，学者进入花甲之年，学术研究也同时进入了升华时期，如有稳定的生活工作条件，可总结整理研究成就，进而推出集大成之成果。惜乎！翌年4月，先生忽已谢世。

先生逝世之后，家人从贤后街寓所搬出，几经迁徙，家藏七万余册图书散失殆尽。据令瑄先生记，由其经手将图书资料、书画文物五万余件、册及手稿三大箱约一千二百八十余件先后捐赠各图书馆[4]。又，令瑄先生生前曾与笔者云："文革"动乱伊始，力行新村寓所尚存有部分手稿、字画、文物，因目睹红卫兵四处抄家，恐为所毁，急借隔壁煤厂板车，装运至马家坡省图书馆西北历史文献部，倾倒于院内，往返两次，方终其事。先生之部分遗稿未遭劫难，令瑄先生与省图书馆当时之工作人员功不可没！此亦为省图书馆收藏先生主要遗稿及字画之由来。

二、诗作

先生工诗，善五言、七言、长歌诸体，构思缜密，研练精切，造诣很高。其同年故友蜀中诗人曹纕蘅（经沅）评曰："近体私剑南、简斋，古体取法杜、韩"。甘肃学者韩定山赞云："造诣实已上追古人"。但其作品多为青年时期所成，且多不示人，中年后则专心史学，很少为诗。自云："诗非研炼不工，研炼则一诗之成，往往涉历时日，妨及他业，故弗为也"。因此，海内知其能诗者不多，得读其诗者更少。

现存先生诗作，有《南野诗稿》稿本1册，存于甘肃省图书馆西北历史文献部，为先生及其长子令琦先生亲笔录成，分《砥庐诗草》58首，《砥庐逸稿》15首，《南野新诗》18首，另有《还读我书楼铭辞辑存》15篇①。《南野诗稿》稿本目次后有"还读我书楼诗集目次终"字样，可知该诗集拟定名为《还读我书楼诗集》。这从令瑄先生著有《还读我书楼诗集校读记》可以得到证实，《校读记》稿本今亦存于甘肃省图书馆西北历史文献部。

铭辞介于诗、文之间，列入诗作亦无不妥，但先生尚有碑文、墓志、祭文之作，文体略同，因此，我们将《南野诗稿》中《还读我书楼铭辞辑

①先生在京师任职期间名其城西居所为"砥庐"，"南野"为先生在蜀中自号，"还读我书楼"则是先生在兰州贤后街居所后院读书藏书楼。

存》15篇列入文类。这样一来，《南野诗稿》中先生之诗作计91首，其中，《砥庐诗草》58首，《砥庐逸稿》15首，计73首，是清末民初之作品，1920年（民国九年）检选录存，自序云：

> 比东走京师，北绝套漠，西出居延，裒然有诗百数十首，不自知其陋也。十年来，风尘奔走，久废此事。今夏捡家中旧书，得旧作一册，稍取其成语者录存之，余则付之一炬。夫焚诗诚快事也，然而不能尽焚者，述行踪、志幼业也。

同时之《录焚余诗竟自题》有句云："焚诗尚有未焚存，旧句长驰游子魂"。据此可知这73首检选录存的诗作不过是原存诗作之一半而已，也可见先生对自己诗作要求之高，存录这部分诗作的目的在于"述行踪，志幼业"，重视其实际意义。《南野新诗》18首则是1926年（民国十五年）以后所作。另外，在点校《游燕日记》时，我们发现其中尚有未录之诗作2首。总计，现存先生诗作共93首。

先生为诗，长于怀古咏志，抒情山水，记述行踪，叙事言情。如宣统二年所作七言《金石峡怀古》：

> 金石峡里高平路，遥天云横斜日暮。
> 千年战骨尽寒灰，款款轻风吹柳树。

民国元年所作七言《阿干沟夜行》：

> 空山夜夜古鸮鸣，况复孤身仗剑行。
> 渔火星星燐碧碧，风声树树水泙泙。
> 幽花野草莽无际，明月关山此夕征。
> 心事亦与轮辗转，须眉如故愧吾生。

前一首记述夕阳西下时行经金石峡山路，刻画清风拂动柳树之自然风光，抒发思古幽情；后一首则记其深夜行于阿干深山沟中，于写景中抒发感慨志向。使读者有身临其境之感，而韵调和谐，典雅质朴，无斧凿之痕，给人以清新自然的感受。这类作品尚有《瓦亭怀古》《温泉》《鸿门》《华阴道行》《渡渭》《峡石驿》《出塞行》《昭君墓》《自题塞外游记后》《摩云岭遇雨》《龙口驿》《雨后过镇羌驿》《过庄浪满城》《杨贵妃墓》《苏子卿墓》《凤翔东湖》《蜂窝寺》《松鸣岩》等，皆为一时佳作。

又如1911年（宣统三年）正月初一所作《辛亥元日偶成四首》。

其一：

仗剑归来意气豪，香风浮动紫罗袍。
寺钟敲破金门晓，腊鼓催残玉树高。
壮我待挥江淹笔，济时笑佩吕虔刀。
今年今日情何极，碧海晴天漾雪涛。

此诗为朝考得中，授官后告假省亲，与家人团聚之际所写。是年先生年二十二，金榜题名，衣锦还乡，春风得意，抒发豪气壮志之情溢于言表，为其抒情七言诗之代表作。此类佳作尚有《枕上偶成》《京师寄郑瑞青锦州二首》《中秋感怀》《病中偶成》《抒怀》等。

1911年（宣统三年）初，先生赴京供职，途经陕西华阴，道遇山东流民赴陕求食，得知流浪缘由，深有感慨，作五言长诗《华阴道行》：

我行华阴道，轻风吹衣裳。雄心频看剑，宝剑生辉光。
道旁云树合，穰穰走流氓。少者方怀抱，老者发已苍。
妇媪尽奔波，不得理晨妆。支石以为炊，煮米只成浆。
不闻有言语，但见意仓皇。启口一相问，未语泪浪浪。
自言流离者，家居在莱阳。亦有中人资，温饱田舍郎。
忽然说立宪，政令乱弛张。郡国谋自治，村落筑学堂。
强言兴工艺，随地要蚕桑。事事须筹款，摊捐势莫当。
官府飞一纸，胥役如虎狼。民力亦已竭，那能复挪搪。
弱者转沟壑，壮者散四方。夙闻秦中好，千里赴裹粮。
不愿富与贵，只求免饥荒。我闻长太息，心骨悲且怆。
天地何寥寥，宇宙何茫茫。长安多贵宅，居处若天堂。
谦客罗珍错，酾酒烹羔羊。侍从纷如云，姬妇郁金香。
訑訑驰车马，趾高气何扬。哀我此黎茕，不得少安康。
天涯系奔走，何处是乐乡。感此伤我心，中夜为彷徨。
东山有霖雨，几处植甘棠。

此诗仿杜甫三吏三别五言叙事体裁，细致地刻画了关中道途亲见亲闻之事实，记述了清末政令离乱弛张，筹款摊捐，胥吏催逼，民不聊生，离乡背井，四处求食以及西安城中高官富家的奢侈生活情形，表现其同情贫穷百姓、忧念时局及触目伤感之心情，为其五言叙事诗之代表作。此类叙事诗尚有《归陇寄郑瑞青沈阳》《过英豪镇》《送刘建侯》《丙寅夏自陇之蜀》等。

1918年（民国三年）秋，在故乡临洮岳麓山超然台作《登超然台歌》[①]，为其仅存之长歌：

去年今日滞都门，杀声战鼓销人魂。今年今日在故乡，冷风凄雨断人肠。

等是人生不适意，他乡故乡关何事。今朝有酒今朝醉，人世浮云安足记。

我来岳麓山，独上超然台，古塔三十丈，传是凤飞来。

凤凰何时飞天外，台上梧桐青如盖。况是兵燹几曾经，莽莽大地半羶腥。

但见古庙斜攲破西东，一川烟火万树红，细草蒙茸没径路，荆棘丛中走鹿兔。又见万山聚头如相语，或如揖让或如举，中有壁立峰最高，众山伏俛如儿曹。忆昔秦穆未霸西戎十二国，邽貆狄冀皆戎域。

忽忽二千五百三十六年间，而我今日登此山。

古今苍茫一杯酒，山前空见烟云走。

君不见，椒山血流燕市头，钤山东楼亦已休；兑谿为政民所怿，至今犹存庐州石。又不见，松崖老人诗家雄，松花已凋谢，诗声千载光熊熊。

超然台，感何多，停杯不饮且高歌。古来谁击黄河楫，今世谁返鲁阳戈。

丈夫意气凌天下，时命穷通安在也。年年登高过重阳，坐见洮水流大野。

野寺钟声声悠悠，似催游人归去休。人去此台千古在，长留此诗共山黛。

此长歌原稿题名“九日登超然台歌”，应为1914年（民国三年）九月九日。先一年秋季，袁世凯以国民党议员与“二次革命”有牵连，下令解散国民党，派军警连夜追缴国民党议员之证书、徽章，先生自内蒙草地返回家乡。先生在京被军警追缴党证时饱受惊吓，“去年今日滞都门，杀声

①《还读我书楼诗集校读记》注：“台在临洮县东岳麓山，宋时知熙州蒋之奇建，明杨椒山谪官狄道时建超然书院。”

战鼓销人魂”，正是当时之写照。“冷风凄雨断人肠”，“人世浮云安足记”“椒山血流燕市头，铃山东楼亦已休”等句，反映出先生在此种时局中情绪之变化。睹景思古，发“古来谁击黄河楫，今世谁返鲁阳戈”之感慨，忧国忧民之情于此可见。这是了解先生民国初年思想状况的重要作品之一。

先生读书，每有见解与感想，或作诗或作读后记记之。如《读鬼谷子》一诗：

鬼谷曾著书，群鬼为夜哭。得势弱可强，失道众亦独。
灌城决万顷，撑天树一木。机藏毫厘微，发等风雷速。
战国若瓜分，中原争逐鹿。所以苏张辈，得列钟鼎族。
位高身仍危，言出祸已伏。术既有时穷，人乃不能禄。
七术终茫茫，千秋尚蹙蹙。何如法圣功，百姓修和睦。

此诗以鬼谷十三篇谋略神秘无测，苏秦、张仪辈，得其术，逞其能，纵横捭阖，取信国君，位极人臣。但取非正道，故“位高身仍危，言出祸已伏”，术穷则身危。“何如法圣功，百姓修和睦”，则体现出先生之政治主张及其正统思想。同类诗作尚有《读管子》《读韩非子》《读荀子》《读列子》《读淮南子》《读墨子》等，都极其精炼地概括要旨，并提出自己的见解与主张。

三、政论文、读书记、碑铭文、行记等

先生善为文，所撰政论文、信札、读书记、铭辞、碑文、墓志、祭文等，雄健高雅，文采焕然。为政四十年间，辑有各类文二百余册。其《六十自述》云：

吾服务乡里四十余年，每与朋辈往还，或探讨学问，或商榷政务，公牍私函每月常至数册。尝请僚友就其中有关地方事务者，装订存之，留备稽查，计之约至二百余册。第以多次迁居，殆半失散，甚至有流落外地，朋友购得而见昧者，可为一笑。此固为簿书末艺，不足一顾者，然百十年之后，或有发现其片段散页，未尝不可为一时之谈助也。

据此可知，此二百余册在20世纪40年代末期即已殆半失散，流落各

处。据令瑄先生记，当时分类成册题名者有《还读我书楼文集》四卷，《家书》四卷，《笺牍》二十卷，《阿阳杂俎》一卷，《大都存稿》一卷，《四五文课》一卷，《〈大河报〉论文集》一卷，《〈政闻报〉论文集》一卷，《〈金城周报〉社论集》一卷，《还读我书楼论学集》四卷，《还读我书楼政闻录》二十卷，《目耕识小录》二十四卷，《砥庐语丛》二卷，《还读我书楼笺存》三十卷等，现多已散佚。近闻省图书馆尚发现先生致马子寅（马鸿宾）信札数封，题有“还读我书楼尺牍”字样。

收入本书的是收藏于甘肃省图书馆文献部的《砥庐论文辑存》《砥庐政论文存》两册稿本，前册为先生亲笔，后册为令瑄先生录就。除却两册之重复录文外，我们选取了34篇，包括政论文、信札、读书记等；另收有铭辞15篇，方志校读记1篇，碑文、墓志、祭文等6篇，行记二种。虽数量不多，但多为尘封数十年以至近百年之文稿，弥足珍贵。

（一）政论、信札

1911年（宣统三年）春，先生省亲后返回京师供职学部。时，清朝废军机处、旧内阁，成立新内阁，庆亲王弈劻出任内阁总理大臣，发表施政演说。先生以此演说内容空泛，深感失望，撰《书内阁总理大臣演说后》一文，评此演说：“轻朝廷而羞当世之士，莫甚于此……夫中国内阁成立之始，其所宣布之政策乃竟如是也！”感慨“夫以四千年专制相沿之中国，因世变之迁流，迫外辱之陵夷，发愤自强，宣告立宪。又经当世之志士仁人，奔走号呼，流汗相厉，以要求缩短区区之年限，始成有今日内阁之现象。今乃如此，不亦恧乎？且吾尤恐见笑于外人也！”对清廷失望之意溢于言表。6月，又撰《铁路国有说》，针对保路运动朝野各方之不同意见，独辟蹊径，提出以四国借款，移作修筑边防各省铁路工程之费用，以加强蒙古、新疆、西康、西藏之边防，加强边疆建设之思想于此可见。7月，又撰《拟参邮传部大臣盛宣怀折》，越职上书，弹劾邮传大臣盛宣怀违背宪政，以江汉财产为抵押，借用外债，误国误民，关注政局忧国忧民之情溢于言表。

辛亥革命爆发，京师震动，先生经绥远、宁夏返回家乡。不数月，南北议和，清帝逊位，先生撰《中华革命之际日表序》，将此次革命与法、美诸国革命相比，认为：“四月之间，遂以成功，文明程度，较各国有过之无不及”。1912年（民国元年）夏，甘肃布政司委其赴河西查勘烟苗种植情况，途中撰《致甘肃布政司》等。在酒泉又撰《致狄道州议会书》，倡导创办临洮州议会，提出秩序务必严肃、关注地方行政、以地方利益为重化解成见等三点议会精神。1913年（民国二年）初夏，奉省署令查勘荒地盐务，撰《宁夏道属各县荒地盐务勘查书》。同年，赴京任国会参议院议员。在京前后7年，于审阅提案之余，为上海、甘肃等地各报撰写政论文，并与各政要、地方机构信札往来，提出政见、建议。今存政论文有1913年（民国二年）夏撰成之《中国之现在》，感慨共和告成虽已一年，而外交、军政、内务、司法、教育、财政、边务皆失，国家处于无学术、无秩序、无法律之状况，指出："今者旧学已亡，新学未成，拾西人之唾余而髦弁旧说者有之，守陈说之迂腐而反对新学者有之。"指出："大借款也，宋案也，逮捕参议员也，军警违法也，皆违背约法之行为，即违背宪法之行为。然而政府悍然为之不顾也……中央如此，地方效尤"。又作《借款平议》，指斥借款之举为"剜肉补疮，饮鸩止渴，伤心之事，庸过于此"。

与此同时，先生也不断关注共和告成后家乡甘肃的政治局面与经济状况。撰《弹劾甘肃巡警道致大总统质询书》。又在上海《民力报》发表《甘肃省议会议长李镜清冤沉海底》一文，揭露甘督赵惟熙压制民主，破坏议会，怂恿地方军人杀害省临时议会议长李镜清。1916年（民国五年）秋，先生闻财政部派员赴各省调查，致书殷铸夫次长，直陈甘肃财政问题，指出：

> 甘肃在前清向为受协饷省份，每年协款多至一百四十余万两。光宣之末，至者数十万耳。收支之不敷，惟籍本省厘税整顿增加，以为之弥补。共和肇建，绿营尽撤，出款既略减少。而田骏丰为财政司长时，整理官银钱号，创设皮毛公行，提取各县陋规，规包各县杂税，于是甘肃财政略有头绪之可言。然而禁烟罚款，贻多人之口实；验收契税，侵国家之收入。是故烟毒为害至今，而财政部验契章程施行，遂加吾民以二次之负担。然其救济一时，出入相抵，其功亦不可没也。民国三、四年以来，五项新税，杂然并出，各色包捐，名目繁琐，官吏多剥削之人，包商争锱铢之利，收入虽多，民生日敝。

先生因此建议财政部"证之以调查，去其繁苛，划其制度，以苏民困，以济财政"。此外，《致秦文钦县长》《致王任之同年》《复大河报杨鸿仙》《复刘升安同年》《致马云亭军使》《与秦文卿》《与黄中天、赵仲育》

《致某君》《复阎庆皆》《复梁炜安》《与宁夏镇使马子寅论甘肃银行事》《与司徒仲实》《致黎元洪》等信札、电文，也都反映出先生对当时全国政局、甘肃事务之关注及其忧国忧民之情。

（二）铭辞、碑文、墓志、祭文

先生具有坚实的国学功底，撰写铭辞、碑文、墓志、祭文为其所长。《还读我书楼铭辞辑存》中收有铭辞15篇，包括祝词、颂词、诔辞、挽联等。1913年（民国十二年）撰祝词《题〈金城周报〉》，强调办报之宗旨，云：

> 吾视天下，如沸如汤。民情可见，民口勿防。孰为民口？大报载扬。号呼疾苦，忧心用伤。善善恶恙，是辅是匡。民困苏矣，大报之光。盼哉夫子，永久无疆。

1945年（民国三十四年）撰祝词《祝农民节》，强调抗战期间后方民众发展农业，增加生产，支援前方将士之重要性，云：

> 神州沃土，大利惟农。我耕我种，我食斯丰。五千年来，安内攘外。挽粟飞刍，孰不斯赖。岛夷陆梁，大张天讨。铁血为城，稼穑为宝。方事之殷，所重惟食。何以阜之，我劝我力。健我组织，启我智能。增我生产，助我中兴。矧兹秦凉，后方重镇。抗战建国，我责我尽。芸芸农友，国之战士。年计在春，勖哉无俟。

先生所撰碑文、墓志、祭文可分为两类：一类为纪念地方贤达先正，另一类则为纪念自己的亲人。

前一类以《国民政府委员、蒙藏委员会委员长马公云亭纪念碑文》最为著名。马福祥为甘肃临夏人，清末武举，随其兄马福禄在北京抗击八国联军，累擢至记名提督实授巴里坤镇总兵。民国年间任宁夏护军使兼宁夏将军、绥远都统、国民政府军事委员会委员、国民政府委员、青岛市长、安徽省政府主席、蒙藏委员会委员长等职，为当时职位最高且有政声之甘肃籍官员。此文为应马福祥之部属、国民政府委员马麟之请，于1940年（民国二十九年）撰成。由国民政府监察院院长于右任草书书丹，甘肃省政府顾问廖元佶书额。先生善文，于右任善草书，廖元佶善楷书，故此碑号称“三绝”之碑。

又应曾任甘肃省政府主席的马鸿宾之请，为其父马福禄撰《清授振武将军记名总兵临夏马公寿三纪念碑碑文》。马福禄为清末武进士，庚子之役率子弟兵血战正阳门，以身殉国。此碑文开宗明义，记撰文之缘由云：

秦凉之地，居中国西陲，其民俗劲武好义，忠臣良将时出其间。而有清末造，外夷侵凌，时则临夏马公寿三，以统领驻兵京畿，率所部与敌血战正阳门，慷慨殉国，不爱其死。时余年未十岁，初从师读书，闻其事，已知敬仰其为人。及后传叙陇右人物，自伏羲迄于清末，上下五千年，得四百三十余人，独于马公忠烈大节，申以论述，以为吾陇民族之光。自信为天下之公言，非敢以乡党而稍有虚词也。顾当时拘于文法，旌褒既所不及，记述之作，久亦未刻于石。越五十有一年，公之子西北军政副长官子寅，伐石树碑，将以光昭先德，使来属维为文。维与子寅，数更患难，以道义相契日久，虽至谫陋，义所不敢辞。

此碑文约二千字左右，记马福禄事迹甚详，而《清史稿》卷459《忠义九·马福禄传》不过六百字左右。但撰成后未及镌碑。原稿分碑文、铭辞两部分，现铭辞部分最后一页已佚，候有心人搜补之。

先生为其家人所撰主要有《王考府君梦九墓表》《先考致堂公行状》《祭妻郑夫人文》《先室郑夫人墓志铭》四通，皆为稿文。前二通述其祖、父事迹，为了解其家族历史的重要依据。后二通则是为悼念其夫人郑纕书女士所撰。郑夫人即其塾师郑庭兰之女、同窗好友郑瑞卿之姊，与先生伉俪情深三十余年，1940年（民国二十九年）病卒。祭文、墓志铭述其行状甚详，表怀念之词语婉转哀切，“七日之前，尚与君语，今我在兹，君在何所？”“淑吾有兹嘉配兮，佐吾年兮卅五……伤逝者之不可复作兮，泪临穴而如雨”等句，可知先生当时怀念之深，悲痛之极。

（三）读书记、校读记等

先生一生惟好读书，且对所读之书多有独到之见解，撰读书记甚多。收入本书的有《读〈史记〉书后》《读〈汉书〉书后》《读〈后汉书〉书后》《读〈三国志〉书后》《学说》及《〈重修肃州新志〉校读记》等，是了解其史学思想的重要依据。详见后列史学部分。

（四）行记

先生生前每有出行，必每日撰行记记述沿途山川道里、风土人情、所见所闻、交往活动等。据令瑄先生记，先生所撰行记有《游燕日记》一卷，《辽东记程》一卷，《壬子河西居延考察记》二卷，《辛亥塞北行记》一卷，《吴越记行》一卷，《戊辰河州行记》一卷，《庚辰河西考古日记》一卷，《临洮访古记》一卷，《秦陇访碑记行》一卷等，现多已散佚。今仅存《游燕日记》及《砥庐行记》两册。

1.《游燕日记》。1909年（宣统元年），先生考取甘肃第三名拔贡，次年春，赴京朝考，得中二等第五名，授学部书记官，入冬后请假省亲，于年底返回家中。此行几乎每日都有日记，凡途中涉足山水名胜，京师所见所闻，学部、保和殿考试经过，以及途中即兴所作怀古诗文，皆按日记于其中，全文共八千余字，题名《游燕日记》。此日记是今天所见其青年时期的第一部著作，内容涉及诸多方面，对于了解当时之思想、兴趣、学识，以及清末科举制度变革之后的考试制度、应试科目、铨选制度等，都具有重要意义。该稿本自完成至今已历百年之久，现存于甘肃省图书馆历史文献部，为完整之孤本，弥足珍贵。惟因系行途中所记，部分连笔草书字辨识甚难，点校殊不易。

2.《砥庐行记》。包括《戊辰使河日记》《秦陇访碑记》《临洮访古日记》三种，稿本现存甘肃省图书馆西北历史文献部，据笔者识别，应为令瑄先生亲笔录稿。

《戊辰使河日记》，1928年（民国十七年）马仲英发动河湟事变，先生受甘肃省政府主席刘郁芬委托，与地方士绅赴河州（今临夏）宣慰调解。此行每日所记日记，录稿已残缺不全，只记10月27日出行，11月4日至永靖途中事，提到途中与邓隆、马鸿宾、魏鸿发、水梓、史彰等人会晤后分往各处及难民病疫事等。

《秦陇访碑记》则是1948年（民国三十七年）夏赴榆中、定西、通渭、秦安、天水、徽县、成县、静宁、隆德、平凉、固原等处访碑日记，因此时公路通畅，乘汽车而行，故记载途中事不多，惟记所见古碑甚详。

《临洮访古日记》为1938年（民国二十七年）3月先生返回临洮家中居住半月之日记，记在家乡每日活动及所访各处古碑事。

先生一生所撰出行日记甚多，惜甘肃省图书馆所存仅有以上二种。收入本书，编入文类，以期引起学界关注。

四、史学造诣及其成就

(一) 史识及对史料之重视

先生博览诸史，凡纪传、编年、政书诸体史书，无不通读，尤其重视阅读各地方志。但阅读史书并不局限于了解史实，辨别真伪，而是对所读史书成书之背景，体例之演变与创新，作者的立场及所处时代使之所受的局限性等方面，都有自己的认识和评述。在京任学部书记官时，曾撰有《读〈史记〉书后》《读〈汉书〉书后》《读（后汉书〉书后》《读〈三国志〉书后》四篇评论，对前四史之体例变化提出自己的认识。1910年（宣统二年）10月所撰之《读〈三国志〉书后》云：

> 自宋儒朱子编辑纲目而后，后之论史者，其于陈氏《三国志》攻之不遗余力，吹毛求疵，无所不至。呜呼！人情之可畏如此哉！不考其时，不究其详，惟哓哓之是务。陈氏生于晋，仕于晋（此处略有误。陈寿生于蜀，初仕于蜀，为观阁令史。蜀亡，复仕于晋——编者），自不得不以晋为正。而晋之所承实曹魏也，于是乎更不得不以曹氏为正。设身处地，谁能不尔？以此为言，不亦傎乎！且不观陈氏之书法乎？其于蜀也，则先主之；其于吴也，则孙权之；其于曹操，祇改称曹公，然则陈氏之意见矣！蜀志之末杨戏之传，借题发挥，网罗全史，魏吴不之有也，是岂非为马班之赞欤！其名命也，不曰“魏书”，而曰“三国”；不曰“国史”，而曰“国志”。国既平列，志以纪实，特为后世修南北朝五代史者开一先例，苟非识高千古，其孰能与于斯！既帝魏矣，自当寇蜀；既尊司马，自抑诸葛，故又曰诸葛入寇短于将略。凡若此者，皆可以一字尽之，曰时不同也。且夫史之所以为史者，非徒拾录事绩、传表人物已也，必也综一代制作之典，遗万世考稽之资。陈氏当三国后，典制纷歧，仅取各国名人，传其勋绩，自命以志，盖隐寄不敢以史自居之义。后之君子考其时代，读其著作，观其委曲婉转深自抆谦之忱，方将惜之谅之之不暇。乃以皮相之见，锱铢责备，陈氏有知，窃料其固笑而不受也。故夫《三国志》者，史之变也，其体例非可以寻常史书律之。即其文章，亦非寻常史书之所可拟其万一也。其为文也，简而赅，详而有体。前乎此者，班马无以过矣；后乎此者，惟欧阳永叔《五代史》差足颃颉，蔚宗且蔑

如也；其他魏晋诸史，虽以供覆瓿之用，盖亦未尝不可。尝读陈氏《三国志》，而敢为之断言曰："其体例，则史之变也，读之可以知识见之超；其文章，则天下之文章莫大乎是也，读之可以知文学之卓尚。"论陈氏者多矣，其能道及于兹者，亦寥寥也，故不得不辩。庚戌九月。

论《三国志》者，对陈寿微词颇多，或讥其过于简略，或责其回护曲笔。先生则指出陈寿以仕晋之背景，设身处地，不可能超越时代、转变立场而著书。并进而指出以三国平列，各自纪实的体例为纪传体史书的一大创新，"特为后世修南北朝五代史者开一先例"。赞云："《三国志》者，史之变也，其体例非可以寻常史书律之"。眼光之敏锐，史识之超凡脱俗，于此可见。撰此篇评论文时，先生年二十一，可知其青年时代即已着眼于中国古代纪传体史书体例的演变与发展问题，这为他以后从事史学研究奠定了坚实的基础。

先生治史，重视辨别史料之真伪，主张"引用史料，必须反复核实，记述分歧者，尤应慎重考稽，不宜轻作定论以免以讹传讹之误"。故其阅读史书，往往相互参证，以明正误。如1912年（民国元年）夏途经酒泉，读黄文炜主修、沈青崖撰之《重修肃州新志》，指出该书成书于清朝经略嘉峪关外之际，"故于屯田、兵防极尽详备。"而沈青崖，"曾修《陕西通志》，以史地学者名。故此志沿革、总叙，视旧志为厘整。"在肯定此志之价值的同时，指出该志亦有数处瑕疵：

如云："汉凉州刺史，本治陇西"，而《汉志》刺史治陇，非陇西也。又云："魏太延中，置西凉州，以乐平王丕守之"，而《魏书》丕守凉州，非西凉州，至西魏始置西凉州，后改甘州也。又云"汉之灵武，唐为灵州，乃今之宁夏。继迁窃据，又号兴州"，实则汉灵武在河西，唐州在河东，继迁之兴州即今宁夏，为汉灵武地，非唐州也。又云"酒泉古郡，张轨、李暠、沮渠蒙逊并都之"，而都酒泉者，实只李暠，轨与蒙逊均不都此也。山水多今古名并列：肃州之呼蚕、讨来、天仓，一水三见；安西之籍端、苏赖，沙州之氐置、党河，一水再见；《禹贡》黑水，久无可考，亦依旧说载之；苦峪古城，两见于柳沟、赤斤，而所言又略有不同。"凡例"既谓"今之安西，非唐安西"，而"艺文"仍多载唐人安西之诗。沙州名宦半载汉、唐西域将帅，而宋繇、令狐整、王若龛，皆两见于名宦人物，其疏误如此。自序以为草创粉本，盖谦词亦实录也。

这是途经酒泉读该方志时所作，若无博览群书之功底，焉能指出这些瑕疵。可见其平时读史书之精力贯注及实事求是之态度。

先生重视对基本史料的整理，甘肃省图书馆西北历史文献部今存有多册二十四史《陇右史料摭录》，据笔者辨认，其中不少为其亲笔。除却正史而外，先生独具慧眼，重视对金石文献的整理。民国年间，《陇右金石录》刊行，中央研究院函取10部，作为国际交换书籍。其《陇右金石录补·自序》云：

> 吾录陇右金石，非欲如世俗所云怀古谈往已也。乃欲以轶文旧事，佐助史乘所未备，而使读者得益明晓一方故实，与其因革损益之所由，以为将来人事措施之资鉴。

《陇右金石录》印行后，先生并未结束此项工作，凡出行必访碑录碑文，不断寻找新材料，补充增订，持续直至其逝世之前数天。这种实事求是全身心投入的治学精神，确非一般学者所能望其项背。

（二）对民国《甘肃通志稿》之贡献

《甘肃通志稿》是民国年间官修省志，此志分《舆地》《建置》《民族》《民政》《财赋》《教育》《军政》《交通》《外交》《职官》《选举》《人物》《金石》《艺文》《纪事》《变异》《杂记》等17志目，下设93子目，计130卷，450余万言。成书后虽未付印出版，而该书发凡起例之严整，内容之广泛，材料之扎实，当时即引起国内学界的关注，不少知名学者给予了很高的评价。

《甘肃通志稿》于1929年（民国十八年）开局修撰。当时通志局以杨思先生①为总纂，张维先生等为协纂。逾二年，通志局改通志馆，杨思先生为馆长，先生则任副馆长、总纂，具体负责修纂工作。他首先参酌各省先例，拟定出“甘肃省通志采访纲要”，分发各县区，要求按表格详细调查汇报，并派出馆中人员前往考察。又拟订《例目》，编印《图志》，在赴江浙等地访书时分送各地著名学者听取意见。浙江图书馆馆长陈训慈致函称：

> 大著陇志《例目》，敬以揭载馆刊……先生主修陇志，征存文献，

①杨思(1880—1956)，字慎之，甘肃会宁人，清末进士，其子杨体俨之妻为张维先生之女张令瑅。

宇内响望。思承典型，尚恳将采访编纂经过详赐示知，俾登诸馆刊，以扬西北倡导文教之盛旨，而励海内各省以继起。

江苏图书馆馆长柳诒征致函称：

《图志》上下千古，董理沿革。宣统安《志》，故所未逮。衡之他省，绐无其匹。

顾颉刚先生称：

鸿汀先生主修甘肃通志，居北京数年，遍览故书，运以精思，书成而抗战起，不克付印。幸先印图志二册，文理密察，洵可为其学前导。

以当时甘肃交通不便，经济落后，文化的发展滞后于国内，而能以自成之省志体例、图志，令江浙、京师等地著名学者折服首肯，予以“衡之他省，绐无其匹”的高度评价，可知该志体例不惟规范严正，又多有创新。但因中原大战起，修纂工作多受影响。1935年（民国二十四年），修志期限已到，经费停止，而尚未完成。先生与邓隆、廖元佶、朱秉衡等人商定，不受薪给，义务续修。其后诸人因公私事先后离去，乃自率子女及数书手，继续修订，并自费赴京、津、江、浙各地，访书考察。亲自采访、编纂、校勘，终成其事。其自序修志始末云：

民国十八年，甘肃省政府议修省志，通檄采录史实，设局编纂，延聘多人分任撰述。未几军事繁兴，主政者数有移易。至二十年初，以费绌中辍。明年复以部颁修志事例，改局为馆，仍以不才任馆长、兼总纂，又设分纂四人，编辑四人，搜罗新材，董理旧稿。迨至二十四年秋，限期已届，仍未杀青，乃与临夏邓德兴隆、桂林廖进之元佶，静宁朱玉伯秉衡，共约以私人负责，继续编修，而三君先后又以他事去，又近二年，不才始勉为成书。凡为卷一百三十，都约四百五十余万言。因于旧者十盖三四，而用新例韧修者，殆十之六七。极知谫陋无当于大雅，然数年来夙夕辛勤，得观厥成，要可谓终此一事。随即函商省府，以原稿存诸省图书馆。次年方谋付印，而抗战军兴，自不复能汲汲于此。惟以此志修纂，正当戎马倥偬之时，各郡县公事征兴，日不暇及，条例虽密，采访未尽。其属诸专门科学者，又未克尽数实际考察，执笔者不能不引为遗憾。又其纪数断至民国十七年分省为止，今又事隔十五六年，所应续载之事，奚翅万千，将来若得连贯补入，用成完构，则刳劂稍迟，正若留为吾人参考定稽之时地也。至其编纂大意，俱在出订凡例前已刊行，不才在志局所编之省县总分图，地理沿革图表，列为志稿卷一、卷二者，亦已先行出版。甚愿海内通人，绳纠而指正之也。中华民国三十年三月。

《甘肃通志稿》为官修省志，是集体工作的结晶。但先生始终参与主持其事，投入了大量精力，倾注了许多心血。王锷先生评曰：

《通志稿》的编纂，虽先后参加人数众多，初稿出自众人之手，然鸿汀先生自始至终参与编纂，用力最多，最后由他写定。可以说，没有鸿汀先生，《通志稿》难以完成①。

甘肃省图书馆历史文献部前主任牟实库先生也认为：

《志稿》是一部严肃认真之作，内容广博，考订翔实，较诸其它旧志，有不少创建独到之处。特别是张维、邓隆、廖元佶、朱秉衡诸先生，各自付出了较大精力，字里行间倾注了他们的心血，尤以张维先生总集其成，所耗精力，所承受之困难及所做贡献尤著[5]。

应该说，这些认识和评价是客观而中肯的。此外，还应指出的是，《甘肃通志稿》“因于旧者十盖三四，而用新例刱修者，殆十之六七”，这与先生很早就开始关注和研究史书编修之原则与史书体例之流变，具有很高的见识直接相关。

（三）《元魏诸镇考》《仇池国志》和《兰州古今注》

“半生从政，服务地方，建树诚不足道。可以传世者，厥惟史学”。这是先生对自己一生治学成就的认知，也是对自己一生工作的总结。了解其史学造诣与成就，则知殆非虚语。限于本书之篇幅，在选编先生遗稿时，史学部分我们仅整理收录了他的《元魏诸镇考》《仇池国志》《兰州古今注》三种著作。

1.《元魏诸镇考》是先生治魏晋南北朝史的成果。镇将之制，肇自苻秦，形成于元魏，影响及于隋唐，但资料分散，无系统之记述。先生治魏晋南北朝史，注意到这一史实，从《魏书》记载入手，参阅《北史》《隋书》《新唐书》等，证之以《水经注》《太平寰宇记》《元和郡县图志》诸

①参见王锷《张维先生在西北地方志方面的贡献》,《甘肃文史资料选辑》第37辑。

地理志书，将所辑九十镇逐一考其镇将、建置、地域，为一系统考辑元魏镇将建置之成果。在此基础上指出元魏镇将制之源起、发展、演变及影响，云：

> 元魏自皇始之初即已分直州镇，其时盖沿苻姚旧习，随地置防，未为常目。暨太武帝东并北燕，西兼秦凉，于是分建镇藩，统兵守圉，其权重埒于诸州刺史，亲贤并用，贵望日隆。故《魏书》真君以后常用州镇并称，献文、孝文增置浸众。镇有大将、都大将、镇将及长史以下诸官属。大将、镇将或品登王公，或爵假五等，或都督数州镇诸军事，或以刺史兼领，或兼领刺史，其小镇或带太守，品秩崇庳每以人地而不同。太和中，再定官制，独未列叙镇将，当以各有本官，故不复别立品第也。诸镇皆统有戍军，西北边镇尤称剧要，凡镇民皆为军贯，号曰"府户"。其民或以迁徙，或以罪配，或以良家子戍边，或初官边境久而居之，或即怀柔其部落以为民，有征伐之事则籍而用之，不幸有一方菑患亦抚恤之，惟谨恩义周亲，武忾兢发。内地诸镇，则以时以事分遣更戍。故虽有四方兵革之务，戡乱固防，动无延滞。及乎迁洛以后，镇选失人，边将多庸凡阘冗不肖者，或至贪婪以失众心。于是曩时爪牙桀骜之士郁怫，愤张怨怼时闻，曾不能及时疏制以戢其不平，匹夫发难，宇县骚然。至孝昌中，改镇为州，大乱已不可收拾。纷纭微定，而强藩更起，魏遂分为东西，相次覆亡。观齐、周开国勋望多为镇戍旧族，综其始末，固亦元魏一代得失之林也。州镇既分，军民渐歧而为二，迄于隋唐，而镇戍之号不改。原始初制，实自拓拔而伯起。

此书民国时期虽有印本，因印数不多，流传不广，多不为人所知。

2.《仇池国志》则是先生的又一部史学力作。仇池国为氐族杨氏所建，自东汉建安年间，氐帅杨驹徙居仇池，至周大象二年达奚儒讨平沙洲氐帅杨永安，以甘陕川交界之偏僻贫困地域立国，先后历经近四百年。期间多遭大国攻伐，兵燹数十百次，三次灭国，但皆未久即复。而同时之前秦苻氏、后凉吕氏政权，历时皆不如杨氏长久。但仇池国不列于十六国之中。先生参阅数十种纪传体、编年体、政书体、地理志等类史书，逐一考辑，撰成《仇池国志》，凡八志：以族系为第一，疆域第二，系年第三，前仇池国第四，后仇池国第五，武都国第六，武兴国第七，阴平国第八，又附录其人物为第九。先生研究仇池杨氏政权，不仅在于使仇池杨氏政权始末得有一系统之志书，更重要的是着眼于一民族政权之兴亡原因与中原王朝经略边疆民族地区之成败得失。其自序称：

> 夫乞伏、秃发北燕、西凉，起止不过二三十年，封略方域亦只等埒仇池，而崔鸿列于《春秋》，《晋书》特立《载记》，其于始末，粲然可求。若杨氏者，以土著旧族建国故土，世历八朝，缅服纵横之迹，爵封朝聘之事，山川险阻，文辞往还，得其详而记之，可以知兹地兹族盛衰兴亡之所由。而诸夏君辟所以旷世竭虑以致力于此弹丸边城者，其成败得失亦可稽考而鉴戒，是于治史殆不可谓非无小补也。

阅读《元魏诸镇考》《仇池国志》，可看出先生读书之仔细与识见之卓越。

3.《兰州古今注》则是应《民国日报》杨晓洲之约，为该报撰写的兰州地方掌故。先生博学，又长于文史，且主政多年，故能广征博引，一一细述，大凡兰州山川建置、古迹沿革、政治经济、社会文化生活各个方面无不涉及。该书对了解兰州历史具有重要的价值。

如“皋兰山”条云：

> 兰州以皋兰山得名，皋兰者，译音也。匈奴谓天为祁连，而皋兰、乌兰、贺兰诸山名皆与祁连音近，当亦高峻之意。《汉书》：霍去病击匈奴，自媪围济河过焉支山千有余里，合短兵鏖皋兰下。媪围，今皋兰买子堡地，从此渡河至焉支山，今山丹县南山也。匈奴歌之曰：失我焉支山，使我妇女无颜色。还为匈奴所邀，故复鏖战皋兰山下。浙江丁谦之说如此。或曰塞外别有皋兰，今无可考。若《水经注》漓水上游之皋兰山门，非去病用兵所经，郦道元合而为一，误也。

又如“肃王府”条云：

> 兰州东北城一隅，皆明肃王府旧址。肃王者，始明太祖庶十四子楧初封甘州，未几，复迁兰。传十世，至识鋐，为流寇所害。今省府迤东，皆故肃王府地。大、小山子石，俱园林也。小山子石，今尚有假山一角，垒石为之，上有数小院落。又垒石作洞府，通达四出，岩间塑泥仙人数十，颇逸俊可观。或言洞有地道，可通至城西雷坛，今

丸泥久封，等闲莫敢问津者，似妄说也。

又如“天下第一桥”条云：

兰州北滨黄河，旧有浮桥以达北岸。桥以木船二十四，连以巨索，镇以铁缆，桥长一里有奇，索与缆更长于桥者数十丈。两岸铸铁作四巨柱，用以系缆。柱有“洪武五年卫国公邓愈造，九年宋国公冯胜造”字，径俱一尺五寸、长一丈八尺余，盖五六百年物也。清宣统初，改建铁桥于旧桥稍西。于是旧所谓“天下第一桥”者，亦移题铁桥，而河北铁柱其一犹存。逾桥西出金城关十余里，北入谷，过永登，北至甘凉，西达湟中；逾桥东出凤林关，北走秦王川，则为宁夏通衢。凤林关右山左河，山巅有故垒颓然数壁，所谓王保保营也。王保保者，元将扩廓帖木儿，元亡西走，与明人血战数年，明太祖叹以为奇男子，吾不得而臣者也。东岗坡上亦有王保保营。

再如“震灾”条云：

民国九年十月，甘肃大地震，海固最甚。兰州尚无大损失，而摇荡惴惧，居人为之不安者亦复月余。是夜初冥，月色微朦胧，有大声自东北来，如山崖崩裂，万窍怒号，砰轰若雷霆霹击，大地俱动，城墉庐舍，摇摇欲覆。人行地上，若泛舟沧海，而与飓风颠覆，不能自主。与友过鼓楼西关庙，庙前铁桅忽折，击一人死。趋归，不敢就寝，听窗纸微动，则知地又将震，竟夜凡震四十余次。各路电线皆断，数日之后，乃知震区遍于全省。十六年，又大震，西路最烈，而兰州视前次为轻。东关故有火药局，久储药弹，外院储汽油，二十四年，突然爆炸，平地一声，响彻数十里外，震坏民居数百间，自段家台东至郭门，几同焦土。皆巨灾也。

《兰州古今注》将当地诸多的掌故，条分缕析，娓娓道来，其体裁同于明清笔记。虽内容简约，而多系确知、亲历或曾研治之史实，故该书为了解兰州历史不可多得之成果。

五、遗书及故居

对先生遗著手稿等情况的整体了解，莫过于其第四子令瑄先生，故本书收入了令瑄先生撰写的《甘肃张鸿汀先生遗书提要》一文。

张维先生有七子三女。夫人郑纕书女士，即其塾师郑庭兰之女，同窗好友郑瑞卿之姊，生有令琦、令璠、令瑚、令瑄、令琰五子，令瑊，令瑅，令瑢三女。令璠、令瑊早卒，令瑅适会宁进士杨思之子杨体俨，亦早卒。继室王芳兰女士，生有稚良、幼良二子。

长子令琦先生（1914—1984），又名弢，字士珩，毕业于南通农学院农艺系，任甘肃省银行协理、副总经理、合作金库总经理等。解放后，入华北人民革命大学研究班学习，任甘肃省政府参事室参事、省文史研究馆副馆长。长于经济金融学，撰有《解放前四十年甘肃金融货币简述》等，于文史哲诸学均有很高之造诣。善为书札，才思敏捷，提笔成章；又善书法，清秀俊逸，自成一体。顾颉刚先生校点二十四史，曾数致函邀其赴京相助，未得成行。三子令瑚先生（1923—），兰州大学医学院毕业，著名放射科专家，兰州大学第一医院主任医师、教授、放射科主任、副院长。二人家学渊源，于其父学识造诣自然有深入全面之了解。然令琦先生于落实政策之际，已年逾花甲：令瑚先生学有所专，未能从事这方面工作。惟四子令瑄先生，因特殊的原因，于其父学识造诣成就了解最多，且就其父遗书做过重要的整理工作。

令瑄先生（1928—2003），字德方。幼年患天花致一目失明，另一目视力微弱，故未曾入学，全凭自学成材。少年时期即侍父阅读摘录各类史料，得以广为涉猎各类史书。弟稚良戏称其为乃父之“书童”，虽戏言亦实情矣。1978年，被聘为甘肃省文史研究馆馆员，著有《甘肃五十年大事记》《陇右著作补录》《三陇方志见知录》《甘肃青海土司志》《甘肃丛书备征目录》《甘肃新通志稿校勘论》《明平凉府志补辑》等多种。

令瑄先生过目不忘，记忆力超越常人，熟知各类文献掌故。20世纪80年代中期，曾受聘于兰州大学历史系，诸研究生多向其请教地方文献掌故。尤以多年随父研治史学，对其父治学思想、造诣、成就有深刻之认识、全面之了解。而家中之图书、文物之下落，其父手稿流失之渠道、散佚之情况，应为最重要之知情人。“文革”后，受聘为省文史馆员，并参与编辑省、市《文史资料选辑》。1980年，兰州大学杨建新先生创办《西北史地》刊物，令瑄先生将其完成之《甘肃张鸿汀先生遗书提要》数万字送交杨先生，在《西北史地》连载三期。90年代初期，台湾政治大学副校长林恩显教授率访问团来兰，询及张维先生遗书情况，令瑄先生将所撰《甘肃张鸿汀先生事略及著书提要》转交林教授，1998年在台湾中国边政学会《中国边政》141期上刊出。令瑄先生还撰有《张维先生兰州故居》等文，以亲历者的身份介绍了张维先生在兰州的几处故居书室，追忆当时先后造访之政要，如居正、张继、萨镇冰、于右任、张钫、钮永建、翁文灏、周钟岳、吴忠信、邵力子、白崇禧、朱家骅、梁寒操、张励生、王正廷、李根源、张治中，民族宗教上层马麟叔侄、马鸿宾弟兄、九世十世班禅大师、喜饶嘉措大师、包尔汉及内蒙盟旗的王公，学者如杨钟键、劳干、孙越崎、袁翰青、张大千、袁敦礼、梅贻宝、向达、夏鼐、常书鸿等百余人，据此可知当时张维先生在国内之声望。故我们将令瑄先生《甘肃张鸿汀先生遗书提要》与《张维先生兰州故居》两篇文章以及顾颉刚先生日记中令琦先生信告其父部分《遗书目录》，及西北师范大学王锷先生所撰《张维先生遗书目录》，一并收入本书，以使世人对先生之学识、造诣、成就以及当时之影响有一较全面之了解。

六、结语

近三百年以来，陇上学人在国内为学界所知者为数不多，这一方面是由于甘肃地处西北，经济落后于中原，文化教育普及不够广泛；另一方面则是我们对有造诣有成就的陇上学人了解不多，宣传不够。如张维先生逝世不过60年，而因其著作散佚，知其身世与学问造诣者已不多矣。整理这部文存，一方面为纪念先生诞辰120周年，另一方面也期望能够引起学界对其著作的关注与整理，以弘扬近代以来我陇上学者做出的成就，发扬其精神，激励后学。

致谢：整理编辑这部文存，应该说是很费力的一件事。先生手稿多用异体字，且多草书，校对颇难，必须翻阅《康熙字典》《异体大字典》等各种工具书，以查对订正。在兰州大学历史文化学院杜党军、聂红萍、杨林坤三位青年教师的协助下，前后历经近一年时间，始完成此书稿。期间，我们多次造访甘肃省图书馆，得到郭向东馆长、易雪梅主任的大力支持。同时，我们也多次拜访张维先生哲嗣张令瑚先生、张稚良先生和长孙张言先生，得到他们的不少帮助。在此一并致谢。

另，《还读我书楼文存——纪念张维先生诞辰120周年》一书，将由生活·读书·新知三联书店出版。

参考文献

[1]钱谷融.顾颉刚书话[M].杭州：浙江人民出版社，1998.

[2]张玉书.民国初年的政党[M].长沙：岳麓书社，2004：584-585.

[3]刘寿林，等.民国职官年表[M].北京：中华书局.1995.

[4]甘肃省文史研究馆编.甘肃省文史研究馆馆员传略[M].内部图书.23：125.

[5]牟实库.一部研究西北问题的重要参考书——《甘肃通志稿》[J].图书与情报.1991（1）：67-70.

水译《培根论说文集》的影响与特色

蒲　隆

对培根的名著*Essays*的翻译，水天同先生的译本《培根论说文集》不能说是“空前绝后”的，但迄今为止无疑是影响最大的。说它不是“空前”的，因为培根*Essays*的中译本，在水译本之前已经出现过两个译本。第一个是吴寿彭的译本，题名为《培根文集》，出版于1935年，是铅印线装本。第二个是张荫桐的译本，题名为《培根道德哲学论文集》，出版于1944年。这两个译本包括笔者在内的一般读者都很难见到[1]。所以水天同先生的译本就是第三个译本了。水译《培根论说文集》于1950年由商务印书馆出版，尽管译稿早在1939年就已完成。说它不是“绝后”，因为水译本出版后，60年代王佐良先生曾选译过三篇，刊登在《世界文学》1961年第一期上。此后，重译培根的*Essays*则完全是改革开放以后的事了。1983年何新的选译本问世，题名为《培根论人生》，所收译文仅26篇，1985年又增补到43篇。最后到80年代后期才译完58篇全文。进入90年代后，主要是因为散文市场较好，培根*Essays*的译本明显增多了，如何新的译本曾先后在三、四个出版社出版，海南出版社于1996年出版了一个由东旭等七人分工译出凑起的译本，还有一些出版社看准了这一风头，由一些人把别人的译文编在一起，变换个名目，最典型的要数安徽文艺出版社出版的由李瑜青“主编”的《培根哲理美文集》了。新近的译本，一般认为曹明伦的《培根随笔》较好。选编本中黄梅

①蒲隆系李登科之笔名，作者时为兰州大学外国语学院教授。该文发表于《兰州大学学报》(社会科学版)1999年第3期。

编选的《培根哲理散文》水平较高。总而言之，培根的*Essays*的正规译本（不包括选编本和同一个译本用不同书名在不同出版社的重复版本）接近十种，而且这个数量还在扩大，但从影响方面讲，哪一种都赶不上水天同的《培根论说文集》。这个译本于1950年10月由商务印书馆初次以竖排繁体字印行，以后于1958年1月第二版（修订本）改为横排本，1983年以后曾多次重印，后来入选商务印书馆的“汉译世界学术名著丛书”，到1996年仅北京已印刷12次。累计印数笔者不易统计，当然，每次印数不等。但仅从1983年7月北京第三次印刷印数为26，000册，1996年北京第12次印刷印数为18，000册可以推断印行的大致情况。一部学术译著，这样长印不衰，在国内出版史上也并不多见。何新的译本虽然在四、五家出版社先后印行过，恐怕印数是无法和水译本相比的。可以说后来这些新译本，都是在参照水天同译本的基础之上工作的。如何新就明确表示：

“对于今天的读者来说，水先生那个译本中的译笔可能略微古奥了一些。但笔者在重译的过程中，还是从水先生的译文中，受益匪浅的，谨在此向老前辈致敬意并谢忱。”[2]

水译本既然生命力如此长久，影响力如此之大，其原因何在呢？笔者以为归根结底，还是一个“信”字。水译本的“信”，表现在以下几个方面。

1.具有一丝不苟的学者作风

水译本在“译例”之一中就交代了译文的根据，即Selby编辑之Macmillan本，参考《万人丛书》（*Everyman's Library*）译成。培根的*Essays*于1625年出齐，当时英文的拼写与现在出入较大，词义的变化更大，因此后来有很多人编辑的不同版本，这些版本一般都改用现代英文的拼写格式，文字出入虽然不大，但注释还是有分歧的。而且不说别的，不用注释本，那些拉丁文时下的译者能懂的又有几个呢？我想包括水天同先生在内的译者，所依据的原书都是别人编注的本子。可是我见到的一些人的译本，有的根本不交代所本的原本。有的交代一下原本，但不提该本对译者的帮助。水先生则不然，他在“译例”之六中明言：“注释十九皆本Selby，间亦采用他书，皆注出处。”“译例”之七中又说：“培根书中引用拉丁成语不少。此等成语或出于罗马之诗文史籍，或见于拉丁本之圣经，或采自中古之教会长老，来源既伙，命意有时亦甚难妥译。加以译者拉丁文程度幼稚，不敢自信，幸赖英译本中有表列对照者可供参考。兹仍将原文列于注释中以便专家指导。”水先生是懂拉丁文的，但他尚“不敢自信”，那么后来的译者估计不懂者居多，如果不懂，竟然翻译了出来，不外借助两种手段，或者依赖编注者英文注释，或者参照水天同的译文，可是谁也不做交代。

2. 名目正

英语的essay相当于汉语的“散文”，不管英文的essay，还是汉语的散文，所写的内容，文章的风格真是五花八门。有一家出版社在外国散文系列下就列有“感悟散文”、“知识散文”、“哲理散文”、“絮语散文”、“批评散文”、“抒情散文”、“游记散文”、“诗情散文”等门类，当然实际情况远远不是这几项所能包罗的。培根的散文常被归入“哲理散文”。既然是“哲理散文”，水天同先生用“论说文”来译*essays*，是非常妥帖的。如果是兰姆的*essays*，译为“随笔”则更加合适。而其他有些译本则喜欢玩点花头，如《培根论人生》、《人性的探索》、《培根人生随笔》、《培根哲理美文集》、《培根哲理散文》，等等，都有加枝添叶之嫌。也许还有避免雷同的意思，不管用意如何，跟原题总是有不同程度的出入。

3. 篇目全

前面说过，水译本不是培根*Essays*的第一个汉译本，但却是第一个中文全译本，除了58篇essays全部译出外，前面还有《献书表》，后面还有《残篇》。因为按照余丽嫦的记述，最早的吴寿彭的译本《培根文集》（1935）共收译文55篇。第二个译本，即张荫桐的《培根道德哲学论文集》，略去13篇[3]。水译本于1950年问世后，60年代初有王佐良译的培根《随笔三则》。此后过了20年，才开始有零星的译文问世。其中有高健译的7篇，收入《英美散文六十家》（山西人民出版社，1983）中，何新的从不全到全的译本前面已经提及。有些译本除篇目不全外，编排也是按译者或编者的想法做的，很难看出培根的*Essays*的原貌来。完整的新译本的出现已到80年代后期，多种新译本的出现则在90年代。

4. 力避当时翻译中的弊端

水先生在“译例”之四指出，“地名人名等专名词其已通行有年者概仍其旧，如伦敦、圣保罗是也。其尚未通行者则于译时力求其音近，力避其杂以汉义，如*Seneca*不译薛内佳是也。”水先生的译稿成于1939年，那种在外国人姓名中“杂以汉义”的译名，由来已久。鲁迅先生早在1925

年就有《咬文嚼字》一文专门批评讽刺这种倾向：

以摆脱传统思想的束缚而来主张男女平等的男人，却偏喜欢用轻靓艳丽字样来译外国女人的姓氏：加些草头，女旁，丝旁。不是“思黛儿”，就是“雪琳娜”。西洋和我们虽然远哉遥遥，但姓氏并无男女之别，却和中国一样的，——除掉斯拉夫民族在语尾上略有区别之外。所以如果我们周家的姑娘不另姓绸，陈府的太太也不另姓蔯，则欧文的小姐正无须改作妪纹，对于托尔斯泰夫人也不必格外费心，特别写成妥妳丝苔也。

以摆脱传统思想的束缚而来介绍世界文学的文人，却偏喜欢使外国人姓中国姓：Gogol姓郭；Wilde姓王；D'An-nunzio姓段，一姓唐；Holz姓何；Gorky姓高；Galsworthy也姓高；假使他谈到Gorky，大概是称他“吾家rky”的了。

我真万料不到一本《百家姓》，到现在还有这般伟力[3]。

这种译风似乎十分顽固，尤其在电影界。如把Mary Pickford的姓译为“壁克馥”，把Marilyn Monroe的姓译为“梦露”，如果说这是解放前余风的话，解放后至今也仍未完全消失。如网坛上有宿将“格拉芙”，文坛上有名流“伍尔芙”，都是把姓氏女性化的例子。当然水先生的译名现在大多已不通行，但他看到了译名不统一给读者造成的困难，所以在大量的注释中都注明了英文，使当代或后世的读者都好把握。

5.译文可靠

我之所以把这一点放在后面，目的是要重点谈一谈。如第十五篇《Of Seditions and Troubles》开篇的原文是：

Shepherds of people had need know the calendars of tempests in state; which are commonly greatest, when things grow to equality; as natural tempests are greatest about the equinoxes. And as there are certain hollow blasts of wind, and secret swellings of seas before a tempest, so are there in states.

Ille etiam caecos instate tumultus

saepe monet, fraudesque et operta tumescere bella.

水译为：

牧民之人必须知道国家中风波的朕兆；这些风波在诸事将达平衡的时候最为激烈；就好像自然界底暴风雨在将近春分秋分的时候最为剧烈一

样，并且，有如在一场暴风雨之前，有中虚的大风和海波底暗涨一样。国家中也有这样的东西。

他（太阳）常给警告，预示暗潮将发，

并预示叛逆与潜袭即将来临。

何新的译文是：

政治家应当发现政治风险的预兆。大自然中的风暴必有先兆，当政治动乱到来之前，也必定会有种种征兆。正如俗话所说："月晕而风，础润则雨。"[5]

如果不对原文，何译似乎"简练"得多，而且文句通畅。但翻译，毕竟不是改写，追求简练通顺而与原文拉开一定的或很大距离，则是无法叫人效法的。当然何新曾在《培根论人生》（上海人民出版社，1983）的"译者的话"中明言不"采取亦步亦趋的直译方法。"[6]这是他为自己定的规矩，翻译界未必都愿意接受。

水天同与何新的译文分别套用了中国的两个典故，水用"牧民之人"来对"she pherds of people"，而何译则用"月晕而风，础润则雨"来对维吉尔用拉丁文写的两行诗"ille etiam caecos instare tumultus/saepe monet, fraudesque et operta tumescere bella."可以看出，水译恰到好处，正如他在"译例"之二中所说："译此书时或'亦步亦趋'而直译之。或颠倒其词序，拆裂其长句而'意译'之。但求无愧我心，不顾他人之臧否也。夫'直译''意译'之争，盲人摸象之争也。以中西文字相差如斯之巨而必欲完全'直译'，此不待辩而知其不可能者也。亦有两方语句，不约而同，顺笔写来，自然巧合者，当是时也，虽欲不'直译'岂可得乎？此中取舍全视译者中英文之造诣如何，非一言可决也。局外之人，必欲强立规律，定为一尊，则胶柱鼓瑟，刻舟求剑，徒贻笑于大方，全无补于学术也。"水先生胸罗万卷，能发现"两方语句，不约而同"自然巧合者，便顺笔写来，精当之极。而何译的"月晕而风，础润则雨"一望而知是种所谓的"达意"作法。水先生在这几行译文中做了两个脚注，第一个注解释"诸事将达平衡"："即尊卑之分渐趋泯灭，纪纲不振之时"，对加深理解极有帮助。第二个注给出了引文拉丁文的原文和出处："语出维吉尔《田功》（*Gerogies*）第一卷465行。"上面一段译文，当然不能算作"神译"，但从译文到注释，无疑是达到了"精"的标准。张中行先生在《一本译著的失而复得》一文中说："神，非人力所能必得，只好退而求精。这，我常常想，要满足四个条件。一是精通外文。像五十年代早期，有些人只学几个月俄语就抱着字典译，自然就难免错误连篇。二是精通本国语。这也不容易，达，北海东坡，对得恰好，都得靠这个。三是足够的所译著作这一门类的学识。例如译心理学的书，译者最好也是心理学家。四是认真负责。就是意在好上加好地传授知识，不是换稿酬。”[7]这四个条件，水天同先生无疑是达到了的。我国研究培根的专家余丽嫦女士在《培根及其哲学》一书中是这样介绍水天同先生的：“水天同先生中、英文造诣都很高，贺麟先生特别给我介绍过，称赞水天同先生译笔优雅。”[8]关于第三个条件我认为还得多谈几句。张中行先生给潘光旦先生译的霭理士的《性心理学》打了125分。无疑潘先生是心理学专家，他自己就有《冯小青》等论著。水先生确实没有关于培根的论著，他的译文附的是翻译过来的Sweaton的《绪论》，自己只写了十余行《重版弁言》，然而他对培根的几句话顶得上有些人东抄西拼的万言文章。他说，“其论说文集，稿经三易，乃精心结构之作。不但对英国文学曾起开辟新园地，创立新风格的作用，同时也很精彩地表现了作者对人生、对社会的种种现象、种种问题的独到见解与鞭辟入里的议论”。“又黑格尔曾论培根，谓其重视现实事物之效果，不重理智，不愧为英国人之典型云。自今日视之，培根固未尝轻视理智，而黑格尔之所讥，或正即培根之所长也。”尽管凭“顺笔写来”的这几句话不敢妄尊水天同为培根研究专家，但它无疑也是“独到见解与鞭辟入里的议论”，证明译者对“所译著作这一门类的学识”是“足够的”。编选《培根哲理散文》的黄梅女士也说：“水译对原作的领悟相当深入可靠，他的译文的意思若是与后人有实质性的出入，对照原文琢磨，还时常会觉得仍是水先生有理的份大。”[9]

6.使用当时通用的语言风格

语言在随社会发展，这是不以人的意志为转移的。英文、中文都是如此。当然，中文从文言到白话，更是一个革命性的转变。应当说，用文言译培根的*Essays*，对于过去的一些老知识分子来说，更为得心应手。但水先生考虑到当时通行的语言风格，考虑到读者的情况，第一个以白话文为主翻译培根，这是很有眼光的表现。水先生的文言功底只消看看他译的《献书表》就可见一斑，如果他用文言文翻译，恐怕就不一定能行销半个世纪而不衰了。当然解放后，仍有一、两个人用文言文试译过几篇，但并不值得仿效。但水先生的译文已经整整完成了60年，当时通行的文风现在已显得古旧，这是一目了然的。这在现在是一个缺点，当然也是一个特点。它代表当时的文风，当然也有水先生自己的文风。笔者认为水先生的译文有他所谓的“顺笔写来”的风格，不像尔后的某些译文刻意求“工”，斧凿痕迹太明显。

水先生在“译例”之八中扼要提及翻译此书的处境，“本书着手翻译时适敌寇侵凌，平津沦陷，学者星散，典籍荡然。译者不得已以萤火之光，探此窈冥。”1939年时，水先生才是而立之年，此话写于1942年6月的昆明，译稿已成三年之久。译本问世则已经到了1950年。历时十余载也不算不长。到了太平年月，他的学问做得更深，应当译出更多的作品来。谁知对耿直的知识分子来说，那些日子并不太平。水先生除了教书，研究、翻译的成果也不算很多，有的出了力，但没有得到承认，如《拿破仑一世传》，译者是以翻译小组署名的，他的作用就不好评估。《汉英词典》，他是重要的参与者之一，但书成之后，“编辑人员”名单中没有他的名字，只是在“前言”里提了一下。后来，他还翻译出版过Simeon Potter的《英语语法要点》，约翰逊的《王子出游记》（出版于他辞世之后），他早从法文翻译过来的《英语简史》，也是他去世几年以后才出版的。但总体上，正如赵俪生先生所说，“他平生翻译的量不大，甚至有点过分地小了。”[10]之所以小，恐怕是与他受到的不公正待遇分不开的。正因为如此，革命家、教育家辛安亭先生在水先生逝世后撰写了这样一条非常沉痛的挽联：“半世飘零，地大不容弹铗客；一生正直，天高难庇有才人”来概括他的遭遇，而水先生的至交黄席群先生则用“托培根以针砭末俗，矻矻穷年，译林钜子；持莎剧而作育英才，谆谆尽瘁，文苑宗师”来总结他的贡献。

注释：

[1][3][8]有关这两个译本的情况参见：余丽嫦.培根及其哲学[M].北京：人民出版社，1987，467-470.

[2][6]（英）培根.培根论人生[M].上海：上海人民出版社，1993，译者的话.

[4]鲁迅.鲁迅全集，第三卷[M].北京：人民文学出版社.1956，3.

[5]何新译.培根人生随笔[M].北京：人民日报出版社，1996，53.

[7]张中行.张中行作品集，第五卷[M].北京：中国社会科学出版社，1997，304-305.

[9]黄梅编选.培根哲理散文·序[M].上海：上海文艺出版社，1999.

[10]赵俪生.水天同先生五年祭[J].兰州大学学报（社会科学版），1993（外国语言文学专辑）：100-101.

[11][12]黄席群.悼念翻译家水天同先生[J].兰州大学学报（社会科学版），1993（外国语言文学专辑）：102-104.

我的母校我的师

——写在兰州大学百年校庆之际

赵　伟

谨以此文献给那些
为母校赢得好声誉的“兰大人”!

兰州大学在2009年迎来了百年华诞，在这一年这一季，我想每一个曾经在那里学习与工作过的人，确切地说每一个“兰大人”，都会生出或多或少的想法，发出这样那样的感叹吧？还在年初去东京访学与小住之前，临上机场“打的”时，接到邻门师弟高新才的一个电话，告知母校百年校庆之事，并邀我写篇回忆文章。由于当时急着赶飞机，在匆忙中也就应承了下来，同样在匆忙中也未仔细想想，便将内容也给限定了，应承写写我读研时期的导师刘天怡先生，以为纪念。然而待到静下心来翻出这个话题时，心中却颇有些翻江倒海的感受，不由得生出了许许多多的想法，脑海中跃出许许多多关于兰大的记忆，发现要写的人和事儿太多太多，大大超出原先应承的范围了。说实在的，我读研时的导师刘天怡先生自然要写，但提到刘先生，便不由得带出那之前的好几位“兰大人”，要写刘先生，不能不提他们中间与我亦师亦友的几位，因为正是这些亦师亦友的

作者时为浙江大学经济学院教授。该文发表于《兰州大学学报》(社会科学版)2009年第5期。

“兰大人”，将我引入了学术研究的殿堂，带进了这所西部著名学府。没有他们，像我这样一个生在古文明底蕴虽然深厚而现代物质文明与文化匮乏的西北乡村，中学毕业即开始漂泊在城乡之间，且智商平平的人，何谈考取研究生，更何谈投入业已平反昭雪炙手可热的一位大学名教授门下呢？然而要写这些“兰大人”，便不能不写写我曾经学习与工作过的这所学校——我的母校。事实上，我虽求学、治学数十年，而今在国内一所还算可以的高校执教，也曾到过国外不少名校求学与讲学，但迄今所拿到的学位只有一个，这便是硕士学位，这个学位正是在兰州大学“挣得”的。如果把母校界定为获得学位的那个学校的话，那兰大就是我的惟一母校了！

出于诸如此类的想法，我决定撇开一人一事的狭小圈子，从更广的视野下笔，写写我所熟悉的“兰大人”，写写我的母校。

要写的内容有谱了，但起个什么名儿呢？正在犯难，恰好看到近期热播的一个电视剧，剧名叫“我的团长我的团”，好了，就仿照这个剧名，暂时就叫“我的母校我的师”吧！原本是暂时的，原本想着写毕再改名，但写着写着，发现模仿来的这个标题下所要涵盖的人和事儿，与被模仿的电视剧情节颇有几分“神似”，至少有很强的隐喻性。对于我所要写的人和事儿，这个标题不仅妥帖，而且简直有点妙极了。细细想来，电视剧描写的那个团可谓悲壮，面对强敌轮番进攻誓死坚守到底！我的母校兰大的百年史也不可谓不悲壮，历史上数次面临“关张”威胁，几经分割重组，好不容易盼到了改革开放，获得了新生与发展。但问题又接踵而至，先是因地处“边远”不得“地利”，经历了巨大的人才外流，而后似乎因不得天时与人和，而被部分地逐出都市，迁往荒郊遗弃兵营！即便如此，母校迄今似乎依然生生不息，昂首屹立在西北高原，颇有几分岿然不动的意境！其命运与经历之曲折，也不可谓不悲壮耶？不仅是母校，而且那些在艰难时期为兰大作出过贡献的老“兰大人”，他们中一些人的经历也有几分悲壮，其中包括了几位将我领进学术之门的亦师亦友“兰大人”：其中有些人尽管毕业于海内名校，尽管腹中学问过人，教了不少优秀学子，将大半生奉献给了母校，然而临了也未拿到正儿八经的教授头衔，只是快退休才给了个“安慰”式的教授头衔！这也不可谓不悲壮吧？写兰大不提他们于心难忍！

一、我与兰大

我与兰大的“缘分”始于“文革”后期，原本是政治时事促成的。那时各高校“遵照伟大领袖毛主席指示”实行“开门办学”，须将学校交由“工宣队”和“军宣队”监管，再在这些校外力量的主宰下将师生分派到工厂、乡村或部队，在那里边劳动边学习，此所谓“接受工人阶级和贫下中农的再教育”。正是在这种政治气氛下，兰大历史系与我当时工作的单位——省建工局（原建工部七局）达成协议，将建工局确定为兰大历史系师生“开门办学”的定点单位。那时适逢中苏边界争端，上面下了个很有来头的“政治任务”，指定兰大历史系承担，搜集与整理一些关乎中苏边界纷争的历史资料。说得具体些，就是让组织编写两本历史材料，分别为《沙皇俄国侵略中国西北地区史》和《沙皇俄国扩张史》，以便为中苏边界论战提供“弹药”。那时流行且惟一合适的做法是组织一个编写组集体编写，不允许个人编撰。编写组还须吸纳工人和解放军成员，与知识分子组成所谓“三结合”体系。不知出于什么缘故，这项政治色彩极浓的任务，最后只议定由兰大历史系和建工局两方合作，并未吸纳军人参与。其中“兰大历史系”身份照旧，建工局则取“工人理论组”的名分。那时我参加正式工作不久，还属于企业的“小字辈”，但因着“根正苗红”的家庭出身和“产业工人”的身份，又有些“笔杆子”功底，便被认定为“领导阶级”的一分子。一个多半有些偶然的机会，被上面选中充入“工人理论组”，由此也便堂而皇之地以“领导阶级一分子”兼“合作者”的身份，与兰大历史系的专家们一起“合作编书”了。由此开始了我与兰大及“兰大人”的交往。

不久“文革”终于结束，“高考”得以恢复，兰大获得“新生”，我也在全民“读书热”与从未有过的对知识崇尚与渴求的浪潮中进了兰大，随“七七级”在经济系修学。不到两年，沾了小平同志“不拘一格降人才”及鼓励大学生“跳级”等教育思想与政策的“光”，以“同等学力”身份考取了兰大经济系研究生，主修“外国经济史”。两年后，又沾着研究生缩短学制“试点”政策的光，提前与“三年制”同学毕业并获得硕士学位。其后留校任教，成了一名正式的“兰大人”。十多年后，我选择了离去，离去的原因这里不想去说，不说的原因也不想去提。我想说的是，最后我是抱着几分遗憾以及“外面的世界更精彩”的混合心情离去的，时在

20世纪90年代中期。而今一晃又是十多年时间。十多年以来，我每时每刻不在关注着母校的变化。

仔细算来，自从我在“文革”后期“邂逅”一批多少有些“落魄”的“兰大人”，到后来我自己变为“兰大人”，再到无奈地离去。前后整整20年时间。客观地说，20年时间的交往与感受，对于认识一个人足矣，但对于感悟一所大学及其内在底蕴和外在感召力，尚嫌不够。然而我与兰大的这20年，却不能算平平淡淡的20年。不说别的，单说由“文革”到改革开放，由解放思想到反“精神污染”及“反对资产阶级自由化”，再到“市场经济”转型目标的确定……期间曲曲折折的历史变故尤其是政治氛围的变化之大，是难以想象的。这些变故与变化对于一所大学，对于以这所大学为生的各色人等的行为，所施加的影响也是平凡年份所无法比拟的。我相信历史上没有哪个先行工业化国家的大学，在如此之短的时段内经历过如此巨大的外部意识形态变化的冲击。因此就普遍的相对论视点来看，比起那些“后文革”乃至“后冷战”时期加盟兰大的“前生”（所谓“归队者”）及后生们来，对于母校我可能有更多的发言权。因此有某种义务写写母校，写写与我亦师亦友的“兰大人”，当然也包括我的导师刘天怡先生。

二、兰大之大

提及兰大，有爱慕亦有遗憾，我相信每一个“兰大人”都会有同感，尤其是那些在兰大读完书并留校服务了多年，最后终于离去的“兰大人”。然而我相信，当你离去多年，尽管已经感受到“外面的世界的确很精彩”，甚至还获得了超出预期的成就的时候，你也不得不承认，母校兰大有着一种让人深深敬仰的东西或曰“底蕴”，尽管这种东西或底蕴有些朦胧，用言语说不大清楚，但却不能否认它的存在，更不能否认它对于每一个兰大人潜移默化的“深度影响”。这种底蕴，也许就是学人们常说的“大学之大”吧。

说到大学之大，我自感也有些“话语权”。几年前我在牛津大学“客座”访学时，基于对这座世界一流名校的实地考察与思考，尤其是由里及外的观察，沿着国内教育名家常说的“大学之大”的套路，将大学的实力归纳为“四大”，分别为大师、大楼、大包容与大器。并对这“四大”做了“诠释”。其中大师与大楼沿袭已故教育家梅贻琦的说法，对大包容的诠释是，学术思想和学术人才的大包容，对于大器的理解是，“同时体现在其基本人员的行为上，具体来说就是管理者的战略性眼光，教授们的大家风范，学生们的远大抱负”。原本我是准备以这些标准为参照来评判国内大学的，然而近些年经过仔细观察，我发现这些标准不大适合国内高校，拿这些标准是无法分出时下国内大学好赖的。原因在于，大学的这“四大”在而今国内高校，多少有些走味。其中“第一大”即“大师”，其评判似乎没了标准。何止标准，有时简直有些没谱。时下“大师”泛滥，与政治金钱搅在一起，真假难分，确有些“假作真时真亦假”的乱象，正直的学者对这个头衔惟恐避之不及。大学里的确不乏能在各种SCI杂志发文的“高手”，但要找出国际上公认的大师来，比如诺贝尔奖潜在得主来，则不大容易乃至近乎不可能。“第二大”即大楼，这一半由政府及官员的好恶左右，一半与大学所在区域之地方财力及其支持程度有关，而不完全由大学自主决定，与西方大学那种依托基金会筹款模式相比，则谈不上“可持续性”，各大学之间也没有多少可比性。“第三大”即“大包容”，多半也并非大学内部主政者所能作主或左右的，而由校外主流意识形态所限定。“第四大”即大器，也由于体制的限定，打了很大的折扣。现行管理体制下，大学的要职并非由教育家们占据，而多半由政客把持，后者多半将其位置视为向上跃升的阶梯，而非“百年树人”的责任，这些人考虑眼前工作多于长远，何谈战略性眼光！只是在极少数师生中，还存在对学问的执着渴求与对专业事业的远大抱负，这或许也属于某种大器吧！

然而舍去上述“四大”，何以评判中国大学好赖或其“底蕴”呢？我以为，上述“四大”中，尚有“半个大”可以作为参照。这便是“大包容”中的半个内涵。所谓半个内涵即除去思想而外的半个包容，这里面最重要的是容人容事。其中容人即容得下有性格乃至有些孤僻的学人。这一点，我在《牛津访学散记》中曾经写过，“大学不适合小肚鸡肠、心胸狭窄的人来主政，但却应有大海那样的胸怀，能够容得下性格孤僻乃至偏执的学者与学生，尤其是韦博、纳什那样精神忧郁型的杰出学者。”平心而论，近半个多世纪以来，尤其是这半个多世纪的前半期，“人整人”一度曾是大陆各种学术单位的时尚，经过长时间大规模的“折腾”，许多大学的教师尤其是学术权威们的“棱角”都给“磨平”了，没了脾气没了个性，即便有，也往往深藏不露，还美其名曰“内方外圆”。我以为，一所好的大学首先应鼓励学者与学生们的个性发展，至少是能容忍有个性有

"脾气"的学人。中外历史一再证明，那些有个性有脾气的学人，大多具有过人的创新思维。能容人，就能容事，集容人容事于一身，对于当今大陆的大学，可能已经相当不容易了。

上述"半个大"或许就是先贤们所谓的"有容"吧。如果这个说法得当，就可按照先贤们之"有容乃大"的思路来评判大学了。若以这个"大"为参照的话，那我的母校兰大的确"有容"！其"有容"的表现或曰"延伸"，大概当首推"兰大人"尤其是学人们的"脾气"了。

提及"兰大人"的"脾气"，大概许多老的兰大人不由得要想起历史系的赵俪生先生了。赵先生可能是兰大最有名的有个性有脾气的教授了。尽管自20世纪50年代被打成"右派"起，到"文革"结束的数十年间，历次政治运动都是重点批判对象，但老先生的"直率"与童真终生未改，亦常常令不少场面尴尬。记得"文革"结束不久，尚未获得完全平反的赵先生，当着许多人的面调侃当时的系主任一位"老海龟"出身的教授，指名道姓说该先生是个"光吃草不拉屎的牛！"并引经据典地演绎道：鲁迅讲过，作家是牛，吃下去的是草，挤出来的是牛奶；看看某某类的教授，吃了多年草，不仅没挤出几滴牛奶，就连粪便也没有，其实"粪便还可以肥田嘛"！据说那位被说的系主任只是干咳了几声，不置可否。事后依然将赵先生敬为学术权威，更谈不上什么打击报复了！实际上，就我所知，被赵先生挖苦的那位"老海龟"教授，学问很深。记得"文革"后期在建工局"编书"期间，兰大师生们一遇到学术问题去问他，几乎难不倒他，简直像个百科全书，几乎无所不知！大概迫于长期严酷的政治气候，怕惹麻烦而养成了述而不作的习惯吧！

或许有人说，赵俪生先生系海内历史名家，有点脾气领导自然拿他没有办法，只能包容。但实际上，兰大名气不大脾气大的教师，当年可不在少数。有一段时间，教师们为住房及生存条件的改善，往往拿校、系领导们"撒气"。不少人"越级"找校长吵架。以致有一段时间，校领导下班不敢走大道，怕有人堵住吵架！久而久之，形成一种现象，系主任这一级的"领导"，多半是个"挨骂"的角色，至少是有些能耐的教师发牢骚的对象。以致一位文科卸任系主任发出如下感叹：我虽也系教授，但在"台上"像"孙子"，处处磕头求人，还得让老师们骂，"下了台"才成了爷爷！要知道，那时大学的系，相当于现在的学院，系主任可是正儿八经的"县处级干部"，对教师也有一定生杀定夺的权限。在这样的体制下，兰大居然形成了不怕得罪系主任、校长的风气，其“容”之大由此可见一斑。

兰大之“有容”的另一表现，是对学人的吸纳。粗略浏览一下有关历史学家赵俪生先生的经历，便不难得出这样的印象：这位脾气大个性强的学人，实际上是在被多个学术单位赶走的困境下，被兰大老校长江隆基如获至宝般地请来兰大任教的。而像我的导师刘天怡先生等一大批有着“留美”背景，在50年代为许多学术单位所不容的老“海归”们，都是由江隆基校长诚聘而来，其中多半被委以重任的。兰大之“有容”的校园文化，多半也是江隆基这位中国现代史上鲜有的大教育家所奠定的。

值得一提的是，即使在江校长过世多年之后，兰大这一“有容”传统依然得以延续，那些有脾气有个性的“兰大人”，往往被学校视为“宝贝”，一旦提出调离，从专业系到学校，各级领导便层层出动，尽力挽留。挽留不成，有时还不得不动用“组织手段”予以“截留”了。这方面最著名的例子，要属当年小有名气的美学家高尔泰先生的去留问题了。这位历经政治劫难而后有余生的“江南才子”，“文革”刚一结束就被几位“兰大人”如获至宝地从河西荒漠中“挖”了出来，冒着极大的政治风险及外界压力礼聘至兰大，且安排了当时可谓“一流”的工作与生活条件。后因“异化”之文获罪上面挨批，学校迫于形势而暂停其教学。倔犟的高先生以此为“由头”提出调离，学校则极力挽留，最后还搬来了已升任省委副书记的前任校长，先生竟然不买账，连省委书记召见也不去理会！尽管最后也未能留住高先生，但学校并未给其设置任何政治障碍，使其得以在异地受到“重用”。这些可从高先生近年发表的一些回忆性文章中看到。

或许是受了母校兰大这一“校园文化”的感染，当年我虽系晚辈，也养成了某种兰大人特有的性格和脾气，给校、系领导不少难堪。他们也不怎么计较。后来我调离时，仍然千方百计挽留，我的调动竟然惊动了学校最高决策层，要由校党政联席会议定夺！想想当年我仅系略有微成的青年人，去留竟然为学校如此重视，可见母校对人才的重视，其“有容”亦可略见一斑！

如果说上面所说的兰大之“有容”，主要指一种内在包容性的话，那么兰大的有容，还体现在外形上，有几分“草莓”的包容之美。“草莓的包容之美”是我在异国他乡的感悟与杜撰。早年去英国求学期间常常分不清英文草莓（strawberry）与山莓（raspberry），有次闲聊中问一位英国朋友，他半开玩笑半认真地说，“草莓的籽长在外面，山莓的籽长在里面”！

后来仔细观察，的确如此。草莓的籽一粒粒清晰地覆盖在果肉的外面，而不像山莓那样将果籽深藏腹中，藏而不露。说老实些，就这两种浆果比较而言，山莓肉少而味偏酸，草莓肉多而味偏甜，有一种雍容大度的样子，两种浆果中，我更偏好草莓！在我看来，母校兰大的包容亦如草莓那样，不仅雍容大度，而且将其果实亦即优秀人才撒向海内外，为学术界输出了大量的人才。可以毫不夸张地说，一些在改革开放初期位居全国高校末流而后来纷纷“发达”的沿海大学，不少都是得益于兰大的人才。还在20世纪90年代初期，有段时间山东青岛某大学的主要领导率人事处长等一干人，在兰大附近的宾馆安营扎寨，专门“挖”兰大人，许以优厚待遇或一官半职，挖走了好几位老师！而今那所学校好几个专业的主要学术带头人，都系当年的兰大教师。提及校外兰大人当然远远不只这些，2007年在广州过年期间曾与几位兰大人聚餐，期间议及，如若集目前散落于国内一流高校的“兰大人”于一堂，完全可以再办一两所兰大，且其学术声誉当比目前兰大有过之而无不及，大家一致同意此说。别的专业不敢妄言，就我所从事的经济学领域而言，若汇集目前活跃在国内高校经济界的兰大人，完全可以办一所国内一流的经济学院！

三、亦师亦友“兰大人”

在我的专业与学术之路上，亦师亦友的“兰大人”，起了启蒙与领路的作用，没有他们，我可能还在企业干我的“本行”，或许还在做“宣传干事”的乏味工作。这些兰大人中，第一个要提的，当是李建先生了。我与李建先生邂逅，恰是在前述“文革”后期兰大与我当时的工作单位建工局的“政治合作”中，即在两个单位合作承担那项很有几分来头的“编书”任务期间。那项任务由徒有其名的“建工局工人理论组”和“兰州大学历史系”两方组成，其中建工局一边的“工人理论组”，实则由三四个人组成，我算其中一位，也是“在位”时间最长的。而兰大历史系的专家则分为前后两拨：一拨由李建先生牵头，成员有赵辉杰、侯尚智、颉普等先生，负责《沙皇俄国扩张史》的编写工作；另一拨由卢苇、杨建新等老师牵头，成员有马曼丽、杨鼎铭、何玉畴等老师，负责《沙俄侵略中国西北地区史》及其附属材料“西北史地”的编写。作为建工局那边“拼凑”的“工人理论组”的成员之一，我有幸同时与这两个专家组相处，从他们那里学了不少知识。这里面对我教益最大的，当属李建先生了。

首次认识李建先生，是“编写组”组建的那一天，确有些一见如故的感觉。那是在1975年初冬的一个下午，李建、赵辉杰等专家由兰大历史系总支书记和“工宣队”负责人带队来我当时的工作单位，位于“七局红楼”的“建工局工人理论学习班”。建工局这边，则由政治部宣传处和学习班的两级领导带队。两个单位的领导将我们召在一起，开了个简短的会议，“编写组”算是正式成立了。按照领导“部署”，李建等专家须在“学习班”安营扎寨。但我注意到，来的几位专家中，就李建带来了铺盖卷，别的专家只带了个小包。待到会议结束，也快到吃饭时间了，那时单位间未有而今的宴请或聚餐的事儿，包括系领导在内的别的客人纷纷告辞回家，惟有李建先生留了下来。那时我也吃住在学习班，于是就帮他拎行李，安排住宿。出于工作考虑，单位将我们几位青年人的宿舍和给兰大专家预留的宿舍安排在同一层楼，李建先生的宿舍恰好在我隔壁。待到帮他安顿下来，已经过了食堂开饭时间，于是我们便一起去单位斜对面的牛肉面馆吃兰州拉面。餐中彼此交换了“背景信息”，始知他系湖南人，北大历史系苏联史专业毕业，已任兰大历史系讲师多年。他也了解了我的一些背景，并感叹我们失去了读大学的机会，提醒我要多读书，走自学成才之路。

我因自幼生长在崇尚知识与文人的家庭环境中，对于知识人有着与生俱来的仰慕。虽然“时势”将我这样的青年人推到了不恰当的位置，但我那时还算清醒，自知未有高等教育背景，才疏学浅，从心底里崇拜有学问有知识的人，因此视李建先生为难得的良师。虚心请教为学之道，李建先生也不推辞，第二天便给我拿来两本书，让我去读。那以后的两年多时间，我有幸与李建及兰大历史系几位多少有些落魄的专家们“朝夕相处”，在他们的引导以及言传身教下，读完了大学历史系学生所应读的几乎所有的教科书和专著，打下了自感坚实的世界史基础，并在他们近乎“手把手”的教导下，学到了一些社会科学研究的基本方法。这期间尤其值得一提的，是李建先生及其同事们有关我的学习的两次安排，这两次安排对我的求学之路，确切地说是“大学之路”，起了关键性的影响。

一次是在1975年末到1976年末，这期间的一年多时间，我们的“编写组”处在某种“游击”状态，不时搬迁。先是借邓小平主持工作期间提出的“复课闹革命”的大环境迁往兰大校内，而后又在“批判右倾翻案风”之时迁往企业。虽然处在此种“游击”式动荡时代，但我的学业不仅未受影响，反而大有长进，这在很大程度上要归因于李建等亦师亦友的“兰大人”的影响了。原来在借“复课闹革命”氛围将编写组迁入兰大时，李建等“兰大人”特意向我们单位领导建议，让我随编写组进驻兰大。并在兰大招待所给我安排了住宿，在历史系资料室给我安排了一间用书架隔出来的“工作间”，提供了当时看来简直可谓“一流”的“读书间”。那时读书的人很少，有这样一个坐拥书城的机会，我简直有些欣喜若狂。由于处在“知识饥渴”状态，碰到这样的好机会岂能虚度！几个月内阅读了大量的书，做了好几本笔记。那时借书要在书后借阅单上签名，历史系许多书都留下了我的签名，以致多年后当我已在经济系任教时，有位历史系跨专业的考研生告诉我，他在历史系不少书的借书单上看到了我的签名，还以为是同名同姓者所为！

另一次是1977年，那年“文革”行将结束，高考突然恢复，“编写组”任务已完并面临解散的前景。单位领导肖铭德先生惜才爱才，有意送几位好学的青年人去兰大，以“进修”名义深造。当时与兰大一方谈定的只有两个名额，分属历史和政治经济学两个系：我有幸被保送到了经济系，由此走上了经济学之路。事后获知，关键时候也是李建先生和肖铭德先生帮我说了话。据说他们二位对我们单位的上级领导说，经济学比历史要难，要有一定数学功底，两个候选人中，赵的学习更勤奋，底子更扎实，因此适合读政治经济学。

后来我到了兰大，变成了“兰大人”，才从历史系的一些老师那里了解到，李建先生系北大高才生，有名的俄国史专家，俄语功底极好，人民出版社高级编辑们但凡遇到俄语及苏联史书稿疑问时常常向李建先生请教。先生为人宽厚，对晚辈尤甚。惜才爱才，同事及其“入门弟子”们有口皆碑。然而遗憾的是，这样一位好老师，半生经历坎坷。事业上虽然学问过人，但困于“后文革”时代“只认‘干货’（论文）篇数不认学术水平的”体制，临到老也未拿到正儿八经的教授职位，只是临近退休的那一年给了个多半带有安慰意义的教授头衔！论其个人生活，亦可谓半生清苦。

遗憾的是，在我加盟兰大，变成名副其实的“兰大人”之后，有段时间工作生活压力俱增，颇有些自顾不暇的处境，不知不觉中淡出了与李先生的交往。只是临离开兰州时与先生匆匆告别，十余年后当我重返兰州再想去拜访他时，方知先生已经故去。更令人遗憾的是，查了一下网络，发现李建先生故去的如此“干净”，乃至在网上也查不到他的丝毫信息，真有几分“去而无踪迹”的神仙意境，在此特表示纪念。

除了李建先生而外，当年在“编写组”与我亦师亦友的“兰大人”，还有多位，这里必须提及的有四人：一位是温文尔雅颇具“绅士风度”的四川人卢苇先生，专修中国古代史；另一位是快人快语的湖南人赵辉杰先生，他是北大高才生，苏联史专家；第三位是四川人何玉畴先生，给人一种三十年代“肺痨学者”的印象，总是一手握卷一手拿烟，专注于书稿而强忍着“喷薄欲出”的咳嗽；第四位是马曼丽老师，据传出身江南书香世家，言谈举止中流露出现代知识女性特有的那种内秀与高雅兼具的美，精通俄、德、英等多种外语。这一群多少有些落难的“兰大人”，成了我难得的老师。他们那种对待知识与学问的严谨态度，虽处乱世而不改追求学问承诺的人格魅力，都深深地感染了我。在某种程度上可以说，正是这批“兰大人”的感染与言传身教，将我带入了一个广阔的知识海洋，并领我找到了人生追求与努力的方向。

同样遗憾的是，自离开母校之后，多年未有他们的丝毫音信，在此我遥祝他们健康长寿，人生幸福美满！

四、学长同事“兰大人”

我之进入兰大，成为这所百年学府的正式学生，当始于1980年秋季。那是在我以一种非正规身份随“七七级”在兰大学习两年之后。那两年，我在原有历史专业基础之上，又构筑了经济学——政治经济学专业基础，可视为我的经济学“入门”阶段。这样，从1978年到1982年研究生毕业并获得学位，我在兰大度过了整整四年半的学生生活。期间教过我的老师很多，但我自感在学问上受益最多的老师，当首推两位：一位是张忠修先生，另一位是刘天怡先生。刘天怡先生是我的硕士学业导师，后面将予以专述。张先生于我，则先为师长后为领导加同事。除了张先生而外，在我留校工作的十多年时间，这种领导加同事关系的“兰大人”颇多。我以为，时下国内将大学担当院系行政职务的教师称作“领导”，容易使人将其与职业官僚混同，而忘却了他们的专业背景，实际上有几分失敬。相比较而言，旧时的“学长”称谓，当更为恰当，更为亲切。出于这种考虑，此处就称他们为“学长”加同事吧！他们中间，对我的人生选择起了关键作用，因而最值得一提的还有两位：一位是李国杰先生，另一位是史柳宝先生。

按照我就学及受益于他们的先后，先说说张忠修先生。张先生与我仅为课堂师生之交，课下并无深交，师生关系不仅纯而又纯，而且可谓淡而又淡，但先生的政治经济学课，则令我受益半生。张先生开的课“政治经济学”（资本主义部分），可用两个词来形容：一个是“严谨”，另一个是“丰裕”。所谓严谨，集中体现在授课内容的逻辑联系上，而丰裕，则体现在广征博引上。现在看来，他将马克思那种德意志人固有的富有哲理的推理与中国人的实用主义“遐想”巧妙地结合在了一起，把一堂政治气氛很浓的半经济学半哲学的课程，变成了一门理论与趣味兼具的课，听他的课的确有几分享受。我相信每一位兰大“七七级”政治经济学班的同学，都会同意我的如下看法：作为一堂“入门级”的政治经济学课程，张先生的课的确不俗。他的课不仅给我们打下了坚实的政治经济学基础，而且培养了大家对经济学的兴趣。两年之后，当我自己也开始边读研边给一所“社会大学”的学生上课时，讲的就是政治经济学，所用教案“蓝本”，则是上张先生课时作的详细笔记。或许受到张先生“真传”的感染，我的课也一度让我那时的学生们着迷！这在很大程度上要归功于张先生的教学方式。实际上，我在上完张先生的课之后，自感找到了学习政治经济学的方向，便沿袭我“文革”后期养成的旧习，转入自学，花了大量的精力去读原著，其中翻得最多的要数马克思《资本论》和《政治经济学批判大纲》两本书了。至于别的几位老师的课，而今回想起来有些讲的也的确不错，但印象不是很深。

张先生属于那种“述而不作”型学者，虽然课讲得出神入化，但发表作品不多，后来兼任学校研究生处处长，行政事务繁多，想必也没有多少时间著述。但即便如此，我相信“七七级”同学迄今对其在政治经济学领域的学问功底，亦有几分敬畏的！

再说李国杰和史柳宝两位先生，他们二位先是我考研拜师的举荐者和鼓励者，后来在我研究生毕业时，力排众议将我留校。其后数年为我的直接或间接领导，我本人以及与我资历相近的兰大经济系当年的年轻学人，受益于他们鼓励与举荐者当不在少数，提及兰大经济系20世纪70年代末至80年代中期的发展，他们二位功不可没。

说到李国杰和史柳宝两位先生，须从我的“考研”说起。现在看来，当年我以高中毕业的“正式学历”与文凭“越级”考研，完全得益于某种

"天时"与"人和"的"时世"安排。这里最大的"天时"，莫过于改革开放促成的大环境。事情是这样的：我在兰大经济系随"七七级"进修两年之后，国家大环境已发生了大的变化，社会上已经开始"论文凭"了。我虽然靠自学几乎修完了历史与经济学两个专业的课程，但因未有文凭而面临着"出路"困境。正当我为下一步求学之路困惑的时候，"天时"有变：国家恢复了研究生教育制度，兰大经济系拿到了培养研究生的资格。事实上非止拿到，简直有些"斩获颇丰"的迹象。就在许多大学对于培养研究生还处在"可望而不可及"的境地时，兰大经济系首批就拿到政治经济学、外国经济史、世界经济和中国经济史四个专业的培养资格，其实力之强由此可见一斑！最初听到这一消息，原本以为考研与自己太远，因此一点也高兴不起来。但后来仔细看了一下招生简章，则近乎大喜过望。原来那时国家正处在百废待兴人才奇缺的境地，小平同志高瞻远瞩，提出不拘一格降人才的思想，鼓励高校学生跳级、越级。也许是为贯彻邓公这一思想，研究生招生简章特列一条，"鼓励'同等学力'者报考"。注意那时强调的是"学力"亦即真才实学能力，而非"学历"。多年后当我自己招收研究生时，有次再看招生简章时，不无吃惊地发现，不知何时这一条已给人"窜改"了，"学力"变成了"学历"！这是后话，此处不拟赘述。

于是我打定主意准备"考研"了，但考哪位教授的研究生，考哪个专业呢？那时高校"招研"与时下"招博"差不多，得先找好导师，冲着导师去报考。幸运的是，正在我犯难之际，得着了"人和"：我在建工局的老领导肖铭德先生听到我的打算，主动出面，鼎力推荐，将我举荐给了兰大经济系的两位领导，这便是李国杰先生和史柳宝先生，时任兰大经济系正、副主任。这两位先生与肖铭德先生系"文革""开门办学"年代的旧交，正是他们二位力主给建工局二个进修生名额，我则是这种安排的第一个受益者。我那时有几分"腼腆"，虽在他们领导下的经济系进修，但自知学识浅陋，距他们太远，未敢贸然去找过。当我带着肖铭德先生的问候求教于他们的时候，得到他们二位的热情鼓励。原来这二位先生对我的情况也略有所闻，知道我有世界历史和政治经济学两个专业的背景，力荐我考刘天怡先生的外国经济史。记得史柳宝先生说过，外国经济史是介于世界史和经济学之间的学科，带有跨学科性质，适合我考。李国杰先生还写条给刘先生举荐我，待到我拜访了刘先生并得到肯定答复之后，李先生还半开玩笑地对我说，"小赵将来要喝'洋水'去了"，意思是，刘先生系

"留洋"归国学人，跟着刘先生有望出国。现在想起来，李先生果然具有先见之明，后来我留兰大工作期间，出国进修两趟，而自加盟浙江大学以来，出国交流对我简直成了家常便饭！

正是得益于我与"兰大人"的这种"人和"，加上改革开放初期的有利"天时"，我才得以以"同等学力"身份考取了兰大经济系的研究生，成为一名正式的"兰大人"。但这仅仅是开始而已。后来在我留校之后的出国求学与为学之路上，李先生和史先生也不时予以鼓励，提供了他们力所能及的关照。现在回过头想想，兰大那时的"有容"，恰恰是通过李国杰与史柳宝这样的"一线"学长们来贯彻的，他们那种惜才、爱才乃至求才若渴的人格魅力，在"文革"结束百废待兴的转折年代，收拾了散落的人心，奠定了兰大在新时代发展的良好基础。我相信大多数当年在兰大经济系求学而后留校工作过的同人，都会同意我的这一看法的。

五、先师刘天怡先生

现在说说我的导师刘天怡先生。初次认识刘先生，是在1979年春季。那年先生给"七七级"开讲"外国经济史"课程，事先听同学说过，刘先生是经济系著名学者，早年"留美"，"文革"期间受迫害并迫其按照"一般职工年龄"提前退休了，粉碎"四人帮"后又给请了回来。获知刘先生这一经历，同学们都抱着一种崇敬的心情，早早去教室占位子等着上课。随着上课铃声，进来了一位个头不高温文尔雅的老先生。先不说话，拿一支粉笔在黑板上写了四行字："一别檀台十四年，刘郎无意说辛酸。而今沐浴春风里，善逐阴晴避乍寒。"随后用平和而缓慢的"川味普通话"解释说，这是他本人对"文革"以来学术生涯失而复得的写照，话语间流露出对新时代的赞美和期待。当时作为一位非正式学生，我还未有任何奢望日后会拜眼前这位德高望重的老先生为师，更没有丝毫奢望能读研究生。实际上那时只听到人们在议论恢复研究生招考的事，但我总感到这事儿离我有些远。更想不到的是，不久之后，自己便成为邓公力主的这一变革的首批受惠者之一！世事因时沧桑巨变之大，的确是常人事先所难以逆料的！

前已提及，我拜刘先生为师，得益于李国杰先生和史柳宝先生的引见与举荐。当天下午，我便带着李先生的"口信"去找刘先生。那时一般教授家里没有电话，教授也没有办公室，除了"政治学习"之类的会议而外，教师们照例不坐班，要拜访便径直去人家家里敲门。我也就按照当时这一“惯例”去找刘先生。那时刘先生住刚刚修成的17号家属楼，家属院的新楼仅一两幢，与旧楼泾渭分明，很好找。找到后说明来意并称是李国杰先生推荐的，刘先生很客气，仔细听了我的经历，表示可以按照“同等学力”资格报考，但同时重申了招生简章上的规定：“择优录取，宁缺毋滥”。那时师生都很“正统”，以向老师“求教”为名的“探题”行为为人们所不齿，我也未有这方面的丝毫念头。实际上我与刘先生根本就未曾谈及专业问题，只是简单地讲了我的经历，求得允许报考，即起身告辞。接下来便是紧张复习、参考，直到五个月之后拿到录取通知书，期间也未曾造访过先生。后来获知，我们那一届报考刘先生的学生有15名，其中多半为“老三届”大学毕业生，其中仅有两名过线。我的专业考了第一，也仅有68分，足见老先生把关之严。后来拜师“入门”后与先生熟识了提及当年考分，先生说对我的答卷印象很深，只有短短两个小时的时间，居然提笔写了满满8大页，不仅思路好，而且文笔流畅！这是他给我最高分的主要理由。

我是在1980年9月中旬正式注册入校的，由于“同等学力”的身份，比一般“科班”出身的师兄弟们多一道“门槛”，注册前又接受了系里设置的外语和专业课复试，正式注册入学要晚一周。从那时到1982年6月毕业，师从刘先生近两年时间，受到先师耳提面命式的教导。细细回想，作为导师与专业领路人的先师给我最大的教益，莫过于基础知识的锤炼与熏陶。在先师看来，中国学人基础知识中，古典文史知识不可或缺。先师孰知我们那一两届入学的研究生，大多是在“革文化命的年代”中接受中学教育的，缺乏中国古典文化熏陶，因此特开设了一门课程，名称为“史论经典著作选读”，内容主要是中国古典文史论著，布置我们读《史记》《汉书》和《资治通鉴》中选出的一些佳作，督促我们做笔记，写读书报告。而后又设“史实经典著作选读”课程，读的书为国外经济理论原著，但目的则定位于从那些大家名家的著作中寻找与摘录经济史史实资料，制作卡片。当时我们几位弟子都感到有些诧异，怎么不从读经济史大部头著作开始，而从“外围”开始？因为我们看到别的专业导师都列了一大串专业书目，让其弟子去读，所开课程也仅仅围绕专业方向展开。私下里难免有些非议，与先生交谈中亦有所流露，对此先师并不理会，只是一个劲儿督促我们去学，并要定期汇报，提交读书笔记。这样一年时间下来，不知不觉中发现自己为文时笔端开始“生花”，“美言佳句”跃然而来，始知先生从“外围基础”抓起的妙用！而到后来写学位论文时，发现当初先师让我们“倒读”原著的妙用。以寻找史料为宗旨的读原著方式，实际上给人研究与感悟经济理论所提出的时代背景或环境的方法训练，同时也有望教会一个人深层次把握经济学大家们的思维方式。因为任何经济理论，都是先贤们对特定历史阶段经济现实研究与思考的结果。现在看来，先师给我们培养的是某种“倒读”理论的方法。这种方法与基础训练，实际上给人以理论统领历史之“入门”捷径。客观地说，掌握了这种方法，打下了这一基础，很容易将研究从经济史拓展至纯理论研究。到了后来当我从外国经济史专业“跨学科”而国际经济学与区域/空间经济学专业研究的时候，发现当年跟先师学的这一“倒读招式”依然管用！

除了基础知识与方法训练而外，先师在指导学生论文方面也很“另类”。从选择研究方向到选定题目，刘先生从不事先干预。他常说的一句话是，寻找研究方向和选题要“水到渠成”。主张每位学生自己在阅读原著中去寻找，去定位。开初我们不大理解这种指导方式，期望刘先生像多数导师那样能给出个题目，先师笑而不语，让我们自己去做。到后来，随着我们读书日多，学力日增，逐渐找到一些“感觉”，这时候先师往往给我们一些“提点”，坚定我们的信念，如此日积月累，不久便找到方向，确定了论题。沿用同样的方式，完成论文。后来在实际工作中逐渐感悟到，刘先生当年教导我们的方法，实际上属于古人常说的“授人以渔”方法，比之“授人以鱼”来要高出一筹！

多年后，当我自己从教也逾20年，做教授也有些年头的时候，对教授职业的认识得以升华，有一日忽然从《大学》开篇几句得到某种“灵感”。《大学》开篇说，“大学之道，在明明德，在亲民，在止于至善”。我对这段话的“现代感悟”是，“博大学问的道理，在于彰明人的心底已经存在的灵气和美德，在于将你所做的这件美事感染给你所认识的每一个人，在于将这件事做得尽善尽美！”这当是做教授的最高境界吧？本以为这个“秘诀”是我的一大发现，然而当我着手要写先师刘先生的时候，忽一日不觉感悟到，刘先生当年对我辈的教导，恰恰符合“在明明德”的思想，这或许与先师深厚的古文化修养有关吧！

刘先生于我耳提面命的师生时间是短暂的，而以师长加同事的时间要长些。前已提及，在我读研不到两年时间之后，得着国家“两年制”研究生学业“试点”之光而提前毕业，随之留校任教，时在1982年夏天。客观地来说，我之留校，部分是奉了师命，部分是因着学长爱才惜才的缘故。我属于改革开放以后中国大陆的最早两届研究生之一，到我毕业那年，全国毕业的研究生仅千把人，经济类毕业生不足百人，其中学外国经济史的可谓凤毛麟角。那时国家百废待兴，各方面人才奇缺，研究生成了“香饽饽”，高校抢着要。我当时也打算走出大西北，去沿海大都市干一番事业。然而我毕业时面临的局面是，刘先生年近七旬，身患高血压等疾病，身兼校内外多个职务，母校外国经济史教学后继乏人，面临“断档”困境。先师的意思很清楚，希望我留下来接手他的本科教学工作，只是等着系里表态。恰在此时，终于等来了论文答辩。我在论文答辩中的表现，显然给答辩委员会五位老师留下了很好的印象，事后邻门师兄窦汝广多次告诉我，他曾亲耳听见系主任李国杰先生在给系里别的老师绘声绘色地描述我的答辩情景，言语中赞赏有加。这样，答辩一结束，我的留校也就成了定局。那时实行国家计划分配制，学生去留完全由学校及其人事主管部门定夺，谈不上什么个人意愿。当年9月份新学年开学后，我就正式接手了刘先生开设的“外国经济史”本科教学工作，先生随之从本科教学活动中“隐退”，专事研究生教育及兰大人口研究所的领导工作，直到1992年仙逝。算起来与先师相处前后共12年时间。

待我留校工作之后，先生待我多半如同事，教学及研究方面任由我独自发展，从不干涉。事实上，先生晚年几乎完全超脱了经济系师生的日常活动，除了带一名研究生而外，专事兰大人口研究所的领导工作和《西北人口》杂志的主编等工作。加之社会兼职颇多，作为弟子，不忍心去多打扰，这样师生之间平时的来往，反而不如当学生时那样频繁。当然，逢年过节或在教学与研究方面有些新的想法时，亦不时登门拜访、讨教，先生偶染小恙，亦不忘前去探访，执弟子之礼。这期间刘先生教诲亦有“言传”，但更多的则属于“身教”。

言传方面，刘先生给我最大的启发是对学问与人生之长期性的认识。留校不久，我发现自己所接手的“外国经济史”课程属于“冷门的冷门”，一个学年中只有一学期的课程，且每周不到三小时。那时炙手可热的课程是政治经济学、企业管理等。与我前后差不多时间留校的几位青年教师，就属我的课程最少，学生也少，因而受上面重视程度也最小。更要命的是，那时中国改革开放刚刚起步，学术杂志很少，聚焦现实经济问题的文章容易发表，经济史方面的文章不易发表。有段时间自感有些“失落”，有次拜访先生时流露出这种情绪，先生听后笑道：“经济史课原本就是冷门，需要向别的学科拓展，上课少反而是好事，可以花时间多做研究，拓展学科。”接着说，“年轻人学问起步阶段要注重基础训练，不要攀比‘篇篇’多少”；“人生是万米赛跑，开头几步跑在前面并不能说明什么！”并告诫我说，不要去搞那种“应景”式文章，先打基础，这样十年后当你发文的时候，别人是赶不上的。部分得益于先生的教诲，部分也得益于当时“大环境”的影响，那以后我便调整战略，花少量精力于外国经济史的教学与研究工作，而将大量精力花在了外语和经济理论基础知识拓展上，自修了那时还受到官方批判的“西方经济学”和“国际经济学”。这种“战略调整”不久即得到实实在在的“回报”：年余后当学校选拔出国进修教师时，我的外语考试名列文科青年教师第一，由此确定了我的出国之路。数年后当我留学负笈归来，一度曾开了五门课程，其中四门是全新的！而在科研方面，好思路则接踵而来。由此感悟到先生的“先见之明”。

论及先师“身教”，感受最深的要属其晚年为人之宽厚，先生自50年代后期“反右”被打成“不戴帽右派”，到“文革”结束，长达20年间一直是经济系的“老运动员”，历次政治运动都难以幸免。反映这段历史的大量研究及纪实性文献一再揭示，在那些“非常岁月”，青年教师最好的“表现”方式，便是拿有“右派”、“亲美”等背景的老教师“开涮”，以捕风捉影乃至无中生有之事，攻击这些“专政对象”以求自保或重用。在长达20年的受批判期间，据传刘先生与系里晚辈师生的此种恩怨不少，“文革”结束后先师一度身居学术要职，有着左右学校文科尤其是经济类教师晋升职称的足够影响力，大可行“挟私报复”之事。然而，人们未曾见先生这样做过。在我与先师十多年交往中，偶尔听到先生提及当年受辱情景，但从未提及具体人氏。每遇学校提职称，先生则完全依照经济系学术委员会意见，公正地对待每一位中青年教师，帮每位老讲师说情。这当是那期间的兰大人有目共睹的。客观地说，先生晚年此种不计前嫌之宽厚为人处世方式，也给他带来了好的“回报”，乃至在先生过世之后，当年与其共事过的晚辈学者大多对其褒奖有加！这一身教，当为我辈终生效仿！

说到先师，不能不提及师母白朝莼女士。这是一位出身名门而历经千辛“万辱”的知识女性，在她身上，可以看到东方女性那种外在美与内在贤淑的完美结合。一生忍辱负重，以相夫教子为己任。还在我们当学生的时候，就有传言说师母与“广西白家”有染，解放后长期受政治冲击。后来才知，此说全系非常时期人们的捕风捉影。后来从刘先生儿女那里获知，师母出身一亡命海外的湖南籍国民党元老世家，其受迫害多半因其家庭出身为时代所不容，少半则因其本人工作出色而为同事所嫉妒。不管怎样，在“文革”结束前长达20多年的时间内，这位“名门闺秀”要么自己挨批受辱，要么陪丈夫挨批，受尽了人间屈辱。即便如此，始终未改相夫教子之东方女性的美德，一生养育四个子女。好不容易盼到平反昭雪与海外家人取得联系，然而不幸之事又接踵而至：先是刘先生中风卧床数年，师母日夜服侍积劳成疾，后来竟然患上绝症，先刘先生月余而逝去。

人们常说，一个成功的男子后面大多有一位伟大的女性，这句话放在先师与师母那里，无疑是格外恰当的！

六、结语

现代中国高等教育的历史比之欧美来要短得多，从1895年到1898年北洋大学、浙江大学以及北京大学的先后创立迄今，也就百十年时间，兰州大学以其百年建校历史理所当然地跻身中国近代首批大学之列，其“资历”不可谓不长。百年以来，兰大虽然地处西北内陆而不占多少地利，但在中国大学中的建树却不亚于沿海名校，其声誉向来不差。其中在20世纪50年代末至60年代中期江隆基先生主政期间，其达到的辉煌当令国内拔尖的几所大学汗颜，而在改革开放最初十年，其学术实力也在大陆高校十名之前。近20年以来与沿海一些发达地区的高校相比，发展或许有些缓慢，但其积一百年经历而形成的校园文化底蕴，当是那些依靠物质“大投入”加官方关照获得跳跃式扩张的“后生”大学所无法比拟的，这一点或许就是古人所说的“百年树人”的真谛。那些资历浅浅，靠短期跃进扩张的高校，或许只能“树木”，要达到真正“树人”的境地，还须历练！

然而值得一提的是，近年不断有机构对大学排名，母校兰大在各类排名中的名次一降再降，令许多“兰大人”上火、着急。我以为，这一点大可不必去计较。目前国内关于高校排名，全部依据“量化”指标，如若仔细捉摸，这些量化指标中，没有一个（也无法有）能够反映一所大学文化底蕴的。不难想象，如若抽去文化底蕴，还有大学之间的本质差异吗？如若抽去文化内涵，那牛津、剑桥这样的世界名校可能就与英国任何一所大学没有差异了。

在我看来，近年国内关于高校排名，多少带有“政学”排名延续的影子，而“政学”排名，则有些“十二生肖”排序的味道。笔者不时出席一些学术活动，发现有些德高望重的学人座次，每每给排在了一些亦官亦学的“政学”后面。本人也不时遇到这种局面，发现学术未曾跃进而不知靠什么弄了个“行政级别”的“后生”给弄到了前面，最初心里也感到不是滋味。然而久而久之也就习以为常了。有一日联想到“十二生肖”排名，一下子想通了！不知何故，十二生肖中尽管令人生厌的耗子排在前面，但天下父母大多都想“生龙生凤”，至少“生牛生猪”，而将“鼠老大”冷落一边。人们谈起十二生肖来，关注最多的还是后面的几位！既然时下学人排名类似十二生肖，大可以不去理会。既然大学排名带有“政学”排名的延续，一所百年大学给挤兑到了后面，那又何必去计较呢？

（本文有删节）

论儒家的道义型的人类中心论

——从刘文英先生对儒家生态伦理观的研究说起

白　奚

由于全球性的生态危机的日益严重，特别是伴随着我国经济的迅速发展而来的生态环境的日益恶化，如何利用中国传统的思想文化资源，从中寻找走出生态危机困境的文化对策，就顺理成章地成为了近些年中国学者特别关注的研究课题。在中国传统的思想资源中，儒家学说有较为丰富的生态伦理思想，吸引了更多的研究者的兴趣，因而相关的研究也显得格外引人注目。

当前我国学术界对儒家生态伦理思想的研究和评价，是随着全球范围内对西方传统的人类中心主义思想的反思和批判的潮流而动的，因而对儒家生态伦理思想做出肯定的评价，使其转化为有助于解决生态危机的思想资源，是目前该领域研究的主导倾向。在这方面的研究中，我们不能不重视刘文英先生的探索和理论贡献。

一

国内对于传统生态伦理思想的研究，大体上起步于20世纪90年代初，不过那时生态危机的严重性还没有充分显露出来，因而并未引起广泛的重视。真正成为理论上的热点，是最近几年的事。刘文英先生于1990年代

作者时为首都师范大学哲学系教授。该文发表于《兰州大学学报》(社会科学版)2015年第3期。

中期承担了一项国家社会科学基金课题，系统研究和评价儒家文明，关于儒家思想中的生态学意义的思考是该项目的重要组成部分。该项目的最终研究成果，就是《儒家文明——传统与传统的超越》（南开大学出版社，1999年12月出版）一书。在该书的“自序”中，作者提出了对儒家生态伦理思想与“人类中心主义”区别的基本观点，在第三章第四节“‘参赞化育’与理想生态”和第五章第四节“儒家文明传统与中国现代化中的生态环境问题”中，作者对自己的观点进行了详尽的发挥和展开。刘文英先生对儒家生态伦理思想的思考和探讨，在国内学术界中属于比较早的，这部不过18万字的小册子只印行了两千册，不大引人注意，其中的思想观点并没有产生其本应产生的广泛影响。而今我们对传统生态伦理思想的研究已有很大的进展，回过头来品味这个小册子的有关论述，笔者不由得对刘文英先生的超前意识、深邃思考和精准概括产生了由衷的敬意，他的有关研究足以启发和引导我们进行更深入的思考和探索。

刘文英先生这部著作的思想主旨，是要适应中国实现现代化的时代需要，对儒家文明进行全面系统的反思、扬弃和创新。诚如该书“自序”中所言：“本书题为‘儒家文明·传统与传统的超越’，这是全书的主题，也是我们的基本态度。在走向现代化的过程中，我们必须继承儒家文明的传统，这样才能保持中华文明的历史连续性，才能使中国现代化具有自己的民族特色；但是我们又不能局限于儒家文明的传统，一定要超越这个传统，这样才能适应现代社会的需要，才能创构现代化的中华文明，从而把中华文明推向新的历史阶段，使之具有现代性的内容和形式。虽然本书是对儒家文明的全方位的研究，但重点是要分析儒家文明与现代化的关系，说明儒家文明传统在创构现代中华文明体系中的作用。”书中对儒家文明同现代化的关系有全面的思考和阐述，其中对儒家“参赞化育”的思想予以了充分的重视、高度的评价、深入的阐发和充满新意的现代转化，由此展开了作者对儒家生态伦理思想的思考和探索。

刘文英先生在该书的“自序”中指出：“现在有一种观点，认为儒家过分强调了人的价值，也是‘人类中心主义’的表现。在我看来，儒家之尊天、敬天和畏天，即是尊崇世界本身的实在性（诚）、敬畏自然法则（道、理）的不可抗拒性，及其作为生命之源和道德之源对于人的至高无上的价值。”这里，刘文英先生明确地反对把儒家思想划归于人类中心主义的范畴。那么，什么是人类中心主义呢？刘文英先生有自己的明确界定，他在第三章第四节“‘参赞化育’与理想生态”中指出：“所谓‘人类中心论’的要害，就是人类要主宰世界，而自然界必须从属于人类。我们在儒家哲学中，根本找不到这种西方极流行的观念。”显然，认为儒家过分强调了人的价值就将其划归“人类中心主义”的观点是肤浅的、不正确的，它只看到了儒家对人的价值的高扬，而没有看到儒家在人的价值之上还有一个更高的价值，那就是“天”的价值。而所谓“天”的价值，即刘文英先生所说的“作为生命之源和道德之源”这一至高无上的价值，无论在任何情况下，人都必须尊天、敬天和畏天，在天的价值面前，人的价值只能是第二位，居于从属的地位，因而儒家崇尚的“天人合一”，就只能是如刘文英先生所指出的那样“是人合于天，而非天合于人。”（《儒家文明——传统与传统的超越》“自序”）显然，刘文英先生的理解是符合儒家学说的一贯立场的。

为了展现儒家文明同西方的人类中心论的差异，在该书第五章第四节“儒家文明传统与中国现代化中的生态环境问题”中，刘文英先生从源头处对比分析了中西方文化在对待人与自然关系上的不同传统。他首先分析了西方的哲学传统，指出：“西方文明在现代化的跃进中，根本没有考虑过人类生存的环境问题，我们从西方世界所能获得的主要是教训而不是经验。西方哲学传统，总是把人同自然对立起来，以殖民者征服土著民族那样的态度征服自然……结果，在他们欢庆现代化的胜利时，回头面对的却是一场严重的生态危机。”而对于儒家为代表的中国哲学传统，刘文英先生分析道：“按照儒家的哲学，人作为自然的产物本来就同自然界有机地联系在一起，自然界及其万物的本性和变化当然关系着人类生命的存在与发展。以此为前提，人作为自然的主体，主观上就应该追求同自然的统一，并以此作为人类基本的价值目标。‘致中和’不只限于人际关系，而且要扩大到‘天人之际’。仁爱的对象在发展中也超出了人，而扩大到‘及物’、‘理生’、‘昆群’，即把热爱生命、保护生物也纳入到仁德范畴，万物都被看作是人类的朋友。”刘文英先生这里所说的“人作为自然的主体”，并非是“人是万物的尺度”、“人为自然界立法”之类的西方传统观念，而是指人既是自然的产物而为万物之一，又不同于普通的万物，人是作为“万物之灵”而存在于天地之间的，这在中国文化传统中是由来已久的观念，是典型的中国传统观念。对于这种中国传统观念的生态学意义及其所可能达致的前景，刘文英先生乐观地分析道：“由于这种观念在中华民族精神与民族心理中具有久远的历史根底，极有利于提高全民的生态意识和生态自觉。继承和发扬这种思想传统，将使我们对于现代化中的自然环境与人类生态问题，形成一种不同于西方传统的全新的认识。具体地说，就是用人同自然的有机统一取代人与自然的疏远分离，用人同自然的协调和谐取代人与自然的互相对抗，用热爱自然、保护环境取代征服自然、破坏环境。只有这样，我们才能避免和纠正西方现代化中的历史性的失误。”应该说，刘文英先生出于他对儒家思想中“人合于天”的精神的准确把握，敏锐地看出了隐含于其中的现代生态学价值，他提出的这“三个取代”是可以从儒家思想中合理地推导出来的，这的确是中西方文化传统的重要不同。同时，西方现代生态哲学和生态伦理学近些年来的发展趋向，也是在朝着这“三个取代”的方向迈进的。

当然，刘文英先生对儒家传统的生态伦理思想也并非是盲目乐观的，他对这样的传统思想在现代社会的应用前景是既乐观又审慎的，他并不认为这种传统的思想是可以直接拿来就使用的。于是他接着指出：“儒家的生态理想虽有其极高的思想价值，但其具体内容同古代农业社会联系在一起，与现代工业社会表现了明显的时代反差。‘天人合一’、‘参赞化育’和‘民胞物与’的观念，都要进行现代的诠释，并在现代化的实践中充实、发展和提高。无论就其内容或形式，儒家古朴的生态哲学和生态伦理学，都应转换成具有中国特色的现代生态哲学与现代生态伦理。经过这样一种时代转换，它就纳入到现代中华文明的文化体系与思想体系中来了。”

那么，刘文英先生是如何将蕴含于儒家传统哲学中的生态学思想进行现代诠释或现代转换的呢？或者说，他是通过什么样的具体途径或具体方式来实现这样的诠释化转换的呢？这是《儒家文明——传统与传统的超越》一书的第三章第四节“‘参赞化育’与理想生态”所要解决的问题。在这一节中，刘文英先生并不很赞同目前国内外学者通常所做的那样，用“天人合一”这一命题来表述儒家关于人类与自然界的协调与和谐的理想化的生态平衡，他认为“天人合一”的命题的确包含有人类与自然协调、平衡和一体化的意蕴，但它的外延过于宽泛，常常用来表示人的道德修养与精神境界。他认为：“最确切、最具体的表述，应是《中庸》所论述的‘参赞化育’。”对“参赞化育”这一命题，刘文英先生予以了高度的重视，在他看来，儒家生态伦理思想的精华主要就蕴涵在这一命题中，因而他对这一命题的意涵进行了精心的阐释。他的阐释主要集中在两点上，其一是人类参赞化育的前提以及人类何以能够参赞化育，其二是人类以何种方式参赞化育。

关于第一点，刘文英先生认为：“‘参赞’指人在天地自然中的参与作用与调节作用，‘化育’指自然万物本身的变化与发育。人类通过自己的积极活动，让自然万物都按照天道、物理变化与发育，人类和自然界自然会建立一种协调关系，人类的生存环境和生态系统自然形成一种优化平衡的状态，其理想目标就是‘中和’。”那么，人类可以在多大程度上参与天地自然万物的变化与发育呢？这种参与活动有没有前提呢？要不要对人的这种参与活动加以限制呢？刘文英先生是这样论述的：“‘赞’是一种有为的活动，‘赞’的前提是尊重天地自然本身的变化和飞潜动植的化育，而不是把人的意志强加于世界。换句话说，必须按照天道、物性的要求去影响和推动‘万物的化育’，以便使‘化育’的过程和结果避免灾祸和为人所宜。”可见，参赞化育必须以尊重天道和物性为前提，这个前提是对人类行为的限制，避免人类为所欲为，把自己的意志强加给自然万物。显然，这一前提和限制是极为重要的，是避免出现人类过于发挥自己的自觉性和能动性而导致征服自然之恶果的关键。那么，人类何以能够参赞万物的化育呢？在刘文英先生看来，这是因为人类本来就是自然界的产物和一部分，人类与天地万物之间是统一的，存在着有机的联系。刘文英先生举出了诸如“天人一性”、“天人一体”、“天人一物”、“天人一理”、“人者天地之心”、“人与天地万物为一体”等传统的表述，指出：“这些古老的观点都说明，人类作为自然界的产物，本来就与自然界是统一的，在人和天地万物之间亦存在着共同的根本的规律。”显然，没有这样的有机联系，人类也无法参赞天地万物的化育。

关于第二点，刘文英先生认为，人类是以道德自觉的方式来参赞天地自然万物的化育的。他指出：“儒家‘参赞化育’理想的核心，是一种古朴的东方民族所特有的生态伦理。儒家把仁德从人际推广到一切生命与自然万物，不但要在人类与自然界之间建立一种协调的、和谐的关系，而且要建立一种具有道德情感的和谐关系。《中庸》所谓‘参赞化育’并不是一种单纯的理智行为，而首先是一道德行为，是仁德的一种表现。”仁德是为了协调人际关系而提出的道德观念，原本只适用于人类社会，但儒家把仁爱的范围扩大，超出了人类社会，进入到自然万物的广大领域，并把这样的仁德视为人之道德的最高境界和最终实现。应该说，这是儒家一以贯之的一个基本立场。刘文英先生的分析就是围绕着这一点展开的，他从孟子的“仁民而爱物”开始，一直讲到张载的“民胞物与”，突出地强调了儒家的这一特色思想，向我们展示了儒家要在人类与自然界之间建立的这种“具有道德情感的和谐关系”。刘文英先生指出的这一点是至关重要的，是将生态学与伦理学联系起来的关键。他认为，“儒家哲学所确立的这种理想目标，不但包含着现代科学所谓的‘人类生态平衡’之义，而且眼界要广泛得多，高超得多。”之所以说它眼界广泛，说它高超，显然就在于它所具有的伦理学的意义。如果我们再进一步追问，将人类特有的道德情感贯注于自然万物，在人类与自然万物之间建立起“具有道德情感的和谐关系”，这样做对于人类意味着什么？或者说，儒家为什么要建立这样一种关系呢？刘文英先生在该书的“自序”中的一句话可以作为回答。他说：“人在天地万物之间的道德自觉与道德价值，并不是获得一种主宰世界、征服世界的能力，不过是‘立人道以合天德’，自觉地承担起自己应尽的道德义务与道德责任。”可见，建立这样一种关系，对于人类来说，就意味着对义务和责任的承担。而这个义务和责任，当然就是指《中庸》所谓“参赞化育”、孟子所谓“爱物”以及张载所谓“为天地立心”。以“参赞化育”为代表的儒家生态伦理思想，刘文英先生称之为“泛仁论的生态伦理”，它虽然是一种产生于农业社会自然经济条件下的相当古老的思想，但它却符合当前和未来人类处理自身与自然关系问题的大方向，正如刘文英先生指出的那样：“我们今天不能期望儒家的‘参赞化育’就可以直接解决现代的生态危机。但是，‘参赞化育’的基本思想今天仍然是正确的，并具有恒久性的普遍意义。儒家古朴的生态哲学和生态伦理，今天在大方向上仍给我们提供极有价值的启示。现在社会解决生态问题，原则上仍然要采取‘参赞化育’的态度。人类与自然界的协调和谐，不只是古代儒家文明的理想目标，也应是人类文明现代与未来共同追求的理想目标。”现在我们再来看刘文英先生的这些论述，不得不佩服他的深邃眼光和超前意识。

综上所言，刘文英先生将儒家生态伦理思想概括为“泛仁论的生态伦理”，认为儒家主张人类以道德自觉的方式来参赞天地自然万物的化育，在人与自然界之间建立一种具有道德情感的和谐关系，并由此承担起参赞自然万物的生长发育的责任和义务。这是他对儒家生态伦理思想研究的贡献。

二

从刘文英先生对儒家生态伦理观的研究中我们可以看到这样一种情况，他断然否认儒家也是人类中心论，并极力论证儒家在人与自然关系问题上与人类中心主义的不同，这一态度源于他对人类中心主义的定义，因为他认为人类中心主义的要害就是人类要征服自然、主宰世界。事情的确如此，这样的人类中心主义在西方文化中有着久远的传统，一直是西方文化对待人与自然关系的主导思想，其导致的结果是严重的，正在引起全球范围内的反思。不过笔者认为，人类中心主义本身不一定是错误的，这要看对人类中心主义如何定义，要看它是什么样的人类中心主义，人类中心主义也可以有不同的类型和内涵，其所导致的人类对待自然万物的态度也可以很不相同甚至是完全相反。笔者认为，刘文英先生所揭橥的儒家的"泛仁论的生态伦理"思想，事实上就是另一种类型的人类中心论，我们可以将其称之为"道义型"的人类中心论。这样的人类中心论有着完全不同于西方传统的人类中心论的内涵，其对待人与自然万物关系的态度也与传统的西方人类中心论完全不同。那么，这种道义型的人类中心论的思想内涵是什么呢？笔者认为，刘文英先生所指出的人类以道德自觉的方式来参赞化育，从而在人与自然界之间建立一种具有道德情感的和谐关系，并由此承担起参赞自然万物之化育的责任和义务，这就是道义型的人类中心论的思想内涵。这两种不同类型的人类中心论的根本差异在于，西方传统的人类中心论是以人类的利益为中心，而儒家式的人类中心论，则是以人类的道义为中心。显然，以利益为中心只能导致人类对自然的征服和索取，而以道义为中心的结果，则是人类对自然万物承担起责任义务和付出道德关怀。

下面我们对儒家的道义型的人类中心论的基本思想进行概要的陈述。

儒家道义型的人类中心论，集中地表现在"人者天地之心"的思想观念上。既然人是"天地之心"，这当然就是人类中心论的明确表述。"天地之心"的提法，首见于《易·彖传·复》："复，其见天地之心乎"，这里，"天地之心"尚未同"人"直接联系起来。《礼记》第一次提出"人"是"天地之心"的观念，《礼记·礼运》曰："人者，天地之心也，五行之端也，食味别声被色而生者也。""人者，天地之心"的命题，是儒家对人在宇宙间的哲学定位，标志着儒家对人之为人的一种高度的自觉。这一命题中蕴含着的另一层意思，是认定人具有不同于万物的特质。人之所以有这样的特质，按照《礼运》的说法，在于人是“五行之秀气”，万物皆禀五行之气而生，惟人独得其“秀气”，故能为“天地之心”。人独得天地间“五行之秀气”，因而人就是“万物之灵”。人为万物之灵，也是中国先民由来已久的观念，最早出现在儒家早期典籍《尚书》中，《尚书·泰誓》曰：“惟天地万物父母，惟人万物之灵。”人既是“万物之灵”，则为万物中之最贵者，故《孝经》有“天地之性人为贵”的说法。

“人者天地之心”、“惟人万物之灵”和“天地之性人为贵”，这几种提法都是先民自我意识的精粹，都突出了人在天地之间的特殊地位，都强调了人贵于万物。然而人缘何贵于万物？人何以拥有如此特殊的地位？儒家学者对此进行了思考和不同的解答。荀子认为：“人有气有生有知亦且有义，故最为天下贵。”（《荀子·王制》）董仲舒也认为，万物莫贵于人，在于“惟人独能为仁义。”（《春秋繁露·人副天数》）他们都指出了惟独人具有道德意识。王充则认为：“天地之性人为贵，贵其识知也。”（《论衡·别通》）即贵在人有知识智慧，这种看法同西方传统的理性优越论不谋而合。荀子和董仲舒的看法后来成了儒家的主流见解，因为在儒家看来，道德观念就是最高的知识智慧。

确认了人为“天地之心”、“万物之灵”和人贵于万物之后，在如何对待万物，如何处理人与万物的关系这一问题上，儒家内部却出现了不同的态度。

荀子和董仲舒认为，万物存在的价值就在于能够为人类所利用。荀子把万物视为人类的财富，他一再强调要“财万物”，“材万物”以“养人之欲，给人之求。”（《荀子·礼论》）虽然荀子主张在取用自然资源时要有所节制：“草木荣华滋硕之时，则斧斤不入山林，不夭其生，不绝其长也。鼋鼍鱼鳖鳝鳣孕别之时，网罟毒药不入泽，不夭其生，不绝其长也。”（《荀子·王制》）但是在他看来，万物“不夭其生，不绝其长”，最大限度地为人所用，这便是万物之“宜”了。正是基于这样的认识，荀子提出了“财万物”的思想，主张对自然界“物畜而制之”。董仲舒则从神学目的论的立场出发，阐述了天创造万物是为了人类所用的观点。他说：“天地之生万物也，以养人，故其可衣食者以养身体，其可威者以为容服。”（《春秋繁露·服制像》）“生五谷以食之，桑麻以衣之，六畜以养之，服牛乘马，圈豹槛虎，是其得天之灵，贵于物也。”（《汉书·董仲舒传》）在荀子和董仲舒看来，人贵于万物，这就是万物为人所用的理由；人类的利益高于一切，因而人类为了自己的利益而自由取用自然资源，这是天经地义的事，即使是有爱惜和保护，也只是立足于人类的利益而为之。可以看出，这一派儒家，在对待人与自然的关系上所持的态度，同西方传统的人类中心主义和工具理性主义是一致的。

荀子和董仲舒这一派的态度，并没有成为儒家处理人与万物关系的主流。构成儒家主流和传统的，是从孟子到宋明理学的道德理性主义立场。孟子继承和发挥了孔子“钓而不纲，弋不射宿”（《论语·述而》）的悲悯情怀，提出“仁民而爱物”（《孟子·尽心上》）的思想，主张在“仁民”的前提下和基础上，把原本只适用于人类社会的道德原则和道德情感贯注于无限广大的宇宙万物，将爱心扩大到人类活动所能及的任何地方。不难看出，孟子这里是把“爱物”看成是仁德的最终完成。这样一来，对万物的爱心，实际上就成为仁德完善化的内在逻辑要求。孟子提出的“仁民而爱物”的思想，经过历代儒者的继承、阐扬与完善，最终成为儒家的一个重要的传统。《周礼·大司徒》曰：“仁者，仁爱之及物也”，扬雄《太玄·玄摛》曰：“周爱天下之物，无有偏私，故谓之仁”，韩愈《原道》曰：“博爱之谓仁”，都是对这一传统的表述。最著名的是宋儒张载在《西铭》中提出的“民，吾同胞；物，吾与也”的命题，视万物为人类的朋友和同伴，充分体现了儒家仁民爱物的博大精神。以我们现在的眼光来看，这一思想显然具有生态伦理方面的价值和意义。

宋明理学家将孔孟的仁爱思想和“人者，天地之心”的传统思想资源融会贯通，最终形成了以“仁”为核心内容的儒家式的人类中心主义观念。

宋明理学家首先提出了“万物一体”的命题，发展了孟子“仁民而爱物”的思想。二程曰：“仁者，以天地万物为一体，莫非己也。”（《河南程氏遗书》卷二）又曰：“若夫至仁，则天地为一身，而天地之间，品物万形为四肢百体。夫人岂有视四肢百体而不爱者哉？……医书有以手足风顽谓之四体不仁，为其疾痛不以累其心故也。夫手足在我，而疾痛不与知焉，非不仁而何？”（《河南程氏遗书》卷四）既然天地间万学物同为一体，人作为万物之一，则万物就不是与人无关痛痒的外在之物，而是与人血肉相连，休戚相关，因而人就必须如爱护自己的手足般地爱护万物。

“天地为一身”，那么人在这“一身”中居于什么地位呢？从二程的论述看，他实际上已经把人定位为天地之“心”了，因为惟有“心”能“知”手足之疾痛。人既为“天地之心”，万物作为“四肢百体”，其疾痛则无不通达于心，没有这样的感受便是“不仁”。这样一来，“爱物”便落在了实处，“爱物”已不仅是应当如此，而且是非如此不可了。

王阳明进一步阐发了这一思想。他说：“夫人者，天地之心。天地万物，本吾一体者也，生民之困苦荼毒，孰非疾痛之切于吾身者乎？”（《王阳明全集·卷二·语录二》）人既是“天地之心”，则天地间万物之危难痛苦无不通达此“心”，此“心”则必然做出反应而怜恤爱护之，“是故见孺子之入井，而必有怵惕恻隐之心焉，是其仁之与孺子而为一体也；孺子犹同类者也，见鸟兽之哀鸣觳觫，而必有不忍之心焉，是其仁之与鸟兽而为一体也；鸟兽犹有知觉者也，见草木之摧折而必有悯恤之心焉，是其仁之与草木而为一体也；草木犹有生意者也，见瓦石之毁坏而必有顾惜之心焉，是其仁之与瓦石而为一体也。”（《王阳明全集·卷二十六·续编一》）如果没有作为“天地之心”的人，万物之疾痛又有谁来关切呢？万物的危难又有谁来解救呢？如果人在天地之间不是居于“心”这样的特殊地位，而是同万物没有区别，又如何能对人提出特殊的道德要求呢？

张载《西铭》曰：“乾称父，坤称母，予兹藐焉，乃混然中处。故天地之塞，吾其体；天地之帅，吾其性。民吾同胞，物吾与也。”这段著名的话包含着重要的思想观念，认为人和万物都是天地所生，人在天地中不过是万物的普通一员，是微不足道的（“予兹藐焉，乃混然中处”）；认为人与万物共为一体（“天地之塞，吾其体”），并将万物视为人类的伙伴（“民吾同胞，物吾与也”）。张载对人在宇宙中的这一定位无疑是一种谦逊的态度，虽然其中隐含着爱护万物的意思，但尚未确定人对万物的责任义务。二程对这样的定位却并不满意。二程曰：“人在天地之间，与万物同流，天几时分别出是人是物？”（《二程遗书·卷二上·二先生语二上》）但这只是天的态度，天虽然不分别是人是物，人却不能仅如此为自己定位，否则便是把自己看小了。二程曰：“人与天地一物也，而人特自小之，何耶？”（《二程遗书·卷十一·明道先生语一》）在二程看来，人能够“赞天地之化育”从而“与天地参”，这样就必须承担起爱养万物的责任，方不愧于“万物之灵”的称号。

按照张载的说法，天地本无心，是人“为天地立心”（《张载集·拾遗·近思录拾遗》)，“天地之心”是人对自己在天地间(人与自然的关系)的价值定位。将人定位为“天地之心”，其意义不仅在于使人心与万物相感通而连为一体，更重要的还在于使人对万物负有了一种不可推卸的道德上的义务和责任。人不但不能凌驾于万物之上，而且还必须担负起维护万物的生养责任，用自己的爱心行动使万物各得其所，否则便是没有尽到责任，正如王阳明所言：“仁者以天地万物为一体，使有一物失所，便是吾仁有未尽处。”(《王阳明全集·卷一·语录一》)朱熹也说过：“‘人者，天地之心’，没这人时，天地便没人管。”(《朱子语类·卷四十五·论语二十七》)这里的一个“管”字，显然不能理解为“管制”，而应理解为“管顾”、“照管”，它深切地表达了人对天地万物的责任感。王夫之《张子正蒙注》说得好：“自然者天地，主持者人。人者，天地之心。”人在为自己确立了“天地之心”的价值定位的同时，不是拥有了主宰万物的权力，而是承担起了自然万物的“主持者”的责任和义务，人作为“万物之灵”，其特殊性即在于此。

通过以上分析，笔者认为，儒家关于“人者，天地之心”的观念，事实上也是一种人类中心主义。这样的人类中心主义，同那种通过征服和榨取自然的手段而使人类的利益最大化的人类中心主义有本质的不同。这种观念肯定人与万物同源、同构、同体，由此而能对万物采取一种平等的态度，而不是以一种优越感而凌驾于万物之上。这种观念是对人之为人的高度自觉，它肯定天地间惟独人类可以担当并应该担当起维护万物生养的责任义务。这种观念把人类的道德情感和伦理意识贯注于自然领域，把万物视为人类的同伴和手足而以爱心待之，如此定位的“天地之心”，人类只是自然万物的守护者，而不是统治者。在这样的思想观念主导下，人类的行动就不会仅考虑人类自身的利益，而是要“赞天地之化育”(《中庸》第二十二章)，“尽人之性，尽万物之性”(《王阳明全集·卷二十九·续编四·澹然子序》)，让人与自然生命都获得充分的发展，达到“天人合一”的高度和谐。

以上就是儒家的道义型的人类中心论的基本思想内容。这样的人类中心论，在中国漫长的农业文明史上发挥了保护自然环境的积极作用。这样的人类中心论，对于我们今天建立人与自然万物和谐相处的良好关系，对于保护生态环境，实现人类社会的可持续发展，都是有百利而无一害的，是一份值得珍视和利用的传统思想资源。

可见，同样是人类中心主义，由于历史文化传统的不同，由于出发点和对待万物的态度的不同，可以有完全不同的性质和思想内涵，可以导致完全不同的实践效果。因而，笔者认为，对人类中心主义也应区别对待，不宜笼统地一概否定。总之，人类中心论可以是以人类的利益为中心的，也可以是以人类的道义为中心的。儒家式的道义类型的人类中心论，是对以利益为中心的狭隘的人类中心论的超越，其实践效果也是有利于环境保护和可持续发展的。当前，各种非人类中心论的出现和流行，表明西方的人类中心主义已经难以引领我们走出生态危机的困境，需要突破和超越。儒家以道义为中心的人类中心论是一种朴素的思想理论，它不是因反思历史教训而提出的，不是为应对环境危机而形成的，而是自发地产生于农业文明的时代条件下，保留了人与自然和睦相处的“原生态”的思想样本。它对人与自然的关系做出了独特的阐释，包含着深刻的生态智慧，可以为我们突破和超越西方的人类中心主义提供一种不可多得的传统思想资源。

最后，让我们再回到刘文英先生的有关研究这一话题。虽然刘文英先生和笔者在儒家的生态伦理思想是否是人类中心主义这一问题上判断相反，但这仅是对人类中心主义的定义有不同的见解而已，并没有任何实质上的分歧。刘文英先生对儒家“泛仁论的生态伦理”的论定，同笔者对儒家生态伦理观的思想内涵和道德指向的揭示是一致的；刘文英先生指出，儒家主张人类以道德自觉的方式来参赞天地自然万物的化育，并把这看成是人类的责任和义务，这同笔者所揭示的人类以道德关怀而担当起天地万物的中心之责任义务，其实只是同一事实的不同表述。刘文英先生对儒家生态伦理观的研究，提出了很有价值的分析和阐释，为我们的继续思考和探索提供了更高的起点和不可多得的启示。

中国古代时空观与道观念的演变

李晓春

刘文英先生1980年出版了《中国古代的时空观念》一书，在这部当代哲学界研究时空观念的开创性著作中，形成了许多重要的研究成果，其中一个重要的贡献就是研究了道与时空的关系问题。今天，在道与时空观研究进一步深化的前提下，我们理应沿着刘先生开创的路径，继承并深化道与时空关系理论的研究。

一、中国古代的时空观念

对于时间和空间的认识，有经验的认识，有哲学化的认识。经验的认识大约世界各文化体都相似，但是哲学化的认识却有很大的不同。我们经常争论中国有没有哲学，其实，中国有没有哲学是与哲学的定义相关的。如果我们把西方的形而上学称为哲学，那中国古代由于没有这种以逻辑性为特征的形而上学而自然就没有哲学。但是时至今日，哲学并没有这么狭隘，世界各主要文化体都有对这个世界的本源的思考，都有超越于经验认识的抽象认识。可以这样说，哲学是从不同的文化体中产生出来的对这个世界的本源的形而上思考。《周易》说：

> 是故形而上者谓之道，形而下者谓之器[1]249。

“形而上”产生于中国的语言之中，后来在西方哲学传入中国之后，

作者时为兰州大学哲学社会学院教授。该文发表于《兰州大学学报》(社会科学版)2015年第3期。

我们用这个词来翻译"Metaphysics"，西文的原意是"物理学之后"。物理学是涉及经验的认识理论，而比物理学更加深入的思考则是对物理学的基础，甚至超越这个基础的思考。当我们用"形而上"把"Meta-physics"翻译为"形而上学"之后，又宣称中国没有形而上学，这既可以说得通，又使人感到心里有些滞碍和不安。如果说形而上学只是指西方的以是为核心的逻辑推演系统，那自然说得通，但我们在中国哲学中所说的形而上学并不是指这个，我们指的是中国的以体用论和理一分殊为特征的天道心性理论。这样，当我们在谈论哲学和形而上学时，并没有真正可以争论的地方；因为西方哲学所说的哲学和形而上学与中国哲学中所说的是完全不同的概念，而之所以又争论起来的原因无非是有的学者认为只有西方的哲学和形而上学才是哲学和形而上学的惟一形式。当西方哲学要占用原本属于中国哲学的"形而上"这一术语而又拒绝再让中国哲学使用这一术语时，它的态度便显得有些独断和过于霸气。其实，西方哲学说中国古代哲学没有"物理学之后"的学术思想，我们完全是可以同意的，因为事实本就如此。但当它说中国没有形而上学时，我们就完全没理由表示赞同，因为当初的翻译之所以要用"形而上"这个词也无非是西方哲学的研究者看到了"Metaphysics"与中国的形而上学的相似性。在西方的现代哲学中，语词的流变性是很容易理解的，比如在维特根斯坦的哲学思想中，语词是在语言的使用境遇中来显示其意义的。所以，今天我们看到形而上学的意义有很多的分化，也是再正常不过的事情，完全没有必要把这个词只是固定在西方的"Metaphysics"一个含义之上。

中国古代的时空观与哲学、形而上学的意义解释有相似的情况。它既有和其他文化体相似的经验性认识，也有自己独特的哲学性认识。1980年，刘文英先生出版了《中国古代的时空观念》一书，此书后来又出版了日文版本，20世纪末，刘文英先生又修订了该书。在《中国古代的时空观念》中，刘文英先生深入研究了中国古代的时空观，特别是他深入地思考了中国古代时空观的哲学意义，这一点在中国时空观研究史上是具有重要意义的。今天，我们有必要沿着刘文英先生的思想路径，对中国古代时空观的哲学意义做进一步的思考。

在中国古代时空观中，经验性的认识并没有和其他文化体存在质的区别。经验性的时空观起源于人类的日常生活，人们对于时间的认识首先源自于白昼与黑夜的区分，继而会察觉到日月、四季和年岁的意义，最终经过融会贯通的领会，产生出系统的时间观念即历法。从空间的角度来说，人们在日常生活中也逐渐产生方向、方位与几何形体的观念，最后形成较为系统的空间观念。

中国人很早就已经意识到了时间与空间之间的关联，而且从史料的记载来看，在空间和时间之间，时间的意义最初是依从于空间的方位来产生的。商代甲骨文卜辞中有四方风名和四方神名，但却没有四季的名称，杨树达、胡厚宣、李学勤都肯定商代已经存在四时的观念，萧良琼更是认为四方的风代表着四季的风，以季风来表征春夏秋冬四季，这应该是能说得通的。但是在这里，我们也看到了中国的时间观念与西方的时间观念的不同，西方的时间观念以其形而上学为基础，表现为单向的逻辑性的时间之箭；而中国的时间观念则表现为与空间结构的契合性，它不是单向度的，而是循环性的。这使我们感到，在中国古代的时空观中，时间是依从于空间的结构而产生的，这使得中国古代的时间不是线性的，而是具有空间性的多向度的特征。由于意义是在语言中展现的，我们也可以在中国的语言中发现类似的问题，在西方的逻辑性的线性思维中，系词“是”（to be）是必不可少的，但是在中国的语言中，王力认为在先秦时期其实是不存在真正意义上的系词的。由于系词在西方哲学中的形而上学的存在意义，我们自然会联想到没有系词的中国语言正是表达中国人独特的道的观念的恰当语言。

春秋战国时期，在时空观念长期发展的背景下，中国古代时空观进入到了一个关键性的质变期，在这一时期，中国文化体中产生了关于时空的抽象观念。古代中国，称谓时间的词主要是“宙”和“久”，称谓空间的词主要是“合”和“宇”。现代汉语中的“时空”在当时并不是抽象的观念，“时”字在《说文解字》中的意义是：“四时也，从日，寺声。”[2]302显然，时的意思指的是春夏秋冬四个季节。而“空”字的含义在《说文解字》中是：“从穴，工声。”[2]344-345这显然指的是人类所居住的洞穴和最初棚屋的空间。而最早的时空合用的例子则出现在《管子》的《宙合》篇中，“宇宙”二字连用则据传出自老子，《文子·自然》引老子的话说：

> 往古来今谓之宙，四方上下谓之宇[3]。

这句话是不是老子所说，已不可考证，但我们可以把它看成是先秦时期人们的时空观念。这个例子说明，在先秦时期，人们已经把时间与空间看成是世界的一种大的系统结构体，这一时空一体的结构体显示出了古代中国人所理解的人类生存的时空背景。类似的说法也见于《尸子》，它说：

天地四方曰宇，往古来今曰宙[4]。

宇宙的说法已经是一种抽象的认识，而对其意义的进一步阐示则出自于《庄子》，《庄子·庚桑楚》对于宇宙的意义进行了哲学化的抽象解释：

有实而无乎处者，宇也。有长而无本剽者，宙也[5]。

在作者看来，所谓空间，首先具有实在性（“有实”）。任何对象的方位、高低、长短和大小，都可以找到它们赖以存在的实体。但空间本身却无定所，不能局限在某个范围。这里，“无乎处”当读为“无处”。《类篇》曰：“埒，埒也”，指界域。……所谓时间，《庚桑楚》的作者指出，首先具有长久而持续的性质……这里“本剽”二字是“本末”的意思。“本”谓本体，“剽”是从本体上剥割下来的表面的东西，所以是“末”。它是说时间本身没有实体所具有的“本末”。换句话说，只是一种非实体的形式或属性[6]33。

《墨经》对时空也进行了深入的探讨，对于时间，它说：

久：弥异时也[7]316。

久：古今旦莫（暮）[7]340。

这是把时间看成延续性的时间片段的总和。对于空间，《墨经》说：

宇：弥异所也[7]316。

宇：东西家南北[7]340。

和对时间的界定相似，《墨经》认为，空间也是局部的空间的总和。在此基础上，《墨经》也讨论了时空的有限无限问题，如《墨经》说：“久有穷无穷。”[7]384“时或无久，或有久。”[7]340“穷，或（域）有前，不容尺也。”[7]317“穷，或（域）不容尺，有穷；莫不容尺，无穷也。”[7]340这些认识，与其他文化体对时空的经验性认知并没有本质的区别。

显然，从哲学思考的视角来看，我们的关注点并不在于这些在各文化体中相似的时空观念，而在于能体现中国古代时空观独特性质的时空观念。那么，中国古代时空观具有什么样的典型特征呢？

二、中国古代时空观的法象思维特征

时空观一般研究时空观念的意义，探讨时空的有限性和无限性，也会探讨时间的循环性和空间的方位结构，这在各文化体中都是应有之义。中国古代时空观自然也会研究时空的这些属性，但是更深入的研究使我们发现，中国古代时空观受到中国文化影响的地方在于时空与道以及其他事物的独特关系，这一关系与中国传统的法象思维有着深刻的关联性。

西方思想的核心是逻各斯，而中国古代思想的本质特点是法象思维、体用论和理一分殊的思维方式。法象思维是中国古代早期的思维方式，这一思维方式在《尚书》中就有很多的事例，如《尧典》说：

> 乃命羲和，钦若昊天历象—日月星辰，敬授民时。分命羲仲，宅嵎夷，曰暘谷，寅宾出日，平秩东作。日中、星鸟，以殷仲春。厥民析，鸟兽孳尾。申命羲叔，宅南交，曰明都。平秩南讹，敬致。日永，星火，以正仲夏。厥民因，鸟兽希革。分命和仲，宅西，曰昧谷，寅饯纳日，平秩西成。宵中，星虚，以殷仲秋。厥民夷，鸟兽毛毨。申命和叔，宅朔方，曰幽都。平在朔易。日短，星昴，以正仲冬。厥民隩，鸟兽鹬毛。帝曰："咨！汝羲暨和，期三百有六旬有六日，以闰月定四时，成岁。"[8]

这是将日月星辰与四时、四方进行了一种搭配，这种搭配的方式非常有特色，它在以后的中国思想中常常是作为一种思维方式被普遍使用的。由于中国核心的思维方式正是在这种独特的思维方式的基础上发展起来的，所以我们有必要来仔细地研究这种搭配中包含着怎样的内涵。

首先我们会发现，日月星辰、四时和四方形成了三个独立的意义链条，这每一个链条都是一个意义丛或者说意义结构；不过，这样的意义结构不是开放的，而是封闭的。也就是说，每个意义链条或者结构是首尾衔接的，故而是封闭的。其次我们发现，整个的意义是由单个的意义链复合构成的，从这个意义上来说，每个链条也不是绝对封闭的，它们会把其意义指向其相邻的意义链条，上引《尚书·尧典》的话语中便有如下的对应关系：

羲仲，宅嵎夷，日中，星鸟，仲春，鸟兽孳尾。

羲叔，宅南交，日永，星火，仲夏，鸟兽希革。

和仲，宅西，宵中，星虚，仲秋，鸟兽毛毨。

和叔，宅朔方，日短，星昴，仲冬，鸟兽鹬毛。

法象的观念在《周易》中可以说已经明显地凸显了出来，《易传·系辞》说："古者包牺氏之王天下也，仰则观象于天，俯则观法于地，观鸟兽之文与地之宜，近取诸身，远取诸物，于是始作八卦，以通神明之德，以类万物之情。"[1]256在中国的道文化中，由于道从某种意义上并不向人直接地显现，故而观察大道的象和法就十分重要。天地是至大的，象是天显现出的迹，法是地显现出的规则，而象与法的核心意义则是"像"和"效法"；这正如意义链和意义丛之间的关系，它们之间其实在传递道，而意义链或意义丛正是道的法象，而它们之间的关系则是"像"和"效法"的关系。对此，《易·系辞》说："爻也者，效此者也；象也者，像此者也。"[1]255

中国文化中的这种法象思维形态也是中国古代思考时空观的思维基础，它们在阴阳家关于时空观的著述中表现得更加清晰，如战国时期的著作《月令》就把时间和空间配合对应起来，它的表述比《尧典》中的表述更加清晰明白。《月令》把春夏秋冬四时和东南西北四方配合在一起来理解，春配东方，夏配南方，秋配西方，冬配北方。《月令》还进一步把这种时空结构与五行配合起来，以木、火、金、水来配春、夏、秋、冬四时。土在空间上在中央，但是与四时不好配，于是就把土放在夏秋之交。《淮南子·天文训》甚至把这一结构进一步对应于天神和星辰；不仅如此，阴阳学家们还会把颜色、音律、数字等配合进这种法象结构之中。这样说起来，中国古代时空观念的哲学特点常常表现在与其他意义丛或意义链的关联上；在这种关联中，时空一方面是道的展现形式，一方面又表征着道的循环往复的特点。其实在老子的思想中，道就具有循环往复的性质，如《老子》说：

> 吾不知其名，强字之曰"道"，强为之名曰"大"。大曰逝，逝曰远，远曰反[9]163。

刘文英先生针对这一句话说："'道'本身就具有时空属性和形式。"[6]49在这一句话中，"大"与"远"表示的是空间，"逝"与"反"表示的是时间，我们看到空间和时间在这里是纠结在一起的，很难把它们分隔开来；而且无论从时间上看还是从空间上看，都给人一种时间和空间是循环往复的印象。

显然，中国古代时空观除了思考时空的有限性和无限性、时间的循环性和空间的方位结构等这些各文化体都思考的时空观念外，它也深受中国文化的影响，尤其是深受法象思维和道的思想的影响。中国古代的时间和空间不仅相互以法象思维的方式关联在一起，而且和诸如五行、音律、颜色、数字等关联在一起，在这种法象关联中，时空的循环性具有了万物一体的意义。甚至在中国古代的政治生活中，时间的循环性也发生了重要的影响，比如著名的三统、三正说就是将王朝的更迭看成是各种传统的往复循环。

中国古代时空观的这种法象关联也体现在它与道的一体性和其后的分分合合上。

三、中国古代时空观与道观念的演变

一般认为，西方哲学的目标是追求真理，而中国哲学的目标是追求道。显然，道在中国思想中的形而上意义是不言而喻的。道是道家思想的核心，虽然不能说道的思想在老子之前不存在，但是我们不得不承认的是，老子第一次对道进行了系统而深入的思考。从道的起源的意义上来说，道并不是一种纯粹精神性的理性，它与气有着紧密的关联。《道德经》说：

> 视之不见名曰“夷”；听之不闻名曰“希”；搏之不得名曰“微”。此三者不可致诘，故混而为一。一者，其上不皦，其下不昧，绳绳不可名，复归于无物，是谓无状之状，无物之象，是谓惚恍。迎之不见其首；随之不见其后[9]114。

这是老子对道的理解，道是无形的，河上公注说：“无色曰夷，无声曰希，无形曰微。”[9]114“夷”、“希”、“微”是对道无形状态的描述，但是我们在这里又注意到，中国思想中的道与西方形而上学的概念论是不同的。比如，柏拉图的理念是一种无运动无形象的静态逻辑意义单元，而老子的道并不是如此，它虽然没有形，但是有象，而且是如气物一般有一个运行的状态，这也是老子说“其上不皦，其下不昧，绳绳不可名，复归于无物，是谓无状之状，无物之象，是谓惚恍”的真实意思所在，这一点在《道德经》二十一章中表现得更加明显：

> “道”之为物，惟恍惟惚。惚兮恍兮，其中有象；恍兮惚兮，其

中有物；窈兮冥兮，其中有精；其精甚真，其中有信。自古及今，其名不去，以阅众甫。吾何以知众甫之状哉？以此[9]148。

冯友兰对此有一个理解，他说：

道生万物的程序："道之为物，惟恍惟惚，惚兮恍兮，其中有象，恍兮惚兮，其中有物。"依庄子的解释，道是"非物"，可是它在恍惚之中就生出物来了。如果《老子》书说："道之生物，惟恍惟惚"，这种解释就对了，可是《老子》书明是说："道之为物"，不是说"道之生物"。《中庸》说："其为物也不二，则其生物不测。""其为物"和"其生物"是两回事。[10]

冯友兰的理解是很中肯的，其实，关键的问题在于中国古代的道与气有着很密切的关系，可以说道与气之间的转换或者说同体关系正是道家"道"的精义之一。我们很难说柏拉图的理念是"理念之为物，惟恍惟惚。惚兮恍兮，其中有象；恍兮惚兮，其中有物"，这是因为柏拉图的理念是概念论式的，它的特点就是清楚明晰的，如果是恍惚的，那就不再是理念了。《老子》关于道的这一思想路径在《庄子》和稷下道家中都有表现。《庄子·知北游》把天下万物都看作是一气循环的结果，这一周而复始的过程正是以气为根本的。在庄子看来，气即使不是道本身，至少也是距道之本真状态最为切近的。稷下道家在这里的态度则更为明确，认为精气是一种精细的气，此气是下生五谷，上为列星的基础，这就将精气视作与道相当的存在，或者说精气本来就是道。此后的历代气学大师中，如王充、张载都有类似的主张。

道与气在起源上的这种相关性导致了道与时间、空间的相关性，因为时空总是和气联系在一起的观念。在老子的思想中，无既是起源，又是本体，而这个代表着道的起源意义的无又与表征空间和本体的概念"太虚"有着深刻的关联。"太虚"一词一般认为最早出自《庄子》，成玄英在疏解中说："太虚是深玄之理。"[11]成玄英的说法只是一家之言，《庄子·知北游》中的太虚究应做何解，当颇费神思。在《老子》的思想里，道的特征是以无为用，所以这一原初的道气便自然会与无有所联系，《老子》二十五章说：

有物混成，先天地生。寂兮寥兮，独立而不改，周行而不殆，可以为天地母。吾不知其名，字之曰道[9]162。

显然，在老子的思想里，道与气处于一种尚未区分的状态，但这正是应该引起我们注意的，这说明在中国古代的思想中，气本来就与道有着天然的关联。这种无声无形的“有物混成”使我们联想到它与“太虚”的相似性，虽然“太虚”这一概念在《老子》中并没有形成，但是，《庄子》的思想是受《老子》思想的影响而形成的。在《老子》和《庄子》之间，我们还需注意《黄帝四书》对太虚的理解。据陈鼓应考证，《黄帝四书》的成书时间应在战国中期以前，早于《庄子》。《黄帝四书》的《道原》中有以下的文字：

> 恒无之初，迵同大（太）虚。虚同为一，恒一而止。湿湿梦梦，未有明晦，神微周盈，精微不熙[12]399。

陈鼓应注释说：“‘恒无’，一切皆无。‘迵同’，即洞同，混同。‘太虚’，指宇宙、天地。这是说，在最初一切皆无的渺茫时代，宇宙天地还处于混同浑沌的状态。此即《淮南子·诠言训》：‘洞同天地，浑沌为朴。’”[12]399陈鼓应把“太虚”解释为宇宙天地的依据是《淮南子·诠言训》所说的“洞同天地，浑沌为朴”，这里，“太虚”的意思就是虚空的意思，而且这个代表宇宙天地的虚空还是处于混沌未开的状态。而我们感到，此处的“迵同”和老子的“惟恍惟惚”很像，这样说起来，太虚便和气的混沌状态混杂在一起。这样，我们感到，太虚的起源就与气紧密地结合在一起，而且是与原初的尚没有在哲学史上成形的气结合在一起。

而在汉代，太虚的意义逐渐显现出来，如《淮南子·天文训》说：

> 天坠未形，冯冯翼翼，洞洞灟灟，故曰太昭。道始于虚霩，虚霩生宇宙，宇宙生气，气有涯垠。清阳者薄靡而为天，重浊者凝滞而为地[13]。

此处，“虚霩”是道之起始处，它可生宇宙，再由宇宙生气。这里的“虚霩”还没有写作“太虚”，但在《内经·天元纪大论篇》中，就有“太虚寥廓，肇基化元”[14]的说法，这个“寥廓”和“虚霩”意思相近，从“太虚寥廓”这种说法中，我们可以看到，“虚霩”之意其实与“太虚”很接近。张湛在其《列子注·汤问》中也有“夫含万物者天地，容天地者太虚也”[15]的说法。可以说，在汉代，从虚霩、太虚的含义来看，太虚是比天地宇宙更为原始的万物的母体。而在张载同时代，司马光也在其《潜虚序》中说："万物皆祖于虚，生于气。……故虚者物之府，气者生之户也。"[16]这个说法可以说和张载对"气"与"太虚"的理解很接近。

这样，我们会发现，在先秦时期，道的观念是一种宇宙论与本体论不分的思想，道不是西学意义上的逻各斯，它是与时空、气不分的存在。但是随着哲学思想的进步，尤其是佛教思想传入中国之后，佛教理论中关于理、事的区分深刻地影响了中国传统文化中关于道的思想。在这样的思想背景下，道的观念发生了分化，一条道路是继续沿着原有的路径前进，这就是张载和王夫之所走的路径，他们所走的路径是中国传统的道的路径。

在张载的思想中，太虚是气的本体，而且他又认为"神，天德，化，天道"[17]15，再结合他所说的"由太虚，有天之名"[17]9，便可知，他认为神是太虚的本体，道是太虚的化。而张载对道的解释是"太和之谓道"，而太和正是气絪缊未分状态的写照。我们看到，张载所说的太虚与空间有着很深的关联，甚至于王夫之在解释张载的太虚时即直接把它理解为虚空。这样看起来，张载和王夫之走的正是道与气以及时空不相分离的思想路径，这条道路应是中国传统的道的路径。

与张载所承继的道的路径不同，程朱理学则走的是另一条路径。在程颢和张载的思想中，理和气都并没有截然地两分，而在程颐的思想中，理与气明确地区别开来，理气相分成为程朱理学的最显著的特点。这样看起来，传统的道观念在理学这一系则发生了很大的变化，朱熹说：

> 未有天地之先，毕竟也只是理。有此理便有此天地；若无此理，便亦无天地[18]114。
>
> 且如万一山河大地都陷了，毕竟理却只在这里[18]116。

在朱熹看来，理可以存在于事物之中，但它也可以独立地存在于天地万物产生之前。这样，与天地万物的实际存在相联系的时间和空间则也由于理与气的相分而与理分离开来。这在中国思想史上具有重要的意义，因为中国传统的道正是在宋明理学中被理学一系改造为天理，这个天理已经不是过去那种与气、时空纠结在一起的混沌未分的存在。可以说，在老子思想中的原初统一的道在宋明理学中分化成了两个概念，即"天理"和"气"。可以说，道在宋明时期明晰化了，道分化出了两个部分，理和气。我们因此也便知晓，宋明时期所说的天理只是先秦时期道的一个部分，虽然道的原意依旧在张载、王夫之的思想中有所保留，但中国主流的道思想发生了重大的变化，这一变化在中国思想史上的影响是十分深远的。

四、结论

宋明理学又称为宋明道学，狭义的宋明理学只指二程和朱熹一系，心学虽然和理学的观点相左，但是两派对于“天理”的理解却是一致的。由于“天理”与先秦原始的“道”观念内涵之间的巨大差异，我们自然会思考这样一个问题：在宋明理学的主流（理学和心学）将先秦原始的“道”理化的过程中，中国古代的社会和思想是不是正在发生某种至关重要的变迁？这个问题大约会涉及以下几个方面：

首先，从中国古代政治发展的视角来看，秦以前实行的是以分封为特征的封建制，它的基础是贵族统治下的宗法血缘关系。显然，这样的社会形态的重心并不在于熟人社会，而在于贵族式的宗法血缘社会。而秦以后社会的特点则是大一统的郡县制，由于贵族血缘统治的结束，中国社会从此进入了一种熟人熟事的社会形态。这里所说的熟人熟事的社会形态，主要是针对它对于物的世界的疏离来说的。在这样的社会形态中，物的世界在中国人的生活世界里退隐到了我们生活的背景之中，因为在中国人的眼里，物不是西学意义上的物，而是中国人生活世界中的事物；也就是说，中国人生活世界中的物都是和事联系在一起的。我们也可由此想到，“道”的理化是伴随着中国社会的熟人熟事化而发生的。宋代的士大夫阶层在中国历史上第一次提出了得君行道的政治主张，这是一个士大夫阶层与君主共治天下的社会蓝图，这一思潮激发了士大夫的空前热情，使得宋代成为中国士大夫阶层发展的巅峰。

其次，正是在这样的熟人熟事的社会背景下，中国社会或有意或无意地回避了物的世界向我们的彰显。如果说在先秦时期还存在着名家和后期墨家这样的正视物的世界的学术派别，那么到了先秦之后，这样的派别似乎学统断绝，在历史的长河中销声匿迹了。这种断绝也意味着先秦时期的原始道意正在发生重要的变化。先秦时期的道，正如前文所述，是处在一种理气不分的混沌状态之中的，它与时间、空间保持着一定的关联。这种道就其实质来说正是老子和王弼所说的“无”，“无”显然并不是一无所有，而是表征着道的渊薮，这里是人认知的界限，但又是世间万物的本体和根源。本体“无”不是一个大全式的观念，这也说明，原始的道不是宋明理学的天理，它们虽然同是本体，但是原始的道是具有意义的创生功能的，而宋明理学的天理却演变成了一个大全式的存在。如果说宋明理学的天理我们可以用理一分殊的思维方式来言说的话，原始的道则很难这样来表述。

最后，我们发现，宋明理学的“天理”观念虽然发展了原始的道观念的含义，但是它却限制了原始道意的意义创生功能，这让我们不能不怀疑，自清代以来的儒学停滞不前的状况也许正是由于宋明理学的“天理”观念耗尽了原始道意的创生功能而形成的结果。然而在当今的社会，中国人已经处在一个面对物的世界的境遇之中，我们没有办法回避一个真实存在的物的世界，也不能再继续为了保有传统的熟人熟事的世界，而忽视一个陌生人的世界的存在。在这样的历史发展的十字路口，我们不得不重新回首观望，重新反思先秦时期的原始的道意，那里也许正存在着一条我们走出宋明理学困境的思想路径。

参考文献

[1]周振甫.周易译注[M].北京：中华书局，1991.

[2]许慎.说文解字注[M].段玉裁，注.上海：上海古籍出版社，1988.

[3]王利器.文子疏义[M].北京：中华书局，2009：346.

[4]尸佼.尸子[M].上海：华东师范大学出版社，2009：37.

[5]陈鼓应.庄子今注今译[M].北京：中华书局，2009：653.

[6]刘文英.中国古代的时空观念[M].天津：南开大学出版社，2000.

[7]孙诒让.墨子间诂[M].北京：中华书局，2001.

[8]顾颉刚，刘起釪.尚书校释译论[M].北京：中华书局，2005：32.

[9]陈鼓应.老子注译及评介[M].北京：中华书局.1984.

[10]冯友兰.老子哲学讨论集[M].北京：中华书局，1959：62.

[11]郭庆藩.庄子集释[M].北京：中华书局，1961：759.

[12]陈鼓应.黄帝四书今注今译[M].北京：中华书局，2007.

[13]何宁.淮南子集释[M].北京：中华书局，1998：165-166.

[14]黄帝内经[M].姚春鹏，译注.北京：中华书局，2009：205.

[15]张湛.诸子集成：第三册[M].北京：中华书局，1954：52.

[16]司马光集：第三册[M].成都：四川大学出版社，2010：1765.

[17]张载.张载集[M].北京：中华书局，1978.

[18]朱熹.朱子全书：16册[M].上海：上海古籍出版社，合肥：安徽教育出版社，2002.

精神学视野中的“尽心”与“明心”

刘成有

精神自古有之，但精神学并未随着近代科学的发展而获得其独立性。近代以来，实证，仿佛已经取代神意，获得了至高无上的裁判权。在人的精神现象与精神活动中，潜意识至今仍然无法获得科学的青睐。但意识和潜意识，作为一个对立统一的完整精神系统的基本成分，都是每一个正常人内在的精神世界。人生如此，人类的文化也不能例外。忽视了潜意识，忽视了潜意识与意识之间的渗透、转化，人类的一些精神现象可能无法得到令人信服的解释，甚至阅读经典也会变得十分困难。“从心所欲不逾矩”、“尽心知性”、“致虚极守静笃”、“明心见性”，乃至朱熹的“豁然贯通”、陆九渊的“发明本心”等等，纯意识视域下的解读，总给人雾里看花一般的朦胧感。如果借助于潜意识以及潜意识与意识的渗透、转化来理解，会是一种什么样的感觉呢？刘文英先生在《精神系统与新梦说》中所提供的，就是这样的智慧。

一、精神学的创生

儒释道，被广泛认为是中国传统文化的主干部分。儒释道之所以拥有如此地位，主要在于它们对塑造中国人的生活方式、思维方式居功至伟！与此同时，它们所表达的一些诉求，如儒家的仁爱、佛家的解脱、道家的自然，其实在一定程度上都具有“普世性的价值”。对于儒释道三家在意

作者时为中央民族大学哲学与宗教学学院教授。该文发表于《兰州大学学报》(社会科学版)2015年第3期。

识层面上的思想梳理，学术界已经取得了显著的成绩；但对于儒释道三家在潜意识层面、在潜意识与意识关系层面的思想梳理，比如尽心明心、禅定顿悟、心斋坐忘等，学术界的解读依然有诸多不尽如人意之处。造成这种状况的主要原因，刘文英先生认为是人们长期过于关注意识层面的问题；即使有极少数学者偶尔关注潜意识，也往往语焉不详。其实，精神是一个由意识和潜意识浑然天成的系统，具有内在的基本结构和运作机制。如果把意识看成是一条阳鱼，把潜意识看成是一条阴鱼，精神系统就是一个“精神太极图”。人，究其精神世界而言，总是生活在意识与潜意识的对立统一之中。

前贤对人的精神世界的探索，长期缺乏对潜意识的系统研究。尽管弗洛伊德等人的精神分析学派涉及了这一领域，但“性本能”或“本我”的解释，并没有把潜意识领域的研究提升到一个清晰、科学的高度。把精神视之为一种“学”并结合东西方学术史进行系统、深入研究的，刘文英先生（1939—2005）搭建起了一座后人绕不过去的“巨人肩膀”。当先生从时空观念、意识观念的探究走进神秘莫测的梦世界的时候，当先生又进一步走进漫长的历史源头——原始思维研究的时候①，当时作为弟子的我们，一直诚惶诚恐，不敢轻易涉足先生的研究领域。当1998年《精神系统与新梦说》出版的时候，我们突然意识到，先生已经完成了破茧成蝶的历史性转变！借助于精神系统的独特视角，许多思想史上的难题，许多宗教领域中的神秘现象，解决起来，似乎都具有了春风化雨般的轻松和愉悦！作为一个在当代中国哲学研究领域卓成一家的学者，尽管先生一直都很“低调”，但其成就不容小觑！在这部著作中，先生创造性地提出了“精神学”的概念，并详细分析论证了精神系统的形成过程、基本结构、运作机制，还据此分析了儒释道中的一些“神秘精神现象”。先生的理论建构与深度分析，对于我们理解儒释道三家中的潜意识思想、乃至宗教学研究中的相关问题，极富启发意义。

①刘文英先生一生勤于笔耕，按照其精神类研究著作出版的先后顺序，主要有以下几种：《中国古代时空观念的产生和发展》（上海人民出版社，1980年）、《中国古代意识观念的产生和发展》（上海人民出版社，1985年）、《梦的迷信与梦的探索：中国古代宗教哲学和科学的一个侧面》（中国社会科学出版社，1989年）、《漫长的历史源头：原始思维与原始文化新探》（中国社会科学出版社，1996年）、《精神系统与新梦说》（南开大学出版社，1998年）、《儒家文明——传统与传统的超越》（南开大学出版社，1999年）、《梦与中国文化》（人民出版社，2003年）等。

二、精神学的超越性

创造，就意味着超越。在《精神系统与新梦说》中，无论是对精神等基本概念的界定，还是对精神活动形成过程的历史梳理、对精神系统基本结构的全面分析、对精神系统运作机制的深入考察，都具有明显的超越性。

精神学涉及的概念极多，精神、意识、灵魂、思维等等，不一而足。如何区别诸多概念之间的差异，学术界还缺乏一定的共识。为精准探究人类精神领域中的深层次问题，刘先生广泛涉猎古今中西的文明成果，对精神活动、精神现象的范围进行了严格的限定，对精神活动、精神现象的基本要素也进行了详细的梳理，并在此基础上对精神系统的形成过程、基本结构和运作机制进行了深入、系统的探究，为进一步分析相关的精神现象打下了坚实的基础。

关于精神的界定，刘先生反对"一开始就提出一种界说，强迫读者去接受"，而是"同读者一起追寻精神概念的历史演变，共同得出应有的结论"[1]3。借助于对文化人类学和近现代自然科学提供的丰富材料，借助于对东西方哲学家、特别是精神分析学派相关思想的深入考察，先生明确规定："第一，精神是包括意识活动和潜意识活动的一个整体，它的'形象'是一个大圆，而意识和潜意识只是构成这个大圆的两个半圆。因此，把精神仅仅限定为意识是极其狭隘的。第二，精神不包括生物性本能活动，而是超越本能为人所特有的高级心理活动，因而它是构成人之为人的本质特征之一。"[1]9这样的界定，既清晰地限定了人类精神活动、精神现象的范围，又极大地丰富了精神学研究的领域。把"潜意识"纳入到精神系统之中，把"本能"排除在精神系统之外，这是刘先生强调的重点，也是他超越前人的重要贡献。因为此前相当长一段时间里，甚至雅斯贝斯所讲的轴心期的概念，都非常明确地断言人类的文明与人类意识的觉醒密切相关。从那时开始，似乎只有人类自觉的意识和思维，才是人类脱离蒙昧、进入文明的标志[2]。潜意识，几乎一直被打入冷宫。即使弗洛伊德开始明确地强调潜意识并把它应用到精神治疗当中，但弗洛伊德并不很清楚潜意识的内在机制，他只能借助于本能、特别是性本能解释他所遇到的精神问题[3]。刘先生基于对"植物人"现象的认识，主张"本能是属于'生命的活动'，它只是为人的精神活动提供了一种生物学的基础或前提；精神并不是本能的延伸，而是本能的超越”[1]8。对弗洛伊德特别强调的“本能”概念的扬弃，实际上也是刘先生精神学对弗洛伊德精神分析学的超越。这样的界定，除了对分析人类的精神活动、精神现象具有“定盘星”的作用之外，对于全面认识人类文化现象也具有“指南针”的作用。“潜意识”所展现出来的文化魅力，使之充满了“形而上学”的哲学意蕴，因为其中体现着“人之为人”的“普世性”。在这样的视野下，陆九渊所谓的“人同此心，心同此理”、“宇宙即吾心，吾心即宇宙”[4]①不仅具有了世界观的意义，而且也具有了方法论的意义。相应地，无论是西方中心主义，还是东方中心主义，都失去了他们或曾拥有的虚假光环。

在清晰界定具有“整体性”的“精神”概念之后，刘先生又进一步分析了“意识和潜意识具有共同的基本要素”。这一问题，古代思想家没有提出过，即使偶有接触但也很不系统。在近现代的心理学所强调的认知、情感、意志的划分中，所谓的心理或精神，也还仅仅停留在意识的层面。刘先生显然受到了现象学家胡塞尔“意向性理论”的启发，但他不同意胡塞尔仅仅把“意向性”看成是意识的根本特征，更主张“意向性”也是潜意识的根本特征。换言之，是“把‘意向性’作为各种精神活动共同的根本特征”[1]11。在此基础上，刘先生详细说明了精神的基本要素及其关系：“第一，精神首先是主体的一种意向性的心理活动；第二，意向性的心理活动必有所指的对象；第三，意向指向对象必有某种认知活动；第四，“意向追求对象必有一定的情感体验。”[1]14意向、对象、认知、情感，不仅清晰地体现在意识领域，而且也客观地体现在潜意识领域。刘先生凭借着他长期对梦和原始思维的研究，基于历史的考察，认为上述四大要素完整地体现在精神系统的内在结构之中。正因为具有共同的要素和类似的结构，意识与潜意识之间的共存与渗透、转化，才得以有机实现。尽管意识和潜意识系统各有自己特殊的内容，“但是，既然一方面潜意识的某些内容上升而凸显为意识，另一方面意识的某些内容又积淀而下降为潜意识，这种双向联系和互相贯通、互相渗透，又必然使两者构成一个有机的统一整体。这个整体就是人类精神大系统。他们是大系统所属的两个子系统，

①陆九渊年谱记载，陆九渊年十三“因宇宙字义，笃志圣学”：“宇宙便是吾心，吾心即是宇宙。东海有圣人出焉，此心同也，此理同也。西海有圣人出焉，此心同也，此理同也。千百世之上至千百世之下，有圣人出焉，此心此理，亦莫不同也。”参见《陆九渊集》（中华书局，1980年）卷三十六“年谱”，第482-483页。

其具体模型就是一副太极图。如果说，由于潜意识曾长期居于支配地位，精神太极图也曾长期黑多白少，那么，在意识系统发育成熟后，由于双向联系的确立和强化，黑多白少即转化为黑白相当或相称。这时，精神大系统及其模型太极图，也就完全成熟了。”[1]34-35这样的诠释，尽管借用了太极图的传统模式，但显然是活学活用，明显超越了此前的意识理论和弗洛伊德等人的潜意识理论。因为此前的意识理论，几乎完全忽视潜意识；弗洛伊德等人虽然重视潜意识，但他们往往陷入把意识归入潜意识的错误，他们往往把潜意识看成是海平面之下的冰山部分而予以模糊处理。

在精神太极图的理论中，刘先生基于对中国传统哲学家以及弗洛伊德、荣格等人关于意识和潜意识概念的继承与批判，系统分析了意识和潜意识的内在结构，对于它们的“自觉性”与“不自觉性”、“自我性”与“对象性”、“个体性”与“群体性”等，都进行了精彩的说明[1]36-83。而且，无论意识还是潜意识，都时时刻刻发挥作用，表现出独特的运作机制。刘先生在把意识归之为阳性、潜意识归之为阴性之后，借助于阴阳概念创造性地提出“阴阳连续恒动机制”、“阴阳有序转换机制”、“阴阳互渗互补机制”、“阴阳矛盾平衡机制”[1]84-113。在他看来，这四大运行机制的存在，不仅维系着精神系统的存在与延续，不仅推动着精神系统向更高状态的发展，而且也决定着精神状态的健康与否。个体的精神系统，自身一般都具有内在的自组织功能，具有克服矛盾而趋向于自我精神平衡的能力，尽管有时候的“克服矛盾”不是“超越”而是“逃避”。但是，也有人会出现无法依靠自身力量克服矛盾而陷入“精神分裂”状态。在这里，有两个问题特别重要。一是如何通过人的自我意识和自我潜意识重建其平衡的精神系统，是治疗其精神分裂的关键所在。俄罗斯医生兼雕塑家哈吉克·纳兹洛扬发明的“雕塑疗法”，获得了刘先生的高度评价[1]112-113。二是意识与潜意识“在信息资源上阴阳互用，在心理功能上阴阳互补”[1]99。资源的共享性，开启出更为丰富的精神世界，为心灵哲学和道德哲学提供了广阔的发展空间；功能的互补性，纠正了以往错误的认识误区，为精神治疗和宗教信仰开启了新的理解通道。在精神大系统中，潜意识从来就不是一个包袱，相反，它是一个“宝库”。没有意识向潜意识的转化，我们难以理解孔子所谓的“七十而从心所欲不逾矩”的真切内涵；没有潜意识向意识的转化，所谓“灵感”、“直觉”问题，也很难得到令人信服的诠释。

三、尽心、明心与精神体验

精神学理论的系统性，除了逻辑上的自洽之外，还应该体现在对具体精神活动的有效分析上。《精神系统与新梦说》除了集中讨论“新梦说”之外，还专列一节讨论“精神系统与精神现象”，其内容十分丰富，包括烦恼与焦虑、灵感与直觉、虚静与坐忘、禅定与顿悟、尽心与明心五个方面。这些精神现象，其实都是人的精神体验。按照宗教学的术语来讲，也可以归结为宗教体验，或宗教式的体验。

宗教体验与艺术体验等相似，大多与“灵感”、“直觉”有关。但“灵感”、“直觉”究竟是什么？以往的解说五花八门，莫衷一是。刘先生在书中明确指出：“所谓‘灵感’并非来自神灵的启示，而是潜意识某种活动打开了意识活动的思路。所谓‘直觉’只是自我意识感觉，好像无中介、无程序、无准备，实际上事先在潜意识中已经经过了酝酿和推演，‘直觉’体验乃是潜意识成果在意识层面上的突现。”[1]104由于意识活动受自我的控制，总是固执着一个中心。而潜意识由于不受自我控制，反而会使意念、思维获得极大的随意性和灵活性。究其根源，实际上是“阴阳互渗互补机制”的具体展现。依据这样的思路，儒家的尽心与明心、禅家禅定与顿悟、道家的虚静与坐忘，都可以得到合理的说明。

以儒家为例，刘先生认为孔子所谓的“为仁由己”、“克己复礼”等，都属于自觉的有意识的精神活动。“但是，随着儒家理论的发展，也不自觉地由意识层面而深入到潜意识。孟子曾经提倡‘尽心知性’，就是要从自我的潜意识中，寻找和挖掘人的善性，然后在意识层面上达到一种道德自觉。以往由于人们没有潜意识的概念，一直没有真正弄清孟子究竟讲什么。”[1]153孟子所讲的“四端”，仅仅是善的一点儿萌芽。这点儿萌芽，虽然存在于人心之中，但人心的内容并非全都是善的。否则，就无法解释人之心中“恶之花”的来源。为了摆脱这样的困境，孟子把“四端”视之为人的“本心”，并把这个“本心”称之为“良知”、“良能”①。本来固有的“良知”“良能”，却仅仅是“仁义礼智”之“四端”？为什么不能展现为具体的圣贤行为？为什么要在成为圣贤的过程中“求放心”？为什么非要“求则得之”、“不求则失之”②？“如果人人一开始就自觉或意识到‘本

①《孟子》“尽心上”：“人之所不学而能者，其良能也；所不虑而知者，其良知也。”

②详见《孟子》“公孙丑上”、“尽心上”、“告子上”。

心’，何必还要去‘求’呢？‘求则得之’意味着‘本心’在意识层面的下面或后面。正是在这里，孟子接触到了潜意识。当然是道德潜意识。”[1]154正因为“良知”“良能”属于道德潜意识的范畴，才需要人们充分发挥意识的能动性，穷“尽”其“心”，在精神系统中去挖掘、去寻找，一直挖到极限，找到尽头。这个极限或尽头，“就是意识的临界线。”“四端”“本来就在自己的潜意识中，所以通过‘尽其心’接触和深入潜意识是一条必由之路。至于‘知其性’则由潜意识又上升到意识，又达到一种根本性的道德自觉。”[1]155《孟子》书中特别提出的“寡欲”、“夜气”两个概念，有助于我们进一步理解由道德意识进入道德潜意识、再由夜间的潜意识摄取和保存人的道德善性的过程。当然，人的道德潜意识也并不是先验的，归本到底是“人们在共同的社会生活中所形成的一种群体意识和群体潜意识。这种群体意识和群体潜意识回过头来又渗入人们的个体意识和个体潜意识，最后积淀并储存于人们的个体潜意识。”[1]155由于这个过程在很大程度上都是潜移默化的结果，所以孟子才认为是“不学而能”“不虑而知”。当然，个体意识与群体意识、个体潜意识与群体潜意识之间的渗透、转化，是一个十分复杂漫长的过程，所以《孟子》书中还进一步提出了“集义”的修养功夫，认为“浩然之气”的养成，需要付出艰巨的努力。

“明心”这个概念，一般与“见性”连在一起，被看成是陆王心学的思想特色，并被认为直接来自于佛教的禅宗。刘先生认为这并不准确。在他看来，明心见性之说，“作为儒家的一种道德学说，其最早的源头是孟子而非禅宗。‘明心见性’和‘尽心知性’实际上一脉相传，陆王所使用的概念及其命题都以孟子为其出发点，只是中间由于禅宗的影响，而得到进一步的发挥和阐明。”[1]157陆九渊对“发明本心”的反复强调，以及他对本心“内无所累，外无所累，自然自在”的说明，都清楚地说明他所谓的本心“完全不受自觉意识的控制，其性质是一种潜意识的精神成分”[1]157。而且，这样的“本心无有不善”。因此，“发明本心”，即可认识内在的善性；“失其本心”，则意味着主体因受“物欲”或“意见”的蒙蔽而对内在善性的“不知道、不自觉、不明白”，仅仅是从人的意识中丢失了，而不是从人心中彻底丢失。正因为如此，人可以通过“剖剥磨切”的功夫而把物欲、邪念、心垢扫除，把“本心”发明起来。这个过程，其实就是一种道德净化。这个道德净化，既包括意识的净化，也包括潜意识的净化。“从其精神机制来看，则是不断减少、降低意识的作用，从而使道德潜意识逐渐显露出来。”[1]158到了明代，王阳明虽然特别强调“良知”，但其精神实质却是一脉相承的。陆王都贬低自觉的道德意识的作用，强调要把内在的道德潜意识充分挖掘出来。在王阳明那里，“正其不正以归于正”的“正心”，一定要与“诚意”连在一起[5]。他所谓的“致良知”，“就是要从人的潜意识中发现、摄取道德观念，并按照它来待人接物和处理各种问题。”[1]159这依然是一种道德潜意识与道德意识的互相渗透与转化的问题。

总之，精神学的视角，为理解儒家的功夫论和境界论提供了一个新的视角。这样的视角，不仅局限于对儒家尽心与明心的分析，对佛家的禅定与顿悟、道家的虚静与坐忘，该书中也有精彩的论述。但笔者限于学力，难以尽表。此处所述，如能有隔靴搔痒之功，已感幸甚！

阅读刘先生的一系列著作，最强烈的感觉是先生的文化自觉与文化自信。他对于自己研究领域相关资料和研究现状的把握十分精熟，对于东西方学者相关研究成果的优劣得失十分清醒。在此基础上，先生研究梦，可以从中国历代关于梦的迷信与梦的探索中提出“一个中国人的新梦说”；研究精神现象，可以从太极阴阳思维中提炼出一个“精神学”。在这里，我们不仅看到了先生对于他所推崇的“综合集成”研究方法①的熟练运用，而且也能够体会到先生“立足江湖，超越江湖”的学术关怀。当然，先生的“江湖”，是中华文化！

参考文献

[1]刘文英.精神系统与新梦说[M].天津：南开大学出版社，1998.

[2]雅斯贝斯.历史的起源与目标[M].魏楚雄，俞新天，译.北京：华夏出版社，1989.

[3]弗洛伊德.精神分析学引论[M].高觉敷，译.北京：商务印书馆，1984.

[4]陆九渊.陆九渊集：与王顺伯[M].北京：中华书局，1980：154.

[5]王阳明.王阳明全集：大学问[M].上海：上海古籍出版社，1992：972.

①先生重视比较的方法、发生学的方法、精神分析方法、结构分析方法等，认为各种方法“可以、而且应该在唯物辩证法的基础上统一起来”。“各种方法的同时并举、相互为用”，他借用钱学森的命名，称之为“综合集成法”。（详见《漫长的历史源头》“绪论”部分，第39页。）

建设欠发达地区高层次人才的培养基地

黄飞跃　甘　晖　汪映海　沈伟国

我国学位与研究生教育经过20年的发展，取得了举世瞩目的成就，当前已进入了将工作重点从数量增长型的外延式发展向注重质量效益型的内涵式发展转移的新阶段。在“两个根本转变”和“科教兴国”战略思想的指引下，兰州大学抓住加快中西部经济建设步伐的历史性机遇，提出了“做西部文章，创国内一流”的办学思路，坚持走内涵发展的道路，把学位与研究生教育的工作重点定位在提高研究生的培养质量和学位授予质量上，在探索符合经济欠发达地区实际，以提高全面素质为目标，以宽口径的学科教学为基础，以提高研究生对实际问题的综合、分析，尤其是创新能力以及社会适应能力为核心的培养体系等方面进行了深入的研究。经过多年坚持不懈的改革和实践，取得了一系列新的进展，为把兰州大学建成西部地区高层次专门人才培养的重要基地奠定了良好的基础。

一、以学科建设为龙头，优化学科结构

研究生培养质量和学位授予质量的高低是一个学校整体办学水平的集中体现。而要培养符合社会经济、科技教育发展需要的高质量的研究生，则首先需要结构合理的、高水平的学科、专业及其研究方向。根据兰州大学学科、专业结构的特点，在高等教育改革不断深化的大背景下，为了更好地适应社会主义现代化建设对人才培养的需要，我们紧紧抓住学科建设

第一作者时为兰州大学研究生处副处长。该文发表于《兰州大学学报》(社会科学版)1999年第3期。

这个“龙头”，加大改革的力度，通过按照学科群组建学院和加强学位授权专业的建设，优化学科、专业结构，增强学科、专业对社会需要的适应能力。

1.按学科群组建学院使学科建设迈上了新的起点

为了适应高等教育改革的不断深化和学科建设中高度分化高度综合的趋势，最大限度地发挥和利用现有的教育资源，优化学科结构，提高办学质量和效益，并解决兰州大学学科、专业结构上基础理论学科、专业居多，不利于研究生培养规格和类型的多样化，尤其不利于应用型、复合型人才的培养等问题，学校开展了按照学科群组建学院的工作。组建学院以国务院学位委员会1997年颁布的《授予博士、硕士学位和培养研究生的学科、专业目录》（简称《专业目录》）为基本的学科标准，按照学科群的构想来实施。以促进学科的进一步优化和教学科研水平的进一步提高为目的，有利于开展多学科的联合、交叉渗透及优势互补，有利于发挥各学科的科研之长和联合攻关，有利于发挥人才培养特别是研究生培养的规模效益和提高培养质量，并有利于产生新的学科生长点。具体做法是：围绕若干个具有鲜明特色的研究方向，以一个或若干个重点学科、博士点、硕士点为依托，以教学科研任务为纽带，以学科互补为前提，以提高学术水平和人才培养质量为目标，有机地集合相关学科形成学科群，并以此为基础组建学院。组建学院不仅考虑到一批优势特色学科的巩固提高，而且注意到一批社会急需的应用学科的壮大发展，对一些新兴交叉学科给予了特别关注。并建立了学位授权点和科学研究工作有机结合的运行机制，在组织上保证了研究生学位授权点的管理和建设。目前按以上思路组建的经济管理学院、化学化工学院、外国语学院、物理科学与技术学院、资源环境学院、生命科学学院等已经挂牌运行，另有三个学院正在筹备组建中。这对于优化学科、专业结构和教育资源配置，发挥学科群体优势，进一步增强高等学校“两个适应”的能力，促进高水平研究成果的涌现和高质量人才的脱颖而出必将产生深远的影响。

2.学科建设取得突破性进展，为建立高水平的学科、专业体系奠定了坚实的基础

兰州大学是国家首批批准的博士、硕士学位授权单位之一。截止1996年，全校共有14个博士点和47个硕士点（均为按《专业目录》对应调整后的二级学科专业数）。但从数量和结构看，这些博士点和硕士点还很不

适应学校的发展和社会的需求。为此，学校在认真总结经验的基础上，结合“211工程”建设确定重点学科的机会，加大了学科结构调整的力度，明确提出了学科建设的目标。强调“除继续办好传统优势学科外，进一步发展和创办一批具有西部地域特色的学科，增设一批与国家特别是西部地区经济建设和社会发展紧密结合的应用性学科，并使其中一部分学科达到国内先进水平”。随后成立了“兰州大学学位与研究生教育领导小组”，加大了学校对学科建设、学位与研究生教育中重大问题的领导、协调和宏观调控的力度，提出了学位授权学科专业建设的三个突破方向（即：在博士、硕士学位授权一级学科上要突破；在文科博士学位授权专业上要突破；在目前尚无硕士学位授权点的专业、系要突破）。由于目标明确，工作方法切实可行，管理环节规范缜密，近两年学位授权学科、专业的建设取得了突破性的进展。1997年获得工商管理硕士（MBA）专业学位授权。1998年物理学、化学、生物学三个一级学科获得博士、硕士学位授权；区域经济学、历史文献学、材料物理与化学、地质工程四个二级学科获得博士学位授权；人口、资源与环境经济学，民商法学，中国少数民族史，传播学，计算机理论与软件五个二级学科获得硕士学位授权。至此，学校获得博士学位授权的二级学科达到34个，获得硕士学位授权的二级学科达到62个，专业硕士学位授权点一个。学位授权专业不仅在数量上有了一个大的增幅，而且在结构上也有了大的改观。博士点从原来的文科1个、理科12个、工科1个改变为现在的文科3个、理科28个、工科3个，硕士点从原来的文科17个、理科23个、工科7个改变为现在的文科21个、理科33个、工科8个，专业学位1个，学科、专业结构向合理的方向迈出了坚实的一步。

在学位授权点建设取得突破性进展后不久，经全国博士后管委会批准，兰州大学又成功地建成了第四个博士后科研流动站——地理学博士后流动站。并在1998年年底的省级重点学科申报中，有3个博士、硕士学位授权一级学科，8个博士学位授权二级学科，4个硕士学位授权二级学科和1个专业学位授权点（工商管理硕士[MBA]）被批准为甘肃省重点学科。兰州大学近两年来在学科建设方面取得的丰硕成果有以下几个特点：一是填补了欠发达地区高校学科的空白；二是有鲜明的西部特色；三是和现代化建设密切相关的应用性学科有了较大幅度的增加；四是增强了为地方经济建设和社会发展服务的能力和实力。这不仅使兰州大学学科的整体实力跃上了新的台阶，而且为优化学科专业结构，培养不同规格、不同类型、具有较强适应性的高质量的高层次专门人才，促进学位与研究生教育在更大的空间里健康发展提供了良好的条件。

3.建立科学、规范的研究生培养的学科、专业体系

为了解决原有研究生培养的学科、专业二级学科面偏窄、划分过细以及一级学科设置不够规范等方面的问题，学校在学科、专业调整时，首先考虑了学科的整体发展，在认真研究当今科学技术的发展趋势、动态的基础上，明确了研究现状和条件，以及各有关领域在学科发展中的地位、作用和相互关系，顺利完成了学科、专业的对应调整。针对学科、专业原有研究方向不同程度存在着对未来学科发展和高层次人才培养不适应的问题，在修订研究生培养方案的过程中，要求各学位授权专业在确定研究方向时，要调整部分已经老化、社会需求量不大的研究方向，注意发展优势和特色方向。提出了确定研究方向应遵循的基本原则：

（1）在突出学科优势和特色的同时，密切关注科技、经济、社会发展中具有重大或深远意义的领域，注意新兴学科、交叉学科、应用型学科中新的研究方向的开拓，充分体现研究方向的先进性和前沿性，使研究生的培养能够立足于较高的起点。

（2）设立的研究方向应当是研究领域相对稳定，具有一定的工作基础，已经取得一批代表本学科学术优势和特色的研究成果，近期内承担相关的研究课题并有较充足的研究经费。

（3）同一专业内设置的研究方向在总体上对本学科的重要研究领域有一定范围的覆盖，不宜划分过细，同时还应避免重复。

（4）研究方向不是研究课题，其表述必须规范，能较好地体现学科特色及其发展趋势

这些工作思路和原则的较好实施，解决了欠发达地区学位与研究生教育中如何科学地确定研究方向，理顺和优化研究生培养的学科、专业结构的问题，达到了建立科学、规范的研究生培养学科、专业体系的目的。

二、严格把关，促进生源质量的稳步提高

研究生招生、就业工作是研究生培养的“进口”和“出口”，对研究生教育工作重心的转移有着举足轻重的影响。招生工作质量是保证和提高研究生培养质量的前提，就业则关系到有限的高层次专门人才资源的合理

配置，是研究生培养质量在社会上的具体体现。但是，长期以来，受经济的、社会的、学校自身等多方面因素的影响，兰州大学研究生招生、就业工作一直面临着生源数量不足、质量不高，毕业研究生就业流向调控步履维艰等问题。对此，我们的对策是：

1.多途径开拓生源

为了改变研究生生源数量不足、质量不高的状况，我们一方面加强招生宣传，另一方面通过下列措施开拓生源：

（1）努力争取扩大接收校内外推荐免试硕士生的数量，重视向不同学科和单位推荐、交换免试硕士生，并与云南、贵州、广西、河北等地的有关高等院校建立了相对稳定的硕士生生源基地。

（2）促进招生类型向多元化的方向发展。在招收国家计划内非定向、定向研究生的同时，不断扩大招收计划外委托培养和自筹经费培养研究生的数量，并开辟了与国内外有关高等院校和科研单位联合培养研究生的渠道。

（3）改革研究生招生培养规格单一的模式，在试行并不断加大硕博连读、提前攻博力度的同时，扩大招收适应经济建设和社会发展需要的应用型、复合型研究生。

2.严格合理地掌握同等学力考生的报考条件

长期以来，兰州大学研究生生源中同等学力考生比例偏大，为了保证这部分生源的质量，我们合理规定了同等学力考生报考研究生的具体条件，对报考硕士、博士研究生的同等学力考生分别提出了知识、能力结构和水平的量化指标，严格同等学力考生报考资格的审查和加试、面试等程序。

3.按学位授权专业制定招生专业目录，规范招生入学考试科目

按系（所）编制招生专业目录，必然导致分布在不同系（所）的某些学位授权专业在招生中分别设置考试科目，使得专业课命题范围偏窄，相同一级学科不同专业（或相同专业不同研究方向）间在生源选拔上缺乏可比性，不利于优秀生源的选拔。针对这个问题，学校提出按学位授权专业制定招生专业目录，研究生招生入学专业课考试科目按学位授权专业统一设置，提倡按一级学科设置考试科目，从而使研究生招生入学考试科目的设置得到了有效的规范，同类专业（研究方向）研究生生源选拔的可比性和公正性大大提高。

在规范研究生入学考试科目的同时，学校鼓励跨学科（专业）招收研究生。跨学科（专业）报考者可选考相关学科（专业）的招生入学考试科目。这部分考生入学后，可通过补修课程，弥补其专业知识缺陷。这种做法能够促进相关学科（专业）的交叉与渗透。实践证明，跨专业招收的研究生往往能扬其所长，取得本专业学生难以取得的研究成果。

4.突出博士生生源的能力考核

博士生的培养以科学研究为主，这一特点决定了考生的能力在生源选拔中的重要地位。为了保证博士生的生源质量，我们一方面建立了博士生招生入学考试外语题库，另一方面突出能力考核，将入学考试分为课程考试和能力考核两个部分。课程考试由学校统一组织，能力考核则由招生院（系）组织的考核小组，根据考生的工作报告和答辩结果，就其业务水平、科研能力和发展潜力等做出客观的评价。能力考核结果将是考生能否被录取的重要依据。

5.改进招生录取方式

硕士生按考生报考的导师进行录取的方式已被实践证明存在某些缺陷，往往由于不同导师的人数失衡（甚至是严重失衡），导致部分好生源的流失。针对这种情况，我们提出在硕士生招生专业目录中不列导师姓名，只列招生专业和研究方向。考生在复试合格后，通过与导师间的“双向选择”确定录取名单。这种录取方式有效地杜绝了原有录取方式的弊端，对于生源数量相对不足的欠发达地区的招生单位而言，不失为一种可资借鉴的招生录取方式。

6.改善研究生的生活待遇

欠发达地区招生单位普遍存在研究生在学期间生活待遇偏低的问题，这也是造成本地区研究生生源数量不足、质量不高的一个主要原因。为了解决这一问题，学校在实行研究生兼“三助”的同时，大力推进研究生助研津贴办法的实施。研究生导师可用科研经费为从事助研工作的研究生提供津贴，在此基础上，学校用自有经费为研究生提供配套的助研津贴。研究生兼“三助”制度和助研津贴办法的实行，在一定程度上改善了在学研究生的生活待遇。

7.开展就业指导，拓宽就业渠道，加大调控力度

为了贯彻执行国家的就业方针、政策，鼓励和引导毕业研究生到边远地区、艰苦行业和其他国家急需高层次人才的地方去建功立业，我们采取

了以下措施：

（1）举办就业工作座谈会，宣传国家的就业方针、政策和学校为做好毕业研究生就业工作提出的办法及意见，并开展就业咨询和就业指导。

（2）主动了解毕业研究生的择业意向和要求，广泛收集并及时宣传需求信息，积极创造和提供毕业研究生与用人单位见面的机会和条件，使其能在尽可能大的范围里择业。

（3）对符合改派条件的定向培养毕业研究生，运用经济杠杆，调控其就业的地区流向。

（4）按照原国家教委关于“自筹经费研究生的就业范围由培养单位自定”的精神，紧紧围绕省内经济建设对高层次人才的需要，提出在保证“三高用人单位”、国家重点单位需求的前提下，鼓励和引导自筹经费毕业研究生到省内和其他欠发达地区符合国家产业政策优先发展的非全民所有制的高新技术企业就业。

8.大力推进招生、就业的计算机管理

随着研究生教育的不断发展，招生、就业“手工作坊”的管理模式已不能适应工作需要。为此我们大力开展研究生招生、就业计算机管理软件的研制。目前，兰州大学研究生招生、就业工作已实现了计算机管理，其中招生工作的计算机辅助管理软件在省内部分高校推广应用，并获得1997年全国研究生招生优秀计算机辅助管理软件鼓励奖。1998年，为了进一步完善计算机辅助管理工作，准确、及时地传递招考信息，我们完成了与甘肃省招生办公室的计算机联网工作，并将兰州大学研究生招生互联网咨询系统正式上网运行，从而大大提高了研究生招生的管理水平和宣传效果。

上述相关对策的实施，已取得了显著成效，表现在：

——研究生生源数量不断增加（1995至1998年研究生生源数量分别为940人、1158人、1301人、1548人），生源质量稳步提高。

——1996年以来先后接收定向、委托培养研究生323名，在一定程度上缓解了欠发达地区用人单位对高层次人才的急需。

——统分毕业研究生流向中西部地区的比例始终大于44%，流向“三高用人单位”的比例则保持在50%左右，近三年完成国家重点补充任务的平均比例为28.1%，远远高于国家规定的不低于10%的要求。毕业研究生就业的地区流向和行业流向的合理性居全国同类院校的先进地位。

三、规范培养过程，拓宽培养口径

随着社会主义建设的发展和改革的深化，特别是面对国际范围内科技迅速发展的新趋势，社会对高层次人才的需求出现了新的变化，提出了更高的要求。成为一种世界潮流的知识经济的基本特征是知识不断创新，高新技术迅速产业化。因此，我们在改革中，以规范培养过程为重点，探索在宽口径的学科教学基础上，提高研究生对实际问题的综合、分析，尤其是创新能力以及社会适应能力的教育教学模式，工作中着重考虑和处理了以下五个方面的关系：

1.一级学科与二级学科的关系

为了适应研究生培养按一级学科打基础，按二级学科培养，按三级学科确定主攻方向的要求，提倡按《专业目录》的一级学科制定培养方案。课程设置可按一级学科范围内相关的二级学科进行拓宽，体现二级学科本身的特征和学科应有的知识结构。基础理论课的设置着眼于一级学科范围，专业课原则上按二级学科设置，建立适应面较宽的课程体系。从修订后的培养方案看，绝大多数的学科专业都达到了这一基本要求。

2.教与学的关系

根据提高研究生培养质量和效益的要求，在教与学的过程中，重视和加强研究生综合素质，尤其是创新能力和对未来社会发展适应能力的培养。

（1）加强导师队伍的建设。高水平的导师队伍是保证研究生培养质量的关键。为了建立一支素质过硬、结构合理的研究生导师队伍，学校一方面加大中青年业务骨干的培养力度，鼓励他们在教学、科研第一线创造一流的成果，促进新一代的学术带头人脱颖而出。另一方面建立和完善研究生导师遴选制度和上岗制度。申请硕士生导师资格的副教授原则上必须具有独立的科研课题和能够基本满足硕士生培养的科研经费。申请博士生导师资格的正教授，要求有相对独立、稳定的研究方向，主要研究方向特色突出，优势明显，研究成果的学术水平居国内同类学科的先进地位。对于已经取得博士生导师资格的指导教师，一般要求在校内具有作为负责人的在研项目和经费，方可上岗招生。

（2）完善课程体系。课程体系要体现学科特色。首先，根据学科范围及其发展趋势，认真分析本学科的特点和优势，科学认定研究生应掌握的基础理论和基本技能，结合主要研究方向及其对学位论文的基本要求，确定研究生必修的基础理论课和专业课。其次，根据“拓宽”的要求，科学设置选修课，鼓励研究生在导师的指导下选修跨学科的课程，适应新兴学科、边缘学科和交叉学科发展的要求。第三，力求使各门课程在加深和拓宽研究生基础理论、学科知识面及相关能力培养等方面既有所分工，又相互补充，真正形成科学、合理的课程体系。

（3）更新教学内容。调整和更新教学内容要考虑研究生应具有的基础理论和专门知识结构的要求，着眼于21世纪高质量、高层次人才培养的要求。课程内容要充分体现系统性和先进性，面向硕士生、博士生的课程内容要分别与本科生、硕士生的课程内容拉开档次。课程体系确定之后，各培养院（系）应组织编写和制定科学、规范的教学大纲，保证教学有章可循。此外，学校提高了对教材建设的支持力度，鼓励教师瞄准学科前沿，结合自己的研究成果，编写新的研究生教材。近年来由学校资助出版的研究生教材有：《高效毛细管电泳》、《非线性泛函分析引论》、《百年沧桑——科学社会主义理论与实践》、《行政管理学》、《二维NMR简明原理及图谱解析》、《比较文化概论》等。

（4）规范教学过程。在根据研究生课程学习计划组织教学活动的同时，重视充分发挥学科的综合优势和学术群体作用，坚持基础理论课以学科点为单位集中开班上课的原则，坚决杜绝一门课程多位教师重复开设和导师包揽其所指导研究生的专业课的现象。

（5）改进培养方式。充分调动研究生学习的主动性和积极性，更多地采用启发、自学、研讨等因材施教的教学方式。充分发挥综合性大学学科比较齐全的优势，鼓励跨学科培养研究生，为跨学科（专业）招收的研究生增设补修课程，促进研究生运用多学科的研究方法取得创造性的研究成果。实行导师负责制与集体指导相结合的方式，使博士生在受教于导师的同时博采众长。同时，还要努力营造良好的学术氛围，使研究生在学术交流中得到创新思维方法及能力的训练。

（6）突出能力培养。课程学习和有关培养环节的安排，要充分重视对研究生思想素质（尤其是敬业精神、献身精神和团结协作精神）、自学能力、分析和解决问题能力、语言文字表达能力等综合素质的培养。在学位论文选题上，要求与导师承担的研究课题直接挂钩，一方面使学位论文进入国家和地方各部门科研计划的较高层次，另一方面增强研究生为社会、科技、经济服务的意识和能力。与此同时，我们鼓励研究生要敢于去做前人（包括自己的导师）没有做过的研究工作，突出学位论文的创新性和先进性。

3.硕士生培养与博士生培养的关系

硕士生和博士生分属不同层次。我们强调硕士生的培养以课程学习与科学研究并重，基础理论课以课堂讲授为主，专业课可采用学术讲座、讨论等多种方式教学，用于学位论文的时间不得少于一年。博士生的培养以科学研究为主，辅以必要的课程学习，各学位授权专业应设置反映本学科前沿的课程，可采用由一名博士生导师主持、若干名教授共同讲授等教学形式，其课程学习应更多地采用自学、讨论的方式，用于学位论文的时间不得少于一年半。在课程上，硕士生要体现基础性、宽广性和实用性，博士生要注重综合性、前沿性和交叉性，同时要兼顾硕士生课程与博士生课程之间的相互衔接。具备条件的博士学位授权专业，可实行硕博连读，其课程应是硕士生、博士生课程的贯通和有机结合，从整体上优化研究生课程结构和教学过程。

4.必修环节与课程学习的关系

必修环节是针对研究生教育的特点，加强研究生能力培养的必要过程，是课程学习的重要补充，对培养研究生的综合素质具有积极的促进作用。为了帮助研究生掌握获取知识和了解学科前沿动态的手段，营造良好的学术气氛，促进学科间的交叉与渗透，拓宽研究生的知识面，我们在保持原有研究生培养方案中的教学实习和社会实践环节的基础上，新增了文献检索、前沿讲座、专题报告等必修环节。同时要求在学期间硕士生至少应听取六次前沿讲座，博士生应就其研究领域的学术前沿问题和自己的研究成果，结合论文的开题报告、进展报告和预答辩等，做不少于三次的学术报告。

5.过程管理和目标管理的关系

培养过程的规范，需要相应的管理体制作为保障。为此，我们通过制定学位与研究生教育的有关制度和开展科学研究，力求使研究生培养的过程管理和目标管理紧密结合，相互促进，达到规范化和科学化的目的。

首先，通过制订研究生培养计划（包括课程学习计划和学位论文计划），规范培养程序，并根据《兰州大学研究生完成培养计划的有关规定》对整个培养过程实施监督和检查。其次，通过建立学科综合考试制度，引入竞争机制。学科综合考试是对博士研究生进行的一种中期考核，具有资格考试的性质，其结果是博士生淘汰、分流的主要依据。第三，通过制定《兰州大学学位授予工作细则》、《兰州大学研究生论文答辩及学位授予工作的有关规定》等规章制度，规范了学位论文的选题和开题报告、中期检查，以及学位论文撰写、评审、答辩、学位评定委员会的审查批准和授予学位等过程。第四，通过制定《兰州大学关于要求研究生在读期间发表学术论文的暂行规定》，提倡和奖励研究生在读期间取得研究成果，发表学术论文。对博士生在读期间完成科研成果做出了具体要求，提出了允许答辩并正常受理学位申请、允许答辩但暂缓受理学位申请以及不准答辩这三种情况的量化指标。同时，我们注重加强对学位与研究生教育管理的理论研究，1997年召开了兰州大学学位与研究生教育研讨会，1998年召开了学位与研究生教育管理工作会议，并在校内进行了学位与研究生教育研究课题的立项资助工作，促进各项管理工作从经验管理上升到科学管理。1997年兰州大学学位与研究生教育的管理成果获甘肃省优秀教学成果二等奖，1999年兰州大学学位与研究生教育的管理成果获甘肃省优秀教学成果一等奖，有机化学学科研究生的教学成果获甘肃省优秀教学成果二等奖。

四、以高质量的学位与研究生教育促进学校整体办学水平的提高

通过多年的艰苦努力，兰州大学研究生的数量有了较大幅度的增加，在校研究生人数从1993年的680余人增加到1998年的1200多人。研究生培养质量和学位授予质量有了非常明显的提高，学校提出的学位与研究生教育规模和质量同步提高的发展构想得以顺利实现，学位与研究生教育形成了良好的发展态势。学校确定的“以研究生教育为重点，以本科生教育为主体，以成人教育和其他办学形式为补充”的办学格局已经形成。同时，学位与研究生教育的发展也促进了学科建设前所未有的发展，学位授权点数量的增加和构成的日趋合理，学科结构的优化调整，教育资源的合理配置，使学校的教育教学水平和科学研究水平迈上了一个新的台阶。

1.学位与研究生教育改革的深入，促进了研究生培养质量和学位授予质量的稳步提高

截止到1998年，兰州大学已授予博士学位389名，硕士学位2842名。近两年，先后有275名研究生分获宝钢、世川良一、汇凯等优秀研究生奖学金；获奖者具有良好的思想素质和业务素质，均有公开发表的研究成

果，其中85%以上发表在核心刊物或《SCI》、《EI》收录的杂志及国内权威期刊上。近三年统分毕业研究生在国内外继续深造的平均比例为30.3%。1986年在100名中科院奖励基金获得者中，兰州大学培养的研究生占6名。1991年国家表彰了695名“做出突出贡献的中国博士、硕士学位获得者”，兰州大学毕业的研究生占10名。1994年中科院院长奖学金20名获得者中，兰州大学毕业的研究生占3名。1995年“全国博士后科技成果展览会”展出近300名博士后的成果，兰州大学培养的博士占6名。1997年民族学专业博士研究生的学位论文“西域古代民族宗教研究”被收入全国《高校文科博士文库》，由高等教育出版社作为专著出版。1999年兰州大学两篇97届博士生的学位论文跻身全国首批百篇优秀博士学位论文；两名兰大培养的博士毕业生被聘为我国首批（73名）“长江学者奖励计划”特聘教授。1997年国务院学位委员会对1992年以来未参加过评估的前四批批准的博士、硕士学位授权专业进行了基本条件合格评估，兰州大学参加评估的博士点和硕士点全部通过合格评估（全国未通过合格评估的博士点有77个，比例为4.5%，硕士点394个，比例为10.3%）。这一系列事实均从不同的侧面反映了兰州大学在条件较差、投入相对较少、困难重重的情况下，研究生的培养质量和学位授予质量所达到的较高水平。

2.高质量的学位与研究生教育的发展，促进了学校科学研究水平和办学效益的显著提高

自1983年国家开始公布《SCI》关于发表论文及其被引用的统计数据以来，兰州大学一直位居全国高校前10名，而研究生特别是博士生则是在《SCI》上发表论文的主力军。据统计，1992年、1993年兰州大学连续两年在《SCI》上发表论文名列全国高校第三，其中发表文章最多的前三名均为博士生。97届博士毕业生在《SCI》收录的学术刊物上发表论文55篇，98届博士毕业生在《SCI》收录的学术刊物上发表论文90篇。据统计，近年来，在地处欠发达地区争取科研项目经费更为困难的情况下，兰州大学共承担国家重大项目40多项，为行业和地方经济建设服务的横向科研项目414项。截止到1998年，兰州大学获得14项国家级科技成果奖、257项省（部）级科技成果奖。这些科研项目和获奖成果，绝大部分都有研究生参与，有些科研项目和获奖成果，还是以研究生为主完成的。有关统计资料表明，兰州大学的人才培养效益和办学效益居全国综合高校前列，学术水平居于国内高校前列。研究生已经成为学校科学研究工作和知

识创新的一支骨干力量，成为提高办学效益和学术水平的重要人力资源。这在一定程度上反映了高质量的学位与研究生教育对科学研究工作的巨大推动作用和对学校整体建设与发展的重要影响力。

1998年5月4日，江泽民总书记在庆祝北京大学建校100周年大会的讲话中指出："当今世界，科学技术突飞猛进，知识经济已见端倪，国力竞争日趋激烈。"归根到底，国力竞争的要害是科技和人才的竞争，而这一切取决于教育发展的速度和水平，取决于人才培养的数量和质量。兰州大学，作为一所布局在祖国西部地区的国家重点大学，有责任、有义务、也有能力为国家培养合格的高层次人才，充分利用自己的优势，在知识传播、知识创新、知识运用等方面为地方经济建设和社会发展发挥更加积极的作用，并在这个过程中以质量为核心，发展学位与研究生教育，以此促进和带动学校的学科建设、科学研究以及办学效益的发展和提高，尽快把兰州大学建成西部地区高层次专门人才培养的重要基地。

兰州大学文科教育教学改革的思考

张天俊　刘亚军

文科教育在国家的经济建设和社会发展中具有十分重要的作用。我国和世界经济发展的实践证明，生产力水平和综合国力的提高，不仅依赖于自然科学技术的发展，而且依赖于人文社会科学的发展。同时，文科教育对于提高中华民族思想道德和文化素质，增强国家和民族的凝聚力，促进社会主义精神文明建设，更有不可替代的作用。文科教育是我国教育事业的重要组成部分，发展教育事业、实施科教兴国的方针，必须把发展文科教育放在重要的战略地位。重视人文社会科学教育，深化高等文科教育改革，是我国高等教育事业改革发展中一个非常重要的问题。

兰州大学是一所文理科综合性大学，文科教育教学在学校的整体发展中起着非常重要的作用。正值90周年校庆之际，我们分析文科教育在社会发展和高等教育自身发展中的地位和作用，回顾兰州大学文科教育教学的改革，探讨进一步提高兰州大学文科教育教学质量的思路和措施，有着特殊的意义。

一、文科教育在经济、社会发展及高等教育改革中的地位和作用

1.重视和加强文科教育，正在成为世界高等教育发展的一个趋势

人类在20世纪实现了科学技术的革命性飞跃和经济的巨大发展，这是社会进步的强大动力，也是教育改革的强大动力。但是历史发展到20

第一作者时为兰州大学教务处副研究员。该文发表于《兰州大学学报》(社会科学版)1999年第3期。

世纪后期，世界也面临着一系列深刻的社会问题，如：全球性的两极分化、环境和生态恶化、人口膨胀、资源短缺、道德伦理的滑坡等等，严重威胁着人类的生存和发展。这些问题不是仅仅靠技术进步和物质财富增长所能解决的，许多国家因此出现了重新强调人文社会科学教育的倾向，唤起了对人文社会科学教育的新的重视和关注。许多教育专家也提出科学教育人文化的观点，把加强人文社会科学教育作为面向21世纪高等教育改革的思路之一。各国从不同的角度、不同的立场出发，都把人文社会科学教育作为经济、社会发展，特别是维系自己价值观念的重要手段。

2. 文科教育在建设有中国特色社会主义过程中的特殊重要的意义

中华民族是有着悠久历史的伟大民族，丰富的文化资源是我们建设社会主义现代化国家的一大优势。党的十一届三中全会以来，小平同志一再强调，要一手抓物质文明建设，一手抓精神文明建设，两手都要硬。实践已经证明，只有认真地实行这个方针，才能实现经济的可持续发展，实现经济、社会、文化的协调发展。当前，我国经济建设和各项事业的发展，为文科教育的改革和发展提供了极好的历史机遇。党的十四届五中全会和六中全会，提出了实现2010远景目标和实行经济领域两个根本转变的重要任务，提出了加强社会主义精神文明建设的重要任务。我们必须从实现我国社会主义建设长远目标的战略高度，对我国文科教育的改革和发展给予极大的重视并进行认真的思考。

3. 文科教育对人才培养模式改革，提高人才全面素质具有重要作用

在我国当前的高等教育改革中，一个重要的任务是改革人才培养模式，强调素质教育，提高学生的全面素质，而文科教育对于实现这一目标具有特殊重要的作用。爱因斯坦说过："用专业知识教育人是不够的，通过专业教育，学生可以成为一个有用的机器，但是不能成为一个和谐发展的人。要使学生对价值（社会伦理、准则）有所理解并产生热烈的感情，那是最基本的。"作为社会主义国家的高等教育，我们不仅要给学生知识、给学生能力，还要教学生做人，也就是使他们成为具有较高文化层次的群体，成为社会主义的建设者和接班人。文科教育在培养学生思想、道德、精神、情操等方面的重要作用，是其他学科所不能替代的，关系到社会主义办学方向和目标。因此，我们要把重视和加强人文社会科学教育作为转变教育思想、更新教育观念的重要问题加以认识。

4.人文社会科学在整个科学事业和教育事业中具有愈来愈重要的地位

当代科学和教育发展中出现了一个显著的特征，即人文社会科学与自然科学技术相互结合，文科教育和理科教育相互渗透。适应当代社会发展而产生的许多新学科，就是在人文社会科学与自然科学的结合中产生的。文理渗透、人文社会科学与自然科学相互融合的趋势，为我们重视和发展人文社会科学教育提供了一个新的视点，为文科的发展拓宽了思路，也为文科的发展提供了新的机遇。

作为大学教育不仅要注重专业教育，更应注重学生的思想道德、文化素质和文化品格的教育。因此，无论对文科学生，还是理工科学生来讲，文科教育都是十分重要的，文科教育可以引导学生去思考人生的目的、意义和价值，文科教育还为处理好人与人、人与社会、人与自然的关系提供了行为准则，是大学生形成和确立正确的世界观、人生观和价值观的重要途径。

以上方面反映了当前条件下人文社会科学走向繁荣的历史必然性，是人文社会科学发展的历史性机遇。改革开放和社会主义现代化建设，为文科教育的改革提供了广阔的领域。时代呼唤理论，呼唤精神文明，“双百”方针的贯彻，为文科教育的改革和发展营造了一个良好的环境。重视和加强文科教育已成为世界高等教育改革和发展的重要思路和共同趋势。因此，我们必须抓住机遇，深化改革，努力建设和发展文科教育。

二、兰州大学文科教学和人才培养的现状

兰州大学的文科由于历史的原因基础比较薄弱，再加上过去“重理轻文”思想的影响，文科在很长一段时间里发展缓慢。十一届三中全会以来，学校总结历史经验，把文科教育提到重要地位，先后举行了三次文科建设工作会议，为新时期兰州大学的文科改革和发展制定了一系列文件，明确了发展思路，文科教育逐步走上了一条有自己特色的、快速健康有序的发展道路。

1.学科专业建设得到发展

1983年，兰州大学文科共有5个系，7个专业。现在已发展到11个系，24个本科专业，并有1个行政管理学第二学位专业。近年来，学校按照“加强基础学科，积极发展应用学科，尽快填补空白学科”的原则，在支持和加强文、史、经、哲等基础学科专业建设的同时，重点发展了一些社会急需的应用学科、新兴学科、边缘学科和交叉学科，新增设了新闻

学、法学、图书馆学、行政管理学、统计学、市场营销学、国际经济与贸易、旅游管理、广告学、科技信息、会计学、社会学、国际政治、工商管理、艺术设计、音乐表演等社会急需专业，使文科专业结构发生了根本变化，初步形成了基础学科专业与应用学科专业协调发展的新格局。历史学被国家教委批准为国家级基础学科人才培养和科学研究基地。应用型文科专业得到了较大的发展，基础性专业得到了一定程度的加强和保护。

2.人才培养规模扩大，教师队伍壮大

1983年，兰州大学文科教师和学生在全校教师学生中所占的比例分别为28%和32%，到1999年，文科在校本科生3131人，占全校本科学生总数的43%，文科人才培养规模有了较大的发展。而且形成了一支有一定规模、政治素质较好、学术水平较高的文科师资队伍。文科现有教师435人，占全校教师总数39.5%，其中副教授以上138人，占全校高职教师总数33.5%，基本满足了教学和科研的需要。同时，随着学校收入分配政策的调整，文科系创收经费呈上升趋势。同时，文科各系积极发展成人教育，扩大对外服务，争取更高的社会支持。因此，文科系一方面通过专业建设扩大了招生，发展了教学规模；另一方面通过人才培养，以学养学，以学养教，提高了经济效益，增加了对教学的投入，改善了办学条件，促进了教学质量的提高。

3.文科教学改革与建设取得了显著的成效

自1989年以来，兰州大学文科已有22项教学研究成果获甘肃省教学成果奖，65项获兰州大学教学成果奖。在全国较早实行主辅修制和双学位制，为探索复合型人才培养模式积累了宝贵的经验。新闻专业参加国家教委评估进入前八名，历史学专业被国家教委批准为国家级基础科学研究和教学人才培养基地。素质教育的改革试验打开了局面，把素质教育逐步纳入到德育教学体系中。近几年来，先后开设了《中国传统文化》、《中国古典文学作品研读》、《大学生社会学》、《大学生心理卫生与健康》、《人际关系与语言艺术》、《文学与人生修养》、《传统文化与道德》、《中国历代杰出人物》、《大学生就业指导》、《艺术与欣赏》、《科技发展史》等课程。学校还注意抓教学方式的改进，坚持不懈地抓好“读、写、议”环节。教学实践证明，抓好文科的“读、写、议”，对文科人才培养有举足轻重的作用。目前，“优化课内，强化课外”的教学原则已得到贯彻，课上“满堂灌”，课后逼学生死记硬背的做法开始扭转。实践性教学环节得到不同程度的加强，各系已开始有计划、有步骤地加强学生实践环节，开展产学结合，尝试开放性办学。学校与社会、与企业的横向联系和合作办学正在进一步扩大，教学实践基地建设也取得了初步成果，积累了丰富的经验。以教学促进科研，以科研带动教学水平的提高，教学科研相长，互相促进，已被越来越多的文科教师所接受，并付诸实践，初步形成了文科“基础型”与“应用型”两种人才培养新模式。文、史、经、哲等基础学科根据基础学科要培养学生具有深厚基础知识，较宽知识面，较强创新和动手能力的特点，着力加强学科基础，按学科群开课，发挥学校学科齐全的综合优势；同时适当增设应用技能性课程。这样既能培养少而精的高层次人才，又能为社会培养素质高、后劲足、动手能力强的急需人才。在应用学科方面，一方面保持加强基础这一特色，同时突出学生应用能力的培养，并注意文理交叉，以及文科内部之间的结合。通过压缩必修课，扩大选修课和辅修课程，使文科学生成为文文联合、文理渗透、基础加应用的复合型人才。这样，不仅满足了学生的求知欲，也使一些基础学科的学生安心于本专业的学习，两类人才都得到较好的培养。

三、兰州大学文科教育教学存在的问题和不足

1.教学经费投入不足

由于社会转型和商品经济的冲击，造成教学经费的投入不足，图书资料严重匮乏，实习经费短缺，在一定程度上制约了文科学生社会实践活动和“读、写、议”活动的有效开展，从而影响了文科学生培养质量的再提高。

2.校系领导精力投入不足

由于主客观的原因，兰州大学文科教育教学工作一直没有得到应有的重视。部分系仍存在重数量轻质量，重科研、创收，轻教学水平提高的现象。综合大学的优势没有得到充分发挥，资源共享，优势互补，学科交叉，文文结合，文理渗透尚需采取一系列的配套措施。文科部分新建专业，由于在原有基础较弱的情况下仓促上马，有些甚至是白手起家，因此，还有待于巩固、充实和提高，要在尽快形成自己特色，上台阶、上水平上下功夫。

3.部分教师对教学投入不足

从整体来说，兰大教师的教学积极性还没有得到充分调动，学校缺乏配套的激励约束政策，部分教师只求完成教学工作量，不求教学质量的提高。对教育思想、教育观念缺乏必要的研究，对课程教学内容和教学方法的改革关心不够，存在“僵、松、空、陈”的现象。此外，教师队伍的思想建设有待于进一步加强，教书育人，忠诚党的教育事业的精神还没有深入到教师的一言一行；少部分青年教师马列主义功底不深，在教学中不能恰当解决学生思想上的问题。

4.学生学习投入不足

部分学生学习缺乏积极性和创造性，存在“60分万岁”的思想，随意缺课，抄袭作业，考试作弊。由于以上四个投入不足导致兰州大学文科教育教学中教育思想、观念跟不上，教材、教学手段和方法跟不上，教学管理制度跟不上，教师队伍建设跟不上。

四、深化文科教育教学改革，进一步提高文科教学质量

从现在到20世纪末，我们要努力建立文科基础型和应用型人才培养体系，通过优化专业结构，拓宽专业口径，改革课程体系，更新教学内容，改进教学方法，进一步提高教育教学质量，培养高质量的基础型和应用型的文科人才。

1.主动适应社会和经济发展两个根本转变的需要，不断调整、优化文科专业结构

文科专业调整要坚持走以内涵发展为主，扩大外延适应社会的发展和“两个根本转变”需要的道路，在不断充实、完善、提高现有21个本科专业的同时，积极挖掘潜力，创造条件，根据需要和可能，有计划地改造或增设国家经济建设急需的应用学科、边缘学科专业。今后专业增设的目标逐步由本科转移到第二学士学位专业上。对口径太窄、不能很好适应社会需要的学科专业，通过“淡化专业、分段教学、按需分流”或改设的办法拓宽其专业口径，采取设置专业方向的形式，使其更新改造并赋予新的活力。

2.明确本科培养目标和规格，文科本科分基础型和应用型两种规格人才培养

兰州大学教学工作进一步改革发展的思路是：以基础型人才培养为龙头，促进应用型人才培养的发展和改革。对国家教委批准的“国家级历史学基础学科人才培养和科学研究基地”，按照“国家队”和“少而精、高层次”的原则，侧重培养基础型兼顾应用型人才培养；对文科中的汉语言文学、哲学、经济学，学校拟进行基础型与应用型人才分流培养的试验，其他文科专业主要培养满足经济建设主战场和社会发展需要的应用型人

才。最终使全校文科基础型和应用型人才培养比例保持在1∶3。

3.按照基础型和应用型人才的培养规格和业务要求，明确文科两类人才的培养模式

进一步修订和完善文科专业教学计划，优化课程体系，更新教学内容，改进教学方式。基础类专业主要培养从事教学和社会科学研究的研究生生源，其培养模式为：强化基础，因材施教，重视科研，开发智能。制定文科基础型人才教学计划时应在培养坚实的马克思主义理论功底、宽厚的社科文化素质和创造能力上下功夫；应用类专业主要培养从事实际工作的应用型人才，即培养未来的企业家、会计师、审计师、新闻记者、律师和国家公务员等，其培养模式为：打好基础，加强实践，重视应用，按需分流。制定文科应用型人才教学计划时，应在打好马列理论功底和学科基础的前提下，在应用上下功夫。

4.积极推进课程体系、教学内容和教学方法的改革，把全新的文科教育带入21世纪

利用4~5年的时间，实施国家教委制定的高等教育面向21世纪教学内容与课程体系改革的研究计划，积极支持国家教委批准的文科面向21世纪课程体系与教学内容研究项目。同时，学校设立文科面向21世纪课程体系与教学内容研究项目，各有关单位和个人申报，学校论证立项，给予适当经费支持，使学校文科的教学内容、课程体系、教学方法和教学手段符合面向21世纪人才培养的要求，加大教学方法和教学手段改革的力度，组织音像教材和计算机辅助教材的研制和开发，逐步使文科的教学方法和手段现代化，以迎接21世纪信息化时代的挑战。

5.坚持社会主义办学方向，抓好“两课”的教学改革

社会主义大学与资本主义大学的本质区别就在于，我们的大学必须坚持党的领导，坚持马克思主义和邓小平理论的指导，培养德、智、体全面发展的社会主义建设者和接班人。社会主义大学的本质决定了我们必须抓好“两课”的教学。当前，“两课”教学的根本目标是在新的形势下，加强马克思主义理论教育和思想品德教育，改变其与新形势要求之间的各种不适应状况，引导和帮助青年学生树立正确的世界观、人生观、价值观，并为此打好科学理论基础，帮助他们掌握好马克思主义的立场、观点和方法；引导学生确立为建设有中国特色的社会主义而奋斗的政治方向；使学生增强抵制错误思潮和拜金主义、享乐主义、极端个人主义等腐朽思想侵

蚀的能力。政治理论课要注意改进教学方式和方法，逐步把传统的“满堂灌”转变为教学相长、双向交流的启发式、讨论式、研究式的教学，使课堂理论教学生动活泼，同时要注意理论联系实际。思想品德课逐步开设以思想品德教育类课程为核心的人文社会科学选修课，这样不仅完全能够实现思想品德课的教学目的，而且由于它是以极其丰富多彩的知识背景为依托的生动活泼、潜移默化的方式进行教育的，其效果是明显的，兰州大学近两年的实践证明，这样做深受广大同学欢迎。

6.规范文科教学环节，把“读、写、议”教学落到实处

以“读、写、议”为核心的教学改革，是“优化课内教学，强化课外训练”的重要途径，也是改革教学方式的重要环节，有利于培养学生善思、善言、善辨的能力和创新的能力。为把“读、写、议”活动纳入正常的教学轨道，不仅要在教学计划中体现出来，还要加强考核，做到有计划、有检查、有落实，把考核“读、写、议”的能力作为学生学业成绩考核的重要内容。各文科专业要给学生规定三个层次的必读书目：第一层次作为本科大学生应必读的书目；第二层次作为文科学生的必读书目；第三层次，作为某一学科专业学生必读书目。并按照教学进度，进行切实有效的督促和检查，同时要加强对学生课外阅读的指导，对西方理论和学术思潮，要组织马列主义水平较高的教师，开设专题讲座，进行科学评价和有理有据的分析批判，让学生分清其精华与糟粕。要改变文科缺少书面作业的不合理现状，采取各种形式的写作训练，如写读书笔记、调查报告以及与有关课程要求必需的书面作业等。要求文科学生做学年论文。教师要对学生的写作活动予以认真指导。要创造条件，适当压缩课堂讲授时间，积极开展课堂讨论。

7.发挥综合大学的优势，探索文科复合型应用性人才的培养

首先拟以外语为载体，与旅游管理、行政管理、法律、经济相结合，培养既懂外语又懂旅游管理，或既懂外语又懂行政管理，或既懂外语又懂法律、经济的复合型应用性人才；其次，继续开展主辅修制、双学位制，在目前开设的涉外文秘、科技经济法、公共关系、行政管理、实用美术等辅修专业的基础上，今后应重点发展双学位；第三，注意吸引和吸收理科学生攻读文科学位，加强文理渗透，培养文文结合、文理渗透的复合型应用性人才，以满足社会的多层次、多方面的人才需求，也为毕业后有较宽的就业范围，创造较多的选择机会；第四，小好各个学院，优化人、财、

物资源的配置，实现资源共享，优势互补，力争3~5年内使学院的各学科建设上层次上水平，教学质量稳步提高，打开为社会服务的局面，逐步形成教学、科研、社会服务三位一体的基地，使其成为西北社会、经济发展的“辐射源”和“智囊团”。

8.加强文科的社会实践环节，培养合格的专业人才

理论教学与社会实践相结合是高校文科教育的一条基本规律，也是保证文科学生健康成长的基本途径。学校列文科社会实践专项经费补贴每年5~10万元，用以解决文科培养人才这一特殊需要。同时也要看到，经费短缺将是长期存在的困难，一方面，学校在分配经费时充分重视文科这一特殊需要，另一方面，各院系在经费分配使用时也要给社会实践环节予以必要的经费保证，并设法多渠道筹措资金，争取社会的支持。社会实践作为文科重要的教学环节要有明确要求。要探索建立社会实践环节的考核制度，已列入教学计划的社会实践要有考核办法，和其他课程一样，要评定学习成绩，给予一定学分。文科学生在本科期间，参加业务实习、军事训练、生产劳动、社会调查等活动时间一般不少于六个月。要把每个学生调查一个工厂、一个乡村作为社会调查的重要部分。各文科专业要积极创造条件，建立相对稳定的社会实践基地，减少盲目性，增强计划性，要利用各学科专业的特色和优势同社会单位互惠互利，探讨产、学、研结合，共同培养人才的有效机制。基地的选择要尽可能就地就近。要根据专业特点和培养目标的要求，选择适应面较宽，能进行较为长久、稳定协作的单位。加强校内实践基地建设，在建设文科综合实验室的同时，根据各学科的特点，有计划分步建设语音实验室、法学实验室、经济学科实验室、情报信息技术实验室、管理科学实验室、外语多媒体实验室，逐步使校内实践与校外实践相互配套，有机结合。

文科教育改革涉及专业设置、教学内容、课程体系、教学方法、培养目标和培养模式等各个方面。在文科教育教学改革中，必须坚持以马列主义、毛泽东思想和邓小平理论为指导，把握知识体系与价值体系、学术自由与教学原则的关系，坚持正确的改革方向，促进改革的不断深化。

深化文科教育改革，积极推进文科教育的发展，是一项长期而艰巨的任务，我们必须从现在开始，大处着眼，小处着手，抓住当前的有利时机，调动各方面的积极性和创造性，努力开展工作，把一个规模、结构合理，质量、效益较高的文科教育全面推向21世纪。

略论兰州大学院系管理体制的历史演变与改革发展

李　静

兰州大学创建于1909年，经历了甘肃法政学堂、兰州中山大学、国立兰州大学、部属（委属）重点综合大学的漫长历程。在兰州大学的发展历程中，学校的院系设置也几经变迁。

一、兰州大学学院的创立与发展

1.建校初期的院系设置

从兰州大学的发展历史来看，真正有院系设置是在1946年。当时的民国政府行政院73次会议决定，在原来甘肃法政学堂及后来的兰州中山大学基础上，成立“国立兰州大学”。辛树帜校长到任后，根据教育部的意图，经多次与当地专家学者商议，于同年6月，向教育部提出一份国立兰州大学的计划大纲，其中提出“兰州大学今后规模，拟就甘肃学院改并之法学院，与西北医学分院改并之医学院，并按大学规程，调整增设之文学院、理学院与特设之兽医学院五院而成”，并提出“兰州大学各院系，除求一般平均发展外，为适应当地环境，拟特重于兽医学院之发展。”教育部当即批准了这份计划，并对部分问题进行修改，其中一条是将文学院、理学院合并为文理学院。

于1946年8月重新组建的国立兰州大学，设置有四个学院，它们分别

作者时为兰州大学高教研究所讲师。该文发表于《兰州大学学报》(社会科学版)1999年第3期。

是：新创办的文理学院、在原甘肃学院基础上改建的法学院、由西北医学兰州分院改建的医学院以及新建的兽医学院。另外，还设有三个先修班，一个附属高中部。当时的院系建制见表1。

表1　国立兰州大学院系设置一览

学院	先修班	附属高中
文理学院	普通先修班	原甘肃学院附属中学
法学院	医学先修班	
医学院	俄文先修班	
兽医学院		

2.发展中的演变

在建立并发展国立兰州大学时期，其院系建制也在进行着不断地调整与变化。经当时兽医学院院长的建议以及考虑西北地区的特殊状况，于1947年，教育部决定兰州大学兽医学院独立成为“国立兽医学院”。文理学院、法学院及医学院三个学院仍属于兰州大学，兰州大学时有三个学院。

1948年，经教育部批准兰州大学又扩建为四个学院，将文理学院分开，即：文学院、理学院、法学院、医学院，共下设有18个系科，见表2。

表2　解放前兰州大学院系设置一览

文学院	理学院	法学院	医学院
中文系	数学系	法律系	不分系
历史系	物理系	司法组	
英文系	化学系	政治系	
俄文系	动物系	经济系	
边疆语文系	植物系	政治经济系	
	地理系	银行会计系	

3.国立兰州大学时期院系设置特点

国立兰州大学时期，其学校管理模式、专业设置及人才培养等均是模仿欧美模式。从我国当时的情况来看，学校有公、私立两种，而且大部分为私立学校，其中还有一部分是教会办的大学。这些办学者多为学校投资人士，大部分曾留学欧美，其中包括一些公立学校的主持人，甚至一些欧美人士也介入了学校的办学。因而，当时的公、私立学校，其办学模式在各方面均受欧美风格的影响。

从管理体制来看，采用的是欧美的学院制模式。国立兰州大学，下设有四个学院，而每个学院之下，又设有系一级的组织。美国的哈佛大学、意大利的锡耶纳大学、德国的格廷根大学等均属此类建制。

从专业及课程设置来看，注重理工结合、文理结合。比较注重各学科之间的相互交叉与渗透。专业设置也比较宽，注重培养学生具有较宽的知识面和较强的适应能力。

可见，国立兰州大学时期，学校的院系设置是采用欧美的学院模式管理，人才培养也是采用欧美模式，实施的是欧美所倡导的通才教育，人才培养模式是按照通才的培养需求而建立的，旨在培养基础理论扎实、适应性强的人才。

二、新中国建立初期兰州大学院系的调整

1949年8月兰州解放，9月军代表进驻兰州大学并开始接管工作。根据指示，停办及重办了个别专业。建国初期，兰州大学设有文、理、法、医四个学院，只是学院下设的系级单位有了一定的变化，从表3可见其变化。

表3　新中国建立后兰州大学院系设置一览

文学院	理学院	法学院	医学院
中文系	数学系	法律系	附属医院
历史系	物理系	经济系	
英文系	化学系	银行会计系	
俄文系	动物系		
边疆语文系	植物系		
	地理系		
	化工系		
	水利系		

从上可见，解放以后，根据当时的国情，对国立兰州大学时期的院系

设置进行了一些调整，以使其更好地为新中国建设服务。

新中国建立初，由于时间、经验及投入等各方面的原因，对兰州大学并未做大的调整与变动。对个别专业虽然作了调整，但仍然保留了解放前的办学及管理模式。学校依然沿用了国立兰州大学时期的学院体制，专业设置也只做了一些小的调整，因而学校的人才培养模式还是以前模仿欧美的通才培养模式，兰州大学依然是设有文、理、法、医四个学院的综合性大学。

三、50年代初的院系调整及对兰州大学的影响

50年代初全国范围大规模的院系调整，是中国高等教育发展史上的一个重大转折。了解此次调整的大背景以及兰州大学的院系调整情况，分析这次院系调整对兰州大学所产生的影响，对研究兰州大学的院系体制演变及其今后的院系发展将有积极的意义。

1.五十年代初的院系调整有利于国民经济建设与新中国高等教育的发展

1949年以前，我国的高等教育是以欧美为模式建立起来的，因而人才的培养目标以通才为主。到新中国建立以前，初步形成了具有现代特征的教育体系，也为我国培养了一批专门人才，为我国现代科学，特别是新中国建立以后的科技发展和教育发展奠定了基础。新中国建立以后，随着社会政治经济体制的巨大变化，我国的高等教育也面临调整与改革。50年代初所进行的大规模院系调整，是新中国建设及我国高等教育自身发展的需要。

首先，进行院系调整是国家经济建设的需要，是建立社会主义计划经济体制和学习前苏联模式的结果。新中国成立后，我们国家可以说是百废待兴，面临的主要任务是巩固新政权，全面恢复各项工作和进行大规模的经济建设。当时，以美国为首的帝国主义对我国进行经济封锁，我国被迫处于封闭、半封闭的国际环境中。当时我国只能向前苏联学习，全面实行社会主义计划经济。而高度的计划经济对社会的各方面，包括人才培养也要求有高度的计划性，这就要从根本上改变旧中国高等教育的体制和模式。而当时国家建设急需大批专业人才，特别是工业发展急需工业专门人才。摆在我国高等教育面前的任务，是如何培养社会主义经济建设所需的各类专门人才。当时我国仅有的205所高等学校办学规模、布局结构、专

业设置远远不适应国家经济建设的需要。当时的高校中，人文科学所占比例高达60%以上，工科、理科的比例过低。另外，大多数高校的办学规模也有限，基本在500人以下。因此，在1950年召开的第一次高等教育工作会议上就提出了："我们要在统一的方针下，按照必要与可能，初步调整全国公私立高等学校和某些院系，以便更好配合国家经济建设的需要。"为适应当时经济建设对工业人才的需求，国家政务院确定文教工作以教育为重点，教育工作以高等教育为重点。当时的教育部于1952年提出"以培养工业建设人才和师资为重点，发展专门学院，整顿和加强综合性大学"的方针。1953年综合大学会议提出教学改革的方针任务为："把过去半封建、半殖民地性质的、深受欧美资产阶级思想影响的、不能适应新中国建设需要的旧式高等教育，逐步地、彻底地转变为由工人阶级思想领导的、完全适合于国家建设需要的新型高等教育，以便有计划地培养具有马克思主义世界观，忠实于祖国和人民事业，掌握先进科学和技术的各种专门人才。"可见，当时所进行的院系调整，既是新中国建设对高等教育提出的迫切要求，也是全面学习前苏联模式以及实行计划经济的必然结果。

其次，进行院系调整也是新中国高等教育自身发展的需要。解放前，尽管我国的高等教育从规模、结构、效益等方面有了一定的发展，但旧中国的办学还是比较混乱的。综观全国的高等学校，首先在办学体制上存在着严重的问题。当时的学校有公立、私立两种类型，其中私立学校的比例比较高，而且有相当一部分学校是教会大学。这种情况极不利于我国的社会主义计划经济建设，随着巩固政权及国家建设的需要，这种办学体制必须改变。同时，学校的布局、规模也不够合理，学校中的院系专业设置基本上是模仿欧美等国或是自发设立的，缺乏规划和长远考虑。各高等学校之间的专业设置重复、浪费，各类专业人才培养的规格不适合建设社会主义新中国的需要。为此，从高等教育自身发展需要来看，也必须对其进行改革与重组，否则，高教既不能适应社会的需要，其自身的发展也会受到限制。

由此可见，50年代所进行的院系调整是国家经济建设的需要，也是我国高等教育在新形势下自身发展的需要。尽管在今天看来50年代的院系调整有许多问题，但所确定的人才培养规格，基本上适应了当时社会发展的实际需要，为国家的经济建设培养了大批的专门人才，特别是在我国的科研和教育事业的发展中起到了积极作用，为社会的发展作出了贡献。

2. 兰州大学的院系调整情况

50年代初的院系调整，一开始只是在个别的院校中进行，从1951年在北京召开的全国工业学院院长会议起，即开始了大规模的院系调整。

早在1950年，奉西北教育部指示，将兰州大学建国后成立的化工系调整到了西北学院，将水利系调整到西北农学院。

1952年9月，根据全国院系调整的精神，西北教育部以《高字第1924号文》下达报经西北军政委员核转中央政务院批准的《西北区高等学校院系调整方案》，要求有关院校组织专门委员会负责处理这项任务。根据这个方案精神，兰州大学于1952年10月成立了《兰州大学院系调整委员会》，并制定了“兰州大学院系调整初步计划”，对实施院系调整的原则以及被调整院系的情况等做出了明确安排。这次调整方案中涉及兰州大学的院系是：将文学院的俄文系合并到在西安成立的西北俄文专科学校，将英文系合并到西北大学，少语系并入西北民族学院。将文学院的中国语文系、历史系和法学院的经济系、银行会计系合并，改称为文法学院。

1953年初，兰州大学经过院系调整后的院系设置见表4。

表4　50年代初院系调整后兰州大学院系设置一览

系	学院	专修科	俄语教研室
语文系	医学院	数学	以解决公共外语的教学需要
历史系	附属医院	理化	
经济系		生物	
银行会计系		矿物化验	
数学系			
物理系			
化学系			
生物系			
地理系			

由上述兰州大学的校院系体制演变情况可见，从建校初所设的四个学院，发展、调整、演变后成为九个系、一个学院，其间经历了数次变化。这也反映了高等教育与社会政治、经济的关系，体现了高等教育的社会服务功能，从而，也使我国的高等教育得到了空前的发展。

3.五十年代初的院系调整对兰州大学产生的影响

1949年新中国成立后，百废待兴，惟有前苏联出手相援。如果从当时建国之初的国情来考虑，50年代初的院系调整成绩还是主要的。通过这次调整，将所有的私立大学改为公办，同时明确了综合大学和专门学院的性质任务，尤其是加强了工科院校的建设，从规模、布局等方面使高等教育成为国家计划经济的有机组成部分，各类高等院校分工明确，以适应各行业对各类专门人才的需要。这次调整顺应了新中国发展计划经济的需要，也促进了中国高等教育的规模化发展。同时，经过调整也充实了西部地区的文化建设，促进了西部地区经济与文化的发展。

但是，就总体而言，50年代初的院系调整也存在着许多问题，特别是在主导思想上盲目地照搬了前苏联模式，片面否定了旧教育及欧美模式。50年代初的院系调整，几乎是一边倒，完全引入了前苏联高等教育的模式。不仅高等学校及其学科、专业的体系与名称是完全模仿的，而且在大部分专业中都原封不动地采用了前苏联高等学校的教学计划、教学大纲和教科书，同时也聘请了大批前苏联专家到许多高等院校指导学科与专业建设。各高校取消了原先的院一级建制，在系一级组织下按照计划经济各部门所需的人才而设置专业。这种调整造成的许多“后遗症”，至今还影响着我国高等教育的发展，影响着高等学校的发展及各类人才的培养。

从兰州大学的院系建制变化来看，经过50年代初的院系调整，取消了所有的学院设置，改为学校直接下设系一级组织，而系一级组织中各专业设置则是按照计划经济发展的需要来设置。学校的专业设置面过于狭窄，这就势必造成学生的知识面窄，适应性差，动手能力不强。虽然在当时的调整中也提出了加强综合大学，但实际上所谓的综合大学内就只剩下了文、理两科。经过这次的调整，造成的局面是理工分家、文理分家、重理轻文等，兰州大学的综合实力被大大削弱，从而影响到了未来的发展，特别是文、理两学科的发展极不平衡。兰州大学理科强，文科弱的问题直到目前仍然十分突出，影响了其综合大学的性质。

4.院系调整后的发展情况

经历50年代初的院系调整后，1954年西北行政教育委员会批准兰州大学医学院独立建校，改为兰州医学院，兰州大学即成为文理学科的综合大学，下设系一级组织，没有学院模式。后经过1958年的教育大革命，特别是“文革”的乱砍乱改，到1977年恢复招生时，兰州大学文科只剩四个系，理科六个系。经过80年代初的调整改革与整顿，到1986年，文科发展到八个系，12个专业，理科九个系，22个专业。特别是80年代中期以后随着我国有计划的商品经济向市场经济的过渡，学科专业得到了进一步发展与调整。90年代随着社会主义市场体制转轨的需求，学校加大管理体制改革力度，在加强基础学科建设的同时，大力发展应用学科，其单一的校系体制，亦向校院系多元化体制发展，到目前为止，兰州大学已有七个学院、九个系，及一些研究所（中心、室），见表5。

表5　兰州大学院系设置现状（截止1999年5月）

系一级组织	学院
中文系	
新闻与传播学系	资源环境学院
历史学系	经济管理学院
哲学与社会学系	化学化工学院
法律学系	生命科学学院
国际政治系	物理科学与技术学院
数学系	外国语学院
电子与信息科学系	成人教育学院
计算机科学系	

四、存在的问题与改革的思路

随着社会主义市场经济体制在我国的逐步确立，那种建立于计划经济时期的管理体制、办学模式，已远不能适应急剧变化的社会需求，因而从90年代中期以后，高等学校管理体制成为高校改革的突破点。尤其是发展和组建学院已成为各高校改革的一项重要措施。但这次院系调整改革，完全不同于50年代初的调整改革。50年代初的改革是自上而下的，多少带有主观性和仓促性，而这一次改革是自下而上的，是适应社会发展和高校自身发展需求的，所以，其改革的类型、模式都是有差异的。那么，兰州大学如何改革，选择什么样的模式，将会直接影响到学校未来的发展。为此，我们从目前存在的问题入手，以现实与未来发展为目标，理论结合实际地提出兰州大学今后院系发展的新思路，以供参考。

1.旧有管理体制与模式的弊端

（1）不利于学校实施科学管理。随着我国社会的发展及当代科学技术的迅猛发展，学校的办学规模越来越大，学校的功能也在不断拓展。由过去单一的以教学为主，拓展为教学、科研、社会服务并举。面对众多的基层单位和各自的发展目标，学校必须实行分层管理。

现代管理科学认为，如果下属或部门过多，组织协调任务太重，就必须实施分层次管理，一般认为，一个组织的横向跨度以六个基层单位为宜，美国管理学界也有“至多八个”的定律。可见，横向跨度过大时，就需要从纵向上增加层次，一般以三层为宜。

从我国现代大学发展情况来看，许多大学已发展成为多科性大学，学校的规模较之以前已成倍扩大，学校直接面对的机构也在几十个以上。就兰州大学而言，设置的教学、科研组织也在三十个以上。可见，其横向跨度远远超过了科学管理的要求。面对这样庞大的机构就必须实施分层次管理。

（2）划分过细的专业不利于学科建设及人才培养。经50年代初的院系调整，到1953年初，全国高校共设置专业215种。后来经过不断专业化，1980年时全国高校的专业设置已达到1039种，这种状况极不利于学科建设及人才培养。四十多年来形成的这样一套高度专业化的专业体系，到市场经济发展的今天，其弊端已暴露无遗。它既不能适应现代科学技术在高度分化基础上又高度综合发展的趋势，也无法满足在社会主义市场经济条件下，提高专门人才综合素质的要求和职业流动性显著增大的需求。同时，小而全的格局也造成了有限的高等教育资源的浪费和办学效益的低下。

这种高度专业化的专业体系，不利于学科之间的横向联系与交叉，不利于学科群的建设，不能适应现代科学技术发展的需要，同时也不利于培养现代社会所需要的复合型人才。目前，加强基础，拓宽专业范围，培养复合型人才已成为高校改革的方向与追求的目标之一，而建立于50年代初的、适应于计划经济时期的管理体系显然不利于这一目标的实现。

（3）过分集中、统一的管理不利于发挥基层组织的办学积极性。现在我们的大学大多数还是校—系—教研室这样的管理体系，作为学校系一级组织只是学校的基层单位，在办学的自立性、灵活性及对外交往等方面均受到学校的控制与限制，系一级组织的权力是非常有限的，它的一切运行都必须围绕学校的总方针及宏观运行。这样，就不能充分发挥系一级组织的办学积极性，其发展也受到限制。特别在社会主义市场经济发展的今天，继续沿用过去传统的由学校来与政府、与社会发生联系的做法是远远不够的，社会主义市场经济需要大学组织更为开放。

2.建立适合兰州大学发展的学院模式

要建立适合兰州大学的学院模式，首先要了解学院的属性。学院（college）与大学同时代产生，一般指的是实施本科以上教育的高等教育研究机构。所谓学院模式，是指在进行人才培养，推进学术交流和科技开发等过程中所直接采用的一种组织形态。

依据学院在学生学习管理、教学科研组织和管理体制等方面的特征，学院模式一般有这样四种：古典学院、行政学院、专业学科学院和独立学院。作为兰州大学，由于学校的性质，学校所处的地理位置，其学院的组建可以是多类型的。

（1）组建少数具有古典学院性质的学院模式。古典学院也称传统学院，这类学院在大学内具有经费自主权和法人地位，它包含了较多的学科门类和多层次的学生。这类大学以牛津大学和剑桥大学最具典型。

兰州大学地处西北，应该结合地区需要，根据自身特色，利用自身优势来组建这类学院。特别是可以同国内的其他院校进行联合建校，甚至可以向国际发展，同国外的有关院校联合组建具有这种性质的学院。当然，这类学院因其具有经费自主权和法人地位，因而在目前兰州大学学院化的发展中只能是一个方向。

（2）组建部分行政学院。这类学院是分门别类组织和协调全校性的教学与科研工作的机构。一般有自己注册的学生，但教师和学生又分属于各学科。这类学院办学的特征更多地表现在行政职能方面，主要负责单独招生、组织与协调教学管理和颁发学生毕业证书等。我国许多高校的成人教育学院和研究生院大多数属此类型。兰州大学的学院化发展中，可以考虑继续组建此类具有行政职能的学院。

（3）组建发展专业、学科学院。这类学院是大学组织领导下的一级教学、科研和行政机构。通常以专业学科教育为主，一般既从事教学又从事科学研究，同时专业学科学院还是一级行政管理机构，有相对独立的人事和财务权力。这类学院之下，常常还有更次一级的学术组织称之为系。系，只是一级学术的基层组织，一般不具行政职能。在大学越来越大的情况下，组合以往的小学科、小专业，以学科群和专业群为基础建立起来的专业、学科学院可以更有效地使学科和专业之间达到综合与融合，从而更有效地致力于学科群和专业群的建设。

有人言，在未来的教育学词典中将会出现两个新的概念——学术集团（academic bloc）和学科群（subject group）。二者都是一种组合，前者是研究人员的组合，后者是学术领域的组合。专业、学科学院的组建更是顺应了这种发展的需要，而这类学院的组建也将更有利于学术集团和学科群的建设，有利于克服学校专业越办越窄的现象，有利于复合型人才的培养。从目前的学科发展来看，专业、学科学院应该是以后兰州大学学院模式发展的主要趋势。

（4）联合组建学院，开拓学院制的新模式。上述几类学院模式的设置，均是在学校内部的组合与变迁，因而学院的发展受到限制。如果能突破校、院的围墙，与社会联合办学，就可以使学院的内涵有更大、更新的发展。

兰州大学处于西北地区，学校提出“做西部文章，创国内一流”的办学思路，那么在学院的组建上也可以做西部文章，利用自身优势，结合西部特色与相关大企业或企业集团联合组建学院。这在我国高校已有很多的尝试。如上海财经大学与恒通集团组建的恒通工商管理学院，显示出较好的社会效益与经济效益。上海财经大学的恒通工商管理学院以珠海经济特区恒通股份公司为后盾，每年获100万人民币的教育经费投入培养MBA工商管理硕士。兰州大学可以与西部地区或其他发达地区的大企业集团或科研单位等联合组建此类学院，这项工作还需要考查，需要探索，需要研究。

3.处理好改革、稳定和发展的关系

近年来，各高校都在组建自己的学院，由于这种管理体制在我国各高校四十多年的发展过程中还是属于一种新体制，需要在实践中进行探索，这就难免会出现一些问题。

从已经组建了一些学院的高校来看，在显示学院模式优越性的同时，也出现了一些问题。如：宏观管理还不完善，各学院之间协调不周，院系之间和系与系之间还处于相对独立的状态，没有达到真正的融合，彼此之间也不注意加强联合，还没有发挥出综合的优势，没有形成资源共享和形成规模效益。另外，改革的力度还不够大，学校下放给学院的权力比较小，在一定程度上使学院形同虚设，限制了学院功能的发挥。还有关于学院的属性定位也不大明确，教学、科研、财务等相关的配套管理措施还跟不上。此类问题在一些组建了学院的学校中有着不同程度的表现。

兰州大学在学院模式发展中，要结合本校的实际，处理好改革、稳定和发展的关系，要从兰州大学学科发展的内在逻辑关系出发，调整学科结构，理顺关系，构筑起学院的框架，提高教学和科研水平。在学院模式的设置中，要加大改革的力度，突破传统的模式，改革人才培养模式及管理模式，使学院的教学、科研的实体功能得以充分地发挥。同时，也应在稳定中求发展，要保持正常的教学、科研及管理秩序，要注意各部门、各环节的衔接。

参考文献

[1]陆润林.兰州大学校史[M].兰州：兰州大学出版社，1990.

[2]杜作润.世界著名大学概览[M].成都：四川人民出版社，1994.

[3]编审委员会编.中国高等学校简介[M].北京：教育出版社，1981.

[4]顾永才.我校学院的设置与发展探析[J].高等教育问题研究，1994（2）：1-9.

[5]王久长.50年代院系调整的得与失[J].辽宁高等教育研究，1995（2）：22-26.

[6]中国教育年鉴（1949—1981）[M].上海：中国大百科全书出版社，1981.

关于兰州大学研究生学位论文数据库建设的研究与实践

赵书城　任继荣

兰州大学已经顺利通过了“211工程”部门预审，要使作为教学、科研情报服务中心的图书馆尽快实现由传统型向现代化的转变，除了全面实现基础设施与服务手段的现代化外，最重要的是建立一套具有本馆特色的文献资源数据库[1]。研究生学位论文全文数据库应该是本馆特色库之一。

一、建立研究生学位论文数据库的意义

学位论文（Dissertation for academic Degree）[2]是高等学校或研究机构的学生为取得学位，在导师指导下完成的科学研究、科学试验成果的书面报告。它可以分为学士学位论文、硕士学位论文、博士学位论文，是评审学位申请人学术水平的重要依据，也是获得学位的必要条件之一。凡经答辩通过的学位论文，一般是能够显示作者专业研究能力的研究成果。其中博士学位论文具有较高的学术价值和一定的独创性，在某些科目中，博士学位论文甚至成为惟一的情报源，具有独特优点。硕士学位论文表明作者具有从事科学研究工作或独立担负专门技术工作的能力，对于所研究的课题具有新的见解。

研究生学位论文与专家撰写的学术论文不同，它比较系统和详细，同时，也与同属于一次文献的期刊论文、会议论文、科研报告和专利说明书

第一作者时为兰州大学图书馆馆长，教授。该文发表于《兰州大学学报》(社会科学版)1999年第3期。

不同，除少数在答辩通过后发表或出版外，多数不出版，只供阅览和复制，所以不易被一般读者所利用，是一次文献流通中最受限制的资料[3]。例如，兰州大学已经通过的博士学位论文除应呈缴北京图书馆、本校图书馆外，只被交存有关的专业图书馆；通过答辩的硕士学位论文也只被交到本校图书馆和中国科学技术情报研究所或中国社会科学院情报所各一份。

为了充分发挥上述学位论文的作用，使代表兰州大学科研方向和最新发展动态的研究生学位论文信息迅速进入国内外交流领域，有必要建立具有兰州大学图书馆馆藏特色的“兰州大学研究生学位论文全文数据库”，并且提供网络信息服务。

二、国内外研究生学位论文管理与应用的历史和现状

1180年法国巴黎大学授予第一批神学博士学位，而学位论文答辩则是由德语国家首创的。20世纪中后期，世界上每年要产生学位论文十万篇左右。学位论文由于其非卖性，没得到充分利用。为了最大限度地发挥它的参考作用，一些国家的大学图书馆或公司将其收集制成缩微胶卷，编成目录和索引，并建立专门的学位论文数据库。也有少数国家将学位论文进行集中管理，如英国研究生学位论文统一存贮在不列颠图书馆，不外借，只提供原文的缩微胶片[4]。

截至20世纪80年代中期世界上就已有12个国家编辑出版了学位论文检索工具共约25种（美国15种，前苏联和日本各有两种，加拿大、瑞士等国各一种），那时国内尚未建立学位论文计算机检索系统。美国自1938年主要由位于密执安州安娜堡的UMI（University Microfilms International）公司为博士、硕士研究生廉价出版学位论文，同时将各种论文集中以便查找，并且编辑出版检索工具书《学位论文综合索引》（Comprehensive Dissertation Index，简称CDI）和《国际学位论文文摘》（Dissertation Abstracts Internationl）。到1986年，UMI公司就已经出版了大约八十万种论文，并且以每年3600种的速度递增。UMI公司将收存的论文分为389类，向社会提供缩微胶卷、缩微平片及静电复制本等三种形式的博士论文全文复制品。后来UMI公司建立了学位论文数据库，每月补充一次新内容。UMI数据库每年要存入三万余篇学位论文引文，其中2500篇为硕士论文引文。为了能让研究人员鉴别并准确索取，专门设立了四个检索系统（DATRIX检索系统、博士论文藏书建设系统、博士论文更新系统和博士论文联机检索系统）。日本在1989年开始建立国内博士论文数据库。

在我国，研究生学位论文分为自然科学与社会科学两类，分别收藏于中国科学技术情报研究所国内文献馆和中国社会科学院情报研究所图书馆这两个系统的专业图书馆。自然科学类的博士学位论文的全文信息和其他学位论文可以从中国科学技术情报研究所编辑出版的报道性季刊《中国学位论文通报（检索）》获得。社会科学类博士学位论文及其他学位论文则由中国社会科学院情报所图书馆收集后编制了三套卡片目录（即分类、著者、单位），以供查阅并可提供借阅与复制。同时，这两类博士论文均被收藏在北京图书馆。

国务院要求各学位授予单位建立硕士、博士学位论文档案，作好学位论文的交流和管理工作。1987年5月，原国家教委成立了“全国研究生教育和学位工作计算机管理研究协作组”，其宗旨是促进全国研究生教育和学位工作中计算机管理的普及与提高，为推动研究生教育与学位工作的管理现代化服务，例如研究生培养的课程安排、学分和成绩统计、学籍管理、学位管理、工作分配等。国务院学位委员会办公室决定自1990年起，各学位授予单位均必须使用“全国学位授予信息数据库”报盘软件报送博士、硕士和学士学位的授予情况。可见“全国学位授予信息数据库”虽然便于研究生教育和学位管理工作却不便于科研查询和上网服务，但由于其信息处理的精确性，在创建兰州大学研究生学位论文数据库时可以借鉴和引用部分数据。

我国教育和科研事业最重要的信息基础设施“中国大学教育和科研计算机网”（CERNET）1995年底通过了原国家教委验收，这样一个与国际计算机互联网（INTERNET）联接的全国计算机学术网络必将增强我国教育和科研单位的信息交流、对外开放和进一步发展。到1996年底，CERNET已经联接了国内一百多所大学和部分中学，在硬件上达到国际先进水平[5]。该工程实现后，可以覆盖全国的教育和科学信息资源，建成大型教育和科学数据库，使网上运行的文献型、事实型和数据型大型数据库达到四百多个，成为高层次、多功能、综合性的信息网络，为建立高等学校、科研单位的研究生学位论文数据库提供了良好的网络环境。国家图书馆、中国科学技术情报研究所、上海大学联合图书馆[6]、清华大学图书馆等已经建立了有关的博士学位论文数据库，中国科学院文献情报研究中心及不少高校也在建立研究生学位论文数据库。可见，学位论文数据库越来越受重视。虽然已经有“全国学位授予信息数据库”、“学位论文信息查询”、“中国理工科博士论文数据库”以及“博士论文数据库”等，但是为了保证及时、全面地体现兰州大学图书馆馆藏特色和学校科研及教学的水平、学术动态，有必要建立我们自己的研究生学位论文数据库，将馆藏学位论文全文电子化、网络化、长效化，实现信息共享。

三、数据特点与数据库系统的实现

兰州大学研究生学位论文全文数据库的特点在于加强软件窗口信息服务的功能，使其既以图书馆内部业务管理为基础，又将根本目标定在为读者服务上，即提供直观、方便、快捷的查询服务。这样的面向读者的数据环境，不仅使专业人员能确切处理信息，而且可以保证更多的非专业人员易于理解和检索。

安全、方便、实用是衡量信息管理系统的重要标志。我们采用VISUALFOXPRO3.0编制学位论文数据库及其应用程序，建立友好的人机界面，使图书馆工作人员和用户都易于掌握自己所接触和处理的信息。VISUALFOXPRO3.0（以下简称VFP）的出现，给数据库编程和管理带来了很大方便：速度快、功能强。VFP提供的“对象”和“事件”概念及模板再生设计、可视设计等加快了应用开发速度。VFP的数据共享、支持OLE（对象联接和嵌入）等特性，使其可以方便地处理其他类型的数据库信息和向其他数据库提供信息；VFP的RUSHMORE技术及面向对象的编程方法等大大增加了开发手段。不仅如此，VFP还提供客户机/服务器解决方案。据实测，VFP的硬件要求不高，虽然它支持WIN95，但4M内存的486在安装了WIN32后就可以工作。

数据库是很多信息管理系统都离不开的数据文件，为了保护重要数据的安全性和完整性，一般不希望用户直接在VFP点状态下修改数据库记录。对于那些收集、分类、录入数据后再开发一个库查询系统并上网服务的数据库，都需要给它加密。在数据库开放的情况下，作备份是一个比较好的方法。

（1）数据来源：兰州大学图书馆收集的本校历届答辩通过的研究生学位论文印刷品（年文献量约三百多篇，其中博士学位论文六十多篇，并将逐年增加），历届研究生交给校研究生处的学位论文全文软盘，也可以准确调用校研究生处给教育部报送的学位授予信息数据库上的部分信息。该库范围内的文献信息源有完全保证，因而具备检索的权威性。

（2）著录标准：研究生学位论文的著录格式应该标准化，并与国际著录标准统一，以便进行国际交流。在数据库建设中，一定要注意避免产生信息垃圾，达到数据共享的目的。拟采用《研究生数据库信息标准》。同时，由于新的数据库概念的引入，VISUALFOXPRO3.0的数据库结构与SQL等标准结构统一，从而使数据交换和操作的实现更加方便、标准和合理。研究生学位论文分类方法使用《中国图书资料分类法》。

（3）数据著录的准确性：数据库质量的高低，在很大程度上取决于数据录入工作，要求完整、准确，当然也取决于应用程序功能的强弱。对于英文词汇的拼写错误可以用办公自动化软件WP5.1（Wordperfect5.1）或者其他软件进行校对，以取代落后而繁重的人工词汇校对，保证该库的英文词汇拼写质量。

（4）检索功能：程序设计时考虑到一般用户与科研人员使用的角度和图书馆信息管理的角度，每条记录中设置馆藏号、论文名称、研究生姓名、导师姓名、分类号、关键词、论文完成时间、系别、专业、文摘、全文、引文等字段。拟设立篇名、作者、导师、分类号、关键词、论文完成时间、系别、专业等检索点。采用程序编制索引，机编索引效率高、速度快、检索点多、准确性强，可以大大提高查准率和查全率。

注释：

[1]赵书城.关于甘肃省高校图书馆自动化建设[J].图书与情报，1997（4）：44-46.

[2]中国大百科全书（图书馆学、情报学、档案学）[M].上海：中国大百科全书出版社，1986：520.

[3]鲍国海.尽快建立国内学位论文情报检索系统[J].情报资料工作，1986（2）：37-39.

[4]范亚非，石伏亥.关于国内外博士论文的收藏及检索方法[J].北京图书馆通讯，1989（4）：54-55.

[5]汤俭.中国教育和科研计算机网（CERNET）[N].电脑报，1996-09-13（07）.

[6]文榕生.论中文文献源数据库建设[J].图书馆，1997（1）：25-27.

兰州大学信息管理与信息系统专业的建设

倩 蕊 王桂忠

国家教育部最近修订的本科专业目录，将科技信息专业、信息学专业、经济信息专业、管理信息系统专业等合并为信息管理与信息系统专业[1]，其学科级别归属为管理学——管理科学与工程类——信息管理与信息系统。1998年下半年，兰州大学在原经济系、管理系与信息管理系的基础上成立了经济管理学院，信息管理与信息系统专业归口在该学院。经济管理学院将根据专业建设与学科发展的客观规律，正确处理各专业之间的关系，深化信息管理专业的教学改革，为信息管理与信息系统专业的跨世纪发展创造良好的条件，从而提高兰州大学信息管理专业本科乃至更高层次的教育水平。

一、信息管理与信息系统专业的内涵

“信息管理”（information management）一词20世纪70年代在国外出现，目前在我国情报学界非常流行。例如，北京大学原图书馆学与情报学系根据专业发展的需要，在国内率先更名为“信息管理系”，并调整了相应的课程设置。武汉大学的科技情报专业于90年代初设立了计算机信息管理专业方向和国际经济信息管理专业方向，其专业教育体系的改革不断深化。兰州大学的图书馆学情报学系也于1996年更名为信息管理系，并于1998年将科技情报专业与经济、管理学的专业教育相结合，促进了专

作者时为兰州大学经济管理学院讲师。该文发表于《兰州大学学报》(社会科学版)1999年第3期。

业面的拓展。但是目前国内外对于信息管理概念的内涵仍然存在不同看法。英国一项对信息管理名称理解的调查表明：68%的人认为是信息技术问题，65%的人认为是数据库管理，30%的人认为是与公司的图书馆有关。在我国对信息管理这一概念的理解也同样存在差异，有人认为属于图书情报领域，有人认为属于计算机与通讯领域，也有人认为属于经济与管理领域。因为在这些领域中都存在信息管理这一概念，但是不同领域研究信息管理的内涵是有差别的，归纳起来，信息管理具有五种不同的含义：信息内容管理、信息媒体管理、计算机信息管理、管理信息系统、信息产业及行业的队伍管理[2]。目前建立的信息管理与信息系统专业涉及到这五方面的内容。

从原科技情报专业的概念出发，我们认为信息管理的目的是要解决不断增长的社会信息需求与人类对信息利用相对落后之间的矛盾。目前成立的信息管理与信息系统专业是经济学、管理学与科技情报专业的交叉与融合。从科技情报的角度来考察，信息管理的侧重点在于对信息的处理环节（搜集、整理、存贮、检索、分析、提供）的规律、处理方法及信息服务的研究。而从经济学的角度来看，则将信息视同于资本、原材料、人才等方面的资源，研究如何高效地搜集、处理、报道和利用信息。从管理学角度出发，则注重现代信息技术与管理决策过程，采用管理学的基本理论及方法，研究人类利用信息的社会实践活动。

兰州大学信息管理与信息系统专业是科技情报专业与经济科学、管理科学相互融合而形成的交叉学科，其核心内涵是“信息的管理”和“信息系统的管理”。“信息管理”包括各种信息资源的开发，即对信息的收集、组织、存贮、检索、分析以及提供服务的各个环节进行研究和管理。“信息系统的管理”包括信息系统开发活动的研究和管理，信息产业运行活动的研究和管理。

二、兰州大学信息管理与信息系统专业的创立与发展

本次专业目录修订中，归入管理学类的信息管理与信息系统的本科专业主要来源有三个：一是按理科招生的科技信息专业；二是按文科招生的信息学专业；三是工商管理和财经类专业。这些专业在面向各自的领域进行人才培养中，经历了一个创办、改革和发展的过程，初步适应了社会主义建设发展的需要，实现了与国际同类教育的接轨[3]。兰州大学的信息管

理与信息系统专业来源于按理科招生的科技信息专业。建国以来，为了适应科学技术和经济建设发展的需要，为国家科技情报工作的开展培养专门人才，我国于1958年开办的科技情报专业揭开了信息管理类专业教育的序幕，40年中，已有许多院校设立了本、专科科技情报专业（90年代初更名为科技信息专业）。兰州大学于1984年建立了图书馆学情报学系，设立了图书馆学专业科技情报方向，经过十多年的发展，已经初步形成了一套完整的本科教育体系，毕业生去向已从科技信息部门及图书馆和文献信息服务部门扩展到各类企业、金融、咨询及管理部门。

国家教育部新制定的本科专业目录中的信息管理与信息系统专业是具有不同学科隶属关系的多个相关专业合并的结果。我国许多理、工、农、医类高等学校中的院、系设有此专业，这些院校根据自己的发展方向以及社会需求形成了各自的教学体系和人才培养模式，并且拥有各自的优势。兰州大学组建经济管理学院后，信息管理与信息系统专业是根据教育部制定的普通高等学校本科专业目录设置的，新组建的此专业是为了满足当前社会发展对人才培养的需要，并非是简单的专业名称的改变，而是在寻求新的共同的专业基础、拓宽专业口径的同时，充分发挥原有专业的优势，规范专业教育，扩大专业规模，提高教育水平。

三、信息管理与信息系统专业的培养目标

目前的信息专业教育面临着社会信息化的大环境，国民经济各部门的信息化、职业工作与信息业务的有机结合，以及信息技术的不断进步和全球网络化的发展，要求高等学校所培养的信息专门人才既具有共同的专业基础，又具有某方面的专业技能，以尽快适应具有不同社会分工的工作[4]。

1998年教育部颁布的《普通高等学校本科专业目录和专业介绍》中，将信息管理与信息系统专业的培养目标确定为：培养具备现代管理学理论基础、计算机科学技术知识及应用能力，掌握系统思想和信息系统分析与设计方法以及信息管理等方面的知识与能力，能在国家各级管理部门、工商企业、金融机构、科研单位等部门从事信息管理以及信息系统分析、设计、实施管理和评价等方面的高级专门人才。

兰州大学根据社会对这种既通又专的复合型人才的需求，依据综合性大学的特点，将本专业的培养目标确定为：培养德智体全面发展的能从事科技、文化、教育、商业、市场、贸易等领域的信息收集、加工、处理、

咨询、系统分析与设计以及经营的高级专门人才。本专业主要的优势在于，所培养的学生具有较扎实的数理基础、计算机基础和经济管理基础，并有经济管理学院作为较强的经济知识支撑。

四、信息管理与信息系统专业的课程设置

教育部颁布的《普通高等学校本科专业目录和专业介绍》中，规定了信息管理与信息系统专业的主要课程为：经济学、会计学、市场营销学、生产与运作管理、组织战略与行为学、管理学原理、应用数理统计、运筹学、计算机系统与系统软件、数据结构与数据库、计算机网络、信息管理学、信息组织、信息存储与检索管理、信息系统分析与设计等。

要培养应用领域的复合型信息管理人才，在课程体系结构方面，我们特别注意协调好信息管理专业基础课程与相关课程（包括信息技术、应用领域背景知识、英语、人文等方面的课程）的比例关系，并增设了经济学、国际贸易与金融、经济法等课程。信息管理与信息系统设计是一门应用性学科，我们将开设一定数量的操作性课程，特别注重进一步加强学生的计算机与网络化方面的应用能力，同时也不忽视信息管理基本理论、知识和技能以及信息搜集、组织加工、分析研究方面的专业课程讲授。具体的课程体系规划如下：(1) 公共基础课：外语、马克思主义哲学、邓小平理论概论、体育、思想品德教育、法学概论。(2) 专业基础课：政治经济学、高等数学、线性代数、概率论与数理统计、计算机应用基础、数据库及应用系统、西方经济学、管理心理学、管理学原理、统计学原理、会计学原理、管理信息系统、信息检索与利用、经济法学、经济管理知识系列讲座。(3) 专业课：信息科学基础、科技文献管理、数据结构、PASCAL语言、情报学概论、信息资源管理、信息分析与决策、信息经济学、网络信息资源开发利用、信息系统分析与设计。(4) 专业方向选修课：竞争情报研究、经济信息管理、文献计量学、信息创意学、情报数学、信息产业与信息市场、国际合作与技术贸易、操作系统、情报数据库、网络信息技术、离散数学、知识产权、咨询学、传播学、市场营销、保险学、货币银行学、国际贸易、国际金融。

信息管理与信息系统专业课程的设置主要突出培养学生计算机、网络等现代化信息技术及应用能力，精简图书情报基本理论课程的内容，加强学生应用领域的背景知识，同时我们还给学生机会在本院甚至全校范围内

任意选择课程，以适应社会发展的需要。

五、发展兰州大学信息管理与信息系统专业的对策

为进一步促进信息管理与信息系统专业教育的健康发展，为学生毕业后创造更多的择业机会，我们将从1999年新招收的信息管理与信息系统专业学生开始，不断改革课程设置、教学内容和教学方法，具体措施如下：

（1）加强教学改革，不断完善课程设置，更新课程内容。信息管理与信息系统专业的设立目的是为了解决不断增长的社会需求与人们对信息利用相对落后之间的矛盾，为社会培养以应用型为主的信息管理专业的人才，而用户的需求和信息技术是不断变化和发展的，因此课程的设置既要具有一定的稳定性，又要根据社会需求的变化不断修订。对于有关信息资源开发过程及原理方法的核心课程，应具有相对稳定性，而由于社会因素、学科因素、技术因素及学生因素又会使该专业在不同的时期具有不同的侧重，反映在教学上就是课程体系会呈现一定的变动性。

对于专业课，目前有许多信息管理方面的课程是新开设的，要加强对这部分课程的研究，制定详细的教学大纲，明确每门课程的教学内容，避免内容的交叉重复或遗漏。由于本专业是一个发展较快的学科，因此，要不断将社会信息化进程中的有关信息管理理论与信息技术方面的新课题和学科发展中的新理论与新知识及时吸收到课程中来，从而使教学内容不断更新和完善。此外，要借鉴国外相关专业和学科的课程设置及教学内容。如美国、英国近年来在信息管理教育方面增设了许多有关信息技术、信息交流与人际交流以及市场营销方面的内容。有关现代化技术类课程，首先要让本专业的学生系统掌握计算机软件与硬件、网络化知识，其次在基础课中充实新技术研究成果。同时鼓励学生在学好专业必修课的基础上跨学科、跨专业、跨院（系）选课，选课范围包括基础物理、基础生物、基础化学、实用写作、外语、汉语以及适应社会需要的市场信息学、企业管理、社会信息系统管理等课程。

（2）发展研究生教育。在提高信息管理与信息系统专业本科教学水平的基础上，努力使信息管理与信息系统专业尽可能早地申请到硕士点和博士点，形成一个完整地包括学士、硕士、博士三个层次的学科教育体系，以满足不同类型的人才需求。同时还可以采用双学位制和主辅修制。信息

管理专业方面的研究生教育应在本科教育的基础上设立若干个研究方向，鉴于信息对社会的特殊作用和社会发展的需求，信息管理与管理学其他学科之间交叉研究方向的设置不容忽视。在研究生专业研究方向的设置上应区分硕士教育和博士教育的不同层次。硕士研究生专业方向的设置应以信息管理方面的应用研究和现实重大实际问题的研究方向为主，博士研究士专业方向的设置以基础理论与应用基础理论研究为主，强调交叉研究与应用研究。对于研究生课程建设不仅要突出基础理论和现代信息技术应用研究，而且应加强专业方向建设的力度，不断扩大信息管理应用领域，坚持教学内容的更新，以满足社会发展对信息管理高级人才的需求。

（3）加强实验室建设。组建后的经济管理学院合并了原经济系、管理系、信息管理系所拥有的实验室，加强了实验室建设。但是按传统技术和现代计算机技术两个方面组织实验教学的模式已不能适应现代管理专业建设和人才培养的需要。对此，我们可以采用按专业教育内涵、结合信息技术应用组织实验教学的模式，组建诸如知识信息组织、信息系统设计、信息分析模式、信息网络管理、计算机信息检索等专业实验室，一方面做到实验与课程配套，另一方面实现实验室的社会开放，为国家重大信息管理类项目的研究做出贡献。

（4）加快教师队伍建设和教师知识更新的速度。我们面对的是日新月异的信息技术和不断变化的社会需求，一个缺乏优秀教师队伍的专业是不能生存和发展的。在教师队伍建设方面，一方面要注重吸引其他院校有关信息管理类专业的硕士生和博士生到学院来工作，另一方面可以采取国内和出国进修、青年教师攻读在职硕士和博士研究生等方式，促进在校青年教师的成长。同时，其他在校教师必须注重自身知识结构的更新，保持科学研究及教学研究的活力，尤其要注意利用因特网加强同国内外信息管理、信息管理教育同行的交流，吸收信息研究新成果，以更新自身知识结构，提高研究水平，以科研促进教学水平的提高。

（5）注重与国际接轨。信息管理与信息系统专业教育的国际接轨主要是指专业口径与专业设置、教学内容与手段以及人才培养技术规范与体系方面的接轨。我国的图书馆学专业、情报学方面的专业在长期的发展中已较好地实现了与国际接轨，有关教育与学术交流的渠道比较畅通，可以在新的环境中继续发挥其优势，以求与国际上本专业的教育同步发展。值得指出的是，信息管理与信息系统设计专业教育的国际接轨并不意味着从教育体制到教育内容改革中照搬发达国家的模式，而是要在专业教育的国际化发展中保持我国的特色、发挥我国的优势。因此，正确处理建立符合中国国情的专业教育体系和专业教育的国际接轨之间的关系是非常重要的。根据目前情况和教育面向21世纪发展的需要，可以考虑在优化我国信息专业结构中实现宽口径的国际接轨，着重于信息技术教学的国际化，以进一步完善专业教育体系。

注释：

[1][3]胡昌平.面向21世纪的中国信息管理类专业教育[J].情报学报，1999（1）：3-9.

[2]郎诵真.论信息管理专业课程体系建设[J].图书情报工作，1999（2）：48-53.

[4]张进，洪漪.图书馆学情报学博士论文（1977-1994）调查与分析[J].情报学报，1997（3）：163-173.

后　记

摆在案头的这本书稿——《学报中的兰大镜像》，荟萃了自20世纪90年代至2017年底发表在《兰州大学学报》（社会科学版）上，和“兰州大学”这个主题相关的40余篇文采斐然之作。当这些曾经分散零落的文章众流归海之后，竟然碰撞出如此夺目的光彩。它为我们清晰地勾勒出了兰州大学建校110周年以来创新求索的历史脉络，也酣畅地描摹出了兰州大学名人大家的气度风采，更展现了兰州大学独特绵长的精神风骨。

《学报中的兰大镜像》的编纂缘起于兰州大学建校110周年校庆，是献给母校生日的一份礼物。2018年5月15日，兰州大学发布了“兰州大学建校110周年校庆公告（第一号）”，昭示着110周年校庆工作拉开了帷幕。随后，校庆办公室开始面向全球包括全校征集校庆项目。作为一个兰大毕业的学生，作为一个在母校工作了30多年的“兰大人”，总觉得应该干点事，拿出一点东西，献给学校。经过反复揣摩，我和同事们达成共识：从自己熟悉的领域做起，把《兰州大学学报》（社会科学版）上发表的关于兰州大学的文章结集出版，不啻是一件有意义的事情。于是，在细致斟酌、扎实准备的基础上，我们申报了110周年校庆出版物选题，并得到了学校的立项支持。

因为所选文章跨时较长，所以编纂开始以后，搜寻、遴选、编辑、校对等工作无疑是繁重、琐碎、辛苦的。但在重新翻检和审阅这些文章时，不期然地就会碰到一些触动心弦的语句，字里行间都流露出对兰州大学客观而切实的论述与评价。“兰州大学设立在西北要冲的兰州，是中国西北部的一个文化堡垒。”作为扎根于西北广袤之地的一片“文化绿洲”，她有力地防止了文化“荒漠化”的进一步扩散与蔓延，并撒下了许多象征着希望和绿色的种子。

“要建设西北必须发展兰大，同时发展兰大才能加速地建设西北。”诚如斯言，兰州大学自建校起，为了以启山林，不畏筚路蓝缕，为了滋兰树蕙，坚持砥砺前行，不断回报着国家和所处的这片热土。兰州大学建校110周年所取得的辉煌成就，远远超出了“国立兰州大学”创立时，“此足以慰藉西北人士多年来的喁喁之望，而足以永奠建设西北抑开发西北的始基”的希冀。今天兰州大学110周年校庆提出的“坚守·奋斗”的主题，既是对兰大历史最精要的淬炼，也是对兰大未来最美好的指引。

当本书稿即将付梓成书时，我们由衷地感谢学校领导的关怀，感谢校庆办公室的立项，感谢兰州大学科学技术发展研究院的襄助，感谢兰州大学出版社紧锣密鼓的安排，也要感谢学报编辑部诸位同仁的勤恳敬业。

当然，文字编纂工作永远是一项有缺憾的事业。虽然我们全力以赴，殚精竭虑，仍难以避免一些错讹，有令人“红脸出汗”的地方，祈望方家一一指正。

在继往开来的新时代，兰州大学也踏上了“双一流”建设的新征程。值此110周年校庆之际，衷心地祝愿我们每个“兰大人”心心所系的母校，在坚守与奋斗中谱写出更加恢弘的华章！

师迎祥

2019年8月13日于胡杨楼